KB074330

아이들은 어떻게 배우는가

국립중앙도서관 출판시도서목록(CIP)

아이들은 어떻게 배우는가 / 존 홀트 지음 ; 공양희 · 해성 옮김
— 서울 : 아침이슬, 2007
p. ;   cm
원서명: How Children Learn
원저자명: Holt, John Caldwell
ISBN 978-89-88996-76-8 03370 : ₩12000
370.18-KDC4
370.1523-DDC21   CIP2007001739

HOW CHILDREN LEARN by John Holt

First published in the United States by Da Capo Press, a member of the Perseus Books Group.

아이들이 타고난 배움의 방식에 대한 미시사적 관찰기

아이들은 어떻게 배우는가

존 홀트 지음 | 공양희 · 해성 옮김

아침이슬

| 차례 |

| 머리말 |

『아이들은 왜 실패하는가How Children Fail』가 잘못된 방향으로 머리를 쓰는 아이들에 대한 이야기였다면 이 책은 머리를 제대로 쓸 줄 아는 아이들, 능동적이고 효율적으로 배우는 아이들(가끔은 어른들도 포함된다.)에 대한 이야기다. 이 책에 나오는 아이들 중 몇몇은 학교에 다니는 나이지만, 대부분은 아주 어린 아이들이다. 아이들이 가장 효율적으로 배우는 시기는 학교에 들어가기 전이다. 그 이유에 관해서는 의견이 분분하지만 어린아이들이 더 잘 배운다는 사실에는 많은 전문가들도 동의하고 있다.

배움이 효율적으로 이루어지려면 어떤 특정한 방식으로 머리를 써야 한다. 어린아이들이 큰 아이들보다 (그리고 자신들이 컸을 때보다) 훨씬 더 잘 배우는 이유는 바로 그 특정한 방식으로 머리를 쓰기 때문이라는 것이 나의 믿음이다. 이 책에서는 바로 그 점을 보여주려 한다. 다시 말해, 아이들에겐 아이들의 상태에 알맞은 배움의 방법이 있는데, 우리가 훈련을 통해 그 방법을 쓰지 못하도록 길들이기 전까지는 자연스럽고 쉽게 그 방법을 써서 배운다는 것이다.

우리는 아이들을 학교에 보내는 건 생각하는 법을 가르치기 위해서라고 말한다. 그러나 학교에서 실제로 하고 있는 일은 나쁜 방식으로 생각하도록 가르치는 것이다. 우리는 아이들이 자연스럽고 효과적인 방식으로 생각하기를 그만두게 하고는, 제대로 통하지도 않고 우리 스스로도 잘 사용하지 않는 방식을 택하도록 한다.

아이들이 자기들은 학교 같은 환경에서나 언어나 상징, 추상적인 사고와 관련된 상황에서는 생각이라는 걸 할 줄 모른다고 믿게 만드는 것은 그보다 더 나쁜 일이다. 아이들은 자신이 '멍청해서' 복잡하거나 어려운 것은 말할 것도 없고, 그저 새로운 것 정도도 배우지 못하고 이해할 수도 없다고 생각한다.

그 결과는 무엇인가?

학교에 다니는 아이들 중 극히 소수만이 우리가 가르치려는 방식으로 배우는 데 능숙해질 뿐 대부분의 아이들은 수치심을 느끼고, 겁을 먹고, 기가 꺾여버린다. 그래서 무언가를 배우는 데 머리를 쓰는 게 아니라, 어떻게 하면 어른들이 시키는 것들을 안 할 수 있을까 하는 데 머리를 쓴다. 어른들이 시키는 일이란 바로 아이들에게 배우는 법을 가르치기 위해서 만들어낸 것들이다. 짧게만 보면, 아이들이 쓰는 이런 전략들이 통하는 것처럼 보인다. 거의 아무것도 배운 게 없어도 학교 과정을 통과할 수 있도록 해놓았으니 그럴 수밖에. 그러나 길게 보면 이 전략들은 아이들의 성장을 가로막고, 인격과 지성을 파괴해버리고 만다. 이런 전략을 사용하는 아이는 규격화된 존재 이상으로는 성장하지 못한다. 대부분의 아이들은 '틀에 박힌' 인간이 될 것이며, 이것이 바로 학교에서 일어나는 진짜 실패다. 이 실패에서 벗어나는 아이는 거의 없다.

그러나 아이들이 가장 잘 배우게 되는 방법과 환경, 정신 상태를 좀 더 이해하게 된다면, 그리고 학교를 아이들이 타고난 방법으로 사고하고 배울 수 있는 곳, 나아가서 그 방법을 더 발전시킬 수도 있는 곳으로 만든다면, 이 실패를 상당히 막아낼 수 있을 것이다. 그렇게 된다면 학교도 모든 아이들이 성장할 수 있는 곳, 몸이나 지식뿐 아니라 호기심, 용기, 자신감, 독립심, 재기, 활달함, 참을성, 능력, 이해력을 키울 수 있는 곳이 될 것이다. 이 과제를 진짜 멋지게 해낼 방법을 찾아내는 데에는 오랜 시간이 필요할 것이다. 어쩌면 우리는 오십 년이나 백 년쯤 지나야 학교와 가르침, 배움에 대해서 우리가 가진 최신의 생각들이 굉장히 모자란 것이거나 아니면 완전히 엉터리라는 사실을 깨닫게 될지도 모른다. 하지만 아이들을 더 잘 이해함으로써 지금 우리가 끼치고 있는 해를 조금이라도 줄일 수 있다면, 크나큰 한 걸음을 내딛는 것이 아닐까.

_내가 이 책에 쓴 내용을 한마디로 요약하라면 이렇게 줄일 수 있다. 아이들을 믿으라. 이보다 간단한 것은 없다. 그렇지만 이것만큼 어려운 것도 없다. 왜냐하면 아이들을 믿으려면 우선 우리 자신을 믿어야 하기 때문이다. 우리 대부분은 어린 시절부터 자신은 믿을 만한 사람이 못 된다고 배워왔다. 그래서 우리 자신이 어린 시절 대우받아온 것처럼 아이들을 대한다. 그리고 이러한 '현실'을 탓하며 씁쓸하게 내뱉곤 한다.

"내가 참아냈으니, 우리 아이들도 참을 수 있겠지."

우리가 할 일은 두려움과 불신이라는 이 기나긴 악순환의 고리를 끊어버리고 아이들을 믿는 것이다. 비록 우리 자신은 불신받았지만 말이다. 이는 쉽게 이룰 수 없는 신념의 도약을 필요로 하는 일이다. 그러나 이 도약을 감행하는 사람에게는 멋진 보답이 기다리고 있다.

내가 이 책을 쓴 후로 학교란 곳은 극히 드문 경우를 제외하고 꾸준하고도 빠르게 나쁜 방향으로 진행되어왔다. 전체적으로 봐서 학교들은 예전보다 규모가 커졌고, 훨씬 더 집단성을 띠게 되었으며, 더 위협적이고 위험한 곳이 되었다. 학교는 교육과 가르침이 산업적 생산 과정에 다름 아니라는 잘못된 생각을 강하게 고집하고 있다. 이른바 위에 있는 분들은 그 생산 과정을 세세한 부분까지 일일이 고안하고 기획하여 교사들에게 강요한다. 그 탓에 가르치는 내용과 방법, 그리고 시험 방식에 관한 교사들의 발언권은 점점 더 축소돼가는 상태다. 학교에서 가르치는 내용 또한 그 생산 과정에 의해 훨씬 더 조각조각 나뉘어졌다. 시모어 페퍼트Seymour Papert 교수가 『마인드스톰Mindstorms』에서 언급한 단어를 빌자면 '분해된' 것이다. 이는 아이들이 배우는 내용이 다른 것들과의 연관성을 잃고 무의미해졌음을 뜻한다.

이런 양상을 지켜보노라면 당시에는 그 중요성을 잘 느낄 수 없었던 어떤 일이 떠오른다. 교육 혁명이 한창 기세를 떨치던 (그러나 결국 교육 혁명은 일어나지 않았다.) 60년대 후반의 일이다. '교육의 미래'라는 주제를 놓고 교육계 수뇌부들이 모인 대규모 회의에 참가해 며칠을 보내고 온 어느 저명한 교육가가 나에게 말했다.

"그 사람들은 대안학교나 열린 교실이나 뭐 그런 것에는 손톱만큼의 관심도 없어. 저들이 진짜로 흥미를 갖는 게 뭔지 아는가? 행동변이인지 행동학적 목표물인지 하는 것이라네."

결국 그 말은 사실인 것으로 드러났다. 그 이후 이미 분해되어 있던 지식 체계들은 훨씬 더 잘게 조각났고, 아이들은 일주일마다 치르던 시험을 날마다, 아니 한 시간마다, 마침내는 15분마다 치르게 되었다.

'기초로 돌아가기' 시대가 선포된 지 벌써 7, 8년이 지났지만 지금으로서는 그 결과가 좋아 보이지 않는다. 아니, 대체로 나쁘다고밖에 볼 수 없다. 하지만 그 결과에 대해 학교는 "이제부터 '진짜로' 기초로 돌아가려 합니다."라고만 말할 뿐이다. 마치 그것이 발명된 지 겨우 이틀밖에 안 되었다는 투가 아닌가.

나는 이제 더 이상 학교를 아이들이 성장할 수 있는 곳으로 만들 수 있다는 믿음을 갖고 있지 않다. 무용이나 컴퓨터 프로그래밍이나 비행같이 아주 특수한 것을 가르치는 몇몇 학교만이 예외가 될 수 있겠다. 하지만 전체적으로 보았을 때는 분명 회의적이다. 만약 아이들에게 선택권이 있다면, 그들은 공부 말고는 어떤 사건도 일어나지 않는 데다가, 만나는 어른이라고는 아이들에게 뭔가 시키고 감시하는 일을 밥벌이 수단으로 삼는 '어린이 다루기 전문가'밖에 없는 곳에서 시간을 보내고 싶어 하지는 않을 것이기 때문이다.

이 책은 효율적인 배움의 방법을 묘사하는 데 초점을 맞추고 있을 뿐 거기에 어떤 이론을 갖다 붙이거나 논리적으로 설명하는 데는 관심이 없다. 요즘 사람들은 인간이 생각하고 배울 때 뇌 안에서 전기적, 화학적으로 (그 밖에 온갖 무슨 무슨 적的을 갖다 붙이며) 어떤 일이 일어나는지 알고 싶어 난리다. 그런 연구는 분명 흥미로우며 어쩌면 그 유용성이 앞으로 드러날지도 모르겠다. 하지만 그것과 이 책의 목적과는 아무런 관계가 없다. 학교를 더 좋은 곳으로 만들기 위해 생체기관인 두뇌에 대해 더 많은 것을 알아야 할 필요는 없지 않은가. 지금 우리가 알고 있는 두뇌에 대한 일반적인 지식만으로도 학교를 훨씬 더 나은 곳으로 만드는 데는 지장이 없지 않을까.

오히려 나는 인간의 경험이 복잡한 분자의 형태로 두뇌에 저장된다는 증거를 찾아내는 대신 우리가 예전부터 이미 알고 있던 '사실'들을 상기하는 것이, 아이들로 하여금 올바른 배움의 길을 가게 하는데 더 도움이 된다고 생각한다. 그 첫째는 강렬하고 생생하고 기분 좋은 경험이야말로 가장 기억하기 쉽다는 것, 그리고 둘째는 기억력은 강요받지 않았을 때 가장 잘 발휘된다는 것이다. 우리가 무언가를 인지하고 사고하고 느낄 때 두뇌에 전기장이 형성된다는 볼프강 쾰러 Wolfgang KÖhler의 이론은 흥미롭다. 이 이론은 불안하고 두려움에 떨고 있는 상태에서는 생각과 인식작용이 잘 일어나지 않는 이유를 분명하게 설명해준다. 하지만 사실이 사실임을 알기 위해 그런 설명이 꼭 필요한지는 의문이다. 아이들을 두려움에 떨게 만드는 것이야말로 아이들의 배움을 정지시킨다는 사실을 아는 데 굳이 설명이 필요하지 않은 것처럼 말이다.

이 책은 또한 아이들의 심리에 관해서가 아니라 '아이들 그 자체'를 이야기하고 있다는 것을 밝혀두고 싶다. 나는 이 책을 통해 아이들에 대한 어른들의 이해가 더 깊어지는 것뿐 아니라 아이들을 바라보는 그들의 호기심이 더 커지고 관찰력이 더 날카롭게 벼려지길 원한다. 그러므로 이 책을 읽고 난 뒤 아이들을 관찰거리가 무궁무진하고 흥미로운 존재로 여기게 된다면 더 바랄 나위가 없겠다. 이전에는 한 번도 알아채지 못한 많은 것들이 눈에 보이고 그 안에서 생각할 거리를 발견하게 된다면, 그리하여 자신의 오래된 도그마에 의심을 품게 된다면 말이다.

__이 책의 초판을 읽은 어떤 친구가 나에게 말했다.

"난 항상 어린아이들을 진짜 좋아했어. 내 아이들은 특히 더. 하지만 이 책을 읽기 전까지는 상상도 해보지 못했다네. 아이들이 그토록 흥미로울 수도 있다는 사실을 말이야."

나 자신에게도 어린아이들은 점점 더 흥미로운 존재가 되고 있다. 아기들이 주변 세계를 탐구하고 인지하는 모습을 관찰하는 것은 나에게 세상에서 가장 재미있는 일 중 하나다. 그들의 말과 행동은 어른들의 말이나 행동에서는 발견하기 힘든 수많은 즐거움과 진지한 생각거리를 준다.

물론 어린아이들을 좋아하지 않거나 그들이 흥미롭다는 사실을 미처 알지 못해서 그들을 가까이하지도, 함께 놀지도 않는 게 죄는 아니다. 그러나 죄는 아닐지언정 엄청난 불행이요, 어마어마한 손실임에는 분명하다. 마치 귀머거리나 장님이 되거나 다리가 잘리는 것처럼 말이다.__

인간의 정신은 뭐니뭐니해도 미스터리이며, 그 상당 부분은 앞으로도 영원히 미스터리로 남을 것이다. 아주 생각이 깊고 정직하고 자기 성찰적인 사람이라 할지언정 자기 머릿속에서 일어나고 있는 일을 조금 알아내는 데만도 여러 해가 걸린다. 그러니 다른 사람의 머릿속에서 무슨 일이 일어나고 있는지 확실히 알아낸다는 게 가능하기나 하겠는가? 그런데도 그 일을 마치 옷가방에 든 물건 점검하듯 쉽게 보는 사람들이 의외로 많다. 그들은 다른 이의 머릿속 사정을 훤하게 꿰뚫어 그 안에서 일어나고 있는 일들을 정확하고도 완벽하게 나열할 수 있다고 믿는 것 같다. 지금 나는 다른 사람의 마음과 생각을 이해하려고 해서는 안 된다고 말하는 게 아니다. 다만 우리가 발견했다고 여기는 것에 대해, 그 또한 언제든 바뀔 수 있다는 수용적이고도 겸손한 자세를 가져야 한다는 것이다.

기차를 탄 두 남자에 관한 오래된 이야기가 있다. 기차가 목초지를 지나갈 때 맨살을 드러낸 듯한 양 떼가 보였다. 한 남자가 말했다.

"저 양들은 방금 털을 깎았군."

다른 사람은 좀 더 오랫동안 양들을 바라보더니 이렇게 말했다.

"그렇게 보이는구먼. 우리 쪽에서 보니까 말이야."

지성의 작용에 대해서 말을 할 때는 이처럼 신중한 태도로 말해야만 한다. 나는 그런 자세로 글을 쓰려고 했다. 독자들도 그런 자세로 읽어주기를 바란다.

• 일러두기

이 책은 1967년에 출간된 『How Children Learn』의 개정판(1983년)을 저본으로 번역하였다. 홀트는 개정판을 내면서 초판의 내용을 고치는 대신 초판 이후에 갖게 된 새로운 생각이나 사고의 전환을 덧붙이는 방식을 취해 자신의 사고가 어떻게 변화되었는지를 보여주고자 했다. 번역판에서는 새롭게 추가된 글 앞뒤에 ___를 붙여 초판의 내용과 추가된 내용을 구분하였다. 특히 1장과 7장, 9장은 장 전체가 새로 추가된 것이다.

1

아이들에 관해 배우기

_내가 이 책 초판의 상당 부분을 썼던 1960년대 초반에는 아주 어린 아이들의 학습 과정에 세밀한 관심을 가진 심리학자들은 거의 없었다. 그건 중요하지도 않고 그다지 잘 알려지지도 않은 연구 분야였고, 어떤 곳에선 학문으로 취급받지도 못했다. 명문 대학에 다니던 한 친구가 피아제 연구로 철학박사 학위논문을 쓰려고 하자 지도교수가 적극적으로 반대할 정도였다. 피아제가 연구 대상으로 삼았던 아이들의 연령대 역시 자기 아이들을 제외하면 주로 서너 살 이상이었다. 아기들은 하잘것없는 존재로 취급받았으며 시간이 지나야만 진지한 관심을 받을 가치가 있는 사람이 된다는 것이 그 시대의 견해였다.

그러나 이제는 모든 것이 바뀌었다. 아주 어린 아이들의 세계관, 힘, 능력, 학습에 대한 연구는 심리학에서 매우 중요한 분야가 되었다. 아이들에 관해 지금보다 훨씬 더 많이 알아야 한다는 데에 모든 사람이 동의하고 있는 것이다. 우리는 아이들이 어떻게 세계를 인식하고, 어떻게 그 속에서 살아가고 자라고 배우는지를 알아야만 한다. 문제는 어떻게 아느냐다.

많은 사람들이 이 일을 가장 잘 해내는 방법은 두뇌 자체를 직접 연구하는 거라고 생각한다. 내가 이 책의 초판 머리말을 쓰던 당시에도 이런 종류의 연구가 진행되고 있었다. 지금은 훨씬 더 많은 연구가 성행 중인 것으로 안다. 하지만 그와 같은 연구의 공통점은 학교에 거의 아무런 영향을 미치지 못하고 있다는 것이다. 일례로 한때 유행했던 우뇌 좌뇌 이론을 보자. 이 이론에 따르면 어떤 종류의 사고는 우뇌에 해당하고, 또 다른 종류의 사고는 좌뇌에 해당한다. 예술을 신봉해온 사람들, 특히 학교가 예술 교육을 좀 더 적극적으로 시행해야 한다고 주장해온 사람들은 이 이론을 근거로 아이들의 우뇌를 발달시키려면 예술 과목을 활성화시켜야 한다고 말했다. 하지만 학교에서 예술을 몰아내고 싶어 하는 사람들은 흔들리지 않았다. 다른 논쟁이라면 몰라도 좌뇌 우뇌 논쟁에는 그다지 감명을 받지 않은 것으로 보인다. 그들은 여전히 학교에서 예술을 몰아내고 싶어 하며 두뇌 작용에 관한 그 어떤 새로운 이론이 등장한다 해도 그 때문에 그들의 신념과 학교가 바뀔 것 같지는 않다.

누구를 위한 두뇌 연구인가?

사실 이론은 사람들이 그 이론을 따라잡는 속도보다 훨씬 빨리 변하기 때문에 그 자체로 한계를 갖는다. 위에서 말한 좌뇌 우뇌 이론만 하더라도 그 신선함이 채 수그러들기도 전에 또 다른 연구에 의해 의문이 제기되지 않았던가. 서로 다른 정신 활동이라고 해서 확실하게 어느 한쪽 뇌에 속한다고 볼 수는 없다는 연구 결과가 《옴니Omni》지에 실렸던 것이다. 〈브레인스톰Brain Storm〉이라는 제목으로 실린 그 내용을 요약하면 아래와 같다.

샌프란시스코에 있는 캘리포니아 의과대학 랭글리 포터 신경정신병학 연구소의 뇌파도 시스템 실험실 연구원들은 이제 64개의 채널로 이루어진 뇌파도 기록 헬멧을 완성시키려 하고 있다. 뇌파도 기록 헬멧은 두뇌가 활동할 때 발생하는 뇌기능 전기를 보다 발전된 형태의 신호로 처리할 수 있게 해줄 것이다.……

테스트 환경을 면밀하게 계획하고 수학적 패턴 인식 분석을 이용함으로써 그들은 뇌의 여러 부분과 관련된 전기적 패턴들의 빠르게 변화하는 복잡한 상관관계를 도표로 작성했다. 이것은 서로 다른 종류의 정보라 해서 뇌의 특정한 부분에 한정되어 처리되는 게 아니라는 사실을 보여주었다. 가장 기본적인 인식기능에서조차도 뇌의 여러 부분이 관계되어 있다는 것이다.

실험실 연구원들은 23명을 관찰하면서 처음에는 글쓰기 등등의 일이 우뇌와 좌뇌 중 어느 한쪽과 더 많은 관련이 있다는 가설을 확인했다. 그러나 수학적 패턴을 인식하는 기계를 이용하여 더 면밀히 관찰해보았을 때에는 참여자들이 문장을 쓰고 있을 때와 그냥 낙서를 하고 있을 때에 일어나는 전기적 활동 사이에 확연한 차이를 발견할 수 없었다. …… 그래서 그들은 32명의 새로운 피실험자들을 전선에 연결시켰다. …… 연구자들은 뇌파도 '스펙트럼'에 속해 있는 임무들을 부여했을 때 뇌반구 양쪽 사이에 일어났던 차이가 완전히 사라져버리는 걸 보았다. 대신에 그들은 양쪽 반구에 동시에 관련되는 상당히 균일한 패턴을 목격했다.

실험실 소장인 앨런 게빈즈Alan Gevins는 이렇게 말한다.

"이런 현상은 서로 다른 종류의 임무가 서로 제한된 소수의 영역에서만 처리되는 것이 아니라 넓게 분포된 여러 영역에 관계되어 있다는 사실을 보여줍니다. 그러니 예를 들어 뇌의 어떤 부분을 다쳤는데 덧셈을 할 수 없게 되었다고 해서 그 부분이 산술 계산을 전담하고 있다고 말할 수는 없다는 것이지요. 다만 다친 그 자리가 산술 계산을 하는 데 필수불가결한 부분이라는 것만 확인할 수 있을 뿐입니다."

나는 이런 종류의 연구가 지닌 가치에 회의적이긴 하지만 그렇다고 그들이 발견한 사실에 동의하지 않는 것은 아니다. 오히려 나는 아주 강력하게 동의한다. 처음부터 나는 좌뇌 우뇌 이론을 신봉하지 않았다. 두뇌 사용자인 나 자신의 경험에 비추어볼 때 전혀 단순하지 않다고 느껴지는 것을 너무나 단순하게 만들어버리는 듯이 보였기 때문이다. 물론 어떤 종류의 정신 활동은 뇌의 이 부분에서, 또 다른 종류의 정신 활동은 저 부분에서 주로 작용할 수는 있을 것이다. 그러나 복잡하고 다양한 여러 가지 생각과 정신적인 경험 모두가 딱 두 종류로 완벽하게 구분될 수 있고, 그 가운데 어떤 것들은 오직 좌뇌에만, 또 다른 것들은 오직 우뇌에만 속해 있다고 말하는 것은 지나치게 단순하고 어리석은 주장이 아닐까.

일례로 어느 순간 나 자신의 마음이 말해주는 것에 깜짝 놀랐다고 치자. 그게 너무 멋진 나머지 잊어버리기 전에 빨리 써놓으려고 달려간다면, 대체 나의 뇌에서 말을 건네는 '마음'이 있는 곳은 어디고, 그 말에 놀라는 '나'가 있는 곳은 어디인가? 그 멋진 문장들을 만들어낸 생산자는 내 뇌의 어느 반구에 위치해 있고, 그 문장이 좋다고 판단하는 관찰자, 비평가, 편집자는 또 어느 쪽에 있단 말인가?

좌뇌 우뇌 이론가들, 적어도 그중 겸손한 사람들은 (어떤 사람들은 겸손과는 거리가 멀다.) 이렇게 말할지도 모른다.

"모든 종류의 생각들이 완전히 어느 한쪽 반구에만 속해 있다고 말하려는 건 아닙니다. 단지 어떤 종류의 생각들은 그럴 수 있다는 것이지요. 그래서 우리는 피실험자에게 간단한 임무를 주고 어디에서 전기적인 파동이 나타나는지를 보려는 겁니다."

그러나 문제는 생각과 감정을 서로 떼어놓는 일은 거의 불가능하다는 사실이다. 어떤 두뇌 연구자라 할지라도 (심리학자도 마찬가지다.) 실험의 일부로 '간단한' 임무를 주었을 때 사람들이 그 임무 외에는 아무것도 생각하지 않을 거라고 생각한다면 그건 굉장히 어리석은 일이다. 사람들은 대부분 딴 생각을 아주 많이 할 것이다. 이 사람은 왜 나에게 이런 일을 시키는 것일까? 내가 제대로 하고 있나? 내가 실험 대상으로서 잘하고 있는 걸까? 잘못하면 어쩌지? 다시 하라고 하지는 않을까? 이게 다 뭐 하자는 짓이람? 등등.

그러므로 이런 종류의 연구와 이런 연구를 하는 사람들, 64개의 채널로 이루어진 헬멧이 안고 있는 문제점은 너무나 분명하다. 살아서 움직이는 정신은 (그 사람들 식으로 말하자면) 매초마다 수십만, 아니 수백만 개의 정보를 처리한다. 그에 반해 데이터는 터무니없이 조악하다. 차트에 나와 있는 몇 안 되는 (64개라 해도 마찬가지다.) 파동들로 정신 혹은 두뇌(이 둘은 같은 것이 아니다.)는 이러이러하게 작동하는 것이라고 판단을 내리는 일은 5리터들이 양동이를 바다 속에 담갔다가 꺼내서 그 안에 든 것을 보고 바다 속에 뭐가 산다고 결정하는 것과 마찬가지인 것이다. 양동이 크기를 늘린다고 해서 상황이 더 나아질까? 그보다는 우리 자신의 생각의 바다 속에 풍덩 뛰어들어 그 속에서 헤엄치면서 뭐가 보이는지를 살피는 것이 훨씬 가치 있지 않을까? 이 방법조차도 굉장히 불완전하고 불확실하지만 말이다.

과학주의, 인간에 대한 파괴 혹은 모독

두뇌 연구들이 보여주는 또 하나의 오류는 매우 불안하고 특정한 상황에서 실험을 통해 알아낸 정보로부터 평상시 사람들의 행동에 대해 신빙성 있는 판단을 내릴 수 있다고 추정하는 태도이다.

60년대에 어느 유명한 교육심리학자가 아이들이 사물을 어떻게 쳐다보는지, 어떤 패턴으로 낯선 물체를 훑어보는지에 관한 연구를 하기 위해 '눈 카메라'라는 기계를 사용했다. 피실험자들이 앞에 놓인 그림을 쳐다보는 동안 몇 인치 떨어진 곳에 설치된 눈 카메라가 안구에 가느다란 빔을 쏘아 피실험자들의 눈에 반영된 형상들을 연속적으로 찍게 되어 있었다. 연구자들은 빛으로 이루어진 작은 점들이 찍힌 사진이 피실험자들의 안구가 움직인 패턴을 보여줄 수 있을 거라고 생각했다.

사진을 찍는 동안 피실험자들이 머리를 움직이면 안 되기 때문에 연구자들은 피실험자가 앉는 의자에 U자 형의 금속 틀을 설치했다. 거기엔 피실험자들의 관자놀이를 꽉 조여 움직일 수 없게 만드는 쇠가 고정되어 있었다. 그렇게 해도 머리가 조금씩 위아래로 움직일 수 있으므로 피실험자들은 머리 앞쪽에 설치된 금속 막대를 물고 있어야 했다. 단단히 입을 다물고 턱을 고정시켜 머리가 움직일 수 없도록 조치한 것이다.

아이들에 대해 조금이라도 알고 있는 사람이라면 누구나 예측할 수 있겠지만 이 실험에 참여하기 위해 온 아이들 중 반 이상이 그 기구의 기괴한 모습에 겁을 먹고 아예 가까이 가려고 하지 않았다. U자 형 죔쇠에 머리를 넣는 것까지 시도한 대담한 아이들조차도 대부분은 구역질 때문에 금속 막대를 물지 못했다. 결국 실험을 위해 데려온 아이들 중 아주 적은 수만이 피실험자 노릇을 끝까지 해낼 수 있었다.

스코틀랜드의 정신병학자 라잉R. D. Laing은 이런 종류의 왜곡되고 남용된 '과학적 방법'에 거침없이 반대하는 글을 써온 것으로 유명하다. 의학과 정신병학을 공부하고 그 분야에 종사하면서 목격한 것들을 써온 라잉은 최근에 나온 책 『생명의 진상The Facts Of Life』 중 '과학적 방법과 우리들'이라는 장에서 이렇게 토로하고 있다.

> 과학적인 간섭은 이 세상에서 가장 파괴적인 간섭이다. 오직 과학자만이 가장 파괴적으로 간섭하는 방법을 안다. 가슴 없는 냉혹한 지성은 그 자신의 지옥과도 같은 구조를 지옥과도 같은 끔찍한 기구와 방법으로 탐사해서 그 지옥과도 같은 결과를 지옥과도 같은 언어로 설명하는 것 이외에는 아무것도 할 수 없다.

과학이라는 이름으로 파괴적인 간섭이 횡행하게 된 데는 무엇보다도 생명체를 단순한 기계와 혼동하는 과학자들의 잘못된 인식 탓이 크지 않을까 싶다. '인공지능' 연구에 지도적인 역할을 한 과학자 마빈 민스키Marvin Minsky 교수의 견해가 대표적인 예다.

> 우리는 그 기계들이 정신과 물질, 의식, 자유 의지 같은 것들에 관해 확신하면서 인간들처럼 혼란스러워하거나 고집을 부려도 놀라지 말아야 한다. 왜냐하면 그런 문제들은 자아 모델의 요소들 사이에서 일어나는 복잡한 상호작용을 설명하는 것에 불과하기 때문이다. 인간이나 기계가 그런 문제에 대해 강력한 확신을 갖는다고 해도 그것은 인간이나 기계 자체에 대해 아무것도 말해주지 않는다. 그것이 말해주는 것은 오로지 그 인간 혹은 기계의 자아 모델에 관해서일 뿐이다.

이 차갑고 초연하고 재치 있는 목소리에서 (민스키는 분명 영리할 뿐 아니라 흥미롭고 재미있다.) 가장 끔찍하고 무서운 것은 우리가 인간으로서 우리 자신에 대해 느끼는 가장 깊은 감정에 모욕을 던지고 있다는 점이다. 위에 인용된 글에서 민스키는 우리 자신이 느끼는 강력하고 생생한 경험은 실제가 아니고 진실도 아니며, 다만 우리 자신과 타인들에 관한 망상일 뿐이라면서 언젠가는 자신이 우리하고 꼭 같이 '스스로를 느끼는 기계'를 만들어낼 거라고 말한다. 그의 메시지는 한마디로 이렇게 줄일 수 있다. 당신 자신의 경험으로는 스스로에 대해 아무것도 알아낼 수 없어! 당신은 우리 전문가들이 말해주는 것만 믿어야만 해!

생명체는 기계가 아니다

라잉이 같은 책에서 인용한 미국의 유명한 심리학자 역시 자신의 저서를 통해 이렇게 주장한 바 있다.

> 생명체에 관해 우리가 알게 된 모든 것은 이런 결론을 내리도록 한다. 생명체는 기계와 닮은 것 정도가 아니라 기계 그 자체이다. 인간이 만든 기계는 두뇌가 아니지만, 두뇌는 아주 잘못 이해되고 있는 종류의 계산 기계이다.

딱 잘라 말하건대 나는 위의 글에 반대한다. 생명체에 관해 내가 알게 된 모든 것은 '생명체는 절대로 기계가 아니다.'라는 결론을 내리게 하기 때문이다.

좁은 공간에 쥐를 여러 마리 함께 가두어놓으면 쥐들의 행동이 거의 모든 점에서 뚜렷하게 악화된다는 사실이 연구를 통해 밝혀졌다. 조련사가 쥐에 대해 어떤 감정을 갖고 어떻게 느끼는가에 따라 쥐들의 임무 수행 능력이 엄청나게 달라질 수 있다는 사실도 다른 실험을 통해 드러났다. 동일한 쥐를 놓고 조련사가 영리하다고 말해주었을 때와 둔하다고 말했을 때, 영리하다고 칭찬해주었을 때 그 쥐는 임무를 훨씬 잘 수행했다. 그렇다면 같은 방식으로 기계를 실험했을 때, 즉 방 안에 기계를 여러 대 갖다놓는다고 해서 기계가 신경질적이 되거나 고장이 날까? 상냥하게 말을 걸어준다고 해서 기계가 더 잘 돌아갈까? 어떤 사람들은 이렇게 말할지도 모른다. 언젠가는 그런 기계를 만들어낼 수 있을 거라고. 하지만 나는 그런 주장에 대해 아주 회의적이다. 설령 동물과 가까운 그런 기계를 만들어낼 수 있다고 해도 그것이 생명체가 기계라는 주장을 조금이라도 증명하는 건 아니기 때문이다.

인간을 포함한 생명체가 기계에 불과하다는 생각은 일류 대학에서 인정받을 수 있을지는 몰라도 적어도 나에겐 세상에 널리 퍼져 있는 수많은 나쁜 생각 중에서도 가장 잘못되고 어리석고 해로우며 위험한 것의 하나로 보인다. 만약 생각이라는 것이 사악할 수 있다면 이 생각은 분명 사악하다.

물론 모든 과학자가 그처럼 부도덕한 과학관과 인간관에 찬성하는 것은 아니다. 미국의 생물학자 밀리센트 와쉬번 쉰Millicent Washburn Shinn의 작업은 그 반대의 정점에 서 있다. 1900년에 출판된 『아기의 일대기The Biography of a Baby』는 그 증거가 되기에 충분한 책이다. 이 책에서 자기의 조카인 루스를 너무나 생생하게 묘사한 쉰은 자신이 왜, 어떻게 이 책을 쓰게 되었는지에 관해 이렇게 말한다.

> 아이들에 관한 연구는 대개 아동기 후반인 취학 연령을 다루고 있는데 거의 항상 통계적인 방법을 이용한 것으로 실제 살아 있는 아이 개인의 이야기는 아주 적다. 반면 나는 아기의 행동을 전기적으로 기록하는 방법으로 유아기를 다루었다. 아기의 발달을 날마다 관찰하면서 그 결과를 기록한 것이다.
>
> 이런 방법으로 얻은 결과는 뭔가 하자가 있을 수 있는 것 아니냐는 질

문을 자주 받는다. 아이들에 따라 차이가 클 수 있기 때문이다. 물론 한 명의 아이를 통해 관찰한 사실에서 일반적인 결론을 끌어낸다는 것은 대단히 주의를 요하는 일임이 분명하다. 그러나 아이들은 많은 점에서 비슷비슷하며 어느 것이 일반화될 만한 사실인지는 쉽게 알 수 있다. 특히 유아기는 인류라는 종에 공통된 어떤 거대한 힘이 발달하는, 아동기 후반과 비교해서 개체 간의 차이가 그다지 크지 않은 시기이다.

아동 연구에서 전기적인 방법론은 진화의 과정이 진행되는 모습을 실시간으로 보여주는 데 더할 나위 없이 귀한 이점을 지니고 있다. 어떤 한 단계에서 그 다음 단계로 어떻게 나아가는지 변화가 일어나는 실제 순서들을 그대로 볼 수 있게 해준다. 비교 통계학은 이런 결과를 보여줄 수 없다. 만약 내가 천 명의 아기들을 연구 대상으로 삼아 마침내 그들이 평균 46주 2일째에 설 줄 알게 된다는 것을 알아냈다 하더라도 한 아기가 그 자그마한 발바닥으로 균형을 얻게 되기까지의 전체 과정을 관찰했을 때만큼 인간 발달의 한 단계로서 직립이라는 행위가 갖는 중요한 점들을 알 수는 없었을 것이다.

처음부터 내가 과학적인 목적을 염두에 두고 아기의 일대기를 쓴 것은 아니었다. 과학적으로 가치 있는 관찰을 할 만큼 내가 유능하다고 생각하지 않았기 때문이다. 나는 단지 연약하고 무력한 존재인 막 태어난 아기에게서 인간의 힘이 펼쳐져 나오는 그 놀라운 장관을 볼 기회를 오랫동안 기다려왔다. 그 매혹적인 진화의 드라마를 매일매일 시시각각 관찰하며 최대한 이해하려고 노력하는 일은 오로지 나 자신의 기쁨을 위해서였고 나 자신의 지적 욕구를 위해서였다.……

아기의 일대기를 쓰는 일을 두고 백 번도 넘게 받았던 질문이 있다.

"그런 일을 하는 게 아이에게 해를 끼치지는 않나요? 신경을 곤두서게 만드는 건 아닌가요? 아이에게 자의식을 심어주지는 않나요?"

처음에 나는 이런 질문이 이상한 오해에서 나온다고 생각했다. 내가 볼 때 사람들은 아이들을 관찰한다는 것이 마치 아이들에게 '무슨 짓을 하는' 것으로 생각하는 것 같았다. 그러나 이제는 믿는다. 그 일이 어리석게 행해지면 정말로 아이들에게 해를 끼칠 수도 있다는 사실을 말이다. 툭하면 아이들을 바로 옆에 두고서 얘가 이런 짓을 했다 저런 짓을 했다고 말하는 부모들이 얼마나 많은가. 만약 그런 부모가 어린이 연구자가 되기라도 한다면 아이 자신에 관한 질문을 그 어린 것에게 던지고 그것으로도 모자라 아이의 마음을 드러내놓고 해부하지 않겠는가. 그야말로 아이의 생각과 감정을 놓고 무슨 짓을 하지 않으리란 법이 없는 것이다. 그런 관찰은 아이에게 나쁜 것만큼이나 과학적으로도 가치가 없다. 관찰된 현상이 단순성과 자발성을 잃는 순간 관찰의 가치는 몽땅 사라지고 만다. 유능한 관찰자라면 어떤 방식으로도 아이에게 간섭하지 않는다. 바닥에서 놀고 있는 조카가 내는 혀짤배기소리를 연필로 적었는데 나중에 조카가 이상하게 되었다면 해를 끼친 책임은 공책이 아니라 다른 어떤 것에 돌려져야 할 것이다.

있는 그대로 보는 즐거움

밀리센트 쉰이 좋아했을 법한 책이 1980년에 하나 나왔다. 나도 재미있게 읽은 그 책은 글렌다 비섹스Glenda Bissex의 『지니스 앳 워크

Gnys at Wrk』이다. 비섹스는 그 책의 서문에서 이렇게 쓰고 있다.

이 책은 읽고 쓰는 법을 배우게 된 한 아이의 이야기로 글을 배우기 시작한 다섯 살부터 열한 살 때까지를 기록하고 있다.

어린 아들의 발달에 관한 메모를 시작했을 때 나는 내가 '연구'를 위한 '자료'를 수집하고 있다는 사실을 몰랐다. 하버드대학에서 코트니 카스텐의 아동 언어 코스를 밟은 적이 있고 또 영어교사로서 막 글 읽기를 재교육 받은 참이어서 아들의 언어 발달에 각별한 관심을 가지고 있던 것은 사실이나 그럼에도 처음에 나는 단지 뭔가 써놓는 버릇이 있는 엄마였을 뿐이다. 그런 내게 철자법을 배우기 시작한 폴의 모습을 관찰하는 일은 무척 놀랍고 매혹적인 것이었다. 시간이 좀 지난 후 나는 아이들이 지어낸 철자에 관한 찰스 리드Charles Read의 연구를 알게 되었다. 그의 저작에 굉장히 감명을 받은 나는 비로소 내가 적어놓은 메모들을 '자료'로 보기 시작했다.……

처음에 폴은 무의식적인 관찰 대상이었다. 폴은 녹음기와 공책이 뭘 의미하는지 몰랐다. 여섯 살쯤 그 의미를 처음 알게 되었을 때 폴은 내가 관심과 주의를 기울이는 것에 기뻐했다. 일곱 살이 되자 폴은 스스로의 진보를 관찰하게 되었다. 첫해의 자료를 처음으로 분석할 때 폴은 내 책상에 널려 있는 지난날의 자기 글을 읽어보면서 즐거워했다. 그 글들은 폴에게 암호를 해독하는 듯한 기쁨을 가져다주었으며 나아가 그 이후 점차 발전해온 증거를 볼 수 있게 해줌으로써 성취감을 안겨주었다. 비슷한 시기에 한번은 폴이 자기가 철자에 관해 묻는 말을 내가 적는 걸 보았다. 그래서 엄마가 그걸 적는 걸 어떻게 생각하느냐고 묻자 폴은 말했다.

"그렇게 하면 이 다음에 내가 어릴 때 뭘 물어봤는지 알 수 있잖아."

여덟 살이 되자 폴은 자의식이 생겨서 눈에 띄는 관찰이나 메모를 하는 일에 불만을 표시했다. 그때부터 나는 메모를 그만두었다. 하루는 폴의 좌우 차이에 대해 관찰하고 있었는데 폴이 내가 뭘 적고 있는지 보더니 말했다.

"내가 하는 일을 일일이 표로 만들지 말았으면 좋겠어."

하지만 폴은 여전히 자기가 쓴 글을 나에게 가져왔고 (자기만의 비밀을 적은 글은 제외하고) 엄마인 나와 그것에 대해 뭔가 나누는 것을 소중하게 생각했다.

아홉 살이 되자 폴은 연구에 적극적으로 참여하게 되었으며, 자신이 왜 그때 그렇게 쓰고 읽었는지 이유를 생각하는 일에 관심을 갖게 되었다. 폴이 처음 글을 소리 내어 읽은 것은 어른의 피드백과 교정을 받기 위해서였다고 내 생각을 말하자 폴은 그게 아니라고 부인하면서 자기는 그렇게 읽는 게 맞는지 알아보기 위해 소리를 스스로 들어볼 필요가 있었다고 주장했다.

이 연구는 우리 사이에 특별한 유대감을 가져다주었다. 우리는 작업을 같이 하면서 관심을 나누었고 그를 통해 폴의 어린 시절과 성장 과정을 함께 즐겼다. 게다가 나는 이 연구가 아니었다면 놓쳐버렸을지도 모르는 내 아들의 어떤 특성을 이해하게 되었다.

1960년에 리사를 보면서 메모를 시작할 당시 나 역시 비섹스와 마찬가지로 뭔가 써놓는 버릇이 있고 그것을 즐기는 어른일 뿐이었다.

자료를 수집하고 있다거나 연구를 하고 있다고는 생각하지 않았다. 친구인 페기 휴즈Peggy Hughes가 나에게 책을 쓸 수 있고 또 써야 한다고 말하기 전까지는 책을 쓰는 것에 대해 생각해본 적도 없었다. 그건 내게 불가능하고 터무니없는 작업으로 여겨졌다. 하지만 오랫동안 십대들을 가르쳐왔고 또 내 누이나 친구의 아이들과 친구가 되어본 경험이 있는 나는 아주 어린 아이들에 대한 관찰이 어린이의 학습에 관해 뭔가 흥미롭고도 중요한 것들을 제시해줄 수 있을 거라는 생각과 기대가 없지 않았다.

그런 내게 겨우 한 살 반밖에 되지 않은 리사와의 만남은 굉장한 것이었다. 이전에는 한 번도 그렇게 어린 아이와 그토록 많은 시간을 함께 보낼 기회를 가져본 적이 없었다. 그래서 나는 리사가 하는 모든 일에 관심을 가졌으며 매일같이 리사의 손재주와 끈기, 부지런함, 지성, 진지함에 놀랐고 큰 감명을 받았다. 리사를 관찰할 때 나의 가슴은 설레었다. 그러나 그것은 현미경을 통해 표본을 관찰하는 사람의 심정과는 거리가 멀었다. 오히려 여름날 골짜기 너머 눈 덮인 콜로라도 산을 바라보는 마음과 흡사했다. 관심과 기쁨, 흥분, 경외심, 놀라움이 뒤섞인 그런 기분이었던 것이다. 나는 기적을 보고 있었고 작으나마 기적에 참여하고 있었다.

하지만 나는 또한 밀리센트 쉰의 인간적이고 분별 있는 목소리를 잊지 말아야 함을 알고 있다.

"사람들은 아이들을 관찰한다는 것이 마치 아이들에게 '무슨 짓을 하는' 것으로 생각하는 것 같았다. …… 그런 관찰은 아이에게 나쁜 것만큼이나 과학적으로도 가치가 없다. 관찰된 현상이 단순성과 자발성을 잃는 순간 관찰의 가치는 몽땅 사라지고 만다."

그중에서도 가장 통렬한 아이러니가 담긴 말은 바로 이것이다.

"유능한 관찰자는 어떤 방식으로도 아이에게 간섭하지 않는다."

기술이 아닌 마음으로 관찰하라

라잉은 자신의 책 『생명의 진상』에서 어떤 여자가 철학과 교수에게 던진 질문을 인용한다.

"만약에 내가 더 이상 존재한다고 느끼지 않는다면, 어째서 자살해서는 안 되나요?"

그녀는 분명 기계와 다른, 그 이상의 무엇을 가리키는 의미에서 '존재'라는 단어를 썼다. 라잉의 책 속에서 그녀의 질문은 쓸데없는 것으로 치부되지만 나는 이것이야말로 세상에서 가장 쓸모 있는 질문 가운데 하나라고 생각한다. 만약 우리가 존재한다고 느끼지 않는다면, 그리고 우리의 경험이 하나도 중요하다고 느껴지지 않는다면, 그것은 죽음과 그다지 다르지 않을 것이기 때문이다.

이런 이야기가 아이들 자체와 그들이 배우는 법을 이해하고, 나아가 그에 대해 우리가 배우는 법과 무슨 관계가 있는지 의아한 생각이 들 수도 있다. 하지만 세상 모든 일은 '그것'과 관계가 있다. 특히 아이들은 자신의 경험을 통해 존재를 느낄 때 비로소 능력을 다해 배울 수 있고, 또 자기가 뭘 배우고 있는지 드러낼 수 있다. 또한 가장 중요한 건 밀리센트 쉰이나 글렌다 비섹스처럼 사랑과 존중심, 믿음에 가득 찬 어른들이 함께할 때 그 배움은 진정 꽃을 피울 수 있다는 사실이다. 반면 생명을 기계로 보는 이론가나 분석가들, 경험을 조작하려는 잔재주꾼들은 단지 아이들을 인위적인 행동으로 몰아갈 뿐이다. 아니면 속임수를 쓰거나 얼버무리거나 움츠러들게 만든다. 다시 말해 아이의 배움에 함께한다는 건 기술의 문제라기보다는 마음의 문제다.

까르륵거리는 아기의 발가락을 잡고 "요 꼬마 돼지가 장에 간다네."라고 흥얼거리며 즐겁게 놀이를 하는 다정한 부모와, 아기의 발가락에 '촉각 자극'을 주어서 아이의 지능을 조금이라도 높여서 나중에 일류 대학에 가게 만들려고 안달이 난 자택근무 예비 임상의가 있다고 치자. 얼핏 그 둘은 크게 달라 보이지 않을 것이다. 그러나 사실 그들이 미치는 영향은 밤과 낮만큼이나 다르다.

세상엔 아이들을 보는 두 가지 잘못된 관점이 있다. 하나는 길을 들여 복종시켜야만 할 사악한 괴물로 보는 것이고, 다른 하나는 프로그램을 잘 돌리면 천재로 만들 수 있는 두 발 달린 조그만 컴퓨터로 보는 것이다. 어느 쪽이 더 나쁜지, 어느 쪽이 더 큰 해를 끼칠지 구별하기는 어렵다. 분명한 것은 이 두 관점 모두를 반대하는 입장에서 이 책을 썼다는 사실이다.

2
아이들의 놀이와 실험

□ 1960년 8월 9일

나는 지금 친구 집 베란다에 앉아 있다. 16개월 된 리사가 가까이 있다. 똑똑하고 용감한 리사는 늘 아주 다양하고도 비슷비슷한 언어를 고안해서 사용한다. 어떤 소리들은 무슨 중요한 뜻을 알리려는 듯 여러 번 반복하기도 한다. 리사는 또한 물건들을 만지고 다루는 걸 좋아하고 놀랄 만한 손재주를 가지고 있다. 그 꼬맹이는 나사를 돌려서 맞출 수 있고, 그 비슷한 작은 물건들을 구멍에 끼울 줄도 안다. 아기들은 우리가 보통 생각하는 것보다 훨씬 손재주가 뛰어난 게 아닐까?

리사가 최고로 좋아하는 놀이 가운데 하나는 내 호주머니에서 볼펜을 꺼내서 뚜껑을 벗겼다가 다시 끼우는 것이다. 이건 상당한 기술을 필요로 한다. 리사는 절대로 이 놀이에 질리는 법이 없다. 볼펜이 내 주머니에 있는 걸 보는 즉시, 아이는 그걸 갖고 놀고 싶다는 표시를 낸다. 리사의 고집을 꺾을 수 있는 건 아무것도 없다. 내가 모르는 척하면 울고불고 난리를 피운다. 하지만 나에게도 작전은 있다. 필요할 때 바로 쓸 수 있도록 볼펜을 한 개 더 주머니에 넣어두는 것이다.

요전에 리사가 피아노를 가지고 노는 것을 본 적이 있다. 아이는 양손을 다 써가며 여기저기를 마구 쾅쾅 쳐댔다. 자신이 그 기계를 작동시키고 있다는 것, 그렇게 흥미진진한 소리를 내고 있다는 사실이 기쁘고 신나는 듯했다. 아이가 나를 따라할지 어떨지 불현듯 궁금해진 나는 검지로 건반을 눌렀다 뗐다 했다. 리사는 빤히 쳐다보더니 똑같이 따라했다.

□ 1960년 8월 11일

어제는 휴대용 전동 타자기를 베란다에 가져다놓았다. 좀 큰 애들은 타자기를 살펴보고 이따금 써보기도 했으나 아이스크림콘을 먹느라 정신이 없던 리사는 적어도 얼마 동안은 타자기에 관심을 두지 않았다. 리사는 아이스크림을 다 먹고 나서야 다른 아이들이 뭘 하고 있는지 보러 왔다. 그러고는 곧바로 자기를 들어 올려서 타자기를 써보게 해달라는 뜻으로 뭐라 뭐라 소리를 내며 몸짓을 해댔다. 나는 리사를 무릎에 앉혀서 기계를 똑바로 볼 수 있게 해주었다. 리사는 내가 한 손가락으로 키를 누르는 걸 보고 그대로 따라하더니 그 결과 일어난 일에 신나했다. 뭔가가 슝 날아가더니 날카롭게 짤깍 하는 소리가 난 것이다! 뭔가 움직이고 있는 것이 틀림없다고 생각하는 것 같았다. 그 기계 안에서 신비로운 일이 일어났고 그건 리사 자신이 일으킨 것이었다.

때때로 리사는 한 번에 하나 이상의 키를 두드려 키의 작동을 멈추게 했다. 그러면 나는 기계를 끄고 키를 정돈했다. 내가 회전식 전원 스위치를 껐다 켰다 하는 모습을 몇 번 보고 나더니 그 꼬맹이는 직접 해보려고 했다. 하지만 그럴 만큼 손가락 힘이 세지 못했다. 그러자 리사는 내 오른손을 잡아 올려 스위치를 조작하게 했다. 얼마 되지 않아 이건 일종의 놀이가 되었다. 내가 타자기를 끄면 리사는 잠시 동안 다시 켜려고 끙끙댄다. 그러고는 내 손을 잡아서 스위치를 켜도록 하는 것이다.

리사는 행을 바꾸는 데 쓰는 캐리지 리턴 레버도 좋아했다. 내가 캐리지를 돌릴 때마다 리사는 레버를 잡고 한 번 더 밀었다. 한번은 리사가 타자기를 바닥에 내려놓아주기를 원했다. 나는 리사가 원하는 대로 했는데 그게 실수라는 걸 금방 알아차렸다. 리사가 타자기 위로 기어 올라가려고 했던 것이다. 심지어는 그 안에서 진짜로 무슨 일이 일어나고 있는지 알아보려는 듯 안으로 들어가려고도 했다. 약간의 실랑이와 난투 끝에 나는 타자기를 도로 책상 위에 올려놓았는데, 그러느라 한 40분 동안 정신이 없었다. 아무래도 유아들의 주의 집중 시간은 사람들의 생각보다 긴 게 틀림없다.

오늘 리사는 오빠가 함께 있어서인지 뭔가 좀 달랐다. 평소에는 키를 내려치거나 하지 않는 편인데 오늘은 뭔가 쾅쾅 치고 싶은 기분에 젖어 있는 것 같았다. 리사가 자주 자판을 두들겨대는 바람에 우리는 그때마다 기계를 끄고 멈춰버린 키들을 조심스럽게 정돈해야 했다. 그러느라 활동이 지체되었기 때문에, 나는 리사가 조만간 자판을 쾅쾅 두들기는 건 별로 좋은 일이 아니라는 걸 깨달을 거라 생각했다. 그러나 리사에겐 우리가 키를 정돈하는 모습도 흥미로운 볼거리였다. 이런 일이 여러 번 계속된 다음 나는 리사의 오빠에게 이번에 리사가 키를 충돌시키면 기계를 일단 끄고 리사가 어쩌는지 한번 보자고 말했다. 우리는 그렇게 했고 리사가 키를 한두 개 눌렀지만 아무 일도 일어나지 않았다. 그러자 평소에 기계에서 들리던 웅웅거리는 소리가 더 이상 나지 않는 걸 알아챈 듯 아이는 스스로 손을 뻗어 멈춰선 키들을 되돌렸다.

_이때 일어난 일이 하나 더 있다. 나는 리사가 자판을 내리쳐 키들을 정지시키면 기계를 끄기 위해 전원 스위치에 손이 닿을 만한 거리, 즉 타자기 가까이에 서 있어야 했다. 그런데 리사는 자기가 작업하고 있을 때 내가 위에서 내려다보는 걸 좋아하지 않았다. 나 역시 리사가 오로지 기계에만 집중할 수 있기를 바랐기에 전원 스위치가 달려 있는 긴 연장선에 타자기를 연결하는 방법으로 이 문제를 해결했다. 이렇게 하면 리사 뒤에 멀리 떨어져 서 있을 수 있었다. 리사 눈에 띄지 않으면서도 키가 멈추는 즉시 기계를 끌 수 있게 된 것이다. 그 다음엔 앞으로 나와 키를 풀고 기계를 다시 켜면 그만이었다.

하지만 리사가 이런 작전에 속는 것은 그리 오래가지 않았다. 얼마 동안 꼬맹이는 키가 멈추는 즉시 기계가 꺼지는 것을 알 수 없는 우연으로 받아들였던 것 같다. 하지만 곧 그 우연 같은 현상에 내가 관련이 되어 있다는 사실을 눈치 챘다. 스위치를 끄는 소리는 아주 조용했지만 그 후 리사는 내가 기계를 끌 때마다 고개를 돌려 당혹스런 표정으로 나를 쳐다보았다. 나는 기계가 꺼진 것과 나와는 아무 상관이 없다는 듯 태연하게 행동했다. 물론 연장선에 달려 있는 스위치도 끝까지 보여주지 않았다. 지금 생각엔 그때 상황으로 다시 돌아간다면 스위치를 보여줄 것 같다. 그 후 여러 가지 작업을 하면서 어린아이들은 자신이 부탁한 것보다 더 많은 도움을 받으면 무척 싫어한다는 것을 알았기 때문이다. 물론 당시에 그렇게 했더라면 사납고 고집 센 꼬마 리사가 화를 냈을지도 모르겠다.

아이들은 우리가 생각하는 것보다 훨씬 지성적이고 영리하고 참을성 있고 재주가 많다. 그리하여 전문가들이 흔히 아이들은 할 수 없다고 확신에 가득차서 말하는 일들을 완벽하게 해낸다. 아이들의 그런 모습을 보면서 놀랐던 나 자신의 경험을 되돌아보는 것은 참으로 즐거운 일이다. 아기들이 영리하다는 건 더 이상 뉴스거리가 아니다. 그럼에도 많은 심리학자들은 유아용 침대에 고개를 처박고는 난리를 친다. 다정하고 주의 깊은 엄마들은 예전부터 알고 있던 뻔한 사실들을 지금 막 새로이 '발견'이라도 한 것처럼 말이다. 물론 1960년 당시에만 해도 이런 사실들은 개인적으로만 알고 있을 뿐 공개적으로 밝혀지거나 인정받은 것은 아니었다.

□ 1961년 7월 24일

오늘 아침 리사가 풍선을 집으려고 몸을 숙였는데 그때 마침 문을 통해 불어온 바람이 풍선을 방바닥 저편으로 굴렸다. 풍선이 굴러가는 걸 지켜보던 리사는 풍선이 멈추자 그쪽으로 가서는 풍선을 더 굴러가게 하려는 듯 입으로 바람을 내뿜었다. 참으로 놀라웠다. 어떻게 이처럼 어린 아이가, 물체를 움직이게 하는 바람의 힘과 입으로 숨을 내뿜음으로써 물체를 움직일 수 있는 자신의 능력을 서로 연결시킬 수 있단 말인가? 분명한 사실은 아이들은 그렇게 할 수 있다는 것이다.

이 일은 적어도 나에겐 많은 사람들이 아홉 살이나 열 살 정도가 돼야 할 수 있다고 말하는 추상적인 사고의 좋은 예로 보인다.

거의 모든 아기들은 누군가 자기의 손이나 손가락에다 바람을 불면서 머리를 이리저리 흔들어 바람 줄기가 움직이도록 하는 것을 좋아한다. 처음에 아기들은 웃는다. 그러나 잠시 후 그들은 이 신비로운 물질이 어디에서 나오는 것인지 탐색할 요량으로 바람 부는 사람의 입에다 자기 손가락을 넣으려고 한다. 또한 부채를 부치거나 판지를 이리저리 흔들면 같은 효과가 나타난다는 걸 알고 흥미로워한다.

나중에 리사는 풍선 주변을 빙빙 돌면서 혼자 '링 어라운드 로지'(노래하며 둥글게 돌다가 신호에 따라 급히 앉는 놀이)를 하다가 노래를 자기 식으로 바꿔 부르기 시작했다. 얼마 가지 않아 그건 완전히 다른 노래가 되어버렸다. 사실 리사가 하는 이야기나 노래는 거의 다 이런 식이다. 어떤 것에서 시작했다가 점차 다른 것으로 변하는 것이다. 음악가라면 아마도 이를 한 테마의 변주라고 부르리라.

내가 아는 많은 아이들은 '끝없는 이야기'나 '끝없는 노래'를 하길 좋아한다. 그 노래에는 자기가 한 일이나 하고 있는 일이 담겨 있을 때도 많다. 한번은 어떤 엄마가 이런 말을 했다. 학교에 다니는 일곱 살 된 딸과 네 살짜리 아들이 있는데 어느 날 방 안에 혼자 있던 아들

아이가 이런 노래를 읊기 시작했다는 것이다.

"나는 누나가 있었으면 좋겠어, 학교에 안 가도 되는 누나 말이야, 내가 시키는 건 뭐든지 다 해줄 누나……."

아이들이 부르는 그런 노래는 말이 안 될 때가 많다. 제대로 된 단어와 의미 없는 음절들이 함께 뒤섞여 있기도 하고, 내용 자체도 말이 됐다 안 됐다 한다. 하지만 그건 중요한 게 아니다. 아이들은 돌아가면서 한 구절씩 덧붙여 노래가 끝없이 이어지게 하는 놀이를 어른과 함께 하는 걸 좋아한다. 말만큼 쉽지 않은 놀이다. 가사와 멜로디를 동시에 만들어내는 건 상당한 상상력을 필요로 하기 때문이다. 따라서 어른이 만든 노래도 아이가 만들어내는 것과 별반 다를 바가 없다.

이런 노래는 학교에 입학해서 부르는 노래와는 완전히 다르다. 학교에서는 교사의 지도 아래 전부 똑같은 노래를 부른다. 목적 또한 새로운 노래를 만드는 것이 아닌, '올바르게' 노래하는 것이다. 어떤 아이들은 이런 식으로 노래하는 것을 좋아하고 그래서 점점 잘 하게도 된다. 하지만 그 밖의 아이들에겐 노래조차 학교에서 해야만 하는 다른 여러 가지와 똑같은 것이 될 뿐이다. 강제된 놀이라고나 할까. 그 결과 아이들 중 상당수가 점차 노래를 부르지 않게 된다. 정말 쓸데없이 시간을 낭비하는 격이다. 칼 오프Carl Orff와 그의 지도법을 따른 몇몇 사람들은 이런 상황에 일침을 박는다. 그들의 연구에 따르면 '끝없는 노래 부르기' 놀이처럼 즉흥적으로 가사와 리듬, 곡조를 지을 기회가 많으면 많을수록 아이들의 음악적, 언어적 성장이 아주 빨라진다고 한다.

_나 역시 칼 오프의 주장에 동의한다. 나 자신의 음악적 경험과 첼로 연주(이에 관해서는 나의 책 『절대로 늦지 않았다Never Too Late』에 나와 있다.), 음악사에 관한 지식에 비추어 '즉흥적으로 하기'가 작곡 활동의 중심을 차지하고 있음을 알게 되었기 때문이다. 나는 또한 즉흥 연주가 음악을 배우는 데 중점적인 역할을 할 수 있다는 것을 강하게 느꼈다. 그래서 첼로를 연주하는 동안 여러 가지 방법으로 즉흥 연주를 하며 시간을 보냈다. 물론 첼로나 다른 악기를 사람들에게 가르칠 때에도 그렇게 해보라고 권하곤 했다. 이미 알고 있는 곡조를 악보 없이 연주해보든가, 아니면 머릿속에 곡조를 떠올린 다음 그걸 연주해보든가, 아니면 그냥 아무 계획 없이 지판이나 건반 위로 손을 움직여서 어떤 음이 나오는지 들어보는 식으로 말이다.

즉흥 연주를 할 때는 의식적인 조절을 여러 단계로 가감할 수 있다. 한편으로는 다른 사람이 지었거나 스스로 창작한 곡조를 머릿속에 떠올리며 그것을 연주하도록 근육을 조종할 수 있다. 또 단지 손이 마음대로 움직이도록 놔둔 채 거기서 나오는 음을 감상하는 방법도 있다. 엄밀한 의미에서 즉흥 연주란 근육과 손과 손가락에 가해지는 의식적인 통제를 최소한으로 줄이고 연주하는 걸 말한다. 그리고 그 단계에 이르러서야 우리는 비로소 악기를 힘들이지 않고 가장 자연스러운 방식으로 다룰 수 있다.

꼬마 아이들이 부르는 그 매혹적이고 끝없는 노래는 이러한 작업의 일환이다. 아이들은 머릿속에서 곡조를 듣고 그걸 따라 부르려고 하는 게 아니다. 그저 노래가 입에서 나오게 할 뿐이다. 우리는 아이들이 이렇게 하도록 격려해야 한다. 그리고 가능하다면 우리 스스로도 자주 이렇게 해봐야 한다.

ㅁ 1961년 7월 25일

거실에서 들려오는 고함소리는 리사와 사유재산제도 사이에 새로운 충돌이 일어났음을 알려준다. 리사의 눈엔 모든 물건이 흥미롭다. 리사는 그걸 조사하고, 다루고, 시험하고, 할 수 있다면 분해도 하고 싶어 한다. 문제는 리사가 무엇이 비싸고 부서지기 쉬운 물건인지, 또 무엇이 위험한 물건인지를 모른다는 점이다. 내가 콘센트에 전동 타자기의 플러그를 꼽는 걸 본 꼬맹이는 직접 해보려고 법석을 떨었다. 요전에는 스토브에 있는 버너 전부에 불을 켜려고도 했다. 다행히도 점화용 불씨가 멀리 떨어져 있어서 버너에 불이 붙지는 않았지만. 어쨌거나 리사는 전기 소켓을 가지고 장난치지 말라거나 스토브를 만지지 말라는 말을 듣기 싫어하고, 엄청나게 화를 내기도 했다. 다른 사람은 모두 만지는데 왜 자기는 만지면 안 되는지 도통 이해할 수 없었던 것이다. 게다가 리사는 물건을 일단 집으면 원래 자리에 갖다놓는 법이 없다. 어디에 있던 건지 기억하고 있더라도 말이다.

이 문제에는 좋은 해답도 쉬운 대답도 없다. 리사의 행동에 우리가 할 수 있는 거라곤 매일같이 이렇게 소리치는 일뿐이다.

"안 돼, 안 돼! 만지지 마! 데인다! 찔린다! 다친다! 깨진다니까! 그건 내 거야! 내가 쓸 거라고! 제자리에 갖다놓으라니까!"

그럴 때마다 리사는 주변 세계를 샅샅이 탐사해서 어떤 이치를 끌어낼 자신의 권리와 필요를 침해당하고 있다고 느낀다. 다른 사람은 모두 만지는데 왜 나는 하면 안 되지? 자주 그런 대우를 받으면 아이의 호기심이 사라지고 말 거라는 것 또한 뻔하다. 아이는 아마도 이 세상을 탐구해볼 만한 흥미로운 일들로 가득 차 있다고 느끼는 대신 숨겨진 위험과 말썽에 휘말려들게 만드는 요소들로 이루어져 있다고 느끼게 될 것이다.

우리는 종종 리사에게 다른 장난감을 줌으로써 문제를 해결하려 한다. 하지만 이 방법은 잘 통하지 않는다. 우선 장난감은 별로 재미가 없다. 또한 아이는 자신이 만질 수 있는 것과 만지면 안 되는 것을 구별하여 기억할 수가 없다. 하지만 무엇보다도 가장 중요한 점은 큰 사람들이 쓰고 있는 바로 그 물건들이야말로 리사가 가장 큰 흥미를 느끼는 사물이라는 것이다. 모든 아이들이 그렇듯 리사도 어른처럼 되고 싶고 그들이 하는 일을 하고 싶어 한다. 누가 설거지나 요리를 하고 있으면 리사는 자기가 돕게 해달라고 요구한다. 그러니 빤한 가짜 대용물을 쥐어주는 것으로는 리사를 막을 수가 없다.

이런 아이들의 행동과 그에 대응하는 어른들의 모습을 보면 우리가 하는 많은 일이 분명 잘못되었다는 느낌을 갖게 된다. 아이에겐 세상을 이해하고 그 안에서 마음대로 움직이고 큰 사람들이 하는 일을 하고 싶은 이상의 욕망은 없다. 그건 분명 아이들의 능력과 이해를 확대시키는 근본적인 요소이다. 그럼에도 우리는 그런 거대한 동력원을 이용하는 대신 오히려 억누르고 있다. 이는 많은 어른들이 아이들의 학습과 관련하여 '동기 부여'를 강조하는 태도에 비추어 보면 모순이라 하지 않을 수 없다. 왜 그들은 아이들에게 사물을 다루는 실제적인 기술과 방법 등을 보여주면서 아이로 하여금 그것을 이해하고 사용하고 획득하게 만들지 않는 것일까? (물론 그 기술과 방법들이 학교에서 배우는 '필수적인' 수학처럼 실제 생활에 쓰이지 않는 경우에는 보여주기가 어렵겠지만 말이다.)

아이가 값비싸거나 위험한 물건을 건드리지나 않을까 적이 염려스럽다면 그런 것들은 아이의 손이 닿지 않는 곳에, 아니 아예 보이지 않는 곳에 보관해두면 된다. 그 대신 아이들이 만지거나 써도 괜찮은 값싸고 튼튼한 물건들은 아이의 손이 닿는 곳에 되도록 많이 두어야 한다. 달걀 거품기나 냄비, 회중전등 같은 가정용품들은 꼬마들에게 훌륭한 선물이 될 수 있다. 그런 것들은 깨질 염려도 없다. 아니 설혹 깨지고 부서진다 하더라도, 나중에 아이 교육에 수만 달러를 쏟아 부을 사람이 고작해야 25센트짜리 물건이 상할까 노심초사하면서 아이의 기분까지 상하게 만든다는 것은 말이 안 된다. 나는 잡화점이나 슈퍼마켓에서(아이들이 더럽히거나 부술 만한 게 별로 없고 그래 봤자 1달러를 넘지 않는 물건들이 대부분인 곳에서) 아이들이 물건을 만지작거리고 집어 드는 것에 신경을 곤두세우는 사람들을 아주 많이 보았다. 하지만 왜 그게 문제인가? 그거야말로 아이들이 그 물건에 관해 배우는 방법 아닌가? 아이들이 물건을 뒤죽박죽 섞어놓는다 쳐도 나중에 있던 자리에 도로 갖다놓으면 된다.

아이들이 물건을 건드리지 못하도록 막는 것은 잘못된 생각이다. 그건 아이들의 호기심과 자신감을 꺾어버린다. 특히 '네 것이 아닌 것은 만지지 말라.'는 식의 지시는 아이로 하여금 올바르지 않은 소유욕을 갖게 할 수도 있다. 사적 소유를 문제 삼는 것이 아니다. 다만 나는 사유 재산을 존중한다는 것이 네 물건 아닌 것은 만지지 말아야 한다는 의미가 아니라, 본래 목적에 맞게 물건을 사용하고 제자리에 가져다놓아야 한다는 뜻이라는 것을 아이들에게 가르쳐야 한다고 말하고 싶을 뿐이다. 아이들은 이런 점을 충분히 이해하고 배울 수 있다. 아이들은 우리가 생각하는 것처럼 그렇게 서투르거나 파괴적이지 않다. 게다가 물건을 제대로 다루는 법을 배우려면 직접 그 물건을 조작해보고 써보는 수밖에 없다. 마리아 몬테소리Maria Montessori는 아주 어린 아이들도 능숙하고 정확하고 부드럽게 움직이는 법을 쉽게 배울 수 있다는 것을 보여주었다. 나는 그것이 몬테소리가 교육에 기여한 가장 가치 있는 것 중 하나라고 생각한다.

□ 1961년 7월 30일

꼬마들은 놀이를 좋아한다. 그리고 아무것에서나 놀이를 만들어낼 줄 안다. 오늘 아침 리사는 언니 넬과 함께 침대에 누워 있었다. 넬이 먼저 일어나 침대 위에 있는 등을 껐다. 그러자 리사가 등을 도로 켜면서 말했다.

"끄지 마."

넬이 다시 손을 천천히 뻗어 등 쪽으로 가져가자 리사가 재빨리 말했다.

"끄지 마."

리사는 넬의 손이 움직일 때마다 그 말을 반복했다. 이 과정은 아주 오랫동안 되풀이되곤 했다. 그러다 어느 순간 마침내 등이 꺼지면 리사가 일어나 등을 켰다. 그와 동시에 놀이는 다시 시작되었다.

어린아이들이 즐기는 많은 놀이는 마치 우연처럼 시작된다. 어느 날의 일이다. 나는 어디선가 잡지를 하나 가져다 테이블 위에 올려놓고 다른 일을 했다. 잠시 후 리사가 테이블 옆으로 오더니 잡지를 집어 방바닥에 내려놓고는 의미심장한 표정으로 나를 쳐다보았다. 나는 하던 일을 멈추고 그쪽으로 걸어가 잡지를 도로 집어 테이블 위에 올려놓았다. 리사는 다시 잡지를 방바닥에 내려놓았다. 우리는 이 놀이를 얼마 동안 계속했다.

이런 놀이들의 이면에는 항상 즐거움과 장난기, 활력이 숨어 있다. 좋은 놀이라면 모두 다 그렇듯이. 물론 그중에는 세상이 어떻게 움직이는지 알아내는 놀이도 있다. 우리는 그런 놀이를 '교육'이라고 부른다.

__유감스럽게도 대부분의 사람들은 '교육'이라는 말을 그처럼 폭넓게 이해하지 않는다. 그들에게 교육이란 단지 아이를 학교에 보내는 것을 의미한다. 그리고 학교에서는 아이들이 알고 싶지 않은 것을 억지로 배우게 만든다. 만약 그렇게 하지 않으면 나쁜 일이 일어날 거라고 위협하면서. 학교와 교육을 동일시하는 사람들의 대부분이 이런 놀이를 별로 좋아하지 않으며, 그만둘 수 있는 그 즉시 그만두어버린다는 건 말할 필요도 없다.__

하지만 보다 좁은 의미의 놀이, 그러니까 리사와 내가 한 것 같은 놀이도 역시 교육적이다. 그런 놀이는 아이에게 어떤 일이 또 다른 일을 불러일으킨다는 인과관계에 대한 강한 느낌을 갖도록 해준다. 또한 자신이 변화를 만들어내고 있다는 느낌, 주변 세계에 어떤 영향을 미칠 수 있다는 느낌을 갖도록 도와준다. 아이로서는 얼마나 흥분되는 일이겠는가. 자신의 어떤 행동이 전능한 거인으로 하여금 무언가를 하도록 만들 수 있고 또 자신이 마음만 먹으면 그 현상을 계속 유지할 수 있다는 게 말이다.

시카고에 있는 친구네 집에 갔을 때다. 어느 날인가 친구 부부가 집을 비운 아침나절에 내가 아이들을 돌봐야 했던 적이 있었다. 세 살 반인 엘리스와 두 살이 된 패트릭은 평소에도 집 주변의 조용한 거리에서 곧잘 놀곤 했으므로, 나는 내가 볼 수 있는 곳에서 벗어나지만 않는다면 보도에서 놀아도 좋다고 말했다. 하지만 얼마 안 돼 아이들이 눈에 띄지 않는 곳으로 사라져버리는 바람에 나는 아이들을 찾아 집 안으로 데리고 들어와야 했다. 아이들은 울고 불며 마구 항의했다. 화가 잔뜩 난 표정으로 '나쁜 사람'이라면서 엄마에게 이를 거라고도 했다. 내가 어디 한번 그렇게 해보라고 하자 패트릭은 엄마가 나를 '이렇게' 맴매할 거라고 했다. 나는 우는 시늉을 냈다. 이건 꼬마들을 상대로 하는 한 절대 실패하지 않는 놀이다. 아이들은 모두 이 놀이를 좋아한다. 엘리스와 패트릭도 예외는 아니어서 그것은 곧 놀이가 되었다. 꼬맹이들이 주로 등을 때리며 나를 '맴매'하면 나는 우는 시늉을 냈다. 그러다 내가 우는 시늉을 멈추면 패트릭이 말했다.

"난 아직 맴매하고 있어."

그러면 나는 다시 울어야 했다. 이따금씩 나는 이렇게 말하기도 했다.

"나는 착한 아이야."

그때마다 패트릭은 아주 엄한 어조로 대답했다.

"아니야, 나쁜 아이야."

그렇게 우리는 아이들이 뭔가 다른 일을 찾을 때까지 상당한 시간 동안 이 놀이를 계속했고 나중에는 아이들의 부모에게도 이 놀이를 보여주었다.

□ 1961년 8월 1일

최근에 리사는 거친 놀이를 하기 시작했다. 리사는 이빨을 드러내고 으르렁거리고 포효하면서 나에게 달려든다. 그러면 나는 무서운 척 하면서 의자 뒤로 숨는다. 이 놀이는 꽤 오랫동안 계속되기도 한다. 이와 같은 놀이에서 보이는 리사의 행동을 관찰하면서 나는 리사가 어쩌면 자기 안에 있는 어떤 '나'를 느끼고 있는지도 모른다고 생각했다. 그 '나'가 점점 강해져서 리사에게 여러 가지 일을 해보도록 요구하고 있다고 할까. 그러니 '나'를 보다 강력한 존재로 보이게 만드는 놀이는 모두 다 좋은 놀이임에 틀림없다. 하지만 대부분의 경우 리사는 '나'가 얼마나 무력한지 너무도 잘 알고 있다.

때로 리사는 막대기로 의자를 내리치면서 입으로 폭발하는 소리를 낸다. 그 순간 리사는 눈을 깜빡이는데 마치 자신의 강력한 일격에 스스로도 약간 겁을 먹었다는 투다. 이 모습은 내가 아는 어떤 아홉 살짜리 남자아이를 생각나게 한다. 처음 축구를 시작했을 때 그 아이는 공을 찰 때마다 리사처럼 입으로 폭발음을 냈다. 아이는 몸이 작은 데다가 운동을 썩 잘 하는 편도 아니어서 공을 그다지 세게 찰 수가 없었다. 만약 공을 세게 찰 수 있었다면 그런 소리를 낼 필요도 없었을 것이다.

리사의 사나운 성미와 자존심, 고집은 당할 자가 없지만 사실 리사는 상냥하고 친절한 아이이다. 리사가 좋아하는 놀이 중 하나인 '할 수 없어 놀이'를 할 때 그런 점이 잘 드러난다. 이 놀이는 곧잘 방충망이 쳐진 문의 바깥쪽에 내가, 안쪽에는 리사가 서 있는 걸로 시작된다. 리사가 "들어올 수 없어."라고 말한다. 그러면 나는 문을 살살 밀기 시작하고 리사는 온 힘을 다해 그걸 저지한다. 잠시 후 내가 힘이 다 빠진 척하며 문에서 손을 떼면 작은 소리가 나며 문이 닫힌다. 리사는 승리의 표정을 지어보이고 다시 말한다.

"들어올 수 없어."

내가 다시 문을 열려고 하면 리사가 또 막는다. 문 닫히는 소리가 들릴 때까지. 이 놀이는 대여섯 번 정도 반복되곤 하는데 마지막에 가면 리사는 항상 나를 들어오게 해준다. 아주 귀여운 목소리로 이렇게 말하면서.

"들어와, 존."

어느 날 아침 나는 리사가 언니에게 이야기하는 소리를 듣고서 아이들 방으로 갔다. 리사는 장난스러운 표정을 짓더니 "저리 가."라고 말했다. 내가 "왜?" 하고 묻자 리사가 말했다.

"왜냐하면……."

"왜냐하면?"

"그러는 게 좋으니까."

"난 안 그러고 싶은데 어쩌지?"

"그렇게 해야 돼."

그러는 게 좋다고 말할 때보다 더 단호한 어조였다. 나는 또 한 번 안 그러고 싶다고 말했다. 그러자 이상한 일이 일어났다. 리사가 이렇게 말한 것이다.

"아저씬 할 수 없어."

평소 같으면 다른 상황에서나 사용하던 형식의 대답을 하는 게 아닌가! 내가 그 방을 떠났다가 잠시 후 돌아오자 다시 놀이가 시작되었다. 이렇게 몇 번 되풀이하고 나자 마침내 리사가 말했다.

"가지 마."

아이들은 어른이 놀이에서 이기도록 놔두는 것에 인색하지 않다. 우리가 먼저 아이들이 몇 점을 따도록 해주기만 한다면 말이다. 하지만 많은 어른들은 어떤가. 그들은 대부분의 축구 코치들처럼 단지 이기는 것에 만족하지 않고 많은 점수를 따는 것에 집착한다. 그래야 속이 풀린다는 듯.

□ 1961년 8월 2일

리사의 가족과 함께 칼즈배드동굴 국립공원에 간 적이 있다. 아주 이상하고도 아름다운 곳이다. 몇 시간 동안 차를 타고 가며 우리는 여러 가지 놀이를 했다. 라디오에서 흘러나오는 음악에 맞춰 내가 손뼉을 치기 시작한 것이 놀이의 발단이었다. 리사가 똑같이 흉내를 내기에 나는 한 손으로 주먹을 쥐고 다른 쪽 손바닥으로 그 주먹을 쳤다. 그러자 리사는 양손 모두 주먹을 쥐고는 툭툭 부딪혀보더니 다시 내가 하는 양을 살펴보았다. 그러고는 곧 내가 하는 것과 자기가 하는 것이 다르다는 걸 알아챘는지 얼마 지나지 않아 내가 하는 동작을 똑같이 해냈다. 비슷한 놀이가 계속됐다. 나는 머리에다 대고 손을 쳤다. 리사도 그렇게 했다. 배에다 대고 손을 치자 역시 리사도 그대로 따라했다. 나는 놀이를 더 복잡하게 만들었다. 한 손으로는 머리를 치면서 다른 한 손으로는 배를 치기도 하고, 한 손으로 다른 쪽 팔꿈치를 잡은 채 머리를 치기도 했다.

리사가 그런 동작을 따라하는 모습을 보는 건 정말 흥미진진했다. 리사는 언제나 일단 뭔가를 재빨리 해봄으로써 모방을 시작했다. 그러고는 자신이 하고 있는 동작을 내 동작과 비교하면서 약간 조정하고 다시 확인하는 작업을 계속했다. 우리가 똑같이 하고 있다는 확신이 들 때까지 말이다. 리사의 이런 모습을 관찰하면서 나는 두 가지 사실에 깊은 인상을 받았다. 첫째, 리사에겐 뭔가 시작하기도 전에 모든 것을 완벽하게 해야 한다는 생각이 없다는 점이다. 리사는 일단 뭔가를 시작한 후 그 다음에 고쳐나갔다. 기꺼이, 그리고 열심히. 둘째로 리사는 부정확한 모방에 만족하지 않는다는 사실이다. 리사는 자신이 나와 똑같이 하고 있다는 확신이 생길 때까지 계속해서 살피고 비교했다. 그리고 결국은 거의 항상 정확한 동작을 하는 데 성공했다.

만약에 리사보다 좀 더 큰 아이가 이 놀이를 했다면 상당히 다르게 했을 거라고 생각한다. 아마도 그 아이는 맨 처음부터 똑같이 흉내를 내려고 했을 것이다. 몸으로 따라 하기 전에 머릿속으로 먼저 흉내를 내보면서 맞는지 틀린지 확인을 해보는 식으로 말이다. 아니면 내가 하고 있는 동작을 말로 정리한 뒤에 자기 동작을 끼워 맞추었을 수도 있겠다. 하지만 아주 어린 아이들은, 적어도 리사는 이런 방법을 쓰지 않는다. 동작을 '생각'하여 수정하는 대신 그들은 구체적인, 즉 육체적인 수준에서 모방하고 비교하고 수정해서 마침내 똑같이 될 때까지 계속하는 것이다.

적어도 한 가지 점에서 (사실은 여러 가지 중 하나) 리사는 내가 학교에서 알게 된 공부 못하는 열 살짜리들과 놀랄 만큼 다르다. 리사는 뭐든지 올바르게 하고 싶어 하며 그렇게 할 수 있게 되기까지 그 일에 달라붙어 떨어지지 않는다. 반면 열 살짜리들은 그저 귀찮은 일을 빨리빨리 해치워버리고 싶어 할 뿐이다. 내가 볼 때 아주 어린 아이들은 일종의 장인정신을 가지고 있는 듯하다. 다만 아이들이 갖고 노는 재료가 조잡하고 솜씨가 서툴기 때문에 어른들은 그걸 알아차리지 못하고 지나쳐버리기가 쉽다. 하지만 한 꼬마가 모래를 매끈하게 빚어 케이크를 만들거나, 진흙을 손바닥으로 두들겨 파이를 만들 때의 그 조심스럽고 애정 어린 모습을 보라. 아이들은 온 능력을 다해 잘 만들려고 한다. 누군가를 기쁘게 하기 위해서가 아니라 스스로 만족하기 위해서.

□ 1961년 8월 3일

리사를 보면 'once'의 철자가 O-N-C-E라는 사실을 듣고 울음을 터뜨린 1학년짜리가 떠오른다. 나를 어리둥절하게 하는 건 왜 여섯 살 된 아이들이 그보다 훨씬 어린 아기보다도 이런 종류의 혼동과 모순에 마음을 쓰느냐는 것이다. 리사는 이해되지 않는 소리들을 하루 종일 듣고 살지만 그에 신경 쓰지 않는 것 같다. 리사는 불확실한 세계 속에서도 물속의 물고기만큼이나 자연스럽고 편하게 움직이는 것이다. 그러면 아이들은 언제부터, 그리고 왜 확실성을 갈망하게 되는 것일까?

아이들이 두려움을 타고나는 것 같지는 않다. 물론 본능적으로 두려워하는 게 몇 가지 있기는 하다. 큰 소음이라든가, 기대거나 붙잡을 데가 없어지는 일 같은 것 말이다. 그렇지만 공중에 던져졌다가 다시 잡히는 것을 좋아하는 아기들도 많지 않은가. 정신없이 시끄러운 소릴 내며 뒹구는 걸 좋아하는 아이들도 많고 말이다. 그러고 보면 아이들은 대부분의 두려움을 연장자에게서 배우지 싶다. 내가 보기에는 정말 그렇다.

일례로 리사는 과거에는 벌레를 무서워하지 않았다. 바닥에 기어다니거나 공중을 날아다니는 작은 생물들을 보면 리사는 무조건 잡아서 살펴보고 싶어 했다. 그런데 어느 날 리사 언니의 열두 살짜리 친구가 집에 놀러왔다가 방구석에서 거미를 보고는 히스테릭하게 비명을 질렀다. 아이의 비명은 사람들이 그 아이를 방 밖으로 내보내고 거미를 죽일 때까지 계속되었다. 그 일이 있은 후로 리사는 파리, 나방, 땅벌레 등 온갖 벌레들을 무서워하기 시작했다. 비명을 지르거나 정신을 잃을 정도는 아니지만 리사는 벌레가 있는 곳에서 멀찍이 떨어져 아무것도 안 하고 싶어 했다. 언니 친구에게서 벌레에 대한 두려움을 배운 이후 아이가 품고 있던 세상에 대한 호기심과 믿음의 일부가 닫혀버린 것이다. 이 호기심과 믿음이 언제 다시 열릴지 누가 말할 수 있겠는가?

아이들이 갖게 되는 두려움의 대부분은 이보다 더 미묘하다. 아이들은 두려움을 아주 조금씩, 그리고 서서히 습득하게 된다. 요전에 리사가 휴대용 전동 타자기를 가지고 놀 때의 일이다. 리사는 기계를 켰다 껐다 할 줄 알고 캐리지 리턴도 작동시킬 수 있다. 그런데 타이프를 치다가 갑자기 두 손으로 자판을 누르는 바람에 한 다발의 키가 날아가서 서로 부딪혔다. 리사는 자판 위로 몸을 숙여 키들을 정돈하려고 했다. 나는 리사가 키를 정리하다가 또다시 자판을 건드리지나 않을까 걱정스러웠다. 또 다른 키가 튀어나가 아이의 손가락을 칠 수도 있기 때문이었다. 나는 리사가 키들을 제자리에 안 맞게 구부릴 수 있다는 점도 염려되었다. 그래서 리사에게 기계를 어떻게 끄는지 보여주고 얽혀버린 키들을 조심스레 풀었다.

리사는 타자기를 가지고 흥미진진한 탐구를 했다. 타자기의 자판 양쪽에는 시프트 키가 있고 왼쪽에는 시프트 록이 있다. 리사는 시프트 키는 누르면 도로 튀어나오지만 시프트 록은 누르면 들어간 채로 있고 그와 동시에 시프트 키도 눌린 채로 남아 있다는 사실을 알게 되었다. 이제 문제는 어떻게 그것들을 도로 튀어나오게 하느냐다. 잡아당기는 것은 아무 소용이 없다. 잠시 후 리사는 시프트 키를 누르면 시프트 록이 풀리면서 두 키가 함께 올라온다는 걸 알아냈다. 그 다음에 리사는 자판의 오른쪽에서 똑같은 일을 하는 키를 찾기 시작했다. 마진 릴리즈는 리사가 알아챌 수 있는 어떠한 현상도 일으키지 않았다. 태뷸레이터 키는 리사를 깜짝 놀라게 하며 캐리지 전체를 미끄러지게 만들더니 종까지 울렸다. 조사와 탐구를 좀 더 한 끝에 리사는 마침내 시프트 키와 시프트 록 시스템을 모조리 알게 되었다.

이 모든 일이 일어나고 있을 때 나는 3미터가량 떨어진 곳에서 그 모양을 지켜보고 있었다. 리사가 뭘 하는지 보고 싶어서였다. 또한 리사가 충동적으로 키 전부를 내려쳐서 스스로를 아프게 하거나 기계를 망가뜨릴지도 모르는 일을 했을 때 즉시 기계를 끄고 싶기도 했다. 그렇다고 신경을 곤두세우고 있던 것은 아니고 단지 주의 깊게 지켜볼 뿐이었다. 그런데도 리사는 내가 관찰하는 모습에서 어떤 조마조마함을 느꼈던지, 이전과는 달리 기계를 작동시키면서 계속 나를 돌아보았다. 아이의 표정은 분명 이렇게 말하는 듯했다.

"이렇게 해도 돼?"

아이들, 특히 어린 꼬마들은 감정에 무척 민감하다. 그들은 다른 사람이 느끼는 감정에 동화될 뿐 아니라 실제보다 더 부풀리는 경향이 있다. 리사는 오빠나 언니들 중 누군가가 심각한 논쟁이나 싸움을 하고 있는 것 같으면 울기 시작한다. 그들은 재미로 싸우고 있을 뿐인데도 리사는 그들을 떼어놓으려 애를 쓰며 "그만해! 그만해!" 하고 애원한다. 나는 종종 부모의 싸움으로 오랫동안 불행감에 빠져 사는 아이들을 보았다. 부모들이 다투는 모습을 감추려고 최선을 다했음에도 말이다.

아이들에게 문제가 되는 건 부모간의 언쟁만이 아니다. 하루는 친구 집에 갔다가 (아이들과도 오랜 기간 친하게 지내온 집이다.) 아이들 엄마와 정치 문제에 관해 토론을 하게 되었다. 토론은 상당히 뜨거웠지만 적대적이지는 않았다. 우리는 대체로 같은 편에 있었다. 그런데 그 정도의 열기도 아이들에겐 심한 것이었던지, 어느 순간부턴가 아이들이 우리 주위를 둘러싸고는 마치 달래는 듯한 태도로 끼어들기 시작했다. 뭔가 다른 생각거리를 줌으로써 그 싸움에서 우리를 떼어놓으려 하는 것 같았다. 모두 다시 즐겁고 행복해질 수 있도록.

어린아이들은 감정이입을 못하고, 다른 사람의 감정을 느낄 수도 없다는 말은 사실이 아니다. 적어도 언제나 그런 것은 아닌 게 분명하다. 물론 가끔은 서로에게 잔인해질 수도 있다. 하지만 아이들은 심각하게 다치거나 아주 기분이 좋지 않은 아이가 곁에 있으면 곧바로 굉장히 슬픈 기분에 빠진다. 더군다나 어른들에게서 자주 보이는, 지속적이고 고의적인 잔인함을 보여줄 수 있는 아이는 매우 드물다.

때때로 드러나는 아이들의 잔인한 행동은 일종의 실험일 수도 있다고 생각한다. 한번은 두 살짜리 남자아이 둘이 방바닥에 나란히 앉아 놀고 있는 모습을 본 적이 있다. 아이들은 장난감 자동차와 트럭을 밀면서 즐겁게 놀고 있었다. 그런데 갑자기 그중 한 아이가 가지고 놀던 무거운 금속 트럭을 집어 들더니 호기심 어린 눈초리로 다른 아이를 쳐다보았다. 나는 왠지 나쁜 예감이 들었지만 제지해야 한다는 생각은 하지 못했다. 그 자리에 있던 아이 아버지가 아무 말도 하지 않는데다가 잘 아는 사이도 아니었기 때문이다. 아니나 다를까 과연 몇 초 후에 그 아이는 들어 올린 트럭으로 다른 아이의 머리를 세게 내리쳤다. 머리를 맞은 아이는 깜짝 놀라서 쳐다보더니 고통과 경악의 고함을 내질렀다. 때린 아이 또한 어리둥절한 표정으로 우는 아이를 바라보더니 차츰 기분이 안 좋아졌다. (어떤 이유에선지) 아버지가 벌을 주거나 야단을 치지 않았는데도 말이다. 아마도 아이는 자기의 행동이 그처럼 심한 고함 소리와 눈물을 야기하리라고는 예상하지 못한 듯했다. 울지는 않았지만 그 아이가 흠칫 놀랐고 또 불행해했다는 것은 분명하다.

나의 가장 오래된 기억 중의 하나는 (사실 지금은 사건 그 자체보다는 그 사건을 이야기했던 일을 기억하고 있다.) 동갑내기 친구와 함께 공원에서 놀다 생긴 일이다. 아마도 서너 살 때였던 것 같다. 사이좋게 놀고 있던 친구가 느닷없이 장난감 삽으로 내 머리를 때렸다. 마른하늘에 날벼락이었다. 그 당시에는 물론 나중에도 나는 왜 걔가 날 때렸는지 이해하지 못했다. 다만 추측하기로는 위의 아이가 그런 것처럼 무슨 일이 일어나는지 보고픈 강렬한 충동 때문이 아니었나 싶다.

□ 1961년 8월 4일

리사는 감정적인 느낌이 나는 문구들을 기억해뒀다가 쓰는 걸 좋아한다. 지난 몇 주일 사이에 나는 처음으로 리사가 "치사해!", "엉망진창이야!", "미치겠어!", "그만해!"와 같은 말들을 하는 걸 들었다. 이런 말들은 모두 리사가 스트레스를 받거나 흥분하는 순간에 튀어나왔다. 그런 상황에 있다고 느끼면 그런 표현들이 저절로 나오는 모양이었다.

리사의 말과 놀이는 연결되어 있다. 어느 날 차를 타고 시내로 나가는 길에 생긴 일이다. 나는 앞좌석에 앉아 있었고 리사는 뒤에 앉아 있었다. 한참을 가다가 내가 고개를 돌려 뒷좌석을 쳐다보자 리사가 장난스런 표정을 지으며 단호하게 말했다.

"고개 돌려."

이전에는 한 번도 들어본 적이 없는 소리였다. 잠시 후 다시 돌아보자 리사는 또 "고개 돌려."라고 말했다. 그렇게 놀이가 시작되어 얼마 동안 계속되었다.

때때로 놀이는 반대로 행해졌다. 또 다른 어느 날 아침, 리사는 자기를 보라고 하더니 눈을 나에게 고정시킨 채 거실에 놓인 의자 주위를 빙빙 돌기 시작했다. 나는 리사가 자신이 하고 있는 일에 대해 뭔가 말해주길 바란다고 짐작했다. 그래서 그렇게 했더니 아이는 기분이 좋아진 듯했다. 리사는 계속 이렇게 저렇게 움직이면서, 그러나 시선은 나에게 고정시킨 채 내 말에 귀를 기울였다. 자주 이런 느낌이 드는데 리사는 사람들이 어떻게 하는지 보기 위해 말을 하는 것과 마찬가지로, 사람들이 어떻게 말하는지 보기 위해 어떤 행동을 하는 것 같다.

□ 1961년 8월 6일

좀 전에 리사는 내 뺨을 두드렸다. 왜 그랬는지는 잊어버렸다. 나는 그저 숨을 한껏 들이마셔 뺨을 불룩하게 만들고는 가만히 있었다. 그건 아이의 손을 근질근질하게 만드는 표적이었다. 마침내 리사가 손을 들어 살짝 내 뺨을 때리기에 나는 입 안에 품고 있던 공기가 입술 사이로 폭발하듯 나오게 했다. 만족스러울 만큼 충분히 큰 소리를 내면서 말이다. 리사는 신이 나서 한 번 더 해보라고 했다. 얼마 되지 않아 전 가족이 리사와 이 놀이를 하게 되었다.

잠시 후 리사는 이 놀이를 거꾸로 할 수 있게 우리를 유도했다. 자기가 볼을 부풀리고 우리가 그것을 치게 만든 것이다. 꼬맹이는 안 그래도 오동통한 뺨을 한껏 부풀렸지만 입속에 머금은 공기가 충분하지 않았던지 우리가 두드려도 소리가 나지 않았다. 하지만 리사는 별로 신경 쓰지 않는 듯했다. 어쨌든 리사는 즐겁게 그 놀이를 했다.

한동안 리사는 언니 오빠들을 흉내 내는 놀이를 하곤 했는데 이제는 우리가 자기를 흉내 내는 놀이를 만드는 단계에 이른 것이다. 많은 훌륭한 놀이처럼 이 놀이도 우연히 시작되었다. 어느 날 내가 리사가 평소 즐겨 짓는 표정을 별 생각 없이 흉내 낸 것이 발단이었다. 리사는 다른 표정을 만들어냈고, 나는 그 표정도 따라했다. 곧바로 리사는 자기가 짓는 표정을 내가 전부 따라할 거라는 걸 알았다. 우리는 지칠 때까지 이 놀이를 했다.

어떤 날인가는 리사의 오빠들이 거실 마루에서 '다리씨름'을 하고 있었다. 그걸 잠시 지켜보던 리사는 자기도 놀이에 끼워달라고 떼를 썼다. 우리는 리사에게 다리씨름 비슷한 것을 좀 해주었다. 리사를 밀기도 하고, 때로는 끙끙대는 신음 소리와 함께 밀리는 척도 하면서 말이다. 그렇게 얼마가 지나자 이윽고 리사는 털썩 무릎을 꿇고 그 상태로 손과 무릎을 사용해 빙빙 돌거나, 아니면 다리 사이에 머리를 집어

넣어 뒤쪽을 보는 (모든 꼬마들이 다 좋아하는 동작이다.) 등 다양한 묘기를 부리면서 우리더러 자기를 따라하라고 했다.

비슷한 예는 또 있다. 요전 날 아침 리사는 내 손을 잡아끌고는 집을 둘러싸고 있는 소나무 숲으로 산책을 나갔다. 꼬마는 걷고 달리고, 때로는 발을 차올리는 등 쉬지 않고 동작을 만들어냈다. 그와 동시에 나를 계속 주시하며 내가 자기를 따라하고 있는지, 제대로 따라하고 있는지 점검했다.

_이 책을 쓴 이후로 자폐아에 대한 많은 이야기들이 세상에 나왔다. 자폐아란 바깥세계와 아무런 접촉도 하지 않고, 하고 싶어 하지도 않은 채 자기만의 세계에 틀어박혀 사는 아이를 말한다. 자폐아를 어떻게 다룰 것인가에 대한 논쟁이 무성한 가운데 사람들은 대체로 자폐증이 심각한 아이에겐 많은 일을 기대할 수 없다는 결론을 내린다. 제 몸을 돌보고 사회생활에 필요한 최소한의 능력을 키우는 정도까지는 훈련시킬 수 있을지 몰라도 그 이상은 안 될 거라는 식이다. 하지만 몇몇 놀라운 치료 사례들도 있다. 배리 코프먼Barry Kaufman은 『선 라이즈Son Rise』라는 책에서 아내와 더불어 심각한 자폐 성향을 띤 어린 아들과 함께한 작업들을 이야기했다. 그들은 필요할 경우 한 번에 몇 시간씩 아들이 하는 모든 행동을 다 따라함으로써 치료를 시작했고, 그것을 통해 끔찍할 정도로 자기 세계에만 틀어박혀 살아가던 아들과 처음으로 희미하게나마 소통할 수 있었다. 그것이 바로 코프먼 부부가 아들을 일상의 세계로 이끌어낸 문이자 길이었다.

그들의 치료법이 어떻게 통할 수 있었는지는 정확하게 단언할 수 없다. 하지만 나에게는 타당한 방법으로 보인다. 만약 우리 중 누군가가 세상은 너무도 예측불가능하고 위협적인데 반해 그 자신은 지극히 무력한 것 같아서, 감히 위험한 세상 밖으로 나가지 못하고 작지만 안전한 자기만의 세계를 만들었다고 치자. 그런데 어떤 계기를 통해 자신의 힘으로 세상에 뭔가 일이 일어나도록 만들 수 있다고 느낀다면 바깥세상이 좀 다르게 보이지 않을까. 세상은 좀 더 예측가능하고 덜 위협적으로 보이는 반면 자신은 좀 더 힘이 있는 것처럼 여겨지지 않을까.

모든 아이들은 주변 세계에 대해 보다 많은 주도력과 통제력을 갖길 원하며 그러기 위해 노력한다. 그리고 자신에게 그런 힘이 없음을 알게 될 때마다 (아이들은 매순간 그 사실을 깨닫는다.) 어느 정도는 수치심과 위협을 느끼고 겁을 집어먹는다. 어쩌면 자폐아들은 통제력을 훨씬 더 필요로 하기 때문에 그것을 가지고 있지 않다는 사실에 더 겁을 집어먹는 것인지도 모른다. 그래서 통제력을 획득할 때까지 참을성 있게 꾸준히 노력하는 대부분의 보통 아이들과는 달리, 자신을 둘러싸고 있는 큰 세계에서 물러나 자기만의 사적인 내면세계로 들어가버리는 것이다.__

□ 1961년 8월 9일

언젠가 시내에 있는 작은 놀이공원에 갔을 때다. 거기엔 작은 회전식 관람차와 타원형 코스를 따라가는 기차, 고정된 바퀴로 원을 그리며 기둥 주위를 도는 지프, 둥그런 나무 트랙을 따라 시끄럽게 쾅쾅 부딪히며 달리는 작은 자동차들이 있었다.

공원에 도착하자마자 리사는 자동차에 넋을 잃었다. 우리는 리사를 차에 태웠는데 소음과 충돌 때문에 아이가 겁을 먹을지도 모른다고 생각했다. 확실히 리사는 겁을 먹기 일보직전이었다. 놀이기구를 타고 빙빙 돌면서 리사는 단호한 표정을 지은 채 아주 가끔씩만 우리 쪽을 보았다. 차는 시계 반대 방향으로 돌고 있었는데 가만 보니 리사 또한 자동차에 달린 작은 핸들을 계속 돌리고 있었다. 항상 왼쪽으로만 돌리는 것 같았다. 우연일 뿐이었을까, 아니면 핸들을 돌리는 것과 차의 움직임 사이의 관계에 대해 뭔가 눈치를 채고 있던 것일까?

자동차 타기는 곧 끝이 났고 우리는 다른 놀이기구를 둘러보았다. 좀 큰 아이들 몇몇이 작은 기차를 타면서 경적을 울리고 벨을 딸랑거리고 있었다. 리사는 그게 아주 재미있어 보였지만 조금 무섭기도 했다. 아마도 기차가 너무 크고 시커먼데다가 큰 소리를 내기 때문인 것 같았다. 리사는 계속 "기차 못 타, 기차 못 타."라고 말했다. 우리는 괜찮다고, 싫으면 탈 필요가 없다고 말했다. 리사에게 최고의 탈것은 여전히 자동차였다.

잠시 후 우리는 아이스크림을 좀 사려고 공원을 나왔다. 아이스크림을 먹고 있자니 리사의 마음속에서 그 기차가 점점 덜 무서워 보이기 시작한 모양이었다. 기차에 대해 자꾸 생각할수록 기차가 점점 더 작고 안전한 것으로 바뀌어갔는지 리사는 아주 용감해져서 이렇게 말했다.

"지금 바로 그 기차를 탈거야!"

우리는 리사에게 두려움을 정복할 기회를 주어야겠다고 느꼈다. 그래서 도로 공원으로 갔다. 하지만 유감스럽게도 실제 기차는 여전히 크고 검게 보였다. 리사는 다시 "기차 못 타, 기차 못 타."라고 말했다.

어떤 일을 하는 것이 왜 두려운지를 설명하기는 쉽다. 그러나 이런 두려움을 극복하고자 하는 욕구가 어디서 나오는지는 말하기 어렵다. 특히 아주 어린 꼬마들의 경우에는 더 그렇다. 많은 용기가 학습된다고 하지만, 본능적인 용기라는 것도 분명히 존재하는 것 같다. 용감한 사람이 되고자 하는 바람이라든가 두려움을 극복하고자 하는 그런 욕구 말이다. 과중한 부담을 주지만 않는다면 이 본능적인 용기는 절로 자라날 것이다. 우리는 할 수 있는 한 이 용기를 북돋워주어야 한다.

뭔가를 아주 하고 싶을 때 리사는 "해야 돼."라고 말한다. 반대로 뭔가를 하기 싫을 때는 "난 못해."라고 한다. 이런 표현이 어디서 나오는지는 쉽게 알 수 있다. 우리는 리사가 뭔가를 하기 바라면 "해야 해."라고 말하고, 반대의 경우에는 "넌 못해."라고 말해왔던 것이다. 결국 리사는 그 말들을 우리에게 거꾸로 돌렸을 뿐이다. 리사는 모든 일을 다 주도하는 거인들과 자신 사이에 일어나는 의지의 충돌을 이제 막 깨달아가고 있다. 리사의 큰 오빠는 리사에겐 어른이나 다름없는데 둘은 자주 이런 놀이를 한다. 오빠가 먼저 "해야 돼."라고 말한다. 그러면 리사는 아주 심각하게 말한다.

"난 못해."

다음에는 오빠가 입장을 뒤집는다.

"넌 못해."

그러면 바로 리사가 말한다.

"해야 돼."

놀이는 그렇게 계속된다. 리사의 오빠가 그만둘 마음이 생길 때까지.

리사는 거의 모든 질문에 "아니."라고 대답하거나 부정적인 의미를 지닌 "으-응."으로 답하는데, 그렇다고 해서 리사가 그 대답을 항상 정답으로 여기는 건 아니다. 리사는 정답이 "응."이란 걸 알고 있을 때에도 자주 "아니."라고 말한다. 예를 들어 좋아하는 언니가 "네가 내 동생이야?"라고 물을 때조차 리사는 "아니."라고 한다. 두 살짜리에게 "아니."라는 말은 어쩌면 독립선언문이나 권리장전을 합친 것과 같은지도 모른다.

흔히 있는 일인데 배고픈 두 살짜리에게 좋아하는 음식을 보이며 "이것 줄까?"라고 물으면 "아니."라고 답하는 경우가 많다. 물론 아이는 음식을 먹고 싶다. 하지만 "아니."라고 해보고도 싶다. 그럴 때는 아이가 "아니."라고 말하게 놔두고 음식을 주면 된다. 만약 진짜로 먹기 싫으면 아이는 바로 그 사실을 확실히 할 것이다.

참으로 이상한 일은 대부분의 사람들이 작은 아이에게서 독립심의 첫 번째 신호를 발견하면 놀라고 불안해한다는 것이다. 현대의 부모들은 종종 말한다.

"이건 그저 요맘때 나타나는 일시적인 현상일 뿐이야. 더 크면 안 그러게 되지."

마치 아이의 독립심이 자기들의 보살핌과 어떤 행운의 힘으로 치유되어야 할 질병이나 된다는 투가 아닌가. 더 구식인 부모들은 조그만 아이에게 누가 대장인지를 보여주는 일에 착수하는데 이는 정말 쓸데없는 짓이다. 아이는 독립을 선언할 때조차 사실은 자신이 완전히 의존적인 존재라는 것을 절절히 느끼고 있기 때문이다. 게다가 더 큰 독립을 쟁취하고자 하는 욕구는 더 많은 자양분을 필요로 하지 않는가.

어린아이들이 다 그렇듯 리사는 큰 사람들이 하는 일을 하고 싶어 한다. 이건 문제를 일으킬 수 있다. 저녁 식사를 할 때 리사는 자기도 다른 사람들처럼 보통 크기의 개인 접시에 음식을 덜어 먹어야 한다고 고집을 피운다. 식사에 앞서 특별하게 미리 덜어지면 안 된다는 거다. 며칠 전 돼지고기를 먹을 때였다. 나는 리사가 스스로 고깃덩어리를 자를 수 없는데다가 몇 입밖에 안 먹을 줄 알고 따로 몇 조각을 잘라주려 했다. 리사는 항의했다.

"고기 줘! 고기 줘!"

나는 말했다.

"주고 있잖아."

소용이 없었다. 나는 리사가 무슨 소리를 하는 건지 알고 있었고, 리사는 내가 알고 있다는 사실을 알고 있었다. 결국 나는 고깃덩어리 하나를 통째로 접시에 놓아주어야 했다. 리사는 나이프와 꼬맹이의 표현대로 '포이크'로 헛되이 톱질을 몇 번 한 다음에야 내가 고기를 잘라주는 걸 허락했다.

리사는 여러 가지 방식으로 자신의 독립심을 보여준다. 작은 집 뒤에 있는 마당에는 그네가 몇 개 있는데 쇠사슬로 틀에 연결되어 있어서 길이를 조절할 수 있었다. 조금 큰 어떤 아이가 그네 하나를 떼어내서 땅바닥에 놔두고 가버렸다. 리사는 그네를 타고 싶은지 땅바닥에 놓여 있는 그 그네를 만지작거렸다. 내가 말했다.

"그네 타고 싶니?"

리사는 아니라고 말했지만, 그 애는 늘 그런 식으로 말하는데다가 그네를 타고 싶어 하는 게 분명한 것 같았기 때문에 나는 쇠사슬 한쪽을 고리에 매달기 시작했다. 리사는 꿋꿋하게 말했다.

"그네 매달지 마."

그리고 다른 쪽 쇠사슬을 들더니 그 끝을 손에 쥐고 그네 틀의 꼭대기에 닿으려고 안간힘을 쓰기 시작했다. 열심히 팔짝팔짝 뛰어보아도 땅에서 겨우 3~4cm 정도 솟았다 떨어질 뿐이었다. 잠시 후 리사는 그 일을 포기하고 딴 짓을 하기 시작했다. 나는 다시 그네 쪽으로 다가갔다. 리사가 바로 말했다.

"그네 매달지 마, 존."

점차 이것은 놀이로 변했다. 내가 쇠사슬 쪽으로 천천히 다가가면 리사가 말하는 것이다.

"그네 매달지 마."

그러면 나는 물러난다. 그리고 좀 뒤에 다시 반복한다. 표정은 장난스러웠지만 리사의 어투는 진지했다. 얼마 후 리사가 다른 일을 하러 가버렸을 때에야 비로소 나는 그네를 매달 수 있었다.

1년 전에도 리사는 사람들이 뭔가 게임을 하고 있으면 자기도 끼고 싶어 했다. 그때는 리사를 따돌리기가 좀 쉬웠다. 큰 아이들은 보드

게임의 일종인 체커나 파치지, 체스를 할 때면 리사에게 남아도는 말을 몇 개 줘서 바닥에서 가지고 놀게 하는 방식으로 달래거나 쫓아냈다. 하지만 이 방법은 오래가지 못했다. 카드나 말이 특별한 방식으로 쓰인다는 사실을 알아낸 리사가 제대로 된 게임판 위에서 바로 그 특별한 방법으로 말을 쓰고 싶어 했기 때문이다. 이건 체스를 두는 아이들에겐 참으로 곤란한 일이 아닐 수 없었다. 지금도 리사는 다른 아이들이 체스 게임을 하는 걸 보거나, 혹은 듣는 것만으로도 즉시 끼고 싶어 한다. 그 게임을 특별히 좋아하거나 그 게임을 완전히 이해하고 있어서가 아니다. 단지 다른 사람들이 하는 뭔가에서 제외되고 싶지 않은 것이다. 리사의 오빠들은 때로 리사의 눈을 피하기 위해 자기들 방에 있는 이층침대 꼭대기에 올라가 게임을 하기도 한다. 하지만 얼마 못 가 리사는 오빠들을 찾아내 이렇게 말한다.

"체스 할 거야! 체스 해야 돼!"

게임판 위에서 놀고 싶은 리사에게 남는 말을 주는 것은 아무 소용이 없다. 나중에 한 판 해주겠다는 약속을 해야만 리사는 오빠들이 게임을 끝내도록 놔둔다. 그리고 나중에 자기와 한 판 해주는 사람과 오랫동안 즐겁게 게임을 해내고야 만다.

리사의 참을성과 집중력은 정말 놀랍다. 어느 날 리사는 초록색 볼펜을 하나 발견해서 그걸 분해했다. 부품이 네 개 나왔다. 볼펜심, 서로 돌려 끼워서 볼펜의 몸체를 이루는 막대 모양의 플라스틱 두 개, 그리고 몸체를 끼우기 전에 그중 하나에 집어넣어야 하는 금속 고리. 스프링도 하나 있어야 했지만 내가 분해의 현장을 보았을 때는 어디론가 사라지고 없었다. 나는 리사 대신 부품을 조립해주려고 했다. 그러나 리사는 그러지 말라고 했다. 리사는 서투르지만 끈기 있게 부품들을 가지고 이랬다저랬다 해보며 그것들을 연결할 수 있는 온갖 방법을 다 시도했다. 리사는 그 부품들이 완전히 조립된 모습을 확실히 알지 못했고, 또 그렇게 조립할 만한 손재주도 없었다. 그럼에도 리사는 상당히 근접했다. 때로 리사는 올바른 순서로 부품들을 합쳐놓고도 볼펜대를 이루는 두 부분의 나사를 맞추지 못해 고심하곤 했다. 서로 딱 맞게 조립은 못 했지만 리사는 여러 번 부품들을 올바르게 놓았다. 화를 내거나 좌절하지 않고 20분 이상 그 볼펜을 탐색하던 리사는 점심 먹으라는 소리가 들리자 그제야 작업을 멈추었다.

그 모습을 관찰하며 나는 유아원에서 본 많은 네 살짜리들을 떠올렸다. 그 아이들은 퍼즐을 맞추다가 잘 안 되면 눈물을 글썽이거나 화를 내곤 했다. 왜 좀 더 큰 아이들은 성공이 지연(실패라고 부르지 말자!)되는 데서 오는 좌절감을 훨씬 더 감당하지 못하는 것일까? 추측컨대 그 이유는 아이들이 아주 경쟁적이고 체면을 의식하는 상황 속에 있기 때문이 아닌가 싶다. 모두가 교사의 인정, 혹은 다른 아이의 인정을 받기 위해 안간힘을 쓰고 있다는 얘기다. 그런 상황에서 자란 아이는 알고 있다. 다른 아이들은 이미 그 퍼즐을 해냈고, 선생님과 다른 아이들은 자신이 그 퍼즐을 맞추기를 기대하고 있으며, 만약에 해내지 못하면 실망하거나 자기를 웃음거리로 만들 거라는 사실을.

그에 반해 리사는 오직 볼펜과, 자신이 그걸 조립할 수 있는지 없는지에만 관심이 있다. 다른 사람들의 능력은 상관하지 않는다. 그 일에 대한 자신의 노력을 사람들이 어떻게 생각하고 평가하는지도 관심 밖이다. 유아원의 많은 네 살짜리들에게 퍼즐 맞추기는 다른 사람의 인정을 받기 위한 목적 달성의 도구일 뿐이다. 그러나 리사에게 볼펜을 조립하는 일은 그 자체가 목적인 것이다.

□ 1963년 3월 7일

요전에 대니는 어린 꼬마들은 이러저러하다는 말과 어찌나 똑같이 행동하던지 지금부터 내가 하는 이야기가 조작된 것처럼 들리는 사람도 있을 것 같다. 대니는 그림 퍼즐을 세 개 가지고 있다. 그것들은 직소 퍼즐과 비슷하지만 좀 더 단순하다. 두 개는 유아원에서 많이 볼 수 있는 플레이스쿨 퍼즐이고, 다른 하나는 아주 예쁘고 훨씬 더 복잡하며 재미있는 네덜란드식 퍼즐이다. 대니는 겨우 29개월인데도 다른 사람의 도움 없이 이 퍼즐들을 맞출 줄 안다. 대니가 그렇게 솜씨 좋은 손가락을 가졌고, 그처럼 복잡한 패턴들을 기억할 수 있다는 사실이 정말 놀랍다. 더군다나 대니는 더 이상 이 퍼즐들을 맞추기 위해 시행착오를 하지 않는다. 대니는 이미 각각의 조각이 퍼즐의 어디에 들어가야 하는지 알고 있다. 대니가 퍼즐을 맞출 때엔 특별히 선호하는 대강의 순서가 있는데, 그렇다고 그 순서의 포로인 것은 아니다. 퍼즐을 맞추다가 어떤 한 시점에 도달했다 치자. 그 순간 대니는 어떤 특별한 조각을 끼워 넣고 싶어 한다. 하지만 만약 그 조각이 안 보이면 다른 조각을, 게다가 올바른 장소에 끼워 넣는다. 대니가 퍼즐을 맞추는 모습은 정말 관찰해볼 만하다.

어느 날 대니는 플레이스쿨 퍼즐 중 한 개를 가지고 놀고 있었다.

보트 그림이 그려져 있는 퍼즐이었다. 대니는 가장자리에 맞는 구름 조각을 주워 맞춤한 장소에 끼워 넣으려고 했다. 그러나 각도가 약간 빗나가는 바람에 가장자리에 딱 맞출 수가 없었다. 더욱이 그 주위에는 아무것도 놓여 있지 않은 상태여서 지침으로 삼을 만한 것이 없었다. 대니는 조각을 이리저리 돌려보며 고군분투했지만 완전히 정확하게 맞추는 데는 실패했다. 대니는 점점 더 초조해졌다. 그게 거기에 들어간다는 걸 알고 있는데 들어가지를 않으니 대체 어찌된 일인가 말이다.

갑자기 대니는 퍼즐을 놔두고 몇 피트 뒤로 물러나더니 거기 있는 담요를 움켜잡고 엄지손가락을 입에 쿡 집어넣은 채 바닥에 앉아 우리를 쳐다보았다. 마치 "이런 때는 어떻게 해야 할지 모르겠어."라고 말하는 듯했다. 우리는 모두 웃음을 터뜨렸다. 잠시 후 대니는 재충전되어서 퍼즐로 돌아갔다. 다른 조각들을 먼저 맞추어 넣은 대니는 이내 퍼즐을 다 완성했다. 문제를 일으킨 그 조각도 올바르게 맞추었음은 물론이다.

_어떤 순간에 사람이 얼마나 많이 배울 수 있는가는, 해야 할 일과 그 일을 해낼 자신의 능력에 대해 어떻게 느끼는가에 달려 있다. 스스로 강하고 능력 있다고 느낄 때에는 어려운 임무에도 쉽게 뛰어들 수 있다. 어려움은 우리를 좌절시키지 못한다. 우리는 이렇게 생각한다. '머지않아 해내고야 말 거야.' 하지만 또 어떤 때는 이런 식으로밖에 생각하지 못한다. '난 결코 이 일을 해낼 수 없을 거야. 나한텐 너무 어려워. 이런 종류의 일은 한 번도 잘 해낸 적이 없어. 그런데도 왜 이

일을 해야 하지?' 등등. 학습자가 어떤 기분에 젖어 있는지를 감지하는 능력도 가르치는 이가 터득해야 할 중요한 기술 중 하나다. 사람들의 기분은 순식간에 바뀔 수 있다. 내가 『절대로 늦지 않았다』에서 이야기한 어떤 여덟 살짜리는 첼로 레슨을 하는 30분 동안에 기분이 올라갔다가 내려갔다가 다시 올라가는 변화를 경험했다. 기분이 저조할 때에는 남이 강요하거나 재촉을 해도 소용이 없다. 그래 봤자 겁만 먹거나 더욱 더 낙심할 뿐이다. 그러니 우리가 해야 할 일은 아이가 잠시 물러서서 압박감이 사라질 때까지 기다릴 수 있도록 기운을 북돋아주고 위로를 해주는 것이다. 그 일로 다시 돌아갈 에너지와 용기를 되찾을 때까지 말이다. 시간을 주라. 때가 되면 그들은 분명히 그렇게 한다.__

□ 1963년 3월 22일

대니와 함께 또 외출을 했다. 우리는 하버드에 있는 영상예술센터 주변을 걷고 있었다. 대니가 달을 보더니 손으로 가리켰다. 그런데 길을 좀 더 걸어가서 다시 하늘을 보니 하늘에 또 달이 있는 게 아닌가. 대니는 서로 다른 곳에서 똑같은 달을 볼 수 있다는 사실에 놀란 것 같았다.

대니는 말이 많다. 내가 대니에게 뭔가 말하면 대니는 종종 마지막 단어 한두 개를 따라 하기도 한다. 마치 연습을 하는 것처럼.

집에 도착한 뒤 우리는 썩 괜찮은 놀이 두 가지를 만들어냈다. 어떻게 해서 그런 놀이가 시작되었는지는 모르겠다. 그냥 어느 순간 내가 소파 위에 놓인 작고 부드러운 쿠션 하나를 집어 던지자 대니가 쿠션을 받아서 다시 나한테로 던졌다. 이 놀이는 대니의 흥미에 불을 댕겼다. 공중으로 날아오는 쿠션을 눈으로 좇아 적절한 순간에 손을 뻗어 움켜잡는 일은, 근육을 의식적으로 조절하는 데 좋은 훈련이 되었다. 하기 쉽다는 것도 이 놀이가 가진 장점이었다. 쿠션은 푹신푹신해서 되튀지도 않고 잡기도 편했다. 대니는 큰 풍선을 하나 갖고 있는데 그것으로 잡기 놀이를 하는 것도 좋아한다. 쿠션과는 아주 다르게 움직이지만 말이다.

두 번째 놀이는 '침대 때리기'였다. 쿠션 잡기 놀이를 할 때 나는 침대 겸용으로 쓰는 소파에 앉아 있었다. 놀이를 하면서 나는 이 꼬마의 손에는 얌전히 가둘 수도, 없앨 수도 없는 큰 힘이 있다는 생각을 했다. 그러자 리사가 막대기로 의자 쿠션을 내리치던 모습이 떠올랐다. 나는 리사가 눈을 깜빡이며 입으로는 고함을 치던 일을 눈앞에 그리며, 손을 머리 위로 든 다음 온 힘을 다해 침대를 내리쳤다. 확실하게 큰 소리를 지른 것은 물론이다. 유쾌해진 대니에게 나는 말했다.

"침대 때려봐."

대니는 침대에 올라와 약간 망설이며 한 대를 때렸다. 나는 다시 말했다.

"오, 설마 그 정도밖에 못 치는 건 아니겠지."

그러고는 한 번 더 침대를 세게 때렸다. 대니는 나를 따라 몇 번 더 해보고 나서야 망설임 없이 힘껏 침대를 내리치기 시작했다.

이렇게 시작한 놀이는 다른 형태로 발전해나갔다. 대니는 쿠션 잡기 놀이를 하다가도 이따금씩 손을 멈추고 "침대 때려봐."라고 말했다. 그때마다 나는 침대를 힘껏 내려쳤고, 그러면 대니는 깔깔 웃었다. 한번은 별 의도 없이 침대를 세게 때리는 대신 살짝 두드리기만 하고 이렇게 물었다.

"더 세게 때릴까?"

"응."

나는 침대를 약간 더 세게 때리고는 또다시 더 세게 때릴까 물었고, 이번에도 대니는 "응."이라고 했다. 좀 더 세게? 응. 같은 질문에 같은 대답이 네다섯 번 정도 오갔다. 그러다 마침내 내가 있는 힘껏 세게 때리는 순간이 왔다. 우리는 그 과정을 두어 번 반복했다. 세 번째 시작할 때는 가볍게 침대를 두드린 다음 말없이 그냥 기다렸다. 대니는 한 1초 동안 나를 보더니 말했다.

"더 세게!"

나는 약간만 더 세게 때렸다. 대니가 다시 주문했다.

"더 세게!"

나는 힘을 좀 더 가했다. 아까보다 더 큰 소리로 대니가 다시 외쳤다.

"더 세게!"

그렇게 우리는 내가 최고로 세게 때릴 때까지 계속했다. 대니는 굉장히 즐거워했고 기분이 고조되었다. 나중에 우리는 대니의 엄마 아빠에게 이 놀이를 재연해 보여주었다.

이 이야기의 진짜 요점은 어린아이들과 하는 최고의 놀이는 항상 그 상황, 그 순간에 쉽고 자연스럽게 흘러나온다는 사실이다. 미리 놀이를 계획한다고 해서 좋은 놀이가 나오지는 않는다. 그저 아이들과 재미있게 놀면 좋은 놀이가 나올 것이다. 그리고 무슨 놀이든 아이가 그걸 즐기지 않을 때에는 미련 없이 곧바로 그만둘 줄 알아야 한다. 사람들은 어쩌면 이렇게 생각하고 싶은지도 모른다. '일단 시켜놓고 시간이 좀 지나면 저절로 즐기게 될 거야.' 하지만 그런 일은 결코 없다. 그건 어른인 우리도 마찬가지다.

대니가 플레이스쿨 퍼즐을 아주 잘하게 되자 대니의 엄마 아빠는 직소 퍼즐을 몇 개 사주었다. 이제 대니는 그중 두세 개를 아주 잘 맞출 수 있다. 대니가 퍼즐을 갖고 노는 모습을 관찰하는 것은 놀라움의 연속이다. 그 아이는 퍼즐이 완성되었을 때의 그림을 머릿속에 가지고 있는 듯하다. 그 머릿속 그림이 대니에게 말해준다. 이 조각은 여기, 저 조각은 저기 들어가는 거라고. 대니는 조각들을 잠깐 살펴보고는 손을 내밀어 그중 한 조각을 집어 든다. 그리고 알맞은 곳이라고 생각되는 장소에 쏙 끼워 넣는다. 십중팔구 그건 맞다. 설사 틀리더라도 대니는 대부분 재빨리 그 사실을 알아채고는 절대로 난리를 피우는 법 없이, 조각을 잘못된 곳에 맞추려던 시도를 곧바로 포기한다.

헌데 어젯밤에는 예외적인 일이 일어났다. 대니는 멕시코 소년과 염소 두 마리가 그려진 퍼즐을 맞추고 있었다. 그런데 어떤 조각 하나가 들어맞지를 않았다. 그 조각은, 그 지점에 놓여야 할 올바른 조각과 모양이나 색깔이 굉장히 비슷했다. 내가 볼 때 대니는 색깔을 정확히 맞추는 것에 대한 감각이 없는 게 분명했다. 지금껏 색깔을 보고 퍼즐을 맞추지 않았으니까. 어쨌거나 대니는 그게 반드시 그 자리에 들어가야만 한다고 생각하는 것 같았다. 그리고 가능성도 충분해 보였다. 그 사이에 시간은 점점 흘러 대니가 그 조각을 맞춰보려는 노력을 포기할 수 있을 만한 시점이 넘어갔다. 이제는 자존심과 체면이 걸린 문제가 돼버렸다. 대니는 점점 화가 나고 불안한 듯 보였다. 이치에 닿는 것처럼 보이던 세계의 일부가 갑자기 어그러질 때 아이들은 종종 혼란과 불안에 빠진다. 대니의 아빠는 그 조각이 틀린 것일 수도 있지 않느냐고 설득하기 시작했다. 아빠는 아주 상냥하고 요령 있게 이야기를 했다. 그러나 꼬마는 그런 생각을 받아들일 수가 없었다. 대니 생각에는 그것이 맞는 조각이다, 그런데 들어가지 않는 것이다! 잠시 후 나에게 어떤 감이 왔다. 그래서 이렇게 말했다.

"그건 잠시 놔두고 다른 걸 먼저 맞추는 게 어때? 그건 나중에 해도 되잖아. 잠시 그냥 놔두자."

그거야말로 대니가 받아들이고 싶은 제안이었다. 대니는 다른 조각을 몇 개 맞춘 다음 다시 문제의 그 조각을 집어 들더니 아무 망설임 없이, 이제는 분명하게 드러난 제자리에 끼워 넣었다. 그건 대니가 이전에 맞추려고 고생 고생한 지점 바로 옆이었다. 결국 그렇게 많이 어긋났던 건 아닌 셈이다.

대니가 보여준 이런 행동에는 학생과 교사 모두에게 주는 어떤 교훈이 있다. 그것은 최고로 뛰어난 학생조차도 어느 순간에는 자신의 머리로 성벽을 부수려고 달려들 때가 있다는 것이다. 그건 참으로 황당하고 무모한 짓이다. 그러한 때에 교사들은 학생들을 잠시 제지해서 앞뒤를 생각하게 하는 대신 오히려 더 마구잡이로 달려들게 만드는 경향이 있다. 돌아보면 나 또한 그런 적이 얼마나 많았던가! 그러나 그건 아무 도움이 못 된다.

언젠가 대니와 그 아이 부모들과 함께 이웃집에 사는 대니 또래의 여자아이를 보러 갔다. 그 애는 플레이스쿨 퍼즐을 몇 개 가지고 있었는데 한 번도 제대로 맞춰본 적이 없는 것 같았다. 그 애가 퍼즐을 갖고 노는 방법은 일단 아무 조각이나 하나 집어 들고 척 보기만 해도 올바르지 않다는 것을 알 만한 지점에 그 조각을 쑤셔 넣은 다음 주변을 둘러보고는 '이것 참 웃기지 않아?'라는 투로 낄낄대는 것이다. 그 애의 전략은 나이가 좀 더 든 아이들이나 어른들의 고의적인 실패 전략과 아주 비슷하다. 제대로 된 방법으로 게임을 할 수 없으면 네가 할 수 있는 게임으로 바꾸어버려라. 올바르게 할 수 없다면 엉터리로 해버려라. 다만 완전히 엉터리여야 한다. 그래야 모든 사람들이 네가 그 일을 올바르게 할 마음이 없다는 것과, 그 일을 올바르게 하는 데 가치를 두고 있지 않다는 사실을 알 수 있을 테니까. 이것이 바로 고의적인 실패 전략에 깔린 속내다!

집으로 돌아온 후 대니는 곧바로 퍼즐 몇 개를 바닥에 내놓았다. 대니는 이미 하나를 완성해본 적이 있어서 자신감과 긍정적인 에너지로 가득 차 있었다. 그런데 대니는 아까 그 꼬마 아가씨가 했던 짓을 하기 시작했다. 한눈에 보기에도 잘못된 지점에 퍼즐 조각을 놓고 나를 쳐다보며 킬킬거리기 시작한 것이다. 굉장한 조크였다. 하지만 이 농담은 그 여자애의 자기방어적인 위장 조크와는 아주 달랐다. 대니는 그 퍼즐을 제대로 할 수 있었지만 재미로 잘 못하는 척한 것뿐이다.

처음 얼마 동안은 대니의 그런 행동이 갖는 중요성을 눈치 채지 못했다. 나중에 대니가 또 다른 방식으로 비슷한 일을 했을 때에야 비로소 그 의미를 알아챌 수 있었다. 대니는 건설 장비나 땅 파는 기계들에 관한 내용이 실려 있는 책을 아주 좋아해서 거기 나오는 기계 이름들을 몇 개 외웠다가 말하는 것을 즐겼다. 그런데 어느 날인가 그 책에 그려진 기계 그림을 가리키면서 엉뚱한 이름을 말하는 것이었다. 대니는 레미콘 트럭이 그려진 그림을 보고는 '트랙터'라고 했고, 굴삭기 그림을 두고는 '콤바인'이라고 했다. 아주 신나고 유쾌하게 말이다. 물론 대니는 기계의 진짜 이름을 알고 있었다. 그럼에도 일부러 다른 이름으로 부르는 것은 훌륭한 조크가 아닌가. 이것은 상징의 세계에 접근하는 아주 건강하고, 자신감 넘치고, 힘찬 태도다. 상징은 내 맘대로 쓸 수 있는 나의 것이다. 내가 원한다면 상징을 올바르게 쓸 수도 있다. 하지만 재미 삼아 틀리게 쓰고 싶다면 그렇게 할 수도 있다. 주도권은 나에게 있다. 내가 상징에 좌우는 것이 아니다.

아이들은 제대로 하는 법을 알지만 순전히 재미로 틀리게 해보려는 경향이 강하다. 그런데 아이들의 이런 감수성에 마주친 대부분의 어른들은 그것을 꺾어버리고 싶어 한다. 그건 심각한 실수다. 나는 오히려 내 어린 친구가 했던 그런 종류의 행동은 함께 즐기고 북돋워주어야 한다고 생각한다. 항상 옳아야만 할 필요는 없으니까.

_바르게 하는 법을 알고 있는데 그저 재미로 틀리게 하는 아이들의 장난, 혹은 놀이는 피아제가 말하는 '조작적 사고'의 좋은 예라 할 수 있다. 아이들은 분명 동시에 두 가지 생각을 품고 있다. 올바른 방법, 즉 아이들이 하기로 되어 있고 그래서 어떻게 해야 할지 아는 방법과 틀린 방법이 그것이다. 하지만 사람들은 이렇게 어린 아이는 '조작적 사고'를 하지 못한다고 여기는 경향이 있다. 나 역시 아이들은 쾌활하고 떠들썩한데다 삼류 코미디 유머로 가득 차 있긴 해도, 열 살 정도

가 되기 전까지는 아이러니와 위트에 대한 감각이 별로 없고 사물을 다각도로 보는 능력도 그다지 발달되어 있지 않다고 생각해왔다. 또 그렇게 말하기도 했다. 하지만 이 '틀리게 하기' 장난은 바로 그런 종류의 유머를 보여주는 좋은 예가 아닌가 싶다. 아이들이 허튼소리에 웃는 것도 역시, 그 말이 틀렸음을 알기 때문이다.

아이들은 아주 어려서도 인과관계 놀이를 배울 수 있다. 얼마 전 프랑스에 갔을 때다. 내가 잠시 머문 젊은 교사의 집에는 한 살 반이 채 안 된 어린 아기가 있었다. 나는 종종 유아용 침대 안에 있는 아기를 관찰하거나 같이 놀아주곤 했다. 아기의 장난감 중에는 크기가 도넛보다 약간 큰 고무링이 있었다. 어느 날 아기가 보는 앞에서 나는 그 고무링을 머리 위에 얹었다. 그러고는 잠시 후에 머리를 숙여서 얼굴 위로 고무링이 미끄러져 떨어지게 했다. 그 다음에 링을 아기 머리 위에 얹자 아기도 나와 똑같은 행동을 했다. 이것은 곧 훌륭한 놀이로 바뀌어 우리는 차례를 바꿔가며 몇 번 더 이 동작을 반복했다. 다시 내 순서가 되었을 때 나는 머리 위에 링을 얹고 무슨 일이 일어나는지 가만히 살폈다. 그러자 아기는 몇 초 동안 나를 유심히 바라보더니 재촉하듯이 머리를 숙이는 동작을 취하는 게 아닌가. 내가 머리를 숙여 고무링이 떨어지자 아기는 즐거워했다. 우리는 이 놀이를 하고 또 했다.

몇 년 전에는 더 어린 아기, 그러니까 7, 8개월 정도밖에 안 되는 아기와 함께 '쿵 놀이'를 한 적이 있다. 시작은 역시 우발적이었다. 아기를 안고 돌아다니다가 우연히 아기 머리에 내 머리가 살짝 부딪쳤는데 그때 나는 "쿵."이라고 말했다. 아기는 그 사고를 즐기는 것 같았다. 그래서 나는 다시 "쿵." 이라고 말하며 내 이마를 아기의 이마에 부딪쳤다. 몇 번 더 하고 나자 아기는 이게 놀이인 줄 알게 되었다. 그래서 내가 "쿵." 이라고 말하면 제 이마를 내 이마에 부딪치고는 활짝 웃었다.

이런 놀이를 할 때는 그저 열심히 노는 게 다다. 아기들과 놀이를 하는 단 하나의 훌륭한 이유는 우리가 아이들을 사랑한다는 것과, 함께 놀이를 함으로써 느끼는 즐거움을 나누는 것뿐이다. 다시 말해 언젠가는 그 아이들이 대학에 가기를 바라서 노는 게 아니란 얘기다. 놀이는 물론 재미있고 보람 있고 아기에게 유익하다. 그러나 우리가 그 놀이를 하는 건 즐겁기 때문이다. 만약 그 즐거움 대신 미래의 IQ 지수와 수능 점수에 대한 냉정한 계산을 집어넣는다면 우리에게나 아이에게나 놀이를 죽이는 일이 된다. 더군다나 이런 마음가짐으로 놀이를 한다면 아기들은 얼마 안 가 놀이를 거부할 것이다. 설사 놀이를 계속한다고 해도 '학교 정신'으로 할 것이 분명하다. 즉 자기가 하지 않으면 우리가 실망하거나 화를 낼 거라고 생각하기 때문에 억지로 할 거라는 의미다.

□ 1960년 5월 1일

며칠 전 정규 수업이 시작되기 40분쯤 전에 휴대용 전동 타자기를 들고 세 살배기들이 모인 교실로 갔다. 나는 아무 말도 하지 않고 교실한 구석으로 가서 낮은 테이블 위에 타자기를 놓았다. 그리고 아주 천천히, 한 번에 손가락 하나씩을 눌러 타이프를 치기 시작했다. 아이들은 얼마 동안 경계하는 듯 멀리 떨어진 곳에 빙 둘러앉아 자기들끼리 놀더니 시간이 좀 지나자 슬쩍슬쩍 곁눈질을 하기 시작했다. 그러다 대담한 녀석들이 슬슬 가까이 다가왔고, 그중 한 명이 마침내 (내가 기대한 대로) 가까이 와서 한번 쳐봐도 되느냐고 물었다.

"물론. 하고 싶으면 해도 돼."

오래지 않아 모든 아이들이 타자기를 쳐보길 원했다. 한 아이가 타이프를 치는 동안 다른 아이들은 기계 주변을 에워싸고는 마치 기차를 기다리는 사람들처럼 조용하고도 끈덕지게 서로를 밀쳐댔다. 타자기의 인기가 너무 좋아서 한 아이가 5분 이상 치도록 놔둘 수가 없었다. 물론 아이에게 5분은 뭔가 발견하기는커녕 탐색하기에도 모자란 시간이었다. 게다가 기계를 작동시키고 있는 아이는 흥분하기도 하고 자기 차례를 기다리는 다른 아이들 때문에 주의가 흐트러져 집중하기 힘든 상태였다.

□ 1960년 5월 9일

세 살배기들은 여전히 타자기에 빠져 있다. 존은 유아원에 가장 먼저 오는 아이들 가운데 하나다. 존은 나를 보자마자 타자기를 쳐보게 해달라고 한다. 그 애는 기계를 콘센트에 꽂기도 좋아한다. 타자기를 가지고 온 지 나흘째 되는 날, 내가 수업을 하러 가려고 하자 존이 말했다.

"홀트 선생님, 우리 집에 타자기를 가지고 와주세요."

그러자 다른 두 아이도 똑같이 말했다.

닷새째 되는 날에 존은 리본을 빨간색에서 까만색으로 바꾸는 장치를 발견하고는, 그 장치가 종이에 나타나는 색깔을 바꾼다는 사실을 알아챘다. 지금은 웬만큼 타자기를 다뤄본 베테랑 아이라면 거의 다 이 장치를 알고 있으며 작동시키기도 좋아한다. 아이들은 이제 단순히 기계가 돌아가게 작동시키는 것보다는 종이에 나타나는 자국에 더 관심을 보인다. 만약 타자기로 찍히는 글자가 조금 더 컸더라면 아이들은 더 많은 관심을 가졌을 것이다.

엘지(다섯 살 반)는 찰리(이제 막 네 살)의 누나로 읽고 쓸 줄 아는 아이다. 어느 날 타자기를 쳐볼 기회를 얻은 엘지는 누구의 도움도 받지 않고 "DEAR DADDY, I LOVE YOU AND YOUR ROOM.(사랑하는 아빠, 나는 아빠와 아빠 방을 좋아해요.)"이라는 문장을 썼다. 이 일은 매트(네 살)를 흥분시켰다. 매트는 자기도 아빠에게 뭔가를 쓰고 싶어 했다. 나는 DEAR DADDY를 쓰려면 어떤 키를 쳐야 하는지 보여주었다. 그러나 매트는 "DDEAR DDADDY."라고 썼다. 이게 매트가 생각할 수 있는 전부였다. 어찌나 느릿느릿 글자를 찾아 헤맸던지 마치 아이의 사고가 마비되어버린 것 같았다. 매트는 기계를 전속력으로 작동시키고 싶은 마음과 뭔가 말이 되는 소리를 쓰고 싶은 마음 사이에서 어찌할 바를 몰랐다.

며칠 후 매트는 FATHER를 쓰고 싶어 했다. 나는 종이에 그 단어를 써주었다. 매트는 혼자서 F와 A를 자판에서 찾아냈다. 다른 글자들은 내가 알려주었다. 마침내 매트는 기계를 빠르게 작동시키고 싶은 마음과 뭔가 말이 되는 소리를 쓰고 싶은 마음을 둘 다 만족시킬 수 있는 천재적인 방법을 발견해냈다. 매트는 이렇게 썼다.

FFFFFFFAAAAAAATTTTTTTHHHHHHEEEEEEERRRRRR.

엿새째 되는 날, 매트가 종이에 찍힌 글자와 숫자를 보더니 갑자기 말했다.

"숫자 5가 있어!"

매트는 뭔가 자기가 아는 걸 발견해서 굉장히 흥분한 듯했다.

찰리는 대부분의 아이들과는 달리 자신이 치는 글자가 무엇인지 알고 싶어 한다. 생각이 깊은 찰리는 한 번에 키 하나만 친다. 그러고는 자기가 찍은 글자를 본다. 때가 되면 찰리는 새로운 발견을 이끄는 그룹의 주도자가 되리라. 어느 날인가는 키보드를 통해 그 밑을 들여다보더니 기계 안에 있는 스피닝 바를 발견했다. 키들을 움직이는 바였는데 찰리는 그것의 정체를 알아내기에 열심이었다. 찰리는 또한 자기 이름의 첫 글자인 C를 자판에서 찾길 좋아한다. 한번은 내가 다른 글자도 찾을 수 있느냐고 묻자 찰리는 불안한 표정을 지었다. 그래서 나는 재빨리 그 이야기를 그만두었다. 이런 입장에 놓였을 때 아이들이 얼마나 강하고 빠르게 반응하는지 아는 까닭이다. 찰리는 자기가 치는 키의 이름을 말해주면 좋아했는데 언제부턴가 내가 말을 안 해도 혼자서 "대시."라고 하거나 "이퀄."이라고 말하곤 했다. 찰리는 맨 윗줄에 있는 숫자 키들 옆에 대시가 있고, 그 옆에 이퀄 기호가 있다는 걸 아는 것이다.

처음 타자기를 사용하는 아이들은 줄 끝까지 타이프를 친 뒤에도 계속 키를 두드리곤 했다. 더 이상 아무것도 일어나지 않는다는 사실을 눈치 못 채고 말이다. 그래서 나는 줄이 끝나면 "줄 끝!"이라고 말하기 시작했다. 그리고 캐리지를 돌렸다. 이제는 모든 아이들이 캐리지 리턴을 언제, 어떻게 사용해야 하는지를 안다. 나는 더 이상 "줄 끝!"을 외칠 필요가 없다. 하지만 찰리는 캐리지를 돌릴 때마다 혼자서도 즐거이 "줄 끝!"을 외친다. 몇몇 아이들은 또한 엉킨 키들을 푸는 데 뛰어난 솜씨와 놀라우리만치 부드러운 손길을 지니게 되었다.

존은 올해 들어 상당히 오랫동안 내가 교실에 들어가면 이렇게 말했다.

"나는 보안관이고, 선생님은 감옥에 가야 해요!"

나는 실비아 애쉬튼 워너Sylvia Ashton-Warner가 아이들을 진짜로 흥분시키는 단어를 가르쳐서 성공한 이야기를 떠올렸다. 그리하여 어느 날 종이에다가 큰 대문자로 "GO TO JAIL.(감옥에 가라.)"이라고 썼다. 나는 종이를 존에게 보여주면서 무슨 뜻인지 말해주었다. 존이 그 글자를 타자기로 쳐보는 일에 흥미를 보일 거라고 생각하면서 말이다. 하지만 존은 조금도 관심을 보이지 않았다. 그저 얼마 후 나보고 연필로 "GO HOME.(집에 가라.)"을 써보라고 했을 뿐이었다. 존은 지금도 그 글자들 중 어느 것 하나라도 타자기로 쳐보려고 하지 않는다. 그러면서도 다른 아이들이 타자기로 J를 치면 화를 낸다. J는 자기 글자라는 것이다.

□ 1961년 4월 2일

어느 날 오후 몇 달 뒤면 여섯 살이 되는 스콧이 전동 타자기를 만지작거리고 있었다. 올해 이 교실에서 타자기를 써본 대부분의 다섯 살배기들처럼 스콧 역시 타자기를 일단은 움직일 수 있는 기계로 보았고, 그 다음엔 종이에 여러 가지 표시를 찍기 위해 고안해낸 물건쯤으로 보았다. 스콧은 그 기계를 글을 쓰는 데 편리한 수단으로 보지는 않았다. 뭔가를 말할 수 있는 도구로 보지는 않았다는 뜻이다. 스콧은 어떤 방식으로 쓰인 글이든 그게 뭔가를 말하는 것이라고는 생각하지 않았다. 스콧과 그 동급생들에게 글쓰기는 어른들이 좋아하는 어떤 특별한 종류의 표시를 연필이나 크레용으로 그리는 일에 불과했다. 그들에게 글쓰기는 종이에 말을 적는 것과는 무관했던 것이다.

내가 스콧을 보았을 때 그 아이는 시프트 록을 누른 채 신나게 달러($) 기호를 찍고 있었다. 그러다가 실수로 시프트 록을 해제시켜버렸다. 그래서 달러 기호 대신 숫자 4가 줄줄이 찍히게 되었다. 스콧은 4가 나온 게 싫었는지 그걸 소리 내어 말하고는 달러 기호를 되찾기 위해 고군분투하기 시작했다. 어찌나 그 일에 몰입했는지 "이걸 해보자."며 혼자 중얼거리는 소리가 주변에 들릴 정도였다. 스콧은 별 특색이 없는 키들을 차례차례 눌러본 결과 예상하지도, 바라지도 않은 여러 가지 결과들을 얻었다. 그러다 마침내 시프트 록을 쳤고 그와 동시에 행방불명된 달러 기호도 돌아왔다. 스콧은 아주 만족해했다.

훗날 스콧의 담임교사는 학급의 '똑똑한' 아이들과 '덜 똑똑한' 아이들 사이에는 뚜렷한 차이가 있다면서 똑똑한 아이들은 아주 의도적으로 과학적인 방법을 사용한다고 말했다. 시행착오의 과정을 선택적으로 이용한다는 의미였다. 다시 말해 그 아이들은 알고 싶은 것을 알아내는 방법으로 시행착오를 '의식적으로' 활용할 줄 안다는 것이다. 그런데 나에겐 궁금한 게 있다. 그 아이들이 똑똑해서 이 방법을 사용하는 것일까, 아니면 이 방법을 사용했기 때문에 똑똑해진 것일까?

토미 이야기

이 책을 쓰기 전 1, 2년 동안 나는 리사의 동생인 토미를 꾸준히 관찰했다. 토미는 재기발랄하고 지칠 줄 모르는 탐구가다. 두 살 반 때 토미는 진공청소기를 소켓에 꽂아서 모터에 시동이 걸리는 소리를 듣길 좋아했다. 아무리 협박하고 벌을 주어도 플러그에서 토미를 떼어놓을 수는 없을 것 같았다. 더군다나 집안 도처에 플러그가 널려 있었기 때문에 우리는 토미가 그것을 올바로 사용하고 있는지 항상 살피는 것이 최선이라고 결론을 보았다. 올바른 방법을 열심히 배우고 싶어 하는 다른 대부분의 아이들처럼 토미 역시 플러그를 올바로 사용했다.

어느 날 토미가 진공청소기를 작동시키는 걸 보고 나는 마침 아무것도 달려 있지 않은 흡입 파이프를 가져다 토미에게 주면서 손끝에 대어보라고 했다. 토미는 손이 강하게 빨려 들어가는 걸 느끼고는 깜짝 놀랐다. 토미는 그 느낌이 마음에 들었는지 계속 손을 갖다 댔다.

이 일은 토미의 실험에 새로운 과업을 하나 더 추가했다. 이제 플러그를 꽂을 때마다 토미는 파이프 끝에 손을 대본다.

토미의 행동을 관찰하면서 나는 토미가 적어도 얼마 동안은 자신의 손이 매번 빨려 들어갈 것인지 아닌지 확신하지 못하는 것 같다는 느낌을 받았다. 아이는 이렇게 생각하는 것 같았다. '한 번 그런 일이 일어났다고 해서 다시 일어나리란 법은 없지 않은가?' 많은 경우 A라는 특정한 사건에는 반드시 B라는 사건이 뒤따르며, A가 일어난 뒤 B가 한 번 일어난 적이 있다면 다음번에도 B가 일어나리라 기대해도 좋다는 사실을 아이들이 배우는 데는 시간이 좀 걸린다.

그날도 토미는 진공청소기의 플러그를 즐겁게 뺐다 꽂았다 하면서 손이 빨려 들어가는 느낌을 확인하고 있었다. 그러다가 갑자기 뭔가를 생각하는 듯 파이프와 플러그를 바라보았다. 어떤 생각이 떠오른 모양이었다. 잠시 후 토미는 아주 주의 깊게 파이프의 끝을 소켓에 가져다 댔다. 그러고는 다른 손으로 플러그를 만져보는 게 아닌가! 토미는 빨려 들어가는 것을 전혀 느낄 수 없어 놀란 것 같았다. 토미는 그 실험을 한두 번 더 해보았지만 다른 결과를 얻을 수 없었다. 그러자 원래 하던 놀이로 되돌아갔다.

토미가 한 실험은 두 살 반짜리 아이에게서는 기대할 수 없다고 말해지는 종류의 지적인 작업이라고 생각한다. 그러나 어린아이들의 능력에는 분명 묘한 한계가 있는 것이 사실이다. 이듬해 여름, 세 살이 된 토미는 자기가 가장 좋아하는 장난감인 정원용 호스를 마당에서 질질 끌고 있었다. 그런데 호스가 얼마 전에 심은 사시나무 묘목에 감기는 바람에 더 이상 끌고 갈 수가 없는 상황이 되었다. 무슨 일이 일어나고 있는지 알기는 쉬워 보였다. 토미는 나무에서 그리 멀리 떨어져 있지 않았으니까. 하지만 토미는 호스를 점점 더 세게 당길 뿐이었고 그래도 끌려오지 않자 화를 내며 좌절감에 빠졌다. 마침내 토미가 도움을 요청하기에 나는 토미가 호스를 잡고 나무를 빙 돌게 함으로써 곤경에서 구해주었다. 아마도 무언가 무거운 것이 호스 위에 놓여 있었더라면 호스가 왜 움직이지 않는지 토미도 그 이유를 이해했을 것 같다. 하지만 토미는 아직 나무처럼 정적이고 수동적인 물체가 문제를 일으킬 수 있다고는 생각할 수 없었다.

어느 날인가 토미도 타자기를 쳐볼 기회를 가졌다. 내가 거실에서 타이프를 치고 있을 때 그 애가 들어온 것이다. 토미는 나를 쳐다봤다. 한번 해보고 싶은 것 같기에 나는 그 애를 내 앞에 놓인 의자에 앉혔다. 토미는 아주 대담하고 활기차고 원기 왕성한 꼬마여서 나는 그 애가 다른 세 살배기 꼬마들처럼 키들을 마구 두들길 거라고 생각했다. 하지만 전혀 아니었다. 토미는 아주 조심스럽고 계획적으로 한 번에 하나의 키를 눌렀다. 토미네 가족은 대부분 기계를 잘 이해하고 고칠 줄 알기 때문에 그 아이 역시 기계에 일종의 존중심을 가지고 있는 것 같았다고 한다면 너무 심한 비약일까?

어쨌거나 토미는 거의 모든 꼬마들이 그렇듯 타자기에 매혹되었다. 무엇보다도 작동시킬 수 있는 기계라는 점에서 말이다. 토미가 움직이면 그 기계도 움직였다. 토미에겐 그 점이 중요했다. 다른 아이들처럼 토미도 자기가 치는 키를 하나하나 뚫어지게 쳐다보았고, 이따금은 자기가 찍은 표시를 확인하기 위해 종이를 보았다. 하지만 표시가 어떻게 생겼는지 주의 깊게 살피지는 않았다. 자신이 친 키와 종이에 찍힌 표시를 비교하는 건 더더욱 아니었다. 시간이 있었으면 그렇게 했을지도 모르나, 우리는 그 지점까지는 가지 못했다.

대부분의 아이들처럼 토미도 자신이 치고 있는 글자 중 적어도 몇 개에는 관심을 보였다. 토미는 O가 어디 있는지 물어보았다. 나는 그 위치를 가르쳐주었다. 그리고 토미가 치는 다른 글자들의 이름도 이따금 가르쳐주었다. 잠시 후 토미는 E와 A가 어디 있는지 물었다. 내가 이름을 말하기 전에 그 글자를 알고 있었던 것일까? 모르겠다. 나는 다만 그것들이 어디에 있는지 보여주었다. 이제 세 개의 글자가 모두 어디에 있는지 알게 된 토미는 이렇게 말하곤 했다.

"O 어디 있어?"

그러면 나는 말했다.

"어디 있을 것 같아?"

토미는 글자가 있는 쪽을 가리켰다.

이 놀이는 재미있었다. 하지만 우리 어른들이 생각하는 것만큼 재미있는 건 아니었는지, 토미는 재빨리 게임에 변화를 주었다. 토미는 O(혹은 A나 B)가 어디 있느냐고 물었다. 내가 보여주면 토미는 말했다.

"그건 O(혹은 A나 B)가 아니야."

그렇게 말하는 토미의 말투에는 격분한 느낌이 묻어났다. 토미는 다른 글자를 가리키면서 그것이 O라고 우겼다. (전에 토미가 O를 가리킬 줄 알았다는 사실을 기억하라.) 하지만 내가 "아니야. 그건 U야." 하고 정정하면 더 이상 고집을 피우지 않았다. 그 아이는 몇 번이고 이런 변형된 놀이를 즐겼다. 나는 이 일을 어떻게 해석해야 할지 몰라 어리둥절해졌다. 리사가 토미 나이였을 때를 돌아본 다음에야 나는 이것이 내가 통제하고 있는 상황, 즉 모든 정보와 정답을 내가 가지고 있는 상황에 토미가 저항하고 대응하는 방법인지도 모른다고 추측했다. 토미는 그런 식으로 자기 자신을 내세우는 것 같았다. 자기도 규칙을 만들어낼 권리가 있다고 주장함으로써 말이다. 사실 O가 반드시 내가 말한 장소에 있어야만 한다는 법칙이 토미의 마음에 들지 않았으리라. 물론 그 아이가 의식적으로 명확하게 그런 생각을 하지는 않았을지도 모른다. 하지만 적어도 토미가 이렇게 느꼈으리라는 것은 알 수 있다. '만약 존이 글자에 이름을 붙일 수 있다면 왜 나는 그렇게 하면 안 되지? 왜 나에게는 O가 어디에 있는지 말할 권리가 없다는 거야?'

한번은 토미가 타자기에 종이 끼우는 걸 허락해달라고 고집을 피웠다. 이 점에서 토미는 내가 함께 작업했던 보통 꼬마들과는 달랐다. 그건 기술을 필요로 하는 일이었다. 롤러 사이로 종이를 완전히 끼우지 않으면 플래튼(타자용지를 눌러주는 롤러)을 돌리려고 할 때 작동이 되지 않는다. 토미는 자주 그런 상태에 직면하곤 했는데 그럴 때조차 자기가 먼저 얼마 동안 플래튼을 돌려본 다음에야 내가 종이를 밀어 넣어서 롤러에 끼우는 것을 허락했다. 그러나 토미가 종이를 끼우려고 하면 종이가 구겨진 채로 들어가곤 했다. 그때마다 나는 "잠깐, 조금만 종이를 펴자."라고 말하며 종이를 폈다. 가끔은 종이가 타자기 앞에서 나오거나 플래튼이 용지를 눌러주는 바에 단단히 끼일 때도 있었다. 이럴 때면 처음 몇 번은 내가 바를 들어 올리고 그 밑으로 종이를 밀어 넣었다. 몇 번 내가 하는 걸 본 다음부터는 토미도 혼자서 할 수 있게 되었다.

토미는 '소리'를 보고 싶다고 해서 나를 당황하게 만들었다. 그건 전동모터를 두고 하는 말이었다. 타자기 안에서 모터가 웅웅거리는 소리가 들렸던 것이다. 나는 물었다.

"이걸 케이스 밖으로 꼭 꺼내야 돼?"

토미는 주장을 굽히지 않았다. 그래서 나는 모터를 꺼냈다. 토미는 모터를 가만히 보더니 손으로 만졌다. 완전히 해체하고 싶은 것 같았다. 다른 아이가 모터를 보여달라고 한 적이 있는지는 기억이 안 난다. 분명한 건 토미가 기계를 아주 잘 다루는 가정에서 태어났다는 사실이다.

우리가 타자기를 가지고 놀기 시작한 것은 내가 그 집에 머무는 기간이 끝나갈 무렵이었다. 함께 한 그 짧은 시간 동안 토미는 O와 A, B 말고는 어떤 글자의 이름도 배우려고 하지 않았다. 때때로 다른 글자의 이름을 묻기도 했으나 자주는 아니었고, 알려줘도 기억을 못하는 것 같았다. 토미를 보며 나는 이런 느낌을 받았다. 토미가 이 기계에 대해 알고 싶은 것은 그것을 움직이는 방법이고, 일단 그 방법을 안다고 여기게 된 다음엔 더 이상 배울 필요를 못 느끼는 것 같다고. 하지만 시간이 좀 더 있었더라면 기계가 뭘 하고 있는지에 흥미를 가졌을지도 모를 일이다.

토미가 진짜로 좋아한 건 자동 피아노였다. 누나인 리사가 피아노를 작동시키는 걸 보고 난 뒤부터였다. 자동 피아노는 음악이 기록된 롤을 집어넣고 페달과 레버를 움직이면 압축된 공기가 해머를 움직여 건반을 두드리게 되어 있었다. 리사는 종종 음악을 들으려고 그걸 연주한다. 토미는 누나가 하기 때문에 그걸 연주하고 싶어 한다. 사실 토미는 누나가 하는 모든 일을 하고 싶어 한다.

토미는 페달에 겨우 발이 닿기 때문에 피아노를 작동시키려면 무진 애를 써야 했다. 우선 피아노 의자에서 떨어지지 않기 위해 양손으로 피아노의 가장자리를 잡아야 했는데, 그러면 나무로 된 마루 위에 놓인 의자가 미끄러져 다시 피아노에 손이 닿지 않게 되었다. 토미는 의자를 도로 제자리에 갖다놓은 다음 다시 올라가서 시작했다. 한번은 이 모습을 지켜보다가 내가 말했다.

"자, 내가 의자를 잡고 있을게."

이로써 토미의 문제는 해결되었지만 나는 일거리를 떠맡은 셈이었다. 그 이후 토미는 피아노를 연주하고 싶을 때마다 날카로운 목소리로 나를 부르기 시작했던 것이다.

"존! 존!"

다른 일을 하다가 도중에 그만두고 싶지 않을 때면 나는 몸을 숨기곤 했다. 하지만 그건 별로 성과가 없었다. 토미는 결국 나를 찾아내서 말했다.

"도와줘."

저항은 불가능했다. 나는 무슨 얘긴지 뻔히 알면서도 물어보았다.

"뭘 말이냐?"

"의자 잡아줘."

그러면 피아노로 가야 했다.

토미는 무엇보다 기계, 즉 작동시킬 수 있는 물건이라는 점에서 자동 피아노에 관심이 있었다. 토미가 피아노를 가지고 놀기 시작했을 때 우리는 그 애에게 직접 피아노 롤을 집어넣게 하면 찢어버릴 거라고 생각했다. 그래서 롤을 넣고 싶거든 나이 많은 사람한테 부탁하라고 말했다. 처음에는 토미도 그 문제엔 신경을 쓰지 않았다. 피아노와 관련해 다른 생각할 거리도 많이 있었던 것이다. 하지만 시간이 좀 지나자 토미는 일단 롤을 집어넣어 줄 사람을 찾지 않으면 피아노를 작동시킬 수 없다는 사실을 알게 되었다. 토미는 아마도 이렇게 생각했던 것 같다. '누군가를 먼저 찾아야 한다는 건 참으로 성가신 일 아닌가? 게다가 다른 사람들은 다 롤을 집어넣는데 왜 나는 안 된단 말인가?'

아이들의 미래의 모습이 아주 어린 시절부터 다양한 조짐으로 나타나는 것을 보면 참으로 흥미롭다. 토미는 항상 기계에 관심이 많았다. 기계를 고치고 사용하는 방법, 기계로 물건을 만드는 방법 등에 말이다. 그러나 쓰기나 읽기에는 그다지 관심을 보인 적이 없었다. 물론 필요할 때는 읽고 쓸 줄 알았지만 글은 토미가 세상을 탐사하기 위해 선택한 주요 통로는 아니었다. 반면 리사의 관심은 글에 집중돼 있었다. 읽고 쓰는 일 모두에 흥미를 느낀 리사는 열 살쯤에 이미 자서전을 쓰기 시작했다. 자신의 네 번째 생일에 대해 쓰고 있을 때 이미 쓴 글이 열두 장에 이를 만큼 리사는 글로 표현하고 싶은 게 많았다. 몇 년 후엔 시를 쓰기 시작했는데 지금까지도 쓰고 있다고 한다.

토미네 집에서는 기계가 고장 나면 가족 중 누군가가 곧바로 그걸 분해해서 고친다. 토미 아빠는 기계와 관련해서는 전문가였다. 그래서 조금 큰 아이들은 기계는 아무나 다 고칠 수 있는 거라고 생각했고, 일상적으로 자전거나 오토바이 같은 것들을 분해해서 다시 조립하곤 했다. 토미 역시 어떤 기계가 고장 나면 으레 누군가가 그것을 '조립'하겠거니 한다. 스스로도 자동 피아노 같은 기계와 마주치면 본능적으로 그 내부를 탐구해 어떻게 작동하는가를 알아낸다.

자동 피아노를 탐색한 지 얼마 되지 않아 토미는 롤을 집어넣는 법과 그 밖의 다른 장치들을 작동시키는 방법을 배웠다. 아이는 롤의 좌우 위치를 조정하는 레버와 템포를 조정하는 레버까지 조작할 줄 알았다. 하지만 그 결과를 스스로 평가할 수 있었는지는 모르겠다. 피아노에는 롤을 역으로 되감는 역할을 하는 레버도 있고, 음색을 바꿔 더 날카로운 소리를 내게 하는 레버도 있었다. 토미는 피아노 밑까지 조사하여 그 레버들을 다 찾아내 사용했다. 사실 토미에게 피아노 연주란 눈에 띄는 장치를 전부 작동시킨다는 걸 의미했던 것이다.

얼마 후 토미는 롤을 좌우로 움직이는 레버가 왜 있는지 물었다. 나는 토미에게 종이에 있는 구멍들을 보여주고 그것이 어떻게 구멍 뚫린 놋쇠 막대 위에서 움직이는지 알려주었다. 사실 자동 피아노는 그 놋쇠 막대가 음악을 연주한다. 토미가 내 이야기를 모두 이해했을까? 모르겠다. 사실 그건 중요한 일이 아니다. 어쨌거나 그때부터 토미에겐 의자에 올라가서 롤에 난 구멍을 검사하고 "구멍 정상."이라고 말한 후 다시 내려와 연주를 계속하는 것이 일종의 의식이 되었다. 토미가 검사하는 것을 막기 위해 한번은 내가 "구멍 정상."이라고 말했던 것 같기도 하다. 토미가 연주하는 내내 의자를 잡고 있어야 하는 나로서는, 제발이지 아이가 연주만 하고 검사는 하지 않기를 바랄 수밖에 없었다. 하지만 내 뜻대로 되지는 않았다. 내 말을 너무 잘 기억한 덕분인지 토미는 구멍 검사를 피아노 연주의 정규 과정으로 만들어버렸다.

나는 토미가 기계를 배워나가는 과정을 보면서 아이에게 진짜 일을 하는 모습을 보여주는 것의 중요성을 알았다. 그게 가능했던 과거에는 아이들이 얼마나 많은 것을 배울 수 있었을까 하는 생각이 들기도 했다. 요즘 세상에는 그런 상황을 조성하는 일 자체가 쉽지 않다. 솔직히 우리 사회에서 행해지는 일이란 것 중 아주 많은 것들은 전혀 일이 아니다. 분명 아이들은 그것을 일이라고 생각할 수 없을 것이다. 게다가 그런 일들마저 대부분은 기계가 한다. 하지만 아직도 이 세상엔 온갖 종류의 장인들이 있다. 그러니 장인들의 작업을 아이들에게 보여주고, 그 일에 대해 직접 물어볼 수 있는 기회를 주면 얼마나 좋을까 싶다. 자동 피아노 이야기로 다시 돌아가자. 내가 앞서 말한 장치들 중 몇 개는 건반 옆에 있는 작은 나무뚜껑 밑에 있다. 한번은 토미가 연주를 막 시작했을 때 조정 장치들을 가지고 시간을 허비하지 못하게 할 양으로 그 뚜껑을 닫으며 말했다.

"이건 그냥 넘어가자."

그런데 이것 역시 정규 과정의 일부가 되어버렸다. 연주를 할 때면 토미는 때때로 뚜껑을 닫으며 이렇게 말했다.

"이건 그냥 넘어가자."

토미는 "이건 그냥 넘어가자."라는 표현이 뭔가를 그냥 넘어가는 행동에 쓰일 수 있다는 것도 알았다.

이런 식으로 아이들은 어떤 특정한 표현이 어떤 특수한 행동에 따라 나온다는 것, 그리고 특정한 상황에 맞아떨어진다는 사실을 배운다. 언어를 이렇게 사용하는 것은 모방일까? 어느 정도는 그렇다. 하지만 맹목적이고 무의미한 모방은 아니다. 아이들은 말과 상황의 관련성을 찾아내고 그런 후에 사용한다. 여기서 이런 의문이 떠오를 수도 있다. 아이는 얼마나 빨리 같은 표현을 다른 상황에서 사용하게 되는 걸까? 어쩌면 아이가 그 표현이 단지 하나의 상황만이 아니라 여러 상황에 적용될 수 있다는 사실을 스스로 깨달으려면 그 전에 다른 배경에서 그 표현이 사용되는 것을 들어봐야 할지도 모르겠다.

토미가 배운 또 하나의 일은 페달을 접고 뚜껑을 닫아서 자동 피아노를 보통 피아노로 만드는 것이었다. 토미는 또 롤 장치를 덮는 미닫이 뚜껑을 여닫는 것도 좋아했다. 언젠가 페달을 밟을 때 건반이 오르내리는 것을 보던 토미는 어떤 실험을 시도해보고 싶은 마음이 들었다. 그 실험이란 건반 하나를 계속 누르고 있으면 어떤 일이 일어나는지, 건반을 움직이는 힘이 얼마나 강한지 확인해보는 일이었다. 그러나 나는 그러다가 뭔가를 고장낼까 봐 이 힘겨루기 실험을 하지 못하게 막았다.

토미는 야외용 숯불 그릴에 달린 석쇠를 올렸다 내렸다 하는 크랭크를 돌리는 것도 좋아했다. 때때로 토미가 석쇠를 최대한으로 낮춘 다음에도 계속 돌리는 바람에 크랭크가 나사 바깥쪽으로 나와 빠져버리는 경우도 있었다. 토미는 크랭크를 도로 감아 넣으려고 했지만 그 일은 힘에 부쳤다. 어떤 종류의 나사는 감을 줄 알았지만 크랭크는 너무 어려웠던 것이다. 그런 경우 토미는 잠시 애써본 다음 핸들을 땅바닥에 그냥 놔두거나, 아니면 가지고 돌아다니다가 내버리곤 했다. 그리하여 우리는 전혀 엉뚱한 곳에 놓여 있는 핸들을 찾아다 끼워야 했다. 우리는 그 놀이가 계속되도록 그냥 놔두었다. 그것은 유익하고 가치 있는 놀이였기 때문이다. 핸들을 한쪽 방향으로 돌려서 석쇠가 올라가는 것을 보고, 또 다른 방향으로 돌려서 내려가는 걸 보는 일은 어린아이에게는 흥미롭고도 중요한 실험이다. 아이는 크랭크의 작동 원리뿐 아니라, 많은 행위가 규칙적이고 예측 가능한 결과를 불러온다는 사실을 알게 된다. 나아가 세상은 여러모로 이해할 수 있는 믿을 만한 곳이라는 신념도 갖게 된다.

이 실험을 한 지 1년쯤 후에 토미 엄마가 나에게 편지를 썼다. 그 일부분을 여기에 싣는다.

> 토미는 정말 집중력 있고, 생각이 깊고, 눈치도 빠른 꼬마여서 누가 가르쳐주는 걸 싫어합니다. 그 아이는 여러 가지 일을 배우고 미래를 위해 온갖 종류의 사실을 머릿속에 저장해두기를 좋아하지요. 드라이버, 망치, 삽, 갈퀴, 톱 같은 연장들을 굉장히 능숙하고 조심성 있게 사용할 줄도 알고요. 토미는 우리와 함께 뭔가를 하는 걸 즐깁니다. 그 애는 내 대신 식물을 심고 물을 준답니다. 잔디를 깎거나 시멘트용 모래를 체로 치는 일도 하지요. 아주 부지런하고 호기심에 넘쳐 있어요. 하지만 우리가 ABCD 같은 것을 가르치려고 하면 (우리는 지금 그러고 있어요.) 참을 수 없어해요. 자기에게는 그런 것들이 아무 의미도 쓸모도 없어 보이니까요. 실제로 토미는 화를 내고 좌절감을 느끼는 것 같아요. 눈물을 글썽

일 만큼 말이에요. 올해 가을이면 학교에 들어가게 될 텐데 애가 어떻게 대처할까요?

리사는 굉장히 진지한 학생이에요. 이번 학기에는 전 과목에서 A를 받았는데도 성적에 대한 걱정이 많아요. 리사는 학교 진도에 맞추어 미리미리 준비하는 걸 싫어하지는 않지만, 다른 한편으론 무척이나 학교를 싫어한답니다.

_그 후 나는 자신이 부탁하지 않은 것을 누군가 가르치려 하는 일에 대한 토미의 저항은 어린아이들에게서 흔히 나타나는 일이라는 사실을 알게 되었다. 집에서 아이들을 가르치는 사람들을 위해 격월간으로 펴내는 잡지 《그로잉 위다웃 스쿨링Growing Without Schooling》에 편지를 보내는 부모들 중 상당수는 아이들을 돕거나 가르치려는 자신들의 애정 어린 노력을 아이들이 사납게 거부한다고 (주로 슬픈 어조로) 말했다. 이건 사실이다. 아이들은 그런 류의 부탁하지 않은 모든 가르침에 거의 항상 화를 내며 저항한다. 왜냐하면 그 안에서 이런 무의식적인 메시지를 듣기 때문이다.

"넌 이걸 배우는 게 중요하다는 사실을 알 만큼 똑똑하지 못해. 그게 중요하다는 걸 안다고 하더라도 이걸 배울 수 있을 만큼은 똑똑하지 못해."

당연히 이런 메시지는 아이들에게 상처를 주고 화나게 한다. 그리하여 아이들은 이렇게 외치는 것이다.

"나 혼자 하게 해줘!"

이게 바로 우리가 해야 하는 일이다. 만약 도움이 필요하면 아이들 스스로 부탁할 것이다. 적어도 아이들이 부탁할 때 우리가 도움을 준다면 말이다. 반면 아이들을 가르치고 도우려는 열망에 사로잡혀 의심과 불신의 메시지를 반복해서 보낸다면 우리는 스스로 배우고자 하는 아이들의 자신감을 거의 전부 파괴하고, 나아가 너희들은 뭔가를 배우기에는 너무 게으르고, 호기심이 부족하고, 멍청하다는 확신을 아이들에게 심어줄 것이다. 이는 우리가 두려워해온 일을 사실로 만드는 격이다.

내가 토미네 집에 머물 때의 일이다. 토미는 '기어 놀이'라는 것을 고안해냈다. 자기와 내가 그 집에서 제일 일찍 일어난다는 걸 알고 난 다음부터 토미는 눈을 뜨면 곧장 내 방으로 오곤 했다. 그때마다 나는 침대에 누운 채 한쪽 팔을 이불 밖으로 꺼내 수직으로 세운 뒤 주먹을 꽉 쥐었는데, 그러면 토미는 그 주먹을 잡고 이리저리 당기려 했다. 나는 최대한 저항하다가 이따금씩 갑자기 힘을 빼서 토미를 놀라게 만들었다. 그것이 재미있는지 아이는 그때마다 웃음을 터뜨렸다. 이 놀이는 처음 시작할 때는 순전히 힘겨루기였다. 그런데 토미가 이 놀이를 다르게 바꾸었다. 수직으로 세운 팔뚝을 불도저의 기어변환장치(혹은 그 비슷한 장치)로 여긴 토미가 팔뚝을 이리저리 당기면서 불도저 소리를 내기 시작한 것이다. 이렇게 해서 우리는 매일 아침 정례 행사로 기어 놀이를 하게 되었다.

온 가족이 토미 아빠가 운영하는 스키장에 갈 때면 토미의 가장 큰 즐거움은 거기 있는 진짜 불도저의 운전석에 올라타는 것이었다. 토미는 조종 장치들을 제멋대로 이리저리 밀고 당기며 정말로 불도저를 작동시키고 있는 양 굴었다.

요즘 들어 만약 아이들이 진짜 일을 하는 어른들을 보고 또 곁에서 그들을 도울 수 있는 환경이 조성된다면 여러모로 아이들에게 유익할 거라는 생각이 더욱 강해졌다. 자택 교육이 가지고 있는 가장 큰 이점 가운데 하나가 바로 이것이다. 학교에 갇히지 않는 아이들은 부모와 다른 어른들이 일하는 모습을 볼 수 있고, 마음 내키는 대로 그 일에 참여할 수도 있다.

토미가 네다섯 살쯤 된 어느 해 여름, 그 집에 승마용 말이 한 마리 생겼다. 토미 아빠는 집 뒤에 말을 넣을 작은 우리를 세워달라고 부탁하면서 어떻게 지으면 되는지 내게 보여주었다. 일단 땅에 구멍을 파서 (단단한 점토질 흙으로 덮인 지역에서는 힘든 일이었다.) 기둥을 넣은 다음 단단하게 밟아야 한다. 그 다음은 기둥에 철선을 두른 뒤 그 선을 따라 통나무 울타리를 세워야 한다. 나는 그 방식을 따라 우리 짓는 일을 시작했다. 내가 뜨거운 뉴멕시코의 태양 아래서 땅을 파는 며칠 동안 토미는 오랜 시간 밖에 나와 나를 '도와주었다.' 그 꼬마는 삽이나 장난감 트랙터를 써서 작은 흙더미들을 이쪽저쪽으로 옮기고 울타리 기둥을 박아 넣은 구멍에 흙을 채웠다. 나는 토미에게 일을 시키지도 않았고 상을 주지도 않았다. 하지만 토미는 진짜 일을 하는 모습을 보았고 거기에 참여하고 싶어 했다.

학교에서 리사는 줄곧 우등생이었다. 그리고 일단 학교에서 원하는 것을 얻는 방법을 터득하자 학교를 좋아하게 되었다. 반면 토미는 끝까지 학교를 좋아하지 않았다. 처음부터 토미는 교과목에 없는 여러 가지 일에 깊은 호기심을 가지고 있었고, 늘 학교에서 가르치려는 것이나 가르쳐줄 수 있는 것보다 더 많은 것을 배우려 했다. 토미가 학교에 입학한 후 4, 5년 동안 토미 엄마는 새 학년이 시작될 때마다 이렇게 묻곤 했다.

"올해는 학교에서 뭘 배우니?"

토미는 불평이 아니라 단지 사실을 말한다는 투로 대답했다.

"작년하고 똑같아."

토미는 정말로 '완전히 똑같다'는 뜻으로 말한 것이었다. 그도 그럴 것이 어느 학년이나 작년의 과제를 복습하는 데 대부분의 시간을 보내기 때문이다. 토미는 열두 살 때 대학에서 연 '천문학 여름 강좌'에 참가했다. 아이는 그 강좌를 정말 좋아했고 많은 것을 배웠다. 하지만 학교에서는 누구도 이 경험을 지속시켜줄 수 없었고 그렇게 하려고도 하지 않았다. 결국 얼마 후 토미는 학교를 지겨워하는 걸 그만두고 오직 친구들과 어울려 축구와 농구를 하기 위해서만 학교에 갔다. 토미는 축구와 농구만이 아니라 스포츠라면 모두 잘했다. 세 살이 될 때까지는 걸음마도 시작하지 않았었는데 말이다.

□ 1963년 10월 14일

요전에 8달러를 주고 산 낡은 중고 군용나팔을 학교에 가져갔다. 그리고 유치원 아이들과 1학년들이 밖으로 나오는 쉬는 시간에 나팔을 꺼냈다. 내가 시험 삼아 한두 번 나팔을 불자 (나는 나팔을 연주할 줄 모른다.) 스무 명쯤 되는 아이들이 내 주변에 몰려들어 너도나도 한번 해보겠다고 난리를 피웠다. 나는 일단 줄을 세운 다음 차례대로 하게 했다. 상당히 많은 아이들이 내가 부는 모습을 보고 입술을 어떻게 해야 할지를 알고 있었다. 어떤 아이들은 취구 전체를 막대사탕처럼 입안에 집어넣어본 다음에서야, 그게 통하지 않는다는 사실을 알고 올바른 방법으로 바꾸었다. 그래도 이해하지 못하는 또 다른 아이들을 위해, 나는 입술을 오므리고 바람 부는 시늉을 내며 어떻게 해야 하는지 다시 보여주었다. 그렇게 해서 열 명 중 아홉은 괜찮은 소리, 즉 센 소리를 낼 수 있게 되었다. 몇몇은 나만큼 큰 소리도 낼 수 있었다. 그런 아이들은 엄청난 즐거움과 만족감을 얻었다. 특히 마틴이 그랬다. 나는 나팔을 마틴에게서 가까스로 뺏을 수 있었다. 반면 불행과 좌절이 몸에 밴 소수의 꼬마들도 있었다. 그 애들은 나팔을 받아들고 힘없이 숨을 한 번 불어 넣어보고는 체념한 표정을 지으며 악기를 도로 건네주었다. 왜 이 아이들은 그렇게 쉽게 포기하는 것일까?

그로부터 나흘쯤 뒤 여교사 하나가 쉬는 시간에 밖으로 나와서 신경에 거슬리니 제발 나팔 좀 불지 말라고 했다. 그걸로 끝이었다. 그러나 아주 잠깐 동안이긴 했지만 이 꼬마 아이들이 어려운 악기에 도전해 소리를 내게 하려고 확신에 차서 열심히 매달리는 모습을 지켜보는 것은 흥미로웠다.

□ 1963년 11월 8일

레슨이 있는 날이면 나는 학교에 첼로를 가지고 온다. 그리고 첼로를 교실에 가지고 들어가 아이들이 연주해보도록 한다. 열의 없이 활을 몇 번 움직여보다가 그만두는 소심한 아이들을 제외하면 거의 모든 꼬마들이 같은 방식으로 첼로에 도전한다. 아이들은 맹렬한 기세로 한 번에 세 가지 일을 해치운다. 기구를 작동시키고 소리를 만들어내는 일을 즐기면서 동시에 과학적인 탐구를 하는 것이다.

아이들은 현 하나에 활을 대고 바쁘게 이리저리 움직이기 시작해 한참 동안 그 일을 계속한다. 그저 첼로의 감촉을 느끼고 소리를 듣는 것만으로도 신이 나는 단계다. 그 다음엔 활의 움직임에 변화를 주기 시작해서 다른 리듬을 만들어낸다. 잠시 후 아이들은 활이 하나 이상의 현을 건드리게 하면서 움직이거나 다른 현으로 옮겨본다. 처음부터 무슨 일이 일어날지 알아내려는 실험 정신으로 그러는 것 같지는 않다. 아이들은 적어도 처음 몇 번은 그냥 아무 생각 없이 활을 옮겨본다. 그렇게 한 가지 방법으로 활을 켜면서 소리를 만들어내다가 차츰 다른 방법을 써서 다른 소리를 창조한다. 활을 켜는 방법과 소리 사이에 어떤 관계가 있다는 사실은 시간이 좀 지난 후에야 확연하게 인식되는 것 같다. 일단 그 단계가 되면 연주 방법에 확실한 변화가 생긴다. 아이들은 좀 더 계획적으로, 주의 깊고 신중하게 현에서 현으로 옮겨간다. 아이들이 생각하는 소리가 들릴 정도다. '아, 이 줄을 켜면 이런 소리가 나는구나. 또 저 줄은 저런 소리를 내는구나.' 그렇지만 아이들은 먼저 무작위로 활을 켜보는 활동을 충분히 해보아야만 자기가 하고 있는 일에 대해 생각할 수 있다. 일단 상당한 양의 거친 감각 데이터를 축적한 이후에야 거기에서 쓸 만한 것을 가려내고 이치를 끌어낼 수 있는 것이다.

활을 상당히 오랫동안 켜보고 난 다음 아이들은 왼쪽 손가락으로 지판을 눌러보기 시작한다. 그러나 효과는 별로 없다. 현을 충분할 정도로 단단히 누르기에는 아직 손가락 힘이 약하기 때문이다. 하지만 이보다 더 중요한 이유가 있다. 처음에 아이들은 활로 켜고 있는 줄을 누르려는 노력을 전혀 하지 않는다. 이 단계에서 활은 모든 현을 종횡무진하며 맹렬하게 움직인다. 왼손 또한 부지런히 현을 누르며 아래위로 왔다 갔다 하지만 이 두 가지 활동은 서로 연결이 되지 않는다. 이런 일이 일어나고 있는 동안 나는 아무 말도 하지 않고 그저 바라만 보았다.

_이제까지 나는 첼로를 켜보려고 시도하는 아이들을 거의 백 명 가까이 보았다. 대부분 내가 그 애들의 집을 방문했을 때의 일이다. 아이들은 모두 다 위에서 말한 방식으로 첼로를 켠다. 이건 물론 아이들이 내가 연주하는 모습을 먼저 보았을 때의 이야기다. 누가 부탁하면 나는 사양하지 않고 연주를 하는 편이다. 연주 레퍼토리 가운데 바흐의 첼로 모음곡 제1번의 전주가 있는데, 아주 활기찬 이 곡을 연주할 때면 내 오른팔은 앞뒤만이 아니라 아래위로도 아주 빠르게 움직인다. 왼손도 현을 따라 바쁘게 아래위로 움직인다. 한번 해보지 않겠느냐고 물으면 아이들은 모두 처음부터 내가 한 것과 똑같이 하려고 한다. 아이들은 첼로 연주법을 알아내려고 하기보다는 실제로 연주를 하려는 것이다.

아이들은 어쩌면 '아저씨가 한 거랑 똑같이 해야지.'라고 생각하는지도 모른다. 그렇다면 그들은 내가 연주할 때와 같은 결과가 나오길 기대하는 것일까? 아니면 그저 '내가 아저씨처럼 첼로를 연주할 수 없다는 건 알아. 하지만 아저씨가 한 대로 다 해보는 거지 뭐. 그러고 나서 무슨 일이 일어나는지 보는 거야.'라고 생각하는 것일까? 모르겠다. 그건 나이에 따라 다를 수도 있다. 아주 어린 꼬마들은 어쩌면 처음에는 진짜로 나와 같은 소리를 낼 수 있다고 생각하거나 그렇게 되기를 기대할지도 모른다. 하지만 그건 아닌 것 같다. 어린아이들이 실망했을 때는 분명히 어떤 표시가 난다. 그런데 첼로를 켜면서 자기가 만든 결과에 실망한 것처럼 보이는 아이는 한 명도 없었다.

추측컨대 아이들은 그저 내가 첼로 연주를 하는 걸 보고 자기들이 할 수 있는 한 다 해보려고 하는 것 같다. 어쩌면 그러는 과정에서 진짜 음악이 나온다고 머릿속으로 상상하는지도 모른다. 아이들에겐 공상과 현실 사이의 경계가 아주 불분명하기 때문에 두 발을 서로 다른 쪽에 두고도 완전히 편안하게 서 있을 수 있다. 게다가 아이들은 처음에는 소리에 대해 그다지 신경을 쓰지 않는 것 같다. 그들은 그저 첼로를 작동시킨다는 사실 자체에 완전히 열중하고 흥분해 있는 것이다.

그러나 잠시 후 아이들은 자기들이 내는 소리가 나와 완전히 똑같지 않다는 걸 깨닫는다. 그리고 자신의 첼로 연주가 사실은 진짜 음악이 아닌 공상에 불과하다는 것을 알게 되면 엉터리 같은 짓을 하는 데 염증을 낸다. 첼로가 어떻게 작동하고 자신이 그걸 어떻게 연주해야 하는지에 대해 진짜로 알길 원하는 건 바로 이 순간이다. 다시 말하면 아이들은 전체적인 활동에 대한 윤곽을 먼저 잡은 뒤에야 부분적이고 기술적인 문제에 관심을 갖게 된다.__

잠시 후 아이는 뭔가를 알아채기 시작한다. 아마도 아이의 왼손이 알아채는 것 같다. 어떤 때는 진동하는 줄을 누르고 있고, 또 어떤 때는 가만히 있는 줄을 누르고 있다는 사실을 말이다. 아이는 이런 과정을 통해 자신의 왼손이 소리에 어떤 영향을 미치는지 알게 되는 것일까? 얼마 후 아이는 활로 켜고 있는 줄을 누르려고 의식적으로 노력하기 시작한다. 이건 생각보다 어렵다. 아주 어색한 자세로 첼로를 잡고 있는 꼬마에게는 더더욱 그러하다. 하지만 일단 요령을 터득하고 나면 아이는 더 크게 활을 켜본다. 켜고 있는 줄을 여기저기 누르면서. 이번에도 얼마 동안은 아무 목표 없이 그냥 지판을 닥치는 대로 마구 짚어본다. 그러고 나서 아이는 새로운 일련의 실험을 하기 시작한다. 줄 위아래로 손을 움직일 때에 어떤 일이 일어나는지 알아내기 위해서다.

아이가 이런 과정을 통해 첼로에 대한 기본적인 요점, 즉 활과 현과 왼손의 관계를 파악하는 데는 그리 오랜 시간이 걸리지 않는다. 그 시간 동안 쉴 새 없이 바쁘긴 해도 말이다. 첼로 켜는 재미에 푹 빠져(정말로 약한 표현이다.) 그 요점을 알아내는 데 신경을 쓸 겨를이 있겠냐고 말할 사람도 있을 것이다. 또 어떤 과학자들은 아이가 유용한 데이터를 얻기 위해 수집한 무계획적이고 쓸모없는 데이터가 너무 많다고 지적할지도 모른다. 훈련된 과학자는 실험에 관계없는 데이터라면 무조건 다 잘라내고 싶어 하니 그런 지적이 나올 만도 하다. 그들은 잡음과 무작위적인 정보를 최소한으로 줄이면서 해답을 구하고 싶어 한다. 하지만 아이는 그런 방식으로 작업하지 않는다. 아이는 잡음으로부터 해답을 얻는 데 익숙하다. 사실 아이는 모든 것이 다 잡음인 이상한 세계에서 자라나지 않았던가. 그 세계에서 아이는 경험의 아주 일부분만을 이해하고 알아챌 수 있을 뿐이다. 따라서 문제에 접근하는 아이의 방법은 가능한 한 최대한의 데이터를 생산해내는 것이다. 할 수 있는 한 다양한 방법을 동원해서 말이다. 그렇게 하면서 아이는 규칙과 패턴들을 알아가기 시작한다. 그리고 그에 다시 의문을 던짐으로써 계획적인 실험으로 나아간다. 이 점이 중요하다. 아이는 많은 양의 데이터를 수집하기 전까지는 무엇을 물어야 할지, 물어봐야 될 게 무엇이 있는지 알 수가 없다.

과학자로서 어린이가 어른보다 덜 효율적으로 사고한다는 말이 당연하다는 건 특별한 의미를 갖는다. 아이는 불필요하고 쓸모없는 정보를 잘라내고, 문제를 단순화하고, 가장 큰 정보를 제공해줄 질문을 일거에 찾아내는 데는 어른만큼 유능하지 못하다. 사고하는 법을 훈련받은 어른이라면 첼로에 똑같은 초보자라고 해도 아이들이 오래 걸려 해낸 일을 훨씬 짧은 시간 안에 성취할 수 있을 것이다. 그들은 각각의 현들을 켜보고, 무슨 소리가 나는지 알아내고, 그 다음엔 왼손으로 현을 짚으면서 그것이 소리에 어떤 영향을 끼치는지 금세 알아낼 수 있을 게 분명하다. 물론 이것은 그 어른이 첼로를 만져보는 단계까지 왔을 경우의 얘기지만. (그 자체가 정말 대단하고 드문 일이다.) 하지만 아직 어른들에 의해 생각이 더럽혀지지 않은 어린아이들이 굉장한 능력을 발휘하는 때가 있다. 얼핏 무의미해 보이는 데이터가 너무 많아서 무엇을 물어야 할지조차 알 수 없는 상황에 놓일 때가 그러하다. 이런 종류의 데이터를 이해하는 데는 아이가 훨씬 뛰어나다. 아이들은 혼란스러운 상태를 더 잘 소화해낼 수 있다. 그 속에서 규칙적인 패턴을 훨씬 잘 뽑아내며 온갖 잡음 속에서도 유효한 신호음을 더 잘 들을 수 있다. 하지만 무엇보다도 중요한 것은 아이들은 지나치게 적은 데이터에 기초해 견고하고 변치 않는 결론을 내릴 가능성이 어른들보다 적다는 사실이다. 또한 일단 어떤 결론에 이르렀을 경우, 어른들처럼 그걸 뒷받침하지 않는 새로운 데이터를 검토하는 것을 거부하지 않는다. 이런 특성이야말로 지적 작업에서 가장 중요한 것인데도 우리는 아이들이 우리처럼 사고하도록 만들기 위해 안달을 내며 '교육시키려' 한다. 그것이 아이들이 가진 능력의 성장을 방해하거나 아예 없애버릴지도 모른다는 위험을 외면하면서 말이다.

내가 첼로를 한번 켜보지 않겠느냐고 권해본 아이들은 대부분 그것을 받아들인 반면 어른들, 특히 악기를 연주해본 적이 없는 어른들은 거의 대부분 그 제안을 거절했다. 이것이 어른과 아이의 가장 큰 차이점이다.

3

아기들은 어떻게 말을 배울까

요전에 어떤 가게에서 한 살쯤 되어 보이는 아기가 유모차에 앉아 있는 걸 보았다. 아기 엄마는 자기 볼일에 바빴고 아기도 제 나름대로 노느라 혼자 분주했다. 아기는 유모차를 만지작거리기도 하고 과일 통조림과 주스 캔들을 보기도 했다. 그러다 갑자기 아기가 혼잣말을 했다.

"벵-구."

얼마 후에 아기는 또 같은 소리를 냈다. 그리고 또다시. 아마도 열 번 정도는 했던 것 같다. "쌩큐."라고 말하려 한 걸까? 그보다는 우연히 이 소리를 냈는데 소리 자체와 소리가 나올 때 입에서 느껴지는 감이 좋아서 계속했던 것 같다.

또 몇 달 전에는 다른 한 살배기 아이를 꽤 오래 관찰할 기회가 있었다. 그 여자아이는 "리들-리들-리들-리들."이라고 말하기를 좋아했다. 그건 아이가 최고로 좋아하는 소리여서 날이면 날마다 그 소리를 냈다. 사실 그 아이가 하는 말은 그게 다였다고도 할 수 있다. 때때로 아기는 강조하는 듯이 "애!"를 덧붙이기도 했다.

"리들-리들-리들-애!"

나는 아기 아빠에게 어떻게 아기가 그런 소리를 내게 되었는가 물었다. 혹시 다른 사람이 아기한테 그런 소리를 해서 흉내 내고 있는 건가 싶어서였다. 그런데 아니었다. 내 생각에는 아기가 어느 순간 빠르게 혀를 밖으로 뺐다가 넣는 법을 알게 되었는데, 그 느낌이 좋아서 (아기들은 전부 다 혀를 날름거리는 놀이를 좋아한다.) 자주 하게 된 것 같다. 그러다 목소리를 내게 된 아기는 혀의 움직임이 그 소리에 어떤 영향을 끼치는 걸 듣고 놀라는 한편 즐거워졌다. 여러 번 해본 끝에 아기는 혀를 입 밖으로 빼내지 않고도 그 소리를 낼 수 있다는 사실을 알게 되었고 그 느낌과 소리가 좋아서 한두 달 동안 그 놀이를 계속했던 것이다. 다른 할 일을 찾아낼 때까지.

소리의 우연한 발견, 그 이후

아기들에겐 소리를 낼 때의 느낌이 소리 그 자체만큼이나 중요한 것 같다. 아기들을 관찰해본 사람이라면 누구나 알 것이다. 입술 사이로 혀를 떨어서 소리 내는 법을 발견했을 때 아기들이 얼마나 좋아하는지를. 분명 그건 아기들이 '발견'한 것이다. 적어도 이런 소리는 엄마들이 가르치려 하는 소리가 절대 아니니까 말이다.

_밀리센트 와쉬번 쉰은 자신의 책 『아기의 일대기』에서 당시 7주가 된 조카 루스에게 일어난 귀엽고도 앙증맞은 사건 하나를 소개한다.

그로부터 며칠 뒤 아기는 더욱 분명하게 놀라움을 표현했다. 루스는 즐거운 듯이 작은 소리들을 내며 누워 있었다. 그때 갑자기 발성 기관의 어떤 새로운 조합으로 작고 높게 까르륵대는 소리가 새어 나왔다. 소리 그 자체의 야릇함은 제쳐두고라도, 분명히 그건 아기의 작은 목구멍에 굉장히 이상한 느낌을 불러일으켰다. 당장에 아기는 조용해졌다. 그리고 깜짝 놀란 듯한 익살맞은 표정을 떠올렸다. 그건 아기가 방금 일어난 일을 기억하고 있다는 표시이기도 했지만 무엇보다도 나에겐 거기에서 새로운 감정, 즉 순수한 놀라움의 감정이 나타나는 것이 보였다.

이렇게 생각하는 것이 이치에 맞는 것 같다. 아주 어린 아기들은 자신이 내는 소리를 조절하지 않는다. 대개는 어떤 소리를 우연히 내고는 그 느낌과 소리가 좋아서 다시 내보려고 한다. 아마도 시간이 좀 지나면 훨씬 더 의식적으로 주변에서 듣는 소리를 흉내 내보려고 할 것이다.

몇 년 전 프랑스에 머물 때 나는 8개월짜리 남자아기가 뜻 모를 소리들을 재잘대다가 프랑스어 'u' 소리를 내는 걸 듣고 깜짝 놀랐다. 생각해보면 놀랄 이유가 전혀 없다. 그 아기에게 말을 건네는 사람들은 모두 다 아기를 'tu(너)'라고 불렀을 테니까. 하지만 과거에는 아기가 그 소리를 내는 것을 들어본 적이 없었다. 게다가 프랑스어를 가르칠 때 엄청난 고생을 하며 학생들로 하여금 그 소리를 내게 해보려 했으나 불과 몇몇의 학생만 겨우 성공하는 것을 본 터였다. 그렇다면 학생들과 아기의 차이는 무엇일까. 학생들은 불안과 자의식에 가득 차 있었지만 아기는 그렇지 않다는 게 이유가 아닐까.

보다 근본적인 의문은 아기들은 도대체 왜 소리를 내기 시작하는 것일까 하는 점이다. 우는 것과 마찬가지로 그저 본능적인 행동일까? 그렇지는 않은 것 같다. 개들은 새끼일 때 다른 개들과 떨어져 혼자 커도 훗날 짖는 데 아무런 문제가 없다. 반면 사람은 다르다. 인간과 접촉 없이 성장한 것으로 알려진 아이들은 거의 벙어리나 다름없다. 심지어 일손이 부족해 충분히 말을 걸어주는 이가 없는 고아원의 아이들은 우는 것 말고는 그다지 소리를 내지 않는다는 보고도 있다. 그러므로 우리는 아기들이 '말'을 할 생각을 하게 되는 이유는 분명히 주변 사람들이 말하는 소리를 듣기 때문이라고 추측할 수 있다. 그렇다면 처음으로 소리를 낼 때 아기들은 주변의 소리를 흉내 내는 것일까, 아니면 스스로 소리를 지어내는 것일까? 아마도 처음에는 지어내는 것이고 좀 더 나중에 흉내를 내는 게 아닌가 싶다.

_지금은 대부분의 경우 아기들은 소리를 흉내 내려 하는 게 아니라고 확신한다. 아기들은 실제로 말을 하려고 소리를 낸다. 다시 말해 자신의 감정과 의미를 전달하고 바라는 것을 표현하기 위해 소리를 낸다는 얘기다.

『학교를 넘어서Instead of Education』에서 나는 이렇게 썼다.

> 하나의 행위에 포함된 여러 기능과 그 행위를 분리할 수는 없다. 아기들은 말하기 기능을 먼저 익힌 후 그것을 말하는 데 활용하는 식으로 말하기를 배우지는 않는다. …… 아기는 말을 하면서 말하기를 배운다. ……

말하기를 시작하는 아기는 말이라고 구별해낼 수 있는 소리를 내기 훨씬 전에, 아니 말을 이해하기도 전에, 자신의 예리한 관찰력으로 자기보다 큰 사람들이 입을 가지고 만들어내는 소리가 그들의 다른 일에 영향을 끼친다는 사실을 안다. 아기들이 볼 때 큰 사람들의 말은 어떤 일이 일어나게 만든다. 아기는 정확하게 무엇을 어떻게 해야 할지 모를 수도 있다. 하지만 아기는 말하는 어른들의 무리에 끼고 싶다.

밀리센트 쉰은 다시 조카인 루스를 이렇게 묘사한다.

4개월째, 우리가 말을 걸면 루스는 다정하게 반응하며 작은 소리를 낸다. 뭔가 재잘거리기도 하고, 깍깍거리기도 하고, 꼴록꼴록 하는 소리들을 내며 되돌려주는 것이다. 4개월째 후반부터 우리가 루스의 소리를 흉내 내면 루스는 다시 그 소리들을 흉내 내어 돌려주는 듯했다.……

4개월 반이 된 어느 날 루스는 할아버지 앞에서 작고 이상한 소리를 질렀다. 마치 할아버지의 주의를 끌려는 것 같았다. 실제로 주의를 끄는데 성공하자 루스는 만족해했다. …… 5개월째가 끝나갈 무렵 루스는 안기고 싶다는 표시로 특정한 소리를 냈다. 조르는 듯 잉잉거리는 소리를 내며 엄마 쪽을 바라보고 몸을 기울였는데 그 소리는 지난 몇 주일 동안 루스가 특정한 대상 없이 다만 초조하게 보채던 소리와는 달랐다.……

그로부터 약 1개월 후, 루스의 소리는 훨씬 더 다양해지고 그만큼 표현도 풍부해졌다. 루스는 강아지처럼 야릇한 소리로 요구나 불만을 표현하게 되었다. 또 웃기는 소리를 내며 열심히 숨을 킁킁거렸다가 멈췄다가 하며 즐거움을 표시했다. 루스는 일련의 재잘거리는 소리를 길고 다양하게 쏟아내기 시작했는데, 그것은 만족감이나 흥미 혹은 불만을 아주 뚜렷하게 나타낸다. 루스는 또한 흥미로운 물체(예를 들어 꽃이 만발한 멋진 산울타리 등)를 향해 이 표현력 풍부한 재잘거림을 써서 '말을 걸며' 때로는 동시에 그 물체 쪽으로 팔을 뻗기도 한다.

몇 년 전 내가 한동안 머물렀던 집의 주인에게는 돌을 갓 넘긴 사내애가 있었다. 나는 아기와 무척 친해져 종종 아기를 안고 마당을 돌아다녔는데, 그럴 때면 아기는 나무나 덤불 같은 것들을 바라보기도 하고 만지기도 했다. 아기는 이미 여러 가지 분절음들을 내고 있었다.

그러던 어느 날 아기의 부모와 대패 보관함에 대한 이야기를 하고 있을 때였다. 꼬마가 나를 똑바로 쳐다보더니 뭔지 모를 긴 소리를 연속적으로 내는 것이었다. 그 안에는 어른의 말에서 느껴지는 온갖 리듬과 어조가 다 들어 있었다. 그래서 나도 아기를 똑바로 쳐다보며 신식 대패함보다는 구식 대패함이 더 좋다고 생각하는 이유를 설명했다. 아기는 또다시 말 같은 소리를 내면서 대답했다. 대화는 이런 식으로 몇 번 더 반복되었다. 아기 엄마는 깜짝 놀랐다. 아기가 그런 식으로 반응하는 건 한 번도 본 적이 없다면서 말이다. 그때 나는 알았다. 아기는 내가 말하는 소리를 그저 흉내 낸 게 아니라 나와 함께 진짜 대화를 나눈 것이라는 사실을. 그렇게 어린 아기와는 처음으로 해보는 대화였다. 그 아기가 나에게 어떤 의미를 전달하려고 했는지는 알 길이 없다. 하지만 거기에는 분명 어떤 뜻이 있었다.

뒤에서 좀 더 자세히 얘기하겠지만 줄리아라는 호주 소녀는 할머니에게 보내는 편지에 자신에게 일어난 온갖 일들을 다 써서 보내곤 했는데 사실, 그 편지는 낙서나 다름없었다. 그러던 어느 날 줄리아는 할머니가 자신의 낙서를 읽을 수 없다는 사실을 알고는 몹시 상심한다. 처음으로 말 비슷한 소리를 내기 시작하는 아기들의 심리가 줄리아와 비슷하지 않을까 싶다. 아기들은 주변의 큰 사람들처럼 목소리로 메시지를 전달하려 한다. 그리고 자신의 메시지가 받아들여지고 있다고 생각한다. 그러나 어느 시기에, 아마도 한 살 반이나 두 살쯤 됐을 때 아이는 자기가 보내는 메시지의 대부분이 전혀 받아들여지지 않고 있다는 사실을 알게 된다. 자기는 다른 사람들처럼 얘기할 수 없고, 그 방법을 배우려면 지금부터 많은 수고를 해야만 한다는 점이 명백해지는 것이다. 두 살배기들이 흔히 골칫덩이가 되는 이유 중 하나는 바로 이 때문일 것이다. 요구할 것, 느낌과 생각, 깨달음 등 말하고 싶은 것들이 가득 차 있는데 정작 말할 방법이 묘연하다면 당연히 그렇지 않겠는가.

아기들은 처음부터 '말'을 한다

우리는 말하기에 너무 익숙해서 그것이 아주 미묘하고 복잡한 일이라는 사실을 잊어먹지만 말을 한다는 것은 참으로 특별한 일이다. 우선 말을 하려면 입술과 혀, 이, 입천장, 턱, 뺨, 성대, 호흡 등이 서로 조화롭게 협조해야 한다. 또한 말할 때 필요한 근육의 조절은 우리가 배우게 되는 것들 중 단연 가장 복잡하고 어려운 기술이다. 최소한 골치 아픈 어떤 악기를 연주하는 데 필요한 기술과 맞먹을 정도는 된다.

모국어와 아주 다른 언어를 처음 발음할 때 우리는 말이 얼마나 어려운 건지 실감할 수 있다. 갑자기 입과 혀가 뜻대로 움직이지 않는 것을 발견하게 되는 것이다. 그럼에도 거의 모든 아이들이 자신의 모국어를 다 발음한다. 하나 이상의 언어를 쓰는 곳에 살고 있는 아이는 그 모든 소리를 다 낼 수 있다. 아이들은 어떻게 그런 일을 할 수 있을까? 처음 말을 시작할 때 아이의 근육 조절 능력은 정말 형편이 없는데 어떻게 어른들한테도 그처럼 어려운 일을 해낼 수 있을까?

해답은 참을성 있고 꾸준한 실험에 있다. 아이는 수천 번씩 소리와 음절, 단어를 발음해보려고 노력한다. 그리고 자신이 낸 소리를 주변 사람들의 소리와 비교해보면서 서서히 자신의 소리를 다른 사람들의 소리에 맞추어나간다. 하지만 무엇보다도 중요한 것은 아이들이 그 일에 최선을 다하면서도 틀리는 것을 결코 두려워하지 않는다는 것이다.

언젠가 빌 헐이 이렇게 말한 적이 있다.

"아이들에게 말하는 법을 가르치려 한다면 아이들은 절대로 말하는 법을 배우지 못할 거야."

처음에는 그가 농담을 하는 줄 알았다. 그러나 이제 나는 그 말이 정말로 중요한 진실을 내포하고 있음을 뼈저리게 느낀다. 아이들에게 말하는 법을 '가르쳐야' 한다고 우리가 결정했다 치자. 그 일을 어디에서 어떻게 시작할 것인가? 먼저 전문가들이 위원회를 조직해 말을 분석한다. 그런 이후 말하기에 필요한 기술을 수많은 '독립적인 단위'들로 쪼갠다. 그리고 말은 소리로 구성되어 있으므로 아이가 말하는 법을 배우려면 그 전에 먼저 모국어의 모든 음소를 소리 내는 법을 가르쳐야 한다는 주장이 제기된다. 그에 따라 각 음소들을 목록으로 작성해 가장 쉽고 흔한 것에서 어렵고 드문 것의 순서로 아기들에게 소리를 가르치기 시작한다. 더불어 아이를 '혼란에 빠뜨리지' 않기 위해 ('혼란'은 많은 교육자들에게 사악한 단어다.) 되도록 사람들이 흔하게 쓰는 소리보다는 우리가 가르치려고 하는 소리에 아이를 노출시키려 할 것이다.

음소 목록 다음에 작성되어야 할 것은 음절과 단어 목록이다. 음소 목록에 있는 소리 내는 법을 다 배운 아이는 이제 그 소리들을 음절로 연결시키는 법을 알아야 한다. 그 과정이 끝나면 우리는 단어 목록에 있는 단어들을 가르치기 시작할 것이다. 그와 동시에 배운 단어들이 어떻게 문장으로 연결되는지에 관한 문법도 가르칠 것이다. 이 모든 것은 다 계획적이다. 거기에 우연이 개입할 여지는 없다. 수많은 반복 훈련과 복습이 실시되고 아이가 어느 하나도 잊지 않았는지 확인하기 위해 시험을 보게 할 것이다.

우리가 이렇게 했다고 가정하자. 무슨 일이 일어날까? 이를 예측하기란 너무 간단하다. 대부분의 아이들은 진도를 얼마 나가기도 전에 좌절하고 낙담하고 창피를 당하고 두려움에 빠져서 결국은 우리가 시키는 일을 하려는 노력을 그만둘 것이다. 또한 수업 시간 이외의 공간에서는 정상적인 생활을 유지해온 아이들의 경우, 대부분 우리의 '가르침'을 무시하고 자기 식으로 이야기하는 법을 배울 것이다. 한편 정상적인 생활을 하지 못한, 즉 우리의 완벽한 통제(너무나 많은 교육자들의 꿈 아닌가!) 안에서만 생활한 아이들은 아마도 의도적인 실패와 침묵 안에서 피난처를 찾을 것이다. 많은 아이들이 읽기 시간에 그렇게 하듯이.

이건 바로 시카고의 학교들에서 실제로 일어난 일이다. 그 학교들은 '읽기' 과목에서 이런 일을 벌였다. 먼저 전문가들로 구성된 위원회가 읽기 활동은 500개의 독립된 기술로 쪼갤 수 있다고 결정을 내렸다. 그리고 마지막에 이 목록을 283개로 줄였다. 그런 다음 그들은 학교에 있는 모든 아이들에게 한 번에 하나씩 엄격한 순서를 거쳐 가르쳐야 한다고 제안했다. 이 어처구니없는 프로젝트가 지금쯤은 폐기되었기를 빈다.

지난여름 슈퍼마켓에서 있었던 일이다. 어떤 젊은 엄마가 육류 판매대 앞에 서서 저녁에 무슨 고기를 먹으면 좋을지 아기에게 이야기하고 있었다. 정말 생기 있고 자연스런 대화였다. 이 고기는 맛있어 보이긴 하는데 너무 비싸군. 식품 값이 왜 이리 오르는지 정말 무서울 지경이야. 흠, 이건 괜찮아 보이는데? 근데 요리하는 데 시간이 너무 걸리겠어. 다른 볼일이 많아서 4시까지는 집에 못 갈 텐데 말이지. 아, 이 고기는 좋아 보이긴 하는데 이틀 전에 먹은 거라 또 사긴 좀 그러네, 그치? 등등. 그 엄마의 목소리나 어조에는 억지스럽거나 꾸민 듯한 느낌이 전혀 없었다. 동갑내기 친구에게 이야기를 하고 있다 해도 믿을 수 있을 정도였다.

1년 전, 혹은 그보다 좀 더 되었는지도 모르겠다. 당시 나는 친하게 지내는 사람들 몇 명과 함께 6개월 된 여자아이를 키우고 있는 어떤 부부의 집에 잠시 들른 적이 있었다. 아기는 푹 쉬어서 기분이 좋은 상태였다. 그래서 그 부부가 손님들에게 아기를 데리고 왔다. 우리는 모두 아기에게 예쁘다는 등의 말을 한마디씩 하고 난 다음 다시 우리의 화제로 돌아와 이야기를 계속했다. 아기는 우리의 이야기에 매혹된 듯했다. 누군가 말을 할 때마다 아기는 고개를 그쪽으로 돌려서 말하는 사람을 열심히 쳐다보았다. 때때로 아기는 무릎에 놓인 장난감에 주의를 돌리기도 했다. 그러나 몇 분 뒤에는 다시 말하는 사람을 주의 깊게 보면서 귀를 기울이는 것이었다. 아기는 사람들이 그냥 말을 하고 있다는 사실뿐 아니라, 서로를 보고 말을 하고 있으며 상대의 말에 미소와 웃음, 그리고 더 많은 말로 반응을 한다는 사실까지 알아가고 있는 듯했다. 즉 말이 그저 뜻 없는 소리가 아니라 메시지요, 의사소통의 도구라는 사실을 알아채고 있는 중인 것 같았다.

아기들과 어린아이들은 어른들의 대화를 듣는 걸 좋아하며 오직 그 대화를 듣기 위해서 오랜 시간 조용히 앉아 있기도 한다. 그러므로 아이들에게 말을 걸어주는 것은 그들이 말을 배우는 것을 돕는 한 가지 방법이 될 수 있을 것이다. 물론 자연스럽고 꾸밈없이 한다는 전제 아래서다. 다른 사람과 이야기할 때 아이들을 가까이 있게 하는 것도 역시 한 방법이 된다.

이름 붙이기, 놀라운 창조 활동

리사는 태어나 처음 몇 년 동안 목장에서 자랐다. 생후 18개월 정도 되었을 무렵의 어느 날 리사는 소 떼를 가리키더니 말했다.

"소 봐, 소 봐."

우리는 매우 기뻤다. 그건 리사가 거의 처음으로 한 진짜 말이었다. 우리는 "맞아. 저기엔 진짜 소가 있어."라며 소에 대한 이야기를 계속했다. 며칠 후 말을 방목해 놓은 목초지를 지나가는데 리사가 말을 가리키며 말했다.

"소 봐."

리사는 나중에 양 떼를 지나칠 때에도 같은 소리를 했다. 어리둥절한 일이었다. 리사는 그것들이 전부 같은 동물이라고 생각한 걸까? 그건 확실히 아니었다. 하지만 만약 말과 양이 다르다는 사실을 안다면 어째서 모두 소라고 부른 것일까? 혹시 동물은 전부 소로 불린다고 생각한 거라면 왜 개나 고양이는 그렇게 부르지 않는 것일까? 그렇다면 이렇게 추측할 수 있겠다. 리사는 자기가 보고, 듣고, 만진 모든 것에서 어떤 집단이나 종류를 분리해낸 것이라고. 그 집단은 아마도 이렇게 정의되리라. 목초지에 있는 큰 동물들. 이 집단에 리사는 '소'라는 이름을 붙인 것이다. 우리는 리사의 말을 정정하지 않았다. 대신에 소와 말과 양에 대해 보통 하는 식으로 이야기를 했다. 그랬는데도 오래지 않아 리사는 목초지에 있는 동물이라는 집단을 그보다 더 작은 아집단으로 나누어 그 하나하나에 올바른 이름표를 붙여나갔다.

그 즈음 리사는 봉제 말 인형을 선물 받았다. 그로부터 얼마 후 나는 리사와 함께 여러 종류의 봉제 동물 인형이 가득한 어떤 가게에 들어가게 되었는데, 놀랍게도 리사는 그 모두를 '말'이라고 불렀다. 리사는 또다시 머릿속에서 '동물 인형'이라는 집단을 분리해내어 사람들이 자신의 장난감을 두고 이야기할 때 쓴 '말'이라는 이름을 붙인 것이다. 리사는 이번에도 역시 오래지 않아 다른 사람들이 하는 말을 듣고 다음과 같은 사실을 깨달을 수 있었다. 동물 인형 집단은 여러 아집단으로 이루어져 있으며, 개 인형, 고양이 인형, 곰돌이 등 각기 서로 다른 이름을 가지고 있다는 사실을 말이다. 그리고 곧바로 이 이름들을 능숙하게 사용하게 되었다.

나는 목장에서 자란 또 다른 남자아이를 알고 있다. 그 아이는 트랙터에 굉장히 관심이 많았다. 크고, 빨갛고, 시끄러운 바로 그 트랙터 말이다! 아이가 처음으로 말한 단어 중 하나는 '트랙커'였다. 우리는 곧 아이가 이 말을 어떤 물체들의 집단 전체에 적용시켰다는 것을 알았다. 그 집단이란 '움직이는 커다란 기계류' 정도가 될 것이다. 다시 말해 아이에겐 자동차, 버스, 트럭, 굴삭기, 불도저, 그레이더, 기중기, 이 모두가 '트랙커'였다. 하지만 이 아이 역시 리사처럼 다른 사람들이 이야기하는 것만 듣고서 그 집단을 각각 다른 이름을 가진 작은 집단으로 분류할 수 있다는 걸 알았다. 대부분의 어린 소년들이 그러하듯 아이도 주변에서 흔히 볼 수 있는 기계의 이름들을 전부 알게 되었음은 물론이다.

_이 책이 나온 후 한 엄마가 《그로잉 위다웃 스쿨링》으로 이런 편지를 보내 왔다.

제시는 상황에 비추어보아야만 알아들을 수 있는 두 개의 단어를 사용합니다. 분명히 다른 단어들도 말할 테지만 제가 아직은 알아들을 수가 없는 거겠죠. 제시는 "핫(hot, 뜨거운)."이라고 말하는데 그건 보통 체온과 다르다는 뜻으로 쓰입니다. 뜨겁거나 차갑거나 상관없이 말입니다. 또한 그건 장작을 뜻하기도 합니다. 장작으로 난방을 하니까 그것도 말이 되지요. 제시는 또 "다(da)."라고 말합니다. 아기들이라면 거의 이 소리를 내지만 제시에게 이 소리는 아빠(daddy), 개(dog), 심지어는 고양이와 양(양도 키우거든요.)까지 모두 뜻합니다. 제 친구의 아기는 10개월째에 "고양이(cat)."라는 말을 했습니다. 그 집에는 어른 고양이 두 마리와 새끼 고양이 열 마리가 있었어요. 그러니 처음으로 한 말이 고양이인 것도 당연하지요. 아기는 아파트를 돌아다니면서 여러 가지 물건을 가리키며 "고양이."라고 했지요. 그게 진짜로 고양이일 때면 손뼉을 치면서 웃었고, 고양이가 아닐 때는 머리를 젓고는 다음 물건으로 옮겨가 계속 "고양이."라고 하더군요. 우리는 그 아이가 세상을 두 개의 집단, 즉 고양이와 고양이가 아닌 것으로 나누었다고 결론을 내렸습니다.

사물에 이름을 붙이는 이런 행위는 우리의 생각과는 달리 굉장히 주목할 만한 일이다. 내가 빌 헐의 5학년 학급에서 연구 작업을 하기 시작했을 때 빌은 학생들과 함께 '카테고리'라는 게임을 하곤 했다. 먼저 빌이 학생들에게 단어 하나를 제시한다. 예를 들어 '콩'이라는 단어를 제시했다고 치자. 학생들이 할 일은 콩이 어떤 카테고리에 들어갈 수 있는지 찾아내는 것이다. 아이들은 그것을 물체라고 말할 수도, 생물이라고 말할 수도 있었다. 아니면 음식, 야채, 초록색 식물, 요리 재료라고 말할 수도 있었다. 어느 정도 시간이 흐르자 대부분의 아이들은 모든 물체가 동시에 여러 집단에 속할 수 있다는 사실을 알게 되었다.

콩에 대해서 이야기할 때 우리는 콩이 속해 있다고 생각되는 집단을 자기의 관심사에 따라 분류해낸다. 만일 정원사라면 콩을 지지대가 필요한 덩굴식물로 여길 것이다. 또 요리사라면 콩을 요리하기 위해 어떤 준비를 해야 하는지, 요리하는 데 시간이 얼마나 필요한지 등을 생각할 것이다. 이와 마찬가지로 어떤 물체에 이름을 붙일 때 우리는 그것을 적어도 한 가지 점에서는 비슷한 물건들의 집단에 집어넣고, 그 집단에 속한 물건 전체에 똑같은 이름을 붙인다. 이것은 리사가 들판에서 본 큰 동물 모두에게 같은 이름을 붙인 절차와 같다.

하지만 처음 세상을 보는 아기들은 이런 식으로 사고하지 않는다. 얼마 동안 아기들은 다만 변화하는 형상과 색깔들의 덩어리만을 본다. 눈앞에 펼쳐진, 끝없이 바뀌는 한 장의 그림을 보는 것과 같다고 할까. 뉴욕현대미술관에 가면 회전하는 곡면 거울이 색색의 빛줄기를 스크린에 던지며 쉴 새 없이 변화하는 패턴을 만들어내는 '움직이는 그림'를 볼 수 있다. 어떤 사람들 눈에는 그것이 거슬린다. 그 패턴에서 어떤 체계나 규칙성도 찾을 수가 없기 때문이다. 분명 아기에게는 세상도 그와 비슷하게 보일 것이다. 아기 눈앞에 펼쳐진 그림은 우리 눈에 비친 세상처럼 여러 개의 독립된 요소로 이루어져 있지 않다. 우리는 그 각각의 요소들을 따로따로 머리에 그려볼 수도, 이름 붙일 수도 있으며 그 모든 요소들을 다른 방식으로 결합시킬 수도 있다. 예를 들어 방 안의 의자를 볼 때 우리는 그 의자가 방의 다른 위치에 있거나 다른 방에 있는 모습까지도 예상해볼 수 있다. 또한 방에서 의자만 따로 떼어내어 단독으로 있는 모습도 쉽게 상상할 수 있다. 그러나 아기에게 의자는 자신이 보는 방에 속해 있는, 빼낼 수 없는 요소다. 아주 어린 아기 앞에서 뭔가를 감추면 그 물건이 아기에게 더 이상 존재하지 않게 되는 건 바로 이런 이유일 것이다. 어린 아기들이 까꿍 놀이를 그토록 재미있어 하는 것도 같은 이유에서가 아닐까. 그러니 까꿍 놀이도 아이들이 세상을 이해하는 데 많은 도움이 될지도 모르겠다.

나는 공항에서 만나는 아기들과 '모자(혹은 안경) 놀이'를 즐겨 한다. 먼저 모자(혹은 안경)를 쓴 상태에서 잠시 동안 아기들이 나를 보도록 놔둔다. 그 다음엔 모자를 벗어서 손에 들고는 아기들이 나와 모자를 함께 보도록 한다. 그리고 잠시 후 다시 모자를 썼다가 도로 벗고 얼마 동안 있는, 그런 놀이다. 놀이를 하는 내내 나는 말은 하지 않고, 부드러우면서도 진지한 표정만 짓는다. 6개월 이상 된 아기들은 모두 이 놀이에 흥미를 보이며 놀이를 그만둘 때까지 주의 깊고 진지하게 본다.

통찰력 있는 심리학자인 허먼 위트킨Herman Witkin 박사는 『정신적 분화Psychological Differentiation』라는 책에서 어린 아기의 세계는 '분화되지 않았다'고 표현한다. 적절한 표현이다. 아기들의 세계는 조각으로 나눌 수 없다. 하지만 점점 커가면서 아기는 방을 서로 독립되어 있는 물체들의 모임으로 보기 시작한다. 방 안에 있는 물체 하나하나가 비로소 의자, 램프, 테이블 등 고유한 실체를 갖게 되는 것이다. 그제야 아기는 한 물체를 다른 물체들에서 떼어놓고 생각할 수 있게 된다. 아기가 이렇게 한 걸음 내딛는 것을 가리켜 '분화된 세계에 대한 심상, 혹은 내적 모델mental model을 만든다.'고 말한다.

그러나 이게 다가 아니다. 예를 들어 의자와 같은 사물에 올바른 이름을 붙일 수 있기 전에 아기는 정신적으로 한 걸음 더 내딛어야만 한다. 먼저 이 의자가 그 자체만으로도 존재한다는 것, 그러니까 현재 의자가 놓여 있는 방과 독립적으로 존재할 뿐 아니라, 방 안의 다른 장소나 다른 방에 존재할 수도 있다는 사실을 알아야 한다. 나아가 이 의자가 특정한 어떤 물체들과 비슷하다는 사실도 알아야 한다. 예를 들어 이 의자는 램프나 테이블, 카펫보다는 다른 의자와 더 비슷하다는 사실을 알아야만 하는 것이다. 웬델 존슨Wendell Johnson은 『곤경에 빠진 사람들People in Quandaries』에서 이를 '유사성이란 그다지 차이가 나지 않는 차이'라는 말로 표현했다. 다시 말해 아기는 의자들의 유사성, 즉 모든 의자는 각각의 의자들이 갖고 있는 다양한 차이에도 불구하고 본질적으로는 같다는 사실을 알아야만 한다. 그럴 때 아기는 의자가 그 비슷한 물건들로 이루어진 모임이나 집단에 속해 있다는 것을 인식하게 된다. 의자에 '의자'라는 올바른 이름을 붙여 부르거나 다른 사람들이 '의자'라고 말할 때 그 뜻을 알 수 있는 건 이 단계에 이르러야 가능하다. 아기는 우선 머릿속에서 집단을 만들어내야만 거기에 이름을 붙일 수 있다. 그러므로 사물의 이름을 부르는 일은 단순히 맹목적인 모방이 아니다. 그것은 지성의 창조 활동이다.

_물건들을 집단으로 묶고 거기에 이름을 붙이는 이 정신 활동을, 나

는 '추상적인 사고'라고밖에 부를 수 없다.__

숨어 있는 메시지 발견하기

앞서 얘기한 대니가 아주 어렸을 때다. 아직 말을 시작하기 전이라 대니가 말할 수 있는 '단어'는 대여섯 개밖에 없었다. 그 즈음 대니는 큰 자명종 시계에 관심이 많아서 시계를 보며 똑딱거리는 소리를 듣거나 손잡이나 레버들을 만지작거리길 좋아했다. 어느 날 그 시계가 벽난로 선반 위에 있는 걸 본 대니는 뚜렷한 단음절의 소리를 내기 시작했다. 그러고는 누군가가 시계를 줄 때까지 계속해서 그 소리를 냈다. 내가 듣기에 대니가 내는 소리는 단지 아기 말로 '시계'를 의미하는 것 같진 않았다. 나는 대니가 "시계 갖고 싶어. 시계가 필요해. 시계 줘!"라고 말하고 있다고 확신했다.

교직에 뛰어들기 오래전에 '재키'라는 꼬마를 만났다. 두 살쯤 된 재키는 머릿속으로 특별한 물건들로 이루어진 어떤 집단을 그리고 있었다. 우리더러 그 물건들을 정의해보라면 '물기 없고 바삭바삭한 먹을거리'라고 할 수 있겠다. 쿠키나 크래커, 바싹 구운 토스트 같은 것들 말이다. 그 집단에 재키는 '지'라는 이름을 붙였다. 재키의 부모도 재키가 어떻게 그 단어를 골라잡게 되었는지 몰랐다. 다만 재키가 그 이름을 자기들에게서 배운 게 아니라는 점은 확실하다고 했다. 자기들은 크래커를 '지'라고 부른 적이 한 번도 없다는 것이다. 그렇다면 아기 혼자 '지'가 이 물건들의 집단에 알맞은 이름이라고 결정한 게 된다.

토미네 집에서 말을 키우기 시작한 건 토미가 두 살쯤 되었을 때의 일이다. 토미는 그때 처음으로 말을 보았다. '듀크'라는 말과 '블루베리'라는 말이었다. 토미는 그 말들에게서 깊은 인상을 받았는지 두 마리 말의 이름에서 말 전체를 일반적으로 가리키는 자기만의 단어를 만들어냈다. 그게 바로 듀크베리였다. 토미의 가족들은 신이 나서 때로는 자기들도 그 단어를 사용했다.

토미가 처음으로 쓴 단어 중 몇 개는 물건의 이름이 아니라 다른 종류의 단어였다. 다른 사람에게 업히거나 안겨서 다녀야 할 만큼 아주 어릴 때도 토미는 자기가 어디에 가고 싶어 하는지를 알릴 때면 그 방향을 가리키면서 강하게 "웨이(Way)!"라고 말했다. 토미가 이 말을 할 때마다 나도 "웨이."라고 대답하곤 했다. 그러고는 나의 언어를 써서 "이쪽(this way)으로 갈까?"라고 덧붙였다.

토미가 처음으로 쓴 다른 단어는 "다운(Down)."이었다. 토미가 안겨 있을 때 "다운."이라고 하면 내려달라는 뜻이었다. 그러나 안겨 있지 않을 때는 들어 올려달라는 뜻으로 그 말을 썼다. 토미의 누나는 아주 어릴 때 "툽-툽."이라는 말을 만들어냈는데 역시 똑같은 의미였다.

아기들이 처음으로 만들어내는 이런 단어들과, 그 말을 적용시키는 물건들의 큰 집단을 한번 모아보면 재미있을 것이다. 그와 동시에 아기들이 점차 그 큰 집단을 작은 집단으로 나누는 방식에 대해서도 살펴볼 수 있겠다.

아이들이 만들어내는 이런 특수한 말들은 늑대 소년 빅토르에 관한 이야기를 생각나게 한다. 빅토르는 생후 처음 10년 정도를 인간 사회에서 거의 고립되어 살았기 때문에 늑대 소년이라 불리게 되었다. 빅토르가 발견된 후 한 프랑스 의사가 그 아이를 훈련시키고 가르치려 했다. 의사는 어느 정도까지는 빅토르를 교화시키는 데 성공했다. 아이는 옷을 입는 등의 간단한 일은 스스로 할 수 있게 되었다. 그러나 의사가 아주 끈기 있게 노력했음에도 결국 말하기를 배우지는 못했다. 의사는 오늘날 우리가 획기적인 도약이라고 부를 법한 어떤 지점에 근접하긴 했다. 만약 그 의사가 말하기의 초기 단계에 대해 지금 시대의 사람들만큼이라도 이해하고 있었다면, 그 기회를 좀 더 잘 활용했을지도 모를 일이다.

당시 의사는 빅토르에게 소리 내어 물건을 뜻하도록 가르치고 있었다. 성과 없는 노력만 반복되던 어느 날 빅토르는 덥고 배고프고 목이 마른 참에 탁자 위에 놓인 차가운 우유 주전자를 발견했다. 빅토르는 하얗게 김이 서린 주전자를 보고 어떤 뚜렷한 소리를 내기 시작했고 여러 번 그 소리를 반복했다. 의사는 빅토르가 내는 소리가 '우유'를 뜻한다고 생각했다. 아니, 그 소리가 '우유'를 의미해야 한다고 생각했다는 편이 정확할 것이다. 하지만 나는 그 소리가 '우유'보다 뭔가 더 강력하고 더 복잡한 것을 의미했을 거라고 확신한다. 덥고 목마른 느낌과 그런 상황에서 아주 시원할 것 같은 뭔가를 본 느낌이 섞여 있었을 거라면 말이 될까? 만약 의사가 그 소리를 최소한 '덥고 목마르다.'는 정도로만 이해했더라도 어쩌면 좀 더 진전된 지점에 이르렀을지 모른다. 그러나 늑대 소년은 말에 관한 기본적인 관념과 말의 목적을 깨치지 못했다.

_의사의 실수(그건 분명 실수다. 늑대 소년은 결국 말하는 법을 배우지 못했으니까.)는 우리가 '순서'를 정할 때 저지르는 실수를 보여주는 좋은 예다. 우리는 흔히 단어가 언어를 이루는 기본 단위이자 가장 간단한 요소이므로 말을 배울 때 단어를 제일 먼저 배운다고 생각한다. 그러나 사실은 단어를 제일 나중에 배운다고 하는 편이 더 맞다. 아이들은 말은 '의사소통의 수단'이라는 큰 개념을 먼저 배운다. 우선 사람들의 입에서 나오는 모든 소리에는 뭔가 뜻이 있으며 그로 인해 어떤 일이 일어난다는 것을 알게 된다는 얘기다. 다음으로 사람들의 음색과 말하는 당시의 전후 상황에 비추어 무슨 이야기가 오고 가는지 대체적으로 이해하게 된다. 내가 비록 단어 하나 모르는 언어를 쓰는 나라에 있어도 부모가 아이를 야단치고 있는지 칭찬하는지, 사람들이 농담을 하는지 말싸움을 하고 있는지, 혹은 누가 누구에게 설명을 해주는지 아니면 명령을 내리고 있는지 정도는 알 수 있듯이 말이다. 그리고 다음 단계로 문법의 윤곽을 대강 눈치 채게 된다. 그러고 나서야 마침내 아기들은 단어를 배우기 시작하고 문법에 관해 자신이 세워둔 대강의 모델에 맞추어 이 단어들을 조립하게 된다.

만약 그 훌륭한 의사가 뭔가를 가르치려는 교사로서가 아니라 진짜 사람으로서 빅토르에게 말을 했더라면 더 많은 성과를 거둘 수 있었을 것이다. 하지만 의사는 빅토르가 언어가 도대체 무엇을 위해 있는 것인지조차 모르는데도 너무 섣불리 그가 말을 배울 수 있을 것이라고 기대했다. 빅토르가 감당할 수 있는 것 이상의 많은 데이터를 준

게 문제가 아니라, 반대로 충분한 데이터를 주지 않은 것이 그 의사의 실수였다.__

말은 '가르쳐지지' 않는다

토미가 아주 어릴 때, 어느 날 토미는 여러 물건들의 이름을 알아내야겠다고 마음먹었다. 토미는 방 안에 있는 여러 가지 물체를 아주 열심히 쳐다보면서 차례대로 그것들을 가리키기 시작했다. 처음에 나는 토미가 그 물건을 달라는 줄 알았다. 아니면 그걸 가지고 뭔가를 하라는 뜻인가 보다 했다. 그런데 그게 아니어서 잠시 낙심하지 않을 수 없었다. 잠시 후 어떤 감이 와서 나는 토미가 가리키는 물건의 이름을 말해보았다. 토미의 표정을 통해 즉시 내 생각이 적중했다는 것을 알았다. 토미가 다시 다른 여러 물건들을 가리키기 시작했을 때 나는 물건의 이름을 묻는 법을 하나 알려주면 아이에게 도움이 될 것이라 생각했다. (외국어를 배울 때에도 아주 유용한 방법이다.) 그래서 토미가 꽃병을 가리켰을 때 나는 "저게 뭐지? 저건 꽃병이야."라고 말했다. 이 말을 충분히 많이 하면 토미도 이 말을 배우게 되지 않을까 기대했던 것이다. 적어도 얼마 동안 토미는 내 기대대로 행동했다. 하지만 그 질문법이 얼마나 오래 토미의 기억에 남았을지는 잘 모르겠다. 물건의 이름을 듣고 싶다는 아이의 마음이 얼마나 오래 지속될지 알 수 없는 것처럼 말이다. 말을 많이 하는 가족 사이에서 태어난 관찰력 있는 아이라면, 굳이 마음먹지 않아도 물건의 이름을 쉽게 알 수 있다.

다른 사람들이 물건에 대해 하는 말을 듣는 것만으로 충분하니까.

지금까지 나는 많은 아이들과 함께 이 놀이를 해왔다. 음악가 친구 부부의 두 살배기 딸이 특히 기억에 남는다. 그 애는 머릿속에 소용돌이치고 있는 생각과 의문들을 모두 말로 표현할 수가 없다는 사실에 분노할 정도로 좌절할 때가 많았다. 그 애는 집안에 있는 물체들을 차례차례 가리키면서 그때마다 거의 화난 듯한 소리를 반복해서 냈다. 어찌나 화가 난 것처럼 들리던지 물건을 달라는 것으로 착각할 지경이었다. 그러나 그 아이가 원한 것은 그저 물건의 이름을 듣는 것이었다.

토미에게 어떤 물건의 이름을 말해줄 때 나는 이게 수업이고 토미는 학생으로서 그 이름을 기억해야 한다는 느낌을 주지 않으려고 조심했다. 그리고 "이건 뭐지? 저건 뭐지?" 하는 식으로 물어서 토미를 시험하지도 않았다. 이런 종류의 검사는 불필요하기도 하지만, 무엇보다도 아이를 궁지에 몰아넣어서 아이가 틀리는 경우 자신은 잘못하고 있고 그래서 잘못된 사람이라는 느낌을 갖게 만들기 때문이다.

나는 상냥하고 선의를 가진 부모들이 어린아이들의 배움을 돕는답시고 이런 짓을 하는 걸 자주 보아왔다. 그러면 거의 모든 경우 아이들은 곧바로 학교에 다니는 수많은 학생들의 얼굴에서 보이는, 바로 그 뻣뻣하고 교활한 표정을 짓는다. 그러고는 역시 우리에게 익숙한, 닳고 닳은 그 비참한 작업을 하기 시작한다. 허세를 부리고, 어림짐작을 하고, 힌트를 얻기 위해 온갖 수단을 다 쓰는 것이다. 드물긴 하지만 이런 방어적인 반응을 보이지 않는 경우에도 너무 많은 테스트는 아이로 하여금 배움의 의미를 오해하게 만든다. 배움이란 사물이 어떻게 돌아가는지 이해하는 일이 아니라, 단지 어른들을 기쁘게 하는 해답을 알아내서 말하는 일이라고 생각하게 되는 것이다.

우리가 명심해야 할 또 하나는 아이들, 특히 어린아이들은 (어른들과 마찬가지로) 스스로 말로 표현할 수 있는 것보다 훨씬 많은 것을 알고 있고 이해하고 있다는 사실이다. 우리가 램프를 가리키면서 한 꼬마에게 "저게 뭐지?"라고 묻는다고 치자. 아이는 말을 못할 수도 있고, 틀린 대답을 할 수도 있다. 하지만 그렇다고 해서 그 아이가 램프의 이름을 모른다고 말할 수 있을까? 아니, '램프'라는 말의 뜻을 모른다고 할 수 있을까? 꼭 그렇지는 않다. "저게 뭐지?"라는 질문 자체가 아이에게 혼란을 주었을 수도 있고, 아니면 그걸 묻는 어른이 원하는 게 뭔지 몰라 선뜻 대답을 못하는 것일 수도 있다.

제롬 브루너Jerome Bruner는 "학교에서 하는 일은 아이들로 하여금 자신은 그 문제를 모른다고 느끼게 만들 뿐이다."라고 말했다. 그러나 사실 아이들은 우리가 그 문제에 대해 말하기 전에는 완벽하게 그 문제를 알고 있다고 말이다. 나는 그런 현상이 일어나는 것을 실제로 자주 보았다. 5학년 아이들은 보통 수학 시간이 되면 온갖 공식과 마술 같은 해법에 혼란스러워져서 겁을 먹고는 문제를 푸는 데 어떤 규칙과 상식도 적용시키지 못했다. 허나 알고 보면 그 문제들은 아이들이 몇 년 전에 손쉽게 해내던 것들이었다. 물론 이런 진실은 집에서도 마찬가지로 적용된다.

세계에 대한 아이의 이해는 불명확하고 임시적이다. 따라서 만약 우리가 아이에게 너무 많은 질문을 하거나 날카롭게 묻는다면 아이들의 이해는 오히려 약화될 가능성이 많다. 반면 우리가 믿음을 가지고 그대로 놔둔다면 아이의 이해력은 더욱 빨리 성장할 것이다.

이제 막 읽기를 시작한 아이들의 경우엔 특히 더 그렇다. 아이들은 인쇄된 글자와 실제 말을 할 때 나는 소리의 연관성에 대해 막연하지만 풍부한 감을 느끼고 있다. 그러므로 충분한 시간만 주면 아이들은 재미로 글을 읽으면서 서서히 그런 감들을 시험하고 확인해서 자신이 진짜로 알고 있는 것의 일부로 만들 수 있다. 그런데 만약 어른들이 이 글자는 뭐고 저 글자는 뭐냐는 식으로 끊임없이 물어서 아이들에게 부담을 준다면 그런 감마저 사라져버릴 것이다. 그 결과 아이들은 결국 자기들은 아무것도 모르고, 이해할 수 없으며, 모든 정보를 어른에게 의지해야 한다고 믿게 되기 쉽다.

아이들이 물건의 이름을 배우도록 도울 수 있는 좋은 방법 하나는 아이와 함께 하고 있는 일에 대해서 이야기를 하는 것이다. 엄마들은 아이에게 외출할 채비를 시키면서 이 비슷한 말을 많이 한다.

"자, 이제 신발 신자. 신발 끈을 멋지고 단단하게 묶는 거야. 어디 보자. 오른짝은 오른발, 왼짝은 왼발. 좋아, 됐어. 그 다음엔 코트. 소매 안에 팔 넣고, 지퍼 단단히 채우고. 장갑도 껴야지. 왼짝은 왼손, 오른짝은 오른손. 이제 모자가 쑥 날아와서 머리 위에 얹히네. 자, 귀까지 푹 덮고……."

이런 종류의 말은 쉽게 할 수 있으며 재미있다. 또한 아이는 이를 통해 단어만이 아니라 그것들을 맞게 사용할 수 있는 어구와 문장도 배운다.

지금은 이 말을 그렇게 확신하지 않는다. 이런 종류의 이야기가 꼭 필요하다고 생각하지 않는다는 말이다. 몇십 억의 아이들이 이런 식의 이야기를 듣지 않고도 말하는 법을 배운다. 그리고 아이들에게 이런 식으로 말을 거는 사람들은 대부분 그 목소리에 사랑과 기쁨보다는 가르침을 실을 것이기에 결국 좋은 결과를 낳기는커녕 해를 끼치지나 않을까 걱정된다. 텔레비전에서 흘러나오는 대부분의 이야기처럼 우리가 아이에게 하는 이야기에 성실함과 진짜 감정이 실려 있지 않다면, 아이들은 거기에서 아무것도 배우지 못할 것이다. 단지 그 정도는 자기도 할 수 있다고 생각하거나, 아니면 스스로 해보고 싶어 하지 않을 것이 분명하다.

어른이 듣기를 포기한다면

어느 겨울날 아침, 모두 함께 식사를 하고 있을 때 토미가 "토(To)! 토! 토!"라고 소리치기 시작했다. 기꺼이 도와주겠다는 표정을 만면에 띠고 우리가 말했다.

"Toe(발가락)?"

토미의 표정에서 우리가 제대로 눈치 채지 못했음을 알 수 있었다. 토미는 다시 "토! 토! 토!"라고 말하며 사납게 우리를 쳐다보았다. 우리는 평소 토미가 그 단어 하나를 발가락, coat(코트), cold(추운 것), toilet(화장실) 등에 두루 쓴다는 걸 알고 있었다. 그래서 우리는 토미의 발가락을 가리키며 물었다.

"발가락이 아프니?"

아니었다.

"코트 입고 싶니? 파란색 코트?"

그것도 아니었다.

"화장실 가고 싶니?"

여전히 아니었다.

"추워?"

이제 뭔가 제대로 방향을 잡은 것 같았다. 더 많은 질문을 한 끝에 우리는 마침내 누가 방문을 열어놓아서 외풍이 들어왔고, 토미가 그 문을 닫기를 원한다는 것을 알아냈다. 이 일은 아기의 말이 겉으로 들리는 것보다 훨씬 다양한 의미를 지니고 있음을 보여준다. 아기는 말로 표현하지는 못할지언정 여러 단어들 사이의 차이를 알고 있을 수는 있다.

_이 이야기는 학교에서 (예를 들어) P와 B의 차이를 아는지 확인하기 위해 끊임없이 아이들에게 묻는 그 모든 질문들을 생각나게 한다. 아이들이 만약 이 단어들을 일상에서 정확하게 사용할 줄 알거나 토미처럼 다른 사람들의 말에서 그 둘을 구분해낼 줄 안다면 아이들은 이미 그 차이를 확실히 알고 있는 것이다. 물음에는 대답하지 못한다고 해도 말이다. 그러므로 사물과의 자연스러운 연결에서 차단된 그런

질문이야말로 페퍼트 교수가 한탄해 마지않는 분열된 가르침의 또 다른 예라고밖에 볼 수 없다.__

아기가 같은 단어를 끈덕지게 반복하거나 어떤 표정과 음색으로 뭔가를 엄청나게 말하고 싶어 한다는 사실을 알릴 때면, 우리는 그 애가 무슨 말을 하려는 건지 그만큼 열심히 알려고 노력해야 한다. 때로 이 일은 쉽지가 않다. 어떤 사람들은 한두 번의 시도가 수포로 돌아가면 "도대체 뭘 말하는 건지 모르겠다."며 금세 포기해버린다. 하지만 그건 아기에게 좋지 않다.

때로는 아기보다 약간 나이가 많은 바로 위의 아이에게 물어보는 것이 도움이 된다. 그 아이는 어쩌면 아기의 말을 해석할 수 있을지도 모른다. 그 아이가 쓰는 말이 초기 단계의 언어에 훨씬 더 가까울 뿐 아니라 더 잘 기억하고 있기 때문이다. 해석을 해줄 만한 아이가 없는 경우엔 말을 하고 있는 아이에게 직접 물어볼 수도 있다.

"무슨 말인지 보여줄래?"

나는 어떤 엄마가 어린 아들과 함께 이 작업을 하는 걸 본 적이 있다. 아이는 처음에는 엄마의 물음을 이해하지 못한 채 어리둥절해했다. 그러자 아이 엄마는 한쪽 방향으로 한두 걸음을 내딛으며 손가락으로 앞을 가리키고는 말했다.

"그게 여기 있니? 이쪽에 있어?"

그 다음엔 또 다른 방향을 가리키며 같은 질문을 했다. 아이는 당혹스러운 가운데서도 열심히 지켜봄으로써 잠시 후 엄마의 물음이 무슨 뜻인지 알아냈고, 곧바로 자기가 원래 이야기하고 싶어 한 그 주제로 엄마를 이끌 수 있었다.

토미가 아주 어렸을 때의 일이다. 한번은 아기 침대 난간 사이에 곰돌이 인형이 끼였다는 걸 알리러 온 적이 있었다. 나는 토미가 뭘 말하는지 단번에 이해하지 못했기 때문에 '보여줘' 방법을 시도했다. 내 의도를 알아차리자마자 토미는 그 비극의 현장으로 나를 이끌었다. 나는 말했다.

"오, 알겠어. 불쌍한 곰돌이가 침대에 끼였구나. 머리가 난간 사이에 끼였군. 자, 그럼 곰돌이를 꺼내자. 먼저 곰돌이를 약간 돌려서 머리가 좁은 쪽을 향하도록 하는 거야. 그 다음엔 살짝 빼내기만 하면 된다고."

나는 곰돌이에 대해 계속 이야기하면서 몸이 끼이면 어떤 느낌이 드는지 같은 말도 덧붙였다. 그건 토미와 대화를 하기 위해서였다. 나아가 나는 토미가 이야기하고 싶어 하는 것을 어떻게 말로 표현하는지 보여주고, 말이란 그런 이야기를 하기 위해서 필요한 거라는 사실을 확인시켜주고 싶었다.

_이 에피소드를 떠올리면 기분이 유쾌하지 않다. 지금 뒤돌아보면 내겐 선생귀신이 붙어 있었던 것 같다. 나의 가르침 없이도 아이가 말을 배울 수 있다는 사실을 아주 잘 알고 있었음에도, 내게 붙어 있는 선생귀신이 이렇게 말하고 있었던 것이다. '하지만 만약 네 머리가 좋아서 토미를 잘 가르친다면 그 애는 지금보다도 훨씬 더 잘 배울 거야. 사실 넌 머리가 좋잖아.'

하지만 곰돌이를 두고 한 그 모든 말들은 진실하지 못했다. 전부 가르치려는 말들뿐이었다. 나 자신에게 공정하건대, 나는 이런 짓을 많이 하지는 않았다. 토미네 집에서는 많은 일들이 일어나고 있었고, 그에 관한 진짜 대화들이 오갔기 때문에 가짜 대화를 할 시간이 별로 없었다. 하지만 만약 나나 다른 누군가가 매일 일정량 토미와 이런 종류의 대화를 나눴더라면 아마도 해로운 결과를 불러왔을 것이다.

다만 진실하게 반응하라

브루노 베텔하임Bruno Bettelheim은 여러 번 지적했다. 세상과 주변 사람들에게서 어떤 반응을 이끌어내고자 하는 아이의 노력이 몇 번 이상으로 좌절된다면, 아이는 그런 시도 자체가 아무 소용없다고 생각하게 될지도 모른다고.

이런 견해는 IQ라는 것을 새로운 시각에서 바라보게 한다. IQ 검사는 크게 단어를 이해하고 사용하는 능력을 측정하는 것으로 이루어지는데, IQ 점수의 높고 낮음이 가족 사이에 일치하는 경향이 있다고 한다. IQ 검사로 측정되는 종류의 언어 능력이 부모로부터 유전된다고 보는 견해는 바로 이런 근거에서 나온 것이다. 많은 전문가들이 이에 대해 의문을 제기하고 다시 생각해보고 있다. 하지만 아직도 태아를 어떻게 대하면 IQ 점수를 20점 정도 올릴 수 있을까를 주제로 떠드는 생물학자들의 이야기에 솔깃해하는 사람이 많다. 그들은 아직도 IQ를 후천적으로 획득되는 능력이 아닌 선천적인 능력으로 보고 있는 게 틀림없다.

하지만 IQ 점수가 한 가족 안에서 비슷하게 나오는 이유는, 대체로 말을 잘 할 줄 아는 사람들이 아이들의 언어 능력을 더 잘 발달시킬 수 있기 때문이 아닌가 싶다. 적어도 내겐 이런 논리가 훨씬 더 그럴듯해 보인다. 그런 가정에서 태어나 성장하는 아이들은 아주 어릴 때부터 주변 사람들이 나누는 풍부한 이야기와 말소리를 들을 수 있고, 이는 아이들로 하여금 말하기를 시도해보도록 격려하는 자극제가 된다. 진짜 말을 하기 시작하면 그 아이들은 더욱 더 용기를 갖게 된다. 그들의 부모(혹은 다른 연장자들)가 끈기 있고 재간 있게 아이들을 이해하려고 노력하기 때문이다. 반면 언어 능력이 뒤떨어지는 가정에서 태어난 아이는 불리한 입장에 놓일 수 있다. 말하는 소리를 덜 듣기 때문만이 아니라, 아이가 말하기를 시도할 때에 이해와 격려를 받는 횟수가 더 적기 때문이다. 이런 환경에서 자란 아이의 경우 말에는 별다른 의미가 없다고 느끼게 될 가능성이 크다.

_이해받는다는 것의 중요성은 시간이 흐를수록 점점 더 절절하게 와닿는다. 아주 어린 아기들의 경우에도 말이다.

1981년 《뉴욕타임즈》는 아기들의 울음을 다룬 한 기사에서 루트저스 의과대학의 소아과 교수인 마이클 루이스Michael Lewis 박사의 말을 인용하고 있다. 8주일 정도밖에 안 된 아기들도 울음소리에 대해 응답을 받으면 눈에 띄게 호기심이 왕성해지고, 더 잘 웃으며, 오랜 시간 깨어 있게 된다는 내용이다. 데이비스에 있는 캘리포니아대학의 인간발달과 부교수인 수잔 크로켄버그Suzan Crockenberg 역시 같은 기사에서 "엄마가 아기에게 반응을 잘 해줄수록 아기는 덜 울고, 확실히 더 사람을 따르며, 더 빨리 신뢰감을 형성하게 된다."고 밝혔다. 반면 울음소리에 반응을 해주면 아기의 버릇을 버릴 거라고 생각했다는 엄마들의 아기는, 나중에 관찰한 결과 훨씬 더 많이 우는 것으로 나타났다.

나는 격정적으로 울어대는 두세 살짜리 아이들의 노여움은 단순히 하고 싶은 일을 못해서가 아니라 이해받지 못하고 있다는 느낌(오해일 수도 있고 사실일 수도 있다.), 더 나쁘게는 아무도 자신을 이해해주려 하지 않는다는 느낌, 혹은 자신의 말이 의도적으로 무시되거나 아니면 무심결에 모욕적으로 밀쳐지고 있다는 느낌에서 나온 것이 아닐까 오랫동안 생각해왔다. 물론 아이로 하여금 어른의 의견을 수용하도록 설득해야 할 때도 있다. 하지만 그러기로 마음먹은 경우에라도 아이가 자신이 원하는 바를 이야기하려 할 때는 진지하게 관심을 갖고 들어주어야 한다. 나는 어린아이와 다툴 때는 이렇게 말하는 것이 최소한의 예의이고 때로는 도움도 된다는 사실을 항상 확인해왔다.

"네가 하는 말을 다 듣고 있단다. 네가 이러저러한 걸 원한다는 사실을 다 알아들었어. 그렇게 화가 나고 기분이 안 좋다니 참 미안하지만, 그렇다고 너한테 캔디바를 사주지는 않을 거야(또는 네가 바란다고 해서 다 해주지는 않을 거야.)."

우리가 때로 아이들을 이해하지 못하는 데는 더 깊고 중요한 의미가 있다. 아이들은 너무나 작고, 어설프고, 똑똑히 말도 못하고, 어수룩하면서도 너무나 귀엽기 때문에 (아이들을 좋아하는 사람에게는 말이다.) 우리는 아이들의 질문과 관심사의 중요성을 과소평가하고는 그저 관대하게 웃어넘기거나 무시해버리기가 쉽다. 하지만 매사추세츠

대학의 철학 교수인 개레스 매튜스Gareth Mathews 박사는 최근에 펴낸 아주 짧고 쉬우면서도 굉장히 심오하고 중요한 책 『철학과 어린이Philosophy and the Young Child』를 통해 다음과 같은 사실을 밝히고 있다. 어린아이들(많은 경우 매튜스 자신의 아이)의 놀라울 만큼 순진한 소견과 질문들은 어른들이 보기엔 바보 같을지 모르지만 그중 많은 것이 역사상 위대한 철학자들이 철학이 시작된 이래 계속해서 궁구해온 바로 그 의문들이란 사실을 말이다. 이는 저자가 어린아이들과 함께 많은 대화를 나눠본 끝에 얻은 결론이다. 매튜스는 또한 피아제와 베텔하임처럼 면밀하고 세심한 관찰자들조차도 시종일관 진지하게 아이들의 지적 능력을 과소평가했으며 아이들의 말에 숨어 있는 철학적인 의미를 오해하거나 완전히 간과했음을, 부드럽지만 설득력 있게 지적하고 있다.

매튜스 박사는 아이들이 제기한 몇몇 질문들을 보여주었다. (이 질문들에 대한 매튜스 박사의 이야기를 함께 싣지 못해 유감이다.)

여섯 살짜리 팀이 열심히 그릇을 핥다가 물었다.

"아빠, 모든 것이 꿈이 아니라고 어떻게 믿을 수가 있지?"

약간 당혹해하면서 팀의 아빠가 모르겠다고 말했다. 그러고는 어떻게 우리가 그 답을 말할 수 있을 거라고 생각하느냐고 되물었다. 그릇을 몇 번 더 핥더니 팀이 대답했다.

"음, 나는 모든 것이 꿈은 아니라고 생각해. 꿈에서는 사람들이 이게 꿈이냐고 물어보고 다니지 않으니까."

하루는 제임스와 제임스의 아버지 사이에 뭐가 사실이고 사실이 아닌지에 관한 논쟁이 붙었다. 제임스가 말했다.

"그게 그렇다는 걸 난 안다니까!"

제임스의 아버지가 대답했다.

"하지만 네가 틀릴 수도 있잖아!"

그러자 데니스(4년 7개월)가 끼어들었다.

"그치만 알고 있다면 틀릴 수가 없어! 생각하는 건 틀릴 수 있지만 아는 건 항상 맞다고!"

여섯 살짜리 이안네 집에 부모님 친구의 세 아이들이 놀러왔다. 그런데 그 아이들이 텔레비전을 독점하고는 이안이 좋아하는 프로그램을 보지 못하게 했다. 이안은 실망해서 물었다.

"엄마, 왜 세 사람이 이기적인 게 한 사람이 이기적인 것보다 좋은 거야?"

역시 여섯 살짜리 존이 자기에게는 책과 장난감과 옷 같은 것 말고도 두 팔과 두 다리와 머리 하나가 있다는 것과, 그것들 전부가 내 장난감이요, 내 팔, 내 머리라는 사실을 곰곰이 생각하던 끝에 물었다.

"나의 어느 부분이 진짜 나지?"

잠시만 생각해보면 이런 의문들이 얼마나 먼 곳까지 우리를 이끌 수 있는지 단박에 알 수 있다. 책의 마지막 장에서 매튜스는 당시 아홉 살이던 아들과 나눈 철학적인 대화를 상당히 상세하게 묘사하고 있다. 몇 주일 동안 계속된 그 대화는 심오하고 중요한 몇몇 철학적 논제들, 예를 들어 말이 무엇을 의미하는지, 우리가 어떻게 아는지, 만약 말이 없다면 생각이란 걸 할 수 있을지, 있다면 어떻게 할 수 있을지 등에 관한 주제들이 포함돼 있었다.

매튜스와 그 아들의 대화는 어른이 아이와 어떻게 이야기를 나눌 수 있고 나누어야 하는지에 대해 보기 드물게 훌륭한 본보기를 제공한다. 그것은 무엇보다도 동등한 사람들 간의 대화이기 때문이다. 어른과 아이가 모든 점에서 동등하다거나 동등한 척해야 한다는 의미가 아니다. 어른 쪽이 훨씬 더 많은 지식과 경험을 쌓아왔다는 사실을, 당사자인 그들 또한 잘 알고 있다. 그럼에도 그들은 동등하다. 첫째 그들은 똑같은 권리와 자격을 가진 동료로 일하고 있고, 그 작업을 통해 최대한 많은 진리를 찾아내고 싶어 하며, 또 그렇게 하기로 결심했기 때문이다. 어른인 아빠가 아이를 최대한 존중하고 아이의 생각 속에 깃든 의문과 혼란까지도 진지하게 받아들이고 있다는 점에서 그들은 또한 동등하다. 여기서 그 아빠의 태도는 자신의 어른 동료가 자기에게 그렇게 하기를 바라는 그것과 동일하다. 그러니 그런 대화를 나눌 어른이 곁에 있는 아이들이 부러울밖에.

‘스스로 고치기’의 달인들

앞에 말한 적이 있는 패트릭은 두 살 무렵에는 S, Z, Sh, Ch 같은 마찰음을 전혀 발음하지 못했다. 패트릭은 그 소리들은 빼고 말을 했다.

예를 들어 '스푼Spoon' 같은 단어는 그저 '푼'으로 흘러나왔다. 그러나 패트릭의 그런 말을 이해하게 되기까지는 별로 시간이 걸리지 않았다. 게다가 우리 어른들이 패트릭의 말을 잘 알아듣지 못할 때면 세 살 반 된 패트릭의 누나가 통역을 해주곤 했다. 소리 하나가 빠졌다며 난리를 치는 사람은 아무도 없었다. 결과적으로 그 꼬마는 자신감 넘치는 태도로 자유롭게 말을 했으며 오래지 않아 다른 사람들처럼 말할 수 있게 되었다.

만약 우리가 패트릭을 학교에서 학생들에게 하듯이 대했다면 어떤 일이 일어났을까? 스스로 자신의 말을 교정하고 마찰음을 자신 있게 발음할 수 있도록 시간을 주는 대신 패트릭이 말할 때마다 이렇게 지적했다면 말이다.

"아니야, '푼'이 아니라고. 스푼이야. 스-스-스-스-푼. 자 소리 내봐. 스푼, 스푼, 스푼."

아마도 우리는 인내심의 한계를 느끼며 화를 냈을 것이고, 그럴수록 아이는 점점 더 용기를 잃고 겁을 먹게 되었을 것이다. 그러다 마침내 말하는 걸 생각만 해도 마음이 졸아드는 상태에 이르렀을지도 모른다. 혹 마찰음이 들어 있는 단어는 모두 피하거나, 어쩌면 말하는 것 자체를 그만두기로 작정했을 수도 있다. 무엇 때문에 자꾸만 말썽을 불러일으키는 일을 하려 들겠는가. 아이는 어쩌면 말더듬기 기술을 개발해냈을지도 모르는 일이다. 웬델 존슨과 다른 언어 치료사들이 지적했듯이 말더듬이는 바로 이런 식으로 만들어진다.

빈민 출신 아이들이 좋지 않은 언어를 사용하는 이유는 부모가 아이들의 말씨를 교정해주지 않기 때문이라고 주장하는 글들을 심심치 않게 볼 수 있다. 이런 주장은 두 가지 결론을 내포하고 있다. 지속적으로 말씨를 교정 받지 않는 아이는 누구나 빈민 출신 아이처럼 말하게 된다는 것, 그리고 빈민 아이들의 언어 문제와 결함을 치료하기 위해서는 충분히 자주 잘못을 지적해서 정정하기만 하면 된다는 것이다. 그러나 이건 둘 다 말이 안 되는 소리다.

아이들은 주변 사람들이 말하는 언어를 배울 수 있으며 실제로 그 언어를 배우고 그 언어로 말하게 된다. 이른바 표준 영어로 말하지 않는 곳에서 자라는 아이에게 네 말은 어딘가 잘못됐다고 생각하게 만든다면 그건 오로지 해만 끼칠 뿐이다. 그보다는 몇몇 학교들이 지금 시도하고 있는 것처럼 표준 영어를 외국어 가르치듯 한다면 훨씬 좋은 효과를 거둘 수 있을 것이다. 가능한 많은 시간을 표준 영어에 노출시키고, 관심 있는 주제에 대해 가장 자연스런 방식으로 말하고, 글을 쓰도록 아이를 격려한다면 말이다.

_미시간대학 영어 교수이자 유명하고 중요한 책 『책에 빠져서 Hooked on Books』의 저자인 다니엘 패더Daniel Fader는, 그보다 나중에 쓴 『벌거벗은 아이들The Naked Children』에서 워싱턴 시에서 알게 된 다섯 명의 흑인 중학생들에 대해 이야기하고 있다. 교사들은 학교에서 실시한 시험 결과만을 보고 이 아이들이 문맹일 거라 믿고 있었다. 표준 영어를 구사하기는커녕 말이나 겨우 하는 정도로 말이다. 누가 그 교사들을 비난할 수 있겠는가. 그게 바로 이 아이들이 학교에서 드러내기로 선택한 자신의 얼굴인 것을. 그런데 패더 교수와 아이들이 만나 서로를 알고 신뢰하게 되자 (우리는 타인이 우리를 믿기

전에는, 그들에 대한 중요한 것은 아무것도 알 수 없다.) 아이들은 자신들의 숨겨진 모습을 드러냈다. 아이들은 충분히 글을 읽을 줄 알고, 발음도 아주 똑똑하며, 필요하다고 생각했을 때에는 95퍼센트 정도까지 표준 영어를 사용할 수 있었다. 메릴랜드대학을 방문했을 때 아이들은 친절한 대학생들 앞에서 패더와 자신들을 창피하게 만들고 싶지 않았고 유창한 표준 영어를 구사했다.

최근 한 사친회에서 강연을 할 때 나는 리사가 소와 말과 양을 포함하는 동물들의 집단에 '소'라는 이름을 붙인 이야기를 했다. 우리가 리사의 말을 바로잡지 않은 이유는 그것이 무례한 짓이기도 하고, 또 리사의 말을 듣는 게 너무 즐거워서 그와 같은 '실수'에 대해서는 아무 신경도 쓰지 않았기 때문이라고 설명했다. 나는 또한 이렇게 덧붙였다. 사실 그건 리사가 어떤 대담하고 강력한 사고를 하고 있다는 증거였고, 그래서 우리는 리사로 하여금 그 가치를 의심하게 만들거나 앞으로 그런 사고를 계속할 용기를 꺾어버릴 수 있는 어떠한 일도 하고 싶지 않았다고. 내가 특히 강조하고 싶었던 건 아이들에게는 교정이 필요 없다는 점이었다. 그리하여 나는 마침내 리사가 혼자서 사물의 집단을 올바르게 분류하고 이름을 제대로 붙이는 데 성공했다는 얘기를 힘주어 강조했다.

이런 이야기를 들으면 동요하는 사람들이 몇 명씩은 꼭 있다. 그 모임이 끝난 후 그때 참석했던 한 지적인 심리학자로부터 상냥하지만 흥분된 어조로 가득한 편지가 날라왔다. 그녀는 힐책하듯 물었다. 우리가 실수를 전혀 교정해주지 않는다면 어떻게 아이들이 배울 수가 있지요? 그건 우리의 책임이자 의무가 아닌가요? 나는 긴 답장을 써서 내 말의 요점을 되풀이 들려주며, 스스로 실수를 교정하는 아이들에 대한 이야기를 더 많이 해주었다. 하지만 그녀는 여전히 나를 이해하지 못하는 듯했다. 아니, 그녀는 내 말을 거의 알아듣지 못하는 것 같았다. 어찌 보면 그건 당연한 일이다. 다른 사람을 돕는 것을 필생의 과업으로 삼은 이라면 누구나, 사람들이 자기 없이는 아무것도 해나가지 못할 거라고 믿게 될 가능성이 많기 때문이다. 그런 이들은 사람들이 제 발로 일어설 수 있다는 증거를 보고 듣는 일을 제일 싫어한다. 더군다나 아이들에게 자신이 꼭 필요한 존재라는 생각은 그들 삶을 이끌어가는 중심과도 같다. 따라서 거기에 의문을 던진다는 것은 바로 그들 존재의 중심부를 공격하는 형국이 된다. 하지만 그런 선량한 사람들의 마음을 싱숭생숭하게 만드는 위험을 무릅쓰고서라도 우리는 그들의 가정에 의문을 던져야만 한다. 왜냐하면 그것은 크게 보아 사실이 아니기 때문이다.

아주 최근에 질을 만났다. 질은 얼마 동안 만나지 못했던 한 친구의 세 살배기 딸이다. 그 애는 도서관에서 나를 즐겁게 해주기 위해 이야기를 하거나 이것저것 보여주고 있었다. 그러던 중에 질이 말했다.

"오빠가 나한테 '가르쳐준(teached)' 걸 보여드릴까요?"

"그래, 좋아."

질은 내 앞에 서서 융단이 깔린 바닥을 향해 머리를 숙이더니 몸을 점점 기울여 공중제비 넘기를 해냈다. 우와!

"이제 더 크게 해볼게요."

이 말을 마치자마자 그 애는 또 한 번 재주를 넘었다. 질이 그처럼 몇 번이나 재주를 넘는 동안 나는 우리의 대화 속에 어떻게 'taught'라는 단어가 들어간 문장을 집어넣을까 생각하고 있었다. 적당한 시간이 흐른 후 질이 다시 오빠 이야기를 꺼냈을 때 내가 말했다.

"오빠가 너한테 여러 가지를 가르쳐주니?"

"어, 그래요."

"오빠가 공중제비를 '가르쳐줬을(taught)' 때 정말 신났겠구나."

"그럼요."

질은 그렇게 대답하더니 또다시 몇 번 더 공중제비를 넘었다. 그러고는 다른 동작을 보여주면서 말했다.

"이것도 오빠가 '가르쳐줬어요(taught).'"

우리의 대화는 그처럼 계속되었다.

얼마 후 집으로 돌아왔을 때 질은 이번엔 자기 아빠에게 그 공중제비를 보여주면서 말했다.

"오빠가 '가르쳐준(teached)' 거야."

나는 놀라지 않았다. 아이들이 새로운 방식으로 행동하거나 말하는 것에 자신을 가지려면 시간이 좀 걸린다. 더군다나 이 아이는 'teached' 쪽이 훨씬 이치에 맞고 문법적으로 모순이 없으며(사실 그렇다.), 그러므로 'taught'보다 맞는 말일 가능성이 더 많다고 여겼을 것임에 틀림없다. 다시 적당한 시간이 흐른 다음 내가 대화에 'taught'라는 단어를 집어넣자 질은 'taught'라고 말했다. 더 이상은 아무것도 필요가 없었다. 언제나 그렇다. 아이들의 감각은 예민하며 모든 것을 알아차린다. 그리고 무엇보다도 어른들처럼 하게 되길 원한다. 따라서 우리가 능숙하게 말을 잘하면 아이들은 우리가 말하는 걸 듣고 마침내 우리처럼 말하게 될 것이다.

_사실 지금은 더 이상 아무것도 필요 없었을 뿐 아니라 그 정도도 필요 없었다고 생각한다. 내가 그때 질에게 한 일은 실수이자 쓸데없는 짓이었다. 만약 그 짓을 오랫동안 계속했더라면 아마도 아이에게 해를 끼쳤을 것이다. 다행히 해를 끼치기엔 만남의 시간이 너무 짧았다.(나는 그 아이를 여러 해 동안 다시 만나보지 못했다.) 게다가 그 아이는 나라는 사람과 공중제비 넘기에만 정신이 쏠려 있어서 내가 자기 말을 교정하려 하고 있다는 사실을 눈치 채지 못했다. 하지만 그 애가 나를 잘 알게 되었는데도 내가 그 짓을 계속했더라면 아이는 분명 그 사실을 알아챘을 것이다. 아이가 하는 공중제비 넘기나 다른 모험들에 관심이 있는 어른은, 아이의 말을 어떻게 교정해줄까에 관심을 기울이는 어른과 같은 말투로 이야기하지 않는다. 아이들은 그 차이를 예민하게 분간해낸다.

아이들의 말을 대놓고 바로 지적하는 건 무례한 짓이요, 실수라는 걸 알면서도 도대체 나는 왜 그와 같은 실험을 한 것일까? 내 속에 있는 선생귀신이 그렇게 하도록 만들었다고밖에 말할 수가 없다. 난 아이가 내 의도를 못 알아차리게 하면서 말을 교정해줄 수 있을 만큼 머리가 좋은 사람이 되고픈 갑작스런 유혹에 저항할 수가 없었다. 설혹 나의 실험이 효과를 거두어 'taught'가 올바른 단어임을 질이 알게 되었다고 하더라도, 자기에게 알맞은 때에 자기만의 방식으로 찾아내는 편이 아이에게는 훨씬 좋았으리라.

아이에게 말을 할 때마다 뭔가를 가르쳐야 한다고 생각하고 있으면 우리가 미처 알지 못하는 사이에 말을 계산적으로 꾸며낼 가능성이 높아진다. 그 결과 아이는 오늘날의 많은 젊은이들처럼 모든 말은 거짓말이요, 속임수라고 생각하게 될지도 모른다.

만약 내가 '나쁜 습관 이론'에 홀려 있지 않았다면 질의 작은 실수를 교정하라는 유혹을 덜 받았을 것이다. 많은 어른들이 신봉하는 이 이론은 아이가 말하기나 읽기나, 혹은 어떤 일에서든 실수를 보이면 그때마다 당장 교정해서 더 이상 고치기 어려운 '나쁜 습관'으로 굳어지지 않도록 해야 한다고 주장한다. 하지만 이것은 사실이 아니다. 아이들은 자신이 배우는 많은 것들, 즉 걷기, 말하기, 읽기, 쓰기 같은 것들을 스스로 해보고 그 과정에서 실수를 함으로써, 나아가 그 실수를 교정함으로써 배운다. 이는 수학자들이 '연속 근사법'이라고 부르는 방법과 흡사하다. 다시 말하면 아이들은 일단 뭔가를 하고 난 뒤 그 결과를 자기가 달성하길 원하는 목표(큰 사람들처럼 하게 되는 것)와 비교해서 차이점(실수)을 알아내고, 마침내 그 차이를 줄이려고 노력한다(실수 교정). 모든 아이들이 이 작업을 할 뿐 아니라 모든 아이들이 다 이 작업을 하는 데 뛰어난 능력을 갖췄다. 가장 극성인 실수 교정자들의 가정에서 자라는 아이들조차 지적받는 것보다 훨씬 많은 실수를 스스로 교정한다.

어느 날 나는 벽장에서 노랗게 바래가는 종이 한 장을 발견했다. 그건 내가 오래전에 네댓 살쯤 된 토미가 하는 말들을 적어놓은 메모였다.

raintoats

I dot it for my birsday

toopid fool!

rash (crash) helmet

(also) shrash helmet

bring (spring)

dill (kill)

tab (stab)

betuz (because)

brack (black)

Fanta Fe (Santa Fe)

darbage (garbage)

tomin (coming)

feshin (refreshing)

tasafy (catastrophe)

organize tese tars (these cars)

flashes (glasses)

teo (mosquito)

sree (free)

Bolkswagen

fayer (sweater)

soldiers (shoulders)

fraffer (tractor)

peash (please)

이 단어들이 보여주듯이 토미의 모음과 악센트는 항상 정확했지만 자음의 변환에는 어떠한 패턴도 없었다. 그래서 토미를 잘 모르는 사람들은 그 애의 말을 이해하기가 힘들었다. 토미가 다른 사람들에게 이야기할 때에는 토미보다 나이 많은 집안의 누군가가 통역을 해주어야 할 때가 많았다. 하지만 여섯 남매의 귀염둥이 막내였던 토미는 집안에서 의사소통을 하는 데에는 아무런 어려움을 겪지 않았다. 가족 구성원인 우리 모두는 토미가 뭘 말하고 싶어 하는지 알고 있었고, 또 기꺼이 알아내고자 했던 것이다. 토미 쪽에서도 우리가 쓰는 표준 영어를 쉽게 알아들었다. 자신은 자음을 뒤섞어서 소리를 낼지언정 들을 때는 아무런 혼동도 없었다.

다섯 살이 된 해의 1월이 될 때까지도 토미는 여전히 위의 메모처럼 말했다. 그런데 내가 3월에 그 집에 전화를 했을 때 전화를 받은 토미가 어찌나 보통 사람처럼 말을 하던지 처음에는 그 아이의 누나로 착각했을 정도였다. 이전에 보인 자음의 혼돈스러운 변환은 흔적조차 찾을 수 없었다. 게다가 일단 과거의 '틀린' 소리들을 정정하고 나자 토미는 다른 가족들이 계속해서 그런 말을 사용하면 아주 화를 냈다. 우리는 하는 수없이 '프래퍼' 같은 말을 그만 써야 했다. 그 말들이 좋아진 참이어서 좀 섭섭했지만 말이다. 어쨌거나 중요한 건 이 모든 언어 교정을 토미 스스로 했다는 사실이다. 가족 중 어느 누구도 토미의 말을 '바로잡아야' 한다고 주장하거나 '바르게' 말하는 법을 가르치려 한 적이 없었다. 현명하고 지혜로운 그들은 때가 되면 토미가 스스로 해내리라고 생각했다.

그러면 이 꼬마는 어떻게 그처럼 빠른 시일 안에 큰 변화를 이룰 수 있었을까? 첫째로 이런 추측이 가능하다. 말을 하는 첫 단계에서 토미는 남들에게 전하려는 메시지를 생각하는 데 몰두해서 자기가 실제로 어떤 소리를 내고 있는지에는 신경을 쓸 여지가 별로 없었다. 그러다가 어떤 시점에 이르러 자신의 생각을 전달할 수 있다고 확신하게 되었을 때, 자기가 실제로 내고 있는 소리를 좀 더 주의 깊게 듣기 시작했고, 그것이 어른들이 내는 소리와 다를 때가 많다는 사실을 알아차렸다. 또 다른 가정도 역시 가능하다. 토미는 처음부터 자신이 어떤 소리를 내고 있는지 똑똑히 알고 있었으나 자신의 말이 다른 사람들의 말과 크게 다르지 않다고 보았다.(억양이 약간 이상한 정도로 이해했을 수도 있다.) 그런데 갑자기 자기만 아는 어떤 이유로 더 이상 아기식 억양으로 말하기가 싫어졌다. 다시 말해 진짜 어른처럼 말하고 싶어졌고, 그리하여 마음먹은 즉시 그것을 실행에 옮겼다.

다시 '나쁜 습관 이론'으로 돌아가 보자. 사람들이 이 이론을 지지하는 데는 '습관'이란 말에 대한 오해가 있기 때문이 아닌가 싶다. 습관이란 단어는 스스로 의식하지 못한 채 하는 일들을 설명할 때 사용해야 옳다. 하지만 사람들은 의식적으로 실행하는 일들을 설명할 때도 역시 이 단어를 사용한다. 이는 물론 옳지 않다.

나는 어릴 때 책 읽기를 즐겼는데 듣도 보도 못한 단어가 나오면 그게 어떻게 발음이 되는지를 짐작해야 했다. (알아맞히는 데 자신이 있던 나는 사전을 찾아볼 생각은 하지 않았다.) 내 짐작은 대부분 정확하게 맞았지만 틀릴 때도 있었다. '픽처레스크picturesque'를 '픽처스큐picture-skew'로, '수퍼-플루어스superfluous'를 '수-퍼플루-어스'로 발음하기도 했다. 그러다 다른 사람들이 그 단어를 말하는 걸 듣는 순간 나는 가볍게 놀라며 이렇게 생각했다. '아, 저렇게 소리 내는 거구나.' 그 이후 나는 그 단어들을 제대로 발음했다. 발음을 고치는 건 쉬운 일이었다. 그도 그럴 것이 내가 어떤 단어를 잘못 발음한 이유는 내게 그런 '습관'이 있어서가 아니라 단지 그게 옳을 거라고 추측했기 때문이었다. 따라서 내 잘못을 알았을 때 그걸 바꾸는 건 어렵지 않았다. 그건 전혀 습관의 문제가 아니었다.

우리는 나쁜 습관을 마치 호시탐탐 우리에게 달라붙을 기회를 노리고 있는 거머리나 흡혈박쥐 같은 불길한 생물쯤으로 묘사하는 경향이 있다. 한 번만 담배를 피워보라. 그 즉시 '당신은 평생토록 담배를 피우게 될 것이다.'라는 경고가 떨어진다. 한 번만 단어를 잘못 읽거나 철자를 틀리게 써보라. 역시 당신은 영원히 그렇게 하게 될 것이라는 말이 뒤따른다. 하지만 이건 사실이 아니다. 이런 유추는 순수하게 육체적인 수준에서조차 맞지 않는다. 만약 '순수하게' 육체적인 것이 존재한다면 말이지만.

세계적으로 유명한 물리치료사인 펠덴크라이스Feldenkrais 박사는 심한 긴장과 통증을 유발하는 방식으로 움직이는 것에 오랫동안 길든 사람들을 치료하는데, 그들이 어떻게 근육을 잘못 움직여왔는지, 앞으로는 어떻게 해야 하는지 알려주는 것만으로도 평생 갈 것 같던 습관을 아주 짧은 시간 안에 바꾸게 할 수 있다는 사실을 자주 확인했다. 박사는 이렇게 말한다.

> 뇌는, 생명체는 영리하다. 뇌는 일을 올바르게 하고 싶어 한다. 믿을 수 있고 이해할 수 있는 방식으로 올바른 방법을 '보여주기'만 하면 곧바로

바꾼다.

늦깎이 첼로 연주가로서 나는 최근 몇 년 사이에 활을 쥐고 켜는 방식에 몇 가지 변화를 주었다. 의식하지 못한 채 잘못된 방식으로 연주해왔다는 걸 발견해서 고친 적도 있고, 처음엔 의도적으로 선택했으나 나중에 뭔가 잘못된 것으로 느껴져 다른 방법으로 바꾼 경우도 있었다. 어떤 경우든 나는 흔히들 고치기가 거의 불가능하다고 생각하는 그런 습관들을 어렵잖게 바꾸는 데 성공했다.

나쁜 습관을 쉽게 끝장낸 또 다른 예가 있다. 친구들과 함께 현악사중주곡을 연습할 때의 일이다. 그 곡의 첼로 파트에는 8분음표가 연속적으로 이어진 부분이 많았다. 그 리듬이 어찌나 단단히 내 머리와 근육에 박혔던지, 나는 4분음표로 이루어진 소절이 나와도 8분음표로 간주하고 연습을 했다. 일단 그렇게 하고 나자 그 소절이 나올 때마다 머릿속에 잘못된 리듬이 떠올라 같은 실수를 계속 반복하게 되었다. 말하자면 '나쁜 습관'을 열심히 키운 것이다. 마침내 친구들과 함께 연주할 시점이 되자 나는 그 대목에서 곤경에 빠졌다. 다 함께 끝내기로 되어 있는데 늘 내가 먼저 도달하는 게 아닌가. 아무리 신중하게 연주를 해도 결과는 똑같았다. 빼먹은 부분이 있나? 그건 아니었다. 잠시 후 나는 무엇이 잘못되었는지 알게 되었고 친구들에게 내가 무슨 짓을 하고 있었는지 얘기했다. 우리는 내가 '멍청시모'로 연습한 것을 두고 크게 한 번 웃고는 연주를 계속했다. 뭐가 맞고 틀린지 알게 되자 나는 올바르게 했다. 그것으로 나쁜 습관에 종지부를 찍었다.

악기를 연주할 때 이런 예는 얼마나 많이 발생하는가. 제자리음을 샤프로 연주할 수도 있고 플랫으로 연주할 수도 있다. 혼자 연습할 땐 뭐가 문제인지 모르다가도 다른 사람들과 함께 연주하면 뭔가 이상하게 들린다는 것을 알게 된다. 때로는 코치가 그게 누구의 실수인지 잡아낼 때도 있다. 하지만 주로 범인이 먼저 이렇게 말한다.

"이런 이런, 내가 G음을 G샤프로 연주하고 있었구먼."

그것으로 실수는 끝난다. 잘못된 음정이 뇌와 근육에 영원히 고정되지는 않는 것이다.

배움이 좋은 습관을 기르는 것과 아무 상관이 없다는 얘기는 아니다. 그리고 좋은 습관을 들이는 데 시간과 노력이 들지 않는다는 의미도 아니다. 오히려 악기 연주처럼 어떤 복잡한 신체적 기술을 익히는 일에서는 좋은 습관을 들이는 것이 매우 중요하다. 그래서 신경과 근육이 정해진 일을 하도록 의식적으로 길들여야 한다. 충분히 반복적으로 연습해서 어떻게 해야 하는지 생각하지 않고서도 할 수 있을 정도로 만들어야 한다. 숙련된 운동선수들도 모두 이렇게 한다. 음악가들은 여러 가지 음계와 아르페지오를 연주하고 또 연주한다. 어떤 작품에서 그 음계나 아르페지오를 만났을 때 빠르고 정확하게 연주할 수 있기 위해서다. 오늘날 테크닉 면에서 가장 뛰어난 바이올리니스트로 알려진 야샤 하이페츠는 매일 적어도 세 시간은 이 간단한 연습을 하며 연주 인생을 보냈다. 좋은 습관은, 그것을 획득한 후에도 계속해서 다시 익혀 신경근육계에 기억시켜야 하기 때문이다. 어느 날 아침 파블로 카살스가 간단한 C장조 음계를 첼로로 켜면서 친구에게 이렇게 말했다고 하지 않는가.

"나는 50년 동안 매일같이 E음을 찾아내야만 했네."

그렇다. 여기에서 말하고자 하는 요점은 좋은 습관이 중요하지 않다는 것이 아니라 좋은 습관을 기르는 데 긴 시간이 필요하다면 나쁜 습관을 기르는 데에도 그만큼의 시간이 걸린다는 것이다. 좋은 습관을 들이기 위해서는 수백 시간이 필요한 반면 나쁜 습관은 단 몇 초면 만들어진다는 생각은 정말 황당하지 않은가. 여기서 교사들이 생각해야 할 것은 아이들의 실수를 고치기 위해 항상 그렇게 서두를 필요는 없다는 것이다. 아이들에게 스스로 실수를 알아차리고 고칠 시간을 주어야 한다. 그럴 기회를 많이 가지면 가질수록 아이들은 스스로 고치는 일에 더 능숙해진다. 그러면 우리에게 의지하는 일도 줄어들 것이다. 가장 중요한 건 이것이다. 아이들이 우리에게 덜 의지할수록 아이들은 스스로를 더 잘 가르칠 수 있다.

세심한 청중이 필요한 이유

아이가 말을 시작한다는 것은 세상을 향해 굉장히 용기 있는 도약을 감행하는 것과 같다. 외국어를 집에만 앉아서 공부하다가 처음으로 외국에 나가 말을 해본 사람이라면 누구나 이 도약이 얼마나 많은 용기를 필요로 하고 가슴 떨리는 일인지 알 것이다.

해외에서 생활하던 중에 한번은 파리에서 로마까지 자전거 여행을 하기로 결심한 적이 있었다. 출발하기 6주일 전에 나는 초보자용 교본을 사서 이탈리아어를 공부하기 시작했다. 이탈리아에 도착할 즈음 나는 약간의 어휘와 문법을 익힌 상태였지만 한 마디도 직접 해본 적은 없었다. 마침내 국경을 넘는 날 나는 벤티미글리아라는 읍내로 자전거를 몰고 갔다. 배가 고팠던 나는 바나나를 좀 사기로 했다. 그래서 바나나를 달라는 말을 여러 번 미리 연습했다. "Due kilo di banane, per favore.(바나나 2킬로그램을 주십시오.)" 그건 아주 간단해 보였다. 어디 하나 틀릴 만한 구석이라곤 없었다. 그럼에도 왠지 내가 식품점에 들어가서 이 말을 하면 거기에 있는 모든 사람이 으하하 하고 웃음을 터뜨릴 것만 같은 끔찍한 느낌이 들었다. 나는 벤티미글리아에 가까워질수록 점점 더 신경과민이 되었고 실제로 말을 해야만 하는 순간이 올 때까지 그 상태는 계속되었다. (나의 걱정은 전혀 근거가 없는 것이었다. 이탈리아에서 만난 그 누구도 내 말을 듣고 비웃은 적은 없었다. 모든 사람이 친절했고 기꺼이 도와주려 했다.) 마침내 그 순간이 왔다. 거기 가게가 있고 바나나가 있었다. 더 이상 말하기를 미룰 구실은 없었다. 나는 용기를 내어 가게 안으로 들어가 준비하고 또 준비했던 그 문구를 말했다. 카운터 뒤에 서 있던 부인은 알았다는 표시를 해보이고는 바나나 몇 개를 잘라내 무게를 달아 건네주었다. 나는 돈을 내고 인사를 한 다음 가게를 나왔다. 우와, 내 이탈리아어가 통했어! 하지만 또다시 이탈리아어를 말해야 하는 순간이 왔을 때 나는 마찬가지로 불안에 떨어야 했다. 내가 서투르나마 이탈리아어로 나의 생각을 전달하고 있다는 최소한의 확신이 들기까지는 여러 번 비슷한 경험을 반복할 시간이 필요했던 것이다.

말을 익히기 시작한 아이에게는 내가 이탈리아에서 만난 사람들처럼 호기심을 가지고 귀 기울여 들어주는 세심한 청중이 필요하다. 그렇게 해주어도 아이는 처음엔 자신의 말이 진짜로 통하는지 믿지 못한다. 심지어는 여러 해 동안 말을 해왔으면서도 자신의 가장 중요한 생각과 감정들을 다른 사람들에게 전달할 수 있다고 확신하지 못하는 아이들이 있다. 특히 성장하는 시기에 어른들이 자신의 말에 무관심하다고 느낀 아이는 심하게 상처 받는다. 문제는 대부분의 아이들에게 이런 시기가 너무 일찍 온다는 사실이다.

□ 1961년 7월 17일

두 살 반짜리 리사는 보통 나 다음으로 일찍 일어난다. 잠에서 깨어나면 리사는 혼잣말을 하기 시작한다. 그건 이상한 혼합체와도 같다. 의미 없는 음절과 우스운 잡소리, 단편적인 노래, 어제 한 일에 대한 촌평과 오늘의 계획 등이 뒤섞여서 콸콸 튀어나오는 것이다. 한번은 어떤 주제에 관해 말하다가 갑자기 멈추더니 이렇게 말했다.

"옷 입어야지. (멈추고) 옷. (멈추고) 신발. (멈추고) 바지."

그러고는 이 말들에서 얻은 영감으로 곧이어 다른 이야기를 시작하는 것이었다.

리사는 하루 종일 말을 한다. 원하는 것을 얻기 위해 말을 할 때도 있고, 그 말의 의미를 드러나게 해줄 어떤 일을 발생시키려고 말을 할 때도 있다. 하지만 많은 경우에 리사는 그저 그 소리가 좋아서 말을 한다.

리사는 색깔에 관해 말하기를 좋아하는데 특히 자주 사용하는 단어는 'blue(파랑색)'이다. 'bl'을 발음할 때 입술과 혀가 움직이는 느낌을 좋아 하는 것 같다. 뭔가를 달라고 말할 때면 보통 리사는 "파랑색 줘, 분홍색 줘." 혹은 "파랑색 내 거야. 분홍색 내 거야."라는 말을 덧붙인다. 리사는 분명 색깔의 이름을 모른다. 어쩌면 가장 상식적인 수준에서 색깔이 무엇을 의미하는지조차 모를 수도 있다. 'blue', 'yellow', 'pink' 같은 단어에 대해 리사가 아는 점은 단지 그것들이 형용사라는 것, 즉 다른 단어와 특별한 방식으로 연결이 된다는 것이다.

리사가 하는 말은 많은 경우 문법적인 시도로 볼 수 있다. 말하자면 주변 사람들이 하는 방식으로 단어들을 연결시키는 연습을 하고 있는 것이다. 리사는 자신의 말이 다른 사람들이 말하는 것과 똑같이 들리게 하기 위해 단어 패턴과 문장들을 만든다. 거기엔 아무 뜻도 담겨 있지 않을 때가 많다. 아니, 애초부터 의미를 전달하기 위해 한 말이 아닐 때가 많다. 얼마 전에 리사는 뭔가에 관해 나와 대화를 나누던 도중 갑자기 이렇게 말했다.

"나는 커다랗고 파란 산에서 차 안으로 떨어졌어."

나는 어리둥절했다. 도대체 무슨 말을 하려는 것일까? 그때 이런 생각이 떠올랐다. 어쩌면 리사는 어떤 의미를 전달하기 위해서가 아니라 자기가 알거나 좋아하는 단어와 어구를 이용해 멋진 소리가 나는 문장을 만들기 위해 말을 하고 있을지도 모른다고.

어느 날 아침 식사를 하던 리사는 이렇게 말하기 시작했다.

"설탕 좀 줘, 후추 좀 줘, 토스트 좀 줘, 잼 좀 줘."

처음에 우리는 그 물건들을 하나씩 건네주었다. 그러나 잠시 후 나는 리사가 그것들을 쓰지 않는다는 사실을 알아차렸다. 그러고 보니 많은 경우 리사는 자기에게 필요 없는 물건들을 달라고 하는 것이었다. 이미 우유를 앞에 두고 있으면서 우유를 달라고 하는가 하면, 설탕을 칠 음식이 없는데 설탕을 달라는 식으로 말이다. 그러면 리사는 왜 이것들을 달라고 하는 걸까? 모든 사람이 다 그렇게 하기 때문인게 분명했다. 식사를 할 때면 사람들은 여러 가지 물건을 건네달라고 말한다. 어른들은 다 그렇게 한다. 그래서 리사는 자기도 그렇게 해보는 것이다.

이것은 리사가 '뭣 좀 줘' 놀이를 하는 한 가지 이유이다. 하지만 유일한 이유는 아니다. 얼마간의 시간이 흐른 뒤 나는 리사가 사람들이 건네준 것들을 쓰지는 않아도 매번 무엇이 건네지는지 아주 주의 깊게 관찰한다는 것을 알았다. 짧게 말해 리사는 자기가 쓰는 단어의 의미를 알아내는 데 도움이 될 만한 어떤 일을 발생시키기 위해 말을 하는 것이었다.

말을 이용한 리사의 이런 실험이 실제보다 더 정밀하게 보이도록 만들고 싶지는 않다. 리사가 속으로 이렇게 생각하면서 말을 하지는 않았을 거란 얘기다. '설탕 좀 달라고 말해봐야지. 그 다음에 뭐가 식탁 위에 올라오는지 가만히 보는 거야. 그러면 설탕이 뭔지 알게 되겠지.' 내 생각에는 오히려 이렇게 생각했을 가능성이 더 커 보인다. '뭔가를 달라고 해봐야지. 그러고 나서 사람들이 어떻게 하는지 보는 거야. 아마도 뭔가 흥미로운 사실을 알아낼 수 있을 꺼야. 어쩌면 이 모든 물건들을 뭐라고 부르는지 알게 될지도 모르지.' 분명한 건 리사가 여러 번 설탕을 달라고 해서 받아본 뒤에야 그릇에 담겨 있는 하얀 모래 같은 그 물질이 바로 모든 사람이 말하는 '설탕'이라는 사실을 어렴풋이 느끼기 시작했고 나중에 점점 확신하게 되었다는 것이다.

지금은 그때의 생각이 틀렸다고 생각한다. 리사는 아무거나 알아내기 위해 되는 대로 정보를 수집한 것이 아니라, (이를테면) 후추와 우유와 설탕이 뭔지에 대한 자신의 직감을 의도적으로 확인하기 위해 말을 한 것이었다.

어떻게 아이의 자존심과 긍지가 짓밟히는가

아이들은 이런 종류의 희미한 정보를 수집, 저장하는 데 뛰어나다. 사실 이런 정보는 어른들이 유용하게 쓰기에는 너무 희미하다. 하지만 아이들은 마침내 그 말이 무슨 뜻인지 알게 될 때까지 끈기 있게 기다린다. 물론 "창문 좀 닫아줘. 문 좀 닫아줘." 하고 말했을 때 사람들이 어떻게 하나 보고 아이가 곧바로 "아하! 저건 창문이고, 저건 문이구나." 하지는 않을 것이다. 하지만 어느 날 아이는 어떤 감을 잡게 되고 머지않아 알게 된다. 그런 방법으로 아이들은 처음으로 학교에 가게 될 즈음 약 5,000개 가량의 단어들을 익히게 된다.

내가 이제까지 교육에 관해 들은 소견 중 가장 재치 있으면서도 진실된 것은 얼마 전에 한 가톨릭 교육가(여러 해 동안 교사로 일해 왔고 또 교사들을 연수시킨 경험이 있는 베테랑이다.)가 한 말이다. 그날 그는 가톨릭계 고등학교 교장들이 모인 자리에서 어떻게 교사들을 다룰 것인가를 주제로 강연을 하고 있었다. 조금만 시간을 주면 교사들 스스로 깨닫고 고칠 실수를 너무 급하게 지적하거나 고치려 하지 말라고 강조한 뒤 그는 이렇게 말했다.

"현자에게 잔소리를 하면……."

그는 손가락을 단호히 흔들며 다시 천천히 말을 이어갔다.

"당연히 화를 내죠."

우리는 모두 웃음을 터뜨렸다. 그가 우리에게 농담을 했기 때문에, 그리고 그가 너무나 옳았기 때문에. 바로 그거다. 우리 모두는 별로 중요하지도 않은 실수를 가지고 남 말하는 데 끼어드는 그런 종류의 사람을 알고 있다. 그런 사람의 말은 묵살해버려도 괜찮다. 나 자신, 그런 습관을 깨기가 얼마나 오래 걸렸나를 생각하면 그저 얼굴이 붉어질 따름이다.

_현자에게, 아니 현자가 아닌 사람에게도 잔소리는 화를 불러일으킨다. 왜냐하면 그건 모욕이기 때문이다. 부탁받지 않았는데 누군가를 가르치려고 드는 것은 결과적으로 이렇게 말하는 셈이다.

"넌 네가 이걸 알아야만 한다는 사실을 알 만큼 똑똑하지 못해. 그리고 이걸 익힐 수 있을 만큼 똑똑하지도 못하고."

같은 이유로 현자에게 하는 질문은 만약 그것이 진짜 정보를 구하기 위한 것이 아니라 시험하기 위한 것이라면 사람을 화나게 한다. 왜냐하면 그것은 모욕적이게도 질문을 받는 사람이 답을 모른다는 전제를 은근히 깔고 있기 때문이다.

많은 부모들이 《그로잉 위다웃 스쿨링》으로 편지를 보내와서 이렇게 하소연한다. 자기들의 귀여운 아이들이 친절하고 다정한 부모가 오로지 최선을 다하고자 하는 마음으로 부탁받지 않은 도움을 주려고 하면 엄청나게 화를 낸다고 말이다. 그중 하나에 답장을 쓰면서 나는 이 이야기를 했다.

얼마 전에 사무실에서 있었던 일입니다. 이 이야기는 저에게 어린아이들의 자존심과 긍지가 얼마나 강하면서도 깨어지기 쉬운 것인가를 다시 한 번 보여주었습니다. 그리고 아이들의 자존심을 짓밟지 않으려면 얼마나 세심하게 신경을 써야 하는지도요. 특히 우리가 좋은 의도로 아이들을 대하려고 할 때는 말입니다.

한 엄마가 18개월 된 딸아이와 함께 사무실로 찾아왔습니다. 엄마가 사고 싶은 책을 고르는 동안 아이는 사무실을 탐험했지요. 마침내 엄마는 네 권의 책을 골랐고, 꼬마 아가씨는 그 책들을 자기가 들고 가길 원했습니다. 하지만 책이 미끄러웠기 때문에 그중 한 권이 자꾸만 다른 책들 사이로 삐져나와 바닥에 떨어졌지요. 아이는 그것이 불만인 듯했습니다. 점차 초조해하는 것 같아 보이기도 했고요. 책이 자꾸 떨어지는 상황을 아이가 싫어하는 것이 분명하다고 생각한 저는, 고무줄을 책에 씌워서 도와주려고 했습니다. 그런데 제가 고무줄을 꺼내 두어 번 늘였다 놓았다 해서 그게 뭔지 보여준 다음 책에 씌우자 아이는 곧바로 분노에 찬 울음을 터뜨렸습니다.

어린아이들과 여러 해 같이 있어본 저는 다행히도 뭐가 문제인지 금방 알 수 있었습니다. 그 아이는 나의 행동을 자기가 그 책들을 모아 쥐지 못하는 것에 대한 비평으로 받아들인 겁니다. 그래서 기분이 상했던 것이고요. 내 행동은 아이에게 "넌 너무 서툴러서 내가 이 고무줄을 씌우지 않는 한 그 책들을 들고 갈 수 없을 거야."라는 나무람과 마찬가지였던 셈이죠. 당연히 그 아이는 창피하고 화가 나겠지요. 아이가 옳았던 것입니다. 상황을 이해하고 나자 저는 이 일을 쉽게 바로잡을 수 있었습니다. 저는 "미안하다. 고무줄을 도로 벗길게."라고 말하고는 고무줄을 벗겼습니다. 아이는 금세 울음을 그치더니 이전처럼 기분이 좋아지더군요. 여전히 책들과 씨름해야 했지만 말입니다. 하지만 그건 그 아이의 일인 걸요.__

대부분의 사람들은 다른 어른의 실수를 지적하지 않을 만큼은 세심하다. 하지만 아이들에게까지 이런 예의를 갖추려는 사람은 많지 않다. 다른 예의도 마찬가지다. 그러나 그것은 참으로 중요하고 우리가 해야만 하는 일이다. 왜냐하면 아이들은 지각력이 뛰어나고 예민하며 그런 만큼 아주 쉽게 상처 받고 창피를 느끼고 기가 꺾이기 때문이다. 세 살짜리 질이 'teached'라고 말했을 때 나는 바로 이런 이유에서 아이에게 'taught'라고 말하기 전에 충분한 시간이 흐르기를 조심스럽게 기다렸었다. 그걸 곧바로 말해버렸다면 아마도 지적하고 질책하는 게 되었을 것이다.

아이들 스스로 고친 실수를 자꾸 들먹이는 일도 삼가야 한다. 아이들은 그 실수를 다시 떠올리게 되는 걸 싫어할 수도 있다. 어느 날 질이 재롱을 부리면서 〈파란 꼬리 파리〉의 후렴을 부르기 시작했다. 그런데 "지미 크랙 콘, 앤 아이 돈 케어Jimmy crack corn, and I don't care."라고 노래하는 대목에서 질의 아빠(아주 좋은 사람이다.)가 끼어들었다. 그는 뭔가 즐겁고 자랑스러운 듯 "이전에는 한 번도 질이 'crack'이라고 말하는 걸 들어본 적이 없다. 질은 항상 'frack'이라고 했다."라고 말했다. 그는 자신의 기쁨을 드러내려고 그런 말을 했을 뿐이었다. 그런데도 꼬마 아가씨는 매우 당황해했다. 평소에는 조금도 수줍음을 타지 않는 아이가 자의식을 가지게 된 것이다. 노래를 다시 부르기 시작했을 때 질은 'frack'이라고밖에 하지 못했다. 그리고 얼마 가지 않아 아예 노래를 그만두려고 했다.

토미에게서도 이와 비슷한 예를 본 적이 있다. 토미가 사는 도시에서는 매년 축제가 열렸다. 축제 기간에는 암흑의 왕인 조조브라의 거대한 상을 태우는 행사가 진행되었는데 그 거대한 화톳불은 아이들에게 굉장한 구경거리였다. 토미 역시 행사가 열리기 몇 달 전부터 '조르조르'에 대해 이야기하며 언제 그걸 보러 갈 것인지 물어보는 등 난리를 피웠다. 다른 가족들은 자기들끼리 이야기할 때는 조조브라라고 했지만, 토미가 조르조르에 관해 물을 때는 예의 차원에서 같은 말을 써주었다. 그런데 축제가 멀지 않은 어느 날 토미가 갑자기 (적어도 우리가 인식할 만한 중간 과정 없이) "조조브라."라고 정확하게 말하기 시작했다. 그리고 며칠 후 토미가 "조조브라."라고 말하는 걸 아직 못 본 가족 한 명이 토미에게 곧 조르조르를 보게 될 거라고 말하자 토미는 대뜸 부드럽지만 확고한 어조로 말했다.

"조르조르 아니야. 조조브라야."

대부분의 아이들이 자신의 어릴 때 이야기를 듣기 싫어하는 건 아마 이런 이유에서일 것이다. 아이들에게 유년기는 축복 받은 시기가 아니라 가능한 빨리 자라서 벗어나야 하는 시기이다. 아이들은 자신의 작은 체구와 무력함, 그리고 서투름을 귀엽게 여기기보다는 수치스럽게 생각한다. 그래서 다시는 떠올리고 싶어 하지 않는다. 지나치지만 않다면 아이들이 어릴 때 얼마나 귀여웠는지 가끔 말해주는 정도는 문제가 되지 않을 것이다. 아이들도 그 정도는 신경 쓰지 않는다. 하지만 자신의 어린 시절에 관해 아이들이 듣고 싶은 건 그게 다다. 자라고 배우면서 아이들이 저지른 실수는 잊어주는 게 최고다.

_『지니스 앳 워크』에서 글렌다 비섹스가 묘사한 아들 폴의 이야기를 읽어보면 모든 아이가 과거를 돌아보길 싫어하는 것은 아님을 알 수 있다. 폴은 자신이 처음으로 읽기와 쓰기의 세계에 진입하고 탐구하면서 했던 모든 일들에 언제나 많은 관심을 보였다. 이런 차이는 아이의 어린 시절을 말해주는 어른의 태도와 마음가짐에서 나오는 게 아닌가 싶다. 예를 들어 어린 시절에 자신이 얼마나 성실하고 진지했으며, 지성적이고 목적의식이 뚜렷했는지 등의 내용을 듣는다면 그 아이는 기꺼이 아니, 어쩌면 즐거워하면서 이야기를 들을 수도 있을 것이다. 하지만 이야기의 요점이 자신의 무지함이나 서투름을 떠벌리는 것이라면 그리하여 다른 사람들의 웃음거리나 입방아의 재료가 되는 데 그친다면 그걸 듣고 싶지 않을 게 분명하다.

루스 쉰이 훗날 나이가 들어서 고모인 밀리센트가 자신에 관해 쓴 책을 읽어 보았는지, 만약 읽었다면 그에 대해 어떻게 느꼈을지 궁금하다. 하지만 루스가 그 책을 싫어했을 거라고 상상하기는 힘들다._

'taught' 대신에 'teached'라고 말한 질의 예는 꼬마들이 말을 하면서 곧잘 일으키는 종류의 실수를 보여준다. 우리는 이런 실수를 단지 귀엽게 여기거나 문법에 맞지 않는다고 생각하기 쉽다. 아니면 언어를 모방하는 과정에서 아이들이 보여주는 서투름의 또 다른 예로 간주하는 경향이 있다. 하지만 사실은 그게 아니다. 'teached'라고 말하는 아이는 모방을 하고 있는 것이 아니다. 더구나 그건 비문법적이지도 않다. 아니, 오히려 높은 수준에서 문법적인 방식으로 창조를 하고 있는 것이다. 아이는 다른 동사들은 접미사인 -ed를 붙여서 과거형을 만든다는 걸 알게 되었고, 그래서 'teach'라는 동사도 그럴 거라고 생각했을 뿐이다. 이는 어느 모로 보나 이치에 맞는 추측이자 최상급의 사고가 아닌가. 그런 실수들을 퉁명스럽게 지적할 게 아니라 이해와 예의를 다해 대해야 하는 또 하나의 이유다.

자유롭게 말할 기회를 돌려주자

내가 아직 5학년을 가르치고 있을 때 열두 살짜리 친구에게 우리 학급에 대한 이야기를 해준 적이 있다. 대화 중에 학급 아이들 몇몇이 저희들끼리 이야기를 나누더라는 말이 나오자 내 친구는 당혹해하며 물었다.

"그러니까 그 애들이 수업 시간에 잡담을 하고 있었단 말인가요?"

"그렇지."

"그럼 그게 '쇼우 앤 텔Show and Tell'(물건을 제시하고 그에 대해 얘기하는 활동) 시간이었어요?"

"아니. 우리 학교엔 쇼우 앤 텔 시간이 없어. 하지만 아이들이 서로 이야기할 수 있는 기회가 많이 있지. 관심 있는 것이면 뭐든 맘대로 이야기할 수 있는 시간 말이야. 너흰 수업 중에 다른 사람과 이야기할 수가 없니?"

그 애는 너무 놀라서 대답도 못할 지경이었다.

물론 나는 내가 한 질문의 대답을 이미 알고 있었다. 언젠가 빌 헐이 나에게 말한 적이 있다.

"학교에서 말하기를 제일 많이 해봐야 하는 게 누구지? 그런데 누가 최고로 말을 많이 하냐고?"

바로 그거다. 아이들은 말을 해봐야 한다. 그런데 기회는 모두 교사가 가져간다. 가장 깨어 있다고 소문난 학교에서조차도 거의 모든 수업에 적용되는 통상적인 규칙은 학생은 교사에게만 말을 할 수 있고, 그것도 오로지 지명되었을 때만 가능하다는 것이다. 대부분의 학교에서는 아이들이 수업과 수업 사이에 말하는 것을 금한다. 복도에서도 말을 하면 안 된다. 오직 점심시간과 휴식 시간에만 이야기하는 게 가능한데, 점심시간에는 밥 먹느라 바쁘기 때문에 결국 아이들이 강제된 정숙과 침묵의 시간 동안 쌓인 울분을 풀어볼 시도라도 할 수 있는 건 휴식 시간밖에 없는 셈이다. 그나마도 허용하지 않는 학교들 또한 적지 않다.

학교가 파하면 아이들은 집으로 향한다. 집에 가도 말할 기회는 별로 없다. 숙제나 텔레비전에 시간을 빼앗기기 십상이고, 더군다나 집에 있는 사람들이 아이들과 이야기를 하는 데 관심이 없는 경우가 많기 때문이다. 학교와 집에서 벌어지는 이런 상황의 결과는 너무나 뻔하다. 아이들의 말솜씨는 열 살이 넘어도 다섯 살 때보다 전혀 나아지지 않는다. 실제로 나는, 매우 지적인 환경에서 자랐음에도 내가 알고 있는 다섯 살짜리들보다 형편없이 말을 못하는 열 살짜리들을 많이 알고 있다.

시간을 낭비한다거나 식당이 너무 시끄러워진다는 이유로 점심시간에 말하기를 금지하는 학교들에 관한 이야기가 지금도 계속해서 내 귀에 들려온다. 아예 휴식 시간을 없애버린 학교들이 있다는 말은 그보다 더 많이 들린다. 그렇다면 대체 학교에서 그렇게 중요하다고 강조하는 아이들의 '사회생활'은 언제 일어난단 말인가?

일단 말하기에 흥미를 잃고 능력이 저하된 아이들은 표준 교육 과정의 모든 과목에서 그 영향을 받는다. 작문을 예로 들어 보자. 말이 없는 아이에겐 하고 싶은 얘기가 별로 없다. 결과적으로 그 아이는 무엇을 써야 할지 모르게 된다. 이런 현상이 계속되면 아이는 자신에겐 다른 사람들의 흥미를 끌 만한 것이 없다고 느낄 것이다. 심지어 그 아이는 자신이 뭔가를 말하거나 쓰면 사람들이 비웃을 거라고 생각하게 된다. 그리하여 무슨 생각이 떠올라도 스스로 그것을 혹평하고 금지시킨다. 이제 아이는 생각을 표현하려고 할 때마다 어려움에 부닥친다. 단어들을 연결시키는 실습을 거의 하지 않았기 때문이다. 또한 그 아이는 어떤 요소가 말을 명확하고 강력하고 효과적으로 만드는지 실제적인 연습을 통해 배우지 못했기 때문에 자신의 글을 비평할 수단을 가질 수가 없다. 이렇게 해서 아이는 흔히 말하는 '글치'가 되는 것이다. 여기서 글치란 글을 '문법'에 맞게 쓰는가 그렇지 못하는가와는 관련이 적다. 중요한 것은 그 글이 어떻게 읽히느냐 하는 점이다. 어떤 글이 따르고 있는 문법과 규칙이 아이로 하여금 글을 잘 쓰게 해줄 수는 없다. 이는 아무 학술 잡지나 집어 들고 슬쩍 넘겨보기만 해도 알 수 있는 사실이다. 최고의 교육을 받은 사람들도 상상을 초월할 정도로 글을 못 쓸 때가 많으니 말이다.

말하기와 대화 능력이 부족하면 형편없는 독자가 될 가능성도 높다. 훌륭한 독자는 작가와의 활발한 문답 속으로 들어간다. 그는 작가와 대화를 하며 심지어는 논쟁을 하기도 한다. 반면 무능한 독자는 수동적으로 읽는다. 그는 마치 지루해진 청강자와도 같다. 책 속의 어떤 말도 그의 머릿속을 차지하지 못한다. 이런 독자는 교재를 가지고 공부할 때 곧잘 자신의 머리가 사진건판이라도 되는 듯이 행동한다. 페이지 위의 글자들을 그저 뚫어져라 쳐다보는 것이다. 그게 저절로 뇌리에 박힐 거라는 듯이 말이다. 하지만 이런 방법은 아무 효과가 없다. 수학이나 과학 같은 과목에서는 주어진 지시를 따르고 다른 사람의 말을 행동으로 옮겨야 할 때가 많은데 말을 못하는 아이는 자신이 그것을 할 수 없다는 걸 자주 발견하게 된다. 그런 아이는 자신이 무엇을 이해하고, 무엇을 이해하지 못하는지 분간할 수 없다. 아니 분간할 수 있다 하더라도 사람들이 도와줄 수 있을 만큼 명확하게 자신의 혼란을 말로 표현하지 못한다.

학교에 다니는 아이가 말이 유창하지 못하면 그것은 손발이 묶여 있는 것과 다름없다. 물론 학교는 학교대로 변해야 한다. 너무 상징만 강조하는 대신 다른 형태의 표현을 위한 시간과 프로그램을 좀 더 많이 제공해야 한다. 언젠가는 학교들이 그렇게 할지도 모른다. 그러나 지금 당장은 말을 잘하는 쪽이 훨씬 유리하다. 그런데도 대부분의 학교에서는 아이들이 말을 유창하고 정확하고 솜씨 있게 하는 데 도움이 될 만한 일은 거의 하지 않고 있다.

요즈음 교육계에서 일어나고 있는 이른바 '혁명'을 들여다보아도 이런 상태를 바꿀 만한 내용은 없는 것 같다. 가장 새로운 교수법으로 가르치고 있다는 수학이나 사회 시간에서조차 이야기를 나누는 방식은 예전 그대로다. 교사가 주로 말을 하고 이따금씩 아이들에게 질문을 한다. 그것도 단지 아이들이 계속 주의를 집중하고 있는지 얼마나 이해했는지 확인하기 위해서. 때로는 어떤 용감한 교사가 '토론'이란 것을 시작할 수도 있다. 그러나 그 다음에 일어나는 일은 빌 헐이 표현한 대로 '정답 끌어내기'가 된다. 교사가 자신이 원하는 대답을 끌어내기 위해 미리 정해놓은 일련의 질문을 던지는 것이다. 실제로 교사 지침서는 이런 기술들로 가득 차 있다. "토론을 해서 다음과 같은 요점들을 끌어내라."고 쓰여 있지 않은가. 이런 종류의 유도된 가짜 대화는 안 하느니만 못하다. 아이들은 얼마 안 가 지루해하고 싫증을 낸다. 그건 너무나 당연한 결과다.

교실에서 진행되는 토론이 열려 있고 정직하고 조작되지 않아서 아이들이 그걸 정말로 재미있어한다고 치자. 또한 그 안에서 모든 아이들이 동등한 위치를 차지한다고 가정해보자. 그렇다고 해도 모든 아이들이 골고루 말하는 기술을 익히기에는 부족하다. 아이들의 수는 너무나 많은 데 반해 시간은 터무니없이 적은 것이다. 그러면 해답은 무엇인가? 실행할 용기만 있다면 그렇게 간단한 것도 없다. 영국에 있는 많은 초등학교에서는 아이들이 짝을 지어서 혹은 작은 그룹 단위로 모여 자유롭게 공부하는 것이 가능하다. 그런 식으로 공부하면서 서로 말도 할 수 있다. 조용하게 한다는 조건이 붙어 있긴 하지만 말이다. 아이들 스스로 선택해 독자적으로 공부할 수 없는 수업에서는, 아이들끼리 관심사를 이야기할 수 있도록 더 많은 시간을 배려해준다. 그렇다고 교사가 인도하고 간섭하는 건 아니다. 교사는 때때로 아이들에게 좀 더 조용히 얘기하라고 할 수는 있지만 아이들이 이야기하는 주제를 통제하지는 않는다.

마지막으로 5학년을 맡았을 때 나는 이따금 수업 시간을 쪼개 '자유 시간'을 주곤 했다. 그 시간에 아이들은 책을 읽거나, 그림을 그리거나, 게임을 하거나(체스 게임이 아주 인기가 좋았다.), 퍼즐을 맞추거나 할 수 있었다. 그러나 아이들이 가장 좋아한 것은 다른 아이와 함께 이야기하는 것이었다. 시간이 갈수록 나는 아이들에게 가장 유익한 시간은 바로 이 자유 시간이 아닌가 생각하게 되었다. 때때로 여자아이들의 대화는 속삭임과 킥킥거림으로, 남자아이들의 대화는 드높은 말싸움으로 바뀌곤 했다. 그러나 아이들의 경험이 쌓일수록 대화는 진지해졌다. 우등생과 열등생의 차이가 없어지면서 모두가 즐기는 일이 가능해졌다. 예를 들어 가장 공부 못하는 학생들 몇몇이 아주 재미있고 박식한 이야기꾼이 되어 반에서 가장 뛰어난 학생들과 동등한 입장에서 대화를 나누고 논쟁할 수 있었던 것이다.

수업 시간에 빈틈없이 통제받는 데 익숙해진 아이들에게 자유 시간을 주면 어찌할 바를 모르거나 안 좋은 방식으로 남용하게 된다고 말하는 교사들이 더러 있다. 그런 문제가 없는 건 아니지만 그들이 생각하는 만큼 심각하진 않다. 이에 대처하려면 처음에 자유 시간을 줄 때 약간의 제한을 가하는 방법이 있다. 시간을 15분이나 30분 정도로 제한하고, 말은 반드시 조용하게 해야 한다는 규칙을 정하는 식으로 말이다. 뭘 하든 자유지만 말은 하면 안 되는 그런 시간을 줘볼 수도 있겠다. 그러다 아이들이 점차 자유에 익숙해지고, 시간을 유익하게 활용하는 방법을 찾으면 그때 본래의 자유 시간을 누리게 해도 늦지 않다. 그런 방법으로 우리는 학교의 고정된 형식을 깨부수고 교실을 자율적인 공부와 사고, 대화가 점점 더 많이 오가는 곳으로 만들 수 있다.

듣기든 말하기든, 혹은 읽기든 쓰기든 우리는 오로지 한 가지 상황에서만 말을 하는 일에 능숙해질 수 있다. 자기만의 목적을 가지고, 자기가 이야기하고 싶은 내용을, 원하는 사람에게 말할 때가 바로 그 상황이다.

4
읽기와 쓰기, 소리 없는 말

리사는 식구들 모두가 책을 좋아하고 독서를 즐기는 집안의 막내다. 세 살 반이 되었을 때 그 꼬마 숙녀는 테이블 위나 의자, 침대, 방바닥 등 집 안 어디에서나 책을 발견할 수 있었다. 그렇지만 리사네 식구들은 읽기에 대해서만은 아주 느긋해서 누구도 아이에게 읽기를 강요하지 않았다. 그래서 어느 날 리사가 느닷없이 약간 공격적인 어조로 "나 글 읽을 줄 알아!"라고 했을 때 나는 놀라고 당황하여 그냥 이렇게 말했다.

"어, 그래. 난 네가 글 읽을 줄 모른다고 한 적 없는데?"

리사에게 시비를 거는 건 쓸데없는 짓이었다. 리사는 자신이 읽을 줄 모른다는 사실뿐 아니라 그 사실을 내가 알고 있다는 것까지 알았다. 주변의 모든 사람이(자신이 아는 한 온 세상인) 할 줄 아는 걸 자신만 못한다고 생각하니 리사는 분명 아주 창피했을 것이다. 그런데 더 창피하게 만들 필요가 있겠는가.

이 일이 있은 지 몇 년 뒤 한 친구가 아직 한 살이 안 된 자기 딸의 이야기를 들려주었다. 친구의 딸은 플라스틱으로 된 작은 호루라기를 부는 걸 좋아했다. 호루라기는 그 애가 가장 좋아하는 장난감이었다. 어느 날 아이의 부모 중 한 사람이 호루라기에 리코더처럼 구멍이 몇 개 뚫려 있는 걸 발견하고는 멜로디를 만들어 불기 시작했다. 그렇게 부부는 잠시 호루라기를 가지고 놀다가 아기에게 돌려주었다. 헌데 놀랍게도 아기가 화를 내며 호루라기를 옆으로 밀어내더라는 것이다. 게다가 그때부터 아이는 더 이상 호루라기를 불지 않았다고 한다.

스스로 '때'를 정하는 아이들

이 이야기는 대니가 두 살 반쯤 되었을 때 발생한 어떤 일을 떠오르게 한다. 나는 대니가 퀴즈네르 막대를 좋아할 거라 생각했다. 또 아이가 그걸 가지고 뭘 할지 몹시 궁금했다. 그래서 어느 날 퀴즈네르 막대 상자를 가지고 대니네 집을 방문했다. 상자를 열고 색색의 작은 막대들을 보여주자 대니는 완전히 홀린 듯했다. 미개인들의 유리구슬처럼 선명하게 색을 입힌 수백 개의 나뭇조각들은 대니에게는 세상에서 가장 값나가는 보물과도 같았다. 나는 상자 속에 든 막대들을 카펫 위로 전부 쏟았다. 한동안 대니는 가만히 앉은 채, 다만 막대들을 한 줌씩 집어서 손가락 사이로 스르르 빠져나가게 했다. 흥분과 기쁨에 취한 그 모습이 꼭 옛날이야기에 나오는 구두쇠가 돈을 끌어안고 있는 모습처럼 보였다.

대니가 자기 식으로 막대를 가지고 놀도록 놔두었어야 했다는 걸 지금은 알겠다. 대니는 거기서 자기만의 즐거움을 찾아내고 오직 자신의 눈과 손가락을 통해 정보를 받아들이면서 천천히 그 막대들의 가능성을 탐색해야 했다. 하지만 당시 나는 대니가 뭔가를 '배우도록' 촉발시켜야만 한다고 느꼈다. 그래서 나름대로는 아이에게 부담을 주지 않는 온건한 태도라고 생각한 방식으로 ("자, 봐."라는 말조차 없이) 막대를 몇 개 집어서 어떤 형상을 띠도록 바닥에 늘어놓기 시작했다. 그러면서 대니가 곧 나를 따라할 것으로 기대했다. 그때 마침 대니 아빠가 그 일에 끼어들어 우리는 곧 간단한 구조물을 하나 만들어냈다. 이번에도 나는 대니가 그 구조물을 쉽게 따라 세울 수 있을 거라고 생각했다. 그런데 구조물을 완성하고 나서 우리가 대니에게로 눈을 돌리자 아이는 무표정하게 우리를 바라볼 뿐이었다. 그러고 나서 아무 말도 하지 않고 우리 쪽으로 다가오더니 주먹을 한 방 날려 그 구조물을 카펫 위에 흩어버렸다. 아연해진 우리는 "왜 그러니?"라고 물었다. 하지만 대니는 그저 우리를 말없이 쳐다볼 뿐이었다. 멍청하게도 우리는 구조물을 다시 세웠고, 대니는 그걸 다시 부숴버렸다. 아이의 표정은 화가 났다기보다는 뭔지 모르게 단호해보였다. 우리는 한 번 더 시도했다. 결과는 같았다. 그제야 우리는 우리가 모르는 어떤 의미심장한 일이 그 애의 마음속에서 일어나고 있다는 사실을 알게 되었다. 그리하여 우리는 꼬마가 자기 맘대로 막대를 가지고 놀게 내버려두었다.

이른바 '능력 모델competence model'이 아이를 굉장히 자극하고 학습에도 도움을 준다는 건 분명하다. 하지만 능력 모델의 능력이 너무 지나치면 해가 될 수도 있다는 사실을 수시로 상기해야만 한다. 아동심리학자들은 '유아기의 전능감infant omnipotence'을 주제로 많은 글을 쓰고 있다. 유아들은 정말로 자신이 전능하다고 믿으며, 실제로 할 수 있는 일이 얼마나 적은지는 자라면서 서서히 깨닫게 된다는 것이 그런 글들이 말하고자 하는 핵심인 듯하다.

하지만 내가 볼 때 그 이론은 사실이 아니다. 갓난아기의 경우도 그렇지만 두세 살 정도 된 아이들에겐 명백하게 사실이 아니다. 아이들은 자기들이 아는 것이 얼마나 적은지, 아니 이해할 수 있거나 할 줄 아는 일이 얼마나 적은지 너무도 잘 알고 있다. 아이들에게 이런 자각은 굉장히 겁나고 치욕스러운 것이다. 그렇다고 우리의 우월한 지식과 능력을 아이들에게 비밀로 해야 한다는 얘기는 아니다. 그건 바람직하지도 않고 설사 바람직하다 해도 불가능하다. 다만 내가 말하고 싶은 건 아이들에겐 자신의 무지와 서투름이 고통일 때가 많으므로 아이들에게 자신의 약점을 뼈저리게 느끼게 하는 일이 없도록 조심해야 한다는 것이다. 뭐든지 다 잘하는 부모가 아이에게 항상 좋은 본보기가 되리란 법은 없다. 오히려 그런 부모 밑에서 성장하는 아이들은 아무리 해봤자 부모만큼 잘할 수 없다는 이유로 시도조차 하지 않으려는 경향이 있다. 그런 노력마저 소용없다고 느끼는 것이다.

학교에서도 마찬가지다. 아이들이 교사보다는 자기보다 약간 나이 많은 아이들에게서 더 잘 배우는 이유는 단순히 그 아이들이 어린 아이들의 말을 잘 알아듣고 그런 방식으로 말할 수 있어서만은 아니다. 나이가 약간 많은 아이는 그보다 적은 아이가 보다 쉽게 도달할 수 있는 자리에 있기 때문에 훨씬 더 유용한 능력 모델이 될 수 있다. 운동이나 음악, 춤, 연극 같은 것에 관심을 가지고 있는 아이가 그 분야에서 뛰어난 어른을 보는 것은 정말로 흥미를 자극시키고 고무시키는 일임에 틀림없다. 하지만 일상생활에서 뭔가 배우는 데는 너무 유능한 전문가보다는 자신보다 약간 더 잘하는, 약간 더 나이가 많은, 약간 더 큰 아이가 훨씬 도움이 된다. 학교에서 만난 아이들이 플루트보다 나팔에 더 관심을 보인 이유를 이제는 알 것 같다. 아이들이 볼 때 나는 플루트에는 전문가였지만 나팔에는 자기들처럼 왕초보였던 것이다.

리사는 이런 사실을 처음으로 나에게 가르쳐주었다. 아니면 적어도 이 사실에 대해 내 눈과 마음이 열리게 해주었다. 리사가 네 살 정도 되었을 무렵의 어느 날, 리사가 읽기에 관심을 보인다는 걸 알고 있었던 나는 학교에서 읽기를 가르칠 때 쓰던 교재들을 가지고 그 집을 방문했다. '색깔 낱말'이라 불리는 차트였다. 그 당시에도 나는 이 교재를 강권하지 않을 정도의 판단력은 있었다. 또 아이들은 아주 어릴 때부터 어른들의 지나친 열의를 경계하는 법을 배운다는 것도 알고 있었다. 그래서 "오, 리사, 너 보라고 아주 재미있는 걸 가지고 왔단다. 잠시만 기다려봐. 아주 재미있을 거야."라고 말하는 대신 내 방에 그 차트들을 놔두었다. 뭔가 탐색하길 좋아하는 리사가 조만간 방에 들어와서 그 차트들을 발견하리란 것을 알고 있었기 때문이다. 과연 며칠 후에 리사가 물었다.

"아저씨 방에 있는 그 큰 표지들은 뭐예요?"

"색깔로 된 글자들이 있는 그거 말이니?"

그럼 그렇지. 나는 속으로 웃으며 학교에서 아이들이 글 읽기를 배울 때 쓰는 물건이라고 대답했다.

"그것 좀 쓰면 안 되나요?"

"그래, 그러렴. 쓰고 싶으면 말이야."

"내 말은, 바로 지금 말이에요."

그래서 우리는 차트들을 거실로 가지고 나와 몇 장을 카펫 위에 펼쳐놓았다. 보통 이 차트를 사용할 때 교사는 낱말을 가리키며 이게 뭐냐고 아이들에게 묻는다. 하지만 틀릴지도 모르는 대답을 해야만 하는 입장에 놓이면 어린아이들은 아주 겁을 먹고, 경계를 하고, 방어적이 된다. 나는 그 사실을 알고 있었기에 리사에게 지시봉을 주고 어떤 낱말이 뭐라고 쓰여 있는지 나에게 묻거나, 만약 그 낱말이 뭔지 알 것 같으면 스스로 말하도록 했다. 다시 말해 나는 리사를 위험에 빠뜨리지 않으면서 아이 스스로 게임을 주도하게 했다. 얼마 동안 우리는 그와 같은 방식으로 게임을 했다. 리사가 낱말을 물으면, 나는 그걸 알려주었다. 때로는 리사 자신이 어떤 낱말을 스스로 말하기도 했다. 그런데 겨우 몇 분 지나지 않아 리사는 게임의 규칙을 바꾸었다. 그러니까 자기 맘대로 게임을 하기 시작한 것이다. 리사 오빠의 친구 가운데 헨리 해리슨이라는 아이가 있었는데, 리사는 차트에서 서너 글자로 된 여러 낱말들을 가리키며 "헨리 해리슨!"이라고 말하기 시작했다. 나는 부드럽게 게임을 원래 방식으로 되돌리려 했지만 소용없었다. 리사는 그런 게임에 싫증이 났을 뿐 아니라 아주 싫어지기 시작한 게 분명했다. 과연 1분 정도 더 지나자 리사는 그만하고 싶다고 말했다. 우리는 차트를 치웠고 내가 그 집에 있는 동안 리사는 다시는 그 차트를 보여달라고 하지 않았다.

이 일은 미스터리였다. 아이를 궁지에 몰지 않으려고 그렇게 조심했는데 왜 리사는 그처럼 빨리 이 교재에 등을 돌렸단 말인가? 더군다나 자기가 먼저 쓰게 해달라고 했으면서 말이다. 그 후 이와 비슷한 일이 또 한 번 발생했다. 전혀 다른 교재를 가지고 그 집에 갔을 때의 일이었다. 시간이 지나고 거듭 생각한 뒤에야 나는 뭐가 문제였는지 어렴풋이 느끼기 시작했다. 내가 아무리 리사를 궁지에 몰아넣지 않으려고 애를 쓴들, 이들 게임에서 나는 모든 것을 알고 있고 리사는 아무것도 모른다는 사실을 숨길 수는 없었던 것이다. 이것은 리사에게 참을 수 없는 위협과 치욕이 되기에 충분했다.

나는 리사가 마음대로 차트를 사용하도록 놔두었어야 했다. 리사에게 차트를 가지고 놀면서 공상을 하고, 알고 싶은 게 있을 땐 자유롭게 물어보고, 궁극적으로 아이 자신이 차트를 가지고 뭘 하고 싶은지 보여주도록 놔두었어야 했다. 물론 리사가 그것을 원한다면 말이다. 하지만 만약 우리가 그렇게 했다고 하더라도 그 차트를 만든 가테그노Gattegno가 의도한 것처럼 리사가 글을 익히는 데 그 차트를 사용했을지는 정말 의심스럽다. 그 일이 있은 지 얼마 지나지 않아 리사가 스스로 읽기를 시작했을 때 사용한 것은 진짜 책이었다.

필요해서 배우는 것이 최선의 학습

아이의 이런 행동이 유별나고 불건전한 반응이라고 생각한다면 크나큰 실수다. 이것은 아주 인간적인 반응으로 어른에게서도 흔하게 볼 수 있다. 대부분의 경우 우리는 자신보다 뭔가 많이 알고 있는 사람과 대면하기를 싫어한다. 나는 학교를 다니는 동안 잃어버렸던 아이 특유의 호기심을 상당히 회복했음에도 여전히 나의 내면에서 이런 반응이 일어나는 것을 느낀다. 언젠가 보스턴으로 돌아가는 비행기에서 고등생물학에 관해 활발한 대화를 나누고 있는 두 남자 옆에 앉은 적이 있다. 나는 그들이 하고 있는 이야기와 그리고 있는 도표에 관한 호기심을 금할 길이 없었다. 그래서 한편으로는 그들의 이야기에서 작은 의미라도 알아채려고 애를 쓰면서도 마음 한구석에서는 화를 내며 그들 대화의 주제가 갖고 있는 중요성을 거부하고 있었다. 대체로 나는 이런 방어적인 생각을 잠재우고 이야기를 듣는 데 집중할 수 있지만, 그렇다고 그 반응 자체가 사라지는 것은 아니다. 《사이언티픽 아메리칸Scientific American》지 같은 데서 하나도 이해할 수 없는 기사를 읽을 때만큼이나 강하게 솟아오르는 이런 반응은 자연스러운 것이다. 자랑할 만한 것은 못 된다고 해도 말이다. 남의 눈이 미치지 않는 자기만의 공간이라 할 수 있는 마음속에서조차 우리는 무식하고 바보 같은 사람이 되기 싫어한다. 그래서 모르는 것과 마주치면 그것은 알 가치가 없다고 말하는 식으로 스스로를 방어한다.

_지금은 내가 리사의 감정을 오해했다는 것을 안다. 리사는 글 읽는 법은 알 가치가 없다고 생각하기는커녕 아주 글을 배우고 싶어 했다. 다만 자기가 부탁하지도 않았는데 내가 가르치려고 한 것에 대해 정당하게 분개했던 것뿐이다. 리사는 자신의 경험을 통해, 자신이 하고 싶은 때에, 자신이 하고 싶은 방식으로 읽기를 배우고 싶었다. 배움의 영역에서 이런 독립심은 학습자가 가질 수 있는 가장 가치 있는 자산 중 하나다. 가정에서나 학교에서나 아이들의 배움을 돕고 싶어 하는 사람

이라면 이런 독립심을 존중하고 북돋우는 법을 배워야만 한다.

자존심 세고 예민한 아이들은 특히 이런 방식으로 반응할 가능성이 높다. 리사가 그런 아이란 걸 파악했기에 나는 그 애가 학교에 가서 틀에 박힌 가르침에 복종해야 할 때가 오면 어떻게 할 것인지 좀 걱정이 됐다. 리사가 거기에 저항할까? 충분히 그럴 가능성이 있어 보였다. 다행히 리사는 혼자서 읽는 법을 터득함으로써 문제를 해결했다. 리사가 어떻게 그 일을 해냈는지는 아무도 모른다. 사실 이런 일이 어떻게 일어나는지 우리는 아는 바가 거의 없다. 다만 분명한 건 매년 수천 명의 아이들이 혼자서 읽는 법을 익힌다는 사실이다.

어쨌든 리사는 유치원에 갔다. 그 유치원 교사는 아이들에게 읽는 법을 가르치려고 하지 않았고 책을 읽으라고 몰아대지도 않았다. 하지만 거기엔 책과 표지, 글자, 그리고 다른 유용한 물건들이 많이 있었다. 자기보다도 글을 더 못 읽는 아이들과 함께 있게 되자 리사는 읽는 법을 모른다고 해서 창피할 것은 없다고 생각하게 된 것 같다. 그 후 리사는 이런 결론을 내렸음에 틀림없다. 글을 읽을 줄 아는 걸 보니 큰 사람들은 그걸 배운 게 분명하다. 그들이 배울 수 있다면 나라고 왜 안 되겠는가? 11월 말이 되자 리사는 초보자용 독본과 워크북들을 집에 가지고 오기 시작했다. 리사는 그것들을 가지고 혼자서 공부했다. 이듬해 여름에 리사를 만났을 때는 이미 2학년용이나 쉬운 3학년용 책을 읽고 있었다.

하루는 나와 리사 둘 다 책을 보면서 거실에 앉아 있었다. 마침 리사는 공공 도서관에서 어린이 책 네 권을 빌려온 참이었다.(네 권이 빌릴 수 있는 최대한도였다.) 가장 재미있어 보이는 책을 집어든 리사는 큰 의자에 자리를 잡고 책을 읽기 시작했다. 나는 리사가 중얼거리는 소리를 들을 수 있었다. 무슨 얘긴지 알아들을 수는 없었지만 말이다. 나는 리사의 어조와 간간이 이어지는 침묵을 통해 그 책에는 리사가 한눈에 알아볼 수 있는 단어뿐 아니라 읽기를 멈추고 정체를 알아내야 하는 단어도 있다는 것을 알았다. 리사는 발음법에 관한 대강의 지식을 적용하거나, 문맥을 보고 짐작하거나, 아니면 그 두 방법을 동시에 사용하는 듯했다. 어떤 단어는 그런 방식으로 뛰어넘을 수가 있었다. 하지만 이따금씩 알아볼 수도, 짐작할 수도, 그렇다고 뛰어넘을 수도 없는 단어와 맞닥뜨릴 때도 있었다. 그 책에도 그런 단어가 있었다. 리사는 천천히 의자에서 내려와 책을 들고 나에게로 왔다. 그러고는 뭔가를 결심한 듯 단호한 표정을 짓고 책에 있는 단어를 가리키면서 물었다.

"이게 뭐죠?"

리사의 눈빛은 이렇게 말하는 듯했다.

"제발 바보 같은 질문은 하지 마세요. '뭐라고 생각하니? 소리 내 보려고 해봤니?' 뭐 그런 것 말이에요. 만약 내가 그런 걸 할 수 있었다면 물으려고 오지도 않았을 거예요. 이 단어가 뭔지만 말해주세요. 그거면 돼요."

내가 알려주자 리사는 고개를 끄덕이고 의자로 돌아가서 읽기를 계속했다.

나중에 나는 리사가 얼마나 자주 모르는 단어를 물어보는지 리사의 엄마에게 물어보았다. 리사 엄마는 잠시 생각하더니 말했다.

"그리 자주는 아니에요. 일주일에 한두 번 정도일 걸요."

그러고 나서 이렇게 덧붙였다.

"근데 참 재밌어요. 일단 물어본 단어는 절대 잊어버리지 않거든요."

재밌긴 하지만 놀라운 일은 아니다. 아이들은 자기 나름의 이유로 정말 알 필요가 있어서 배운 것은 절대로 잊는 법이 없다. 더 신기한 것은 만약 리사가 일주일에 한 두 단어, 아니 그 이상으로 물어보았다고 하더라도 그런 방식으로 리사가 알 수 있는 단어는 고작해야 200개 남짓 될 뿐이다. 하지만 리사는 이미 1,500개 이상의 단어를 알고 있었다. 그러면 나머지 단어들은 대체 어디서 배웠단 말인가? 리사는 혼자서 알아낸 것이 틀림없다.

글자에 익숙해질 시간을 주라

다섯 살짜리 노라는 아이들이 혼자서 글 읽기를 익힐 때 어떻게 하는가, 그들이 마주치는 문제는 무엇이고 그 문제를 어떻게 해결하는가 등에 관해 많은 것을 가르쳐주었다.

나는 주말 내내 노라네 집에 머물고 있는 참이었다. 갓난아기 때 이후 처음 봤지만 노라는 나와 곧 친해졌다. 하루는 내가 아무것도 안 하고 있는 듯 보이자 노라가 책을 들고 다가와 읽기를 도와줄 수 있느냐고 물었다. 나는 그러마고 했고 우리는 소파에 앉아서 책을 읽기 시작했다. 노라가 가져온 책은 『홉 온 팝Hop on Pop』이었다. 이 책은 그림도 재미있고 익살맞은데다 단어들도 아주 흔하고 쉬운 것으로 이루어져 초보자가 읽기에 좋은 책이었다. 더욱이 이 책은 새로운 단어를 소개할 때도 아이가 이미 알고 있는 단어를 응용하거나, 그림을 보거나, 지적인 추측을 해서 거의 모든 단어를 혼자 알아낼 수 있도록 구성되어 있었다. 다시 말해 그건 혼자 읽는 법을 익히려는 아이에게 아주 유용해 보였다.

처음에는 노라가 어떻게 도와달라는 건지, 내가 뭘 하면 되는지 잘 알 수가 없어서 대부분의 시간을 가만히 아무 말 않고 앉아 있었다. 이건 교사가 하기에는 참 어려운 일이다. 특히 나처럼 뭔가를 설명하고 도와주는 법을 잘 알고 있다고 자신하는 교사에겐 더 그렇다. 처음 몇 페이지는 아이에게 쉬웠다. 하지만 그 다음부터는 모르는 단어가 많이 나오기 시작했다. 나는 아이가 정말로 막힌 것처럼 보일 때에만 말을 했다. 그런 경우는 매우 드물었다. 그리고 말을 할 때조차 단어 자체를 알려주지는 않았다. 그 단어가 뭔지 알아낼 수 있는 방법을 노라에게 제시했을 뿐이다. 이전에 노라가 그 단어를 본 적이 있으면 그 사실을 알려주었다. 그 단어와 운이 맞아서 비슷하게 소리 나는 단어를 노라가 알고 있을 때는 그 단어를 말해주었다. 단어가 완전히 새로운 소리로 이루어져 있어서 그림과 문맥으로 알아낼 수밖에 없을 때에는 그렇다고 얘기했다. 그래도 여전히 노라가 알아내지 못하면 그냥 넘어가라고 말했다. 다음번에 그 단어가 나오면 알아내기가 좀 더 쉬울 거라고 덧붙이면서 말이다. 대개 노라는 그냥 넘어갔다. 하지만 노라가 굳이 단어를 가르쳐달라고 부탁하면 거절하진 않았다.

그런데 오래지 않아 이상한 일이 일어났다. 노라가 앞에서는 바르게 읽은 단어를 뒤에서는 틀리게 읽는 것이었다. 이 일은 여러 번 일어났다. 나는 당혹스러웠고 왠지 좀 거슬렸다. 내가 맡고 있는 반 아이들이 이미 익혔다고 생각한 내용을 잊어버린 것처럼 보일 때 드는 기분과 흡사하다고 할까. 나는 생각했다. '아니 얘가 벌써 이 단어를 잊어버린 거야? 아니면 그저 경솔한 거야, 집중을 안 하는 거야, 알아볼 노력을 안 하는 거야?' 하지만 나는 또한 알고 있었다. 분명 노라가 최선을 다해서 책을 읽고 있다는 걸 말이다. 그 아이는 정말이지 온 정신을 집중하고 있었다. 그러면 어떻게 바로 앞 페이지에서는 알던 단어를 지금 페이지에서는 모를 수가 있단 말인가? 그건 바보 같아 보이는 행동이었다. 하지만 노라는 아주 똑똑했다. 허세를 부리거나, 어림짐작을 시도하거나, 내가 대신 답을 말하게 유도하려고 하지도 않았다. 정말 수수께끼였다.

다른 사람, 특히 아이의 학습 문제를 이해하려면 반드시 그들의 눈으로 사물을 보려고 해야 한다. 이건 아주 어려울 때가 많다. 실제로는 알고 있는 것을 모른다고 상상하는 건 거의 불가능하다. 그래도 나는 노라의 눈으로 책을 보려고 노력했고, 그러자 서서히 어떤 깨달음이 왔다. 읽을 줄 모르거나 인쇄물에 익숙하지 않은 사람의 눈에는 거의 모든 단어들이 그저 괴상하게 꼬불거리는 형체로만 엇비슷하게 보인다는 사실을 알게 된 것이다. 우리는 한 페이지 넘어갈 정도의 시간이라면 앞서 본 단어의 생김새를 기억하기가 쉬울 거라고 생각한다. 하지만 그건 그 단어를 이미 알고 있는 사람의 경우고, 방금 전에 처음으로 그 단어를 본 아이에게는 어려운 일이다. 같은 페이지 안에 있을 때조차 단어들이 얼마나 비슷하고 다른지, 다르다면 어떻게 다른지를 말하는 것 또한 아이에겐 쉽지 않다. 어른 독자에겐 중요한 세부 사항을 알아보는 전문가의 눈이 있지만 아이는 그렇지 않기 때문이다.

이런 생각에 잠겨 있다 보니 까맣게 잊고 있던 몇 년 전 일이 떠올랐다. 5학년을 가르치고 있을 때였다. 나는 여러 가지 동양어 활자를 만드는 영국 회사의 광고를 우연히 보고는 그 회사에 연락을 취해 다양한 언어들로 된 인쇄물 샘플을 좀 보내달라고 부탁했다. 다른 나라 글자가 어떻게 생겼는지 아이들이 흥미를 느낄 거라 생각했기 때문이다. 그런데 아이들은 그 샘플에 별로 관심을 보이지 않았다. 하지만 나는 달랐다. 당시 내가 읽기를 시작하는 아이가 맞닥뜨리는 문제를 탐색하는 데 골몰해 있었기에 더 그랬는지도 모른다. 어쨌거나 나는 인도어로 된 어떤 인쇄물을 들여다보며 가장 자주 나오는 단어들을 찾아보기 시작했다. 그 일은 놀랄 만큼 어려웠다. 처음에는 그 종이가 그저 이상한 형태들의 집합체로밖에 보이지 않았다. 짧고 단순하고 흔하게 등장하는 단어 하나에 집중하고 있을 뿐인데도 첫눈에 그 단어를 식별할 수 있게 되기까지는 오랜 시간이 걸렸다. 종종 나는 그 단어를 알아보지 못하고 지나쳐버리곤 했다.

아이들도 마찬가지다. 그들이 글자와 단어의 모양에 충분히 익숙해져 단어들 사이의 유사성과 차이점을 한눈에 알아볼 수 있기까지는 시간이 걸린다. 그러니 글자를 익히는 아이들에게는 시간을 많이 주어야 한다. 좀 늦되 보인다거나 멍청해 보이는 실수를 하더라도 놀라거나 걱정을 해서는 안 된다. 어떤 아이가 한 페이지 안에 있는 두 단어가 서로 같다는 것을 알아보지 못한 채 한참 동안 쳐다보고 있다가 갑자기 "아, 알았다. 이게 똑같은 거네!" 하고 외칠 때 아이가 해낸 일을 하찮게 여겨서도 안 된다. 그것이야말로 아이에겐 진정하고도 중요한 발견이기 때문이다.

문맹이 많은 집안에서 태어난 아이가 글을 배울 때 불리한 이유 중 하나는 단어와 글자 모양에 익숙하지 않기 때문이다. 따라서 우리는 정규 수업을 시작하기 전에 우선 아이들에게 글자와 단어의 모양에 익숙해질 시간을 충분히 주어야 한다. 이것이 바로 언제 읽기를 시작할지 아이 스스로 결정하게 해야 하는 이유다.

얼마 전에 한 교사가 그런 불리한 입장에 있는 어린 아이들과 작업한 경험담을 들려주었다. 그 교사는 그런 아이들은 글을 읽을 줄 모르거나, 읽으려 하지 않는다는 점을 토로하며 이렇게 말했다.

"교실에는 책이 많아요. 걔들은 전부 그걸 가지고 노는 걸 좋아하더라고요. 그런데 읽는 게 아니에요. 그냥 페이지를 넘기면서 쳐다보기만 할 뿐이죠. 어떻게 하면 책을 읽는 데 관심을 가지게 할 수 있을까요?"

당시 나는 도움이 될 만한 제안을 한두 가지 해주었다. 그리고 한참이 지나서야 이제까지 책을 별로 구경해보지 못한 아이들에게는 그처럼 설렁설렁 책을 보는 것이 읽기로 향하는 필수적이고도 이치에 맞는 첫걸음이라는 사실을 깨달았다. 그 아이들은 특정한 글자와 그 글자들이 모여 이루어진 단어가 어떻게 소리 나는지를 생각하기 전에 먼저 전체적인 글자의 형태에 익숙해질 필요가 있었던 것이다. 말을 익히는 아이들이 먼저 말의 소리에 익숙해져야 하는 것과 같은 이치다. 읽기를 시작하기 이미 오래전부터 글자를 보고 또 식별해 온 아이들과 달리 운이 나쁜 아이들은 필수적으로 이 단계를 통과해야 한다.

희미한 '감'이 '확신'이 되기까지

아이가 앞 페이지에서는 문제없이 읽고 넘어간 단어를 바로 다음 페이지에서 잊어버릴 수 있는 더 중요한 이유가 있다. 우리는 우리가 아는 것 혹은 안다고 생각하는 것을 '알고 있다는 느낌'에 너무나 익숙해서 새롭고 낯선 것을 배운다는 게 어떤 것인지를 잊어버렸다. 우리는 실제와 관념의 세계를 알고 있는 것과 모르는 것, 이 두 개의 범주로 딱 잘라 나누고는 많은 것들이 '모르는 것'에서 '아는 것'으로 바로 옮겨갈 수 있다고 생각하는 경향이 있다. 이름이나 전화번호처럼 간단한 것조차 방금 듣고 그것을 안다고 확신하기가 얼마나 어려운지는 다 잊어버리고서 말이다. 이런 이유로 우리는 5페이지에서는 HIM을 'him'이라고 정확하게 읽은 아이가 왜 6페이지에 있는 HIM은 다르게 읽는지 이해하지 못한다.

하지만 우리는 먼저 알아야 한다. 5페이지에 나오는 HIM이 'him'이라는 걸 아이가 정확히 알아볼 때에도, 그 아이는 어른인 우리가 안다고 말할 때와 같은 의미로 알고 있지는 않다는 사실을 말이다. 아이는 HIM이 'him'이라고 확신하고 있지는 않다. 다만 스스로 의식하지 못하고 말로는 더더욱 설명하기 힘든 어떤 근거에서 순간적인 통찰을 발휘하여 그 단어가 'him'일 거라고 감을 잡은 것뿐이다. 아이는 그 감을 시험하기 시작한다. 그게 잘 통했다고 치자. 하지만 아이의 입장에서는 한 번 감이 통했다고 다음번에도 그게 맞아 떨어지리라고는 믿기 어렵다. 더욱이 아이는 같은 단어를 보고도 이전과 같은 감을 잡지 못할 수도 있다. HIM을 보고 다른 뜻으로 생각할 수도 있는 것이다. 그러므로 아이가 자신의 감에 확신을 갖기까지 올바른 감을 잡고 그걸 시험하여 확인하는 절차를 여러 번 반복해서 경험하는 것이 필요하다. 자신이 맞다는 게 증명될 때마다 아이의 감은 점점 더 강해지고 확실해진다. 하지만 이 감이 우리가 생각하는 확실한 지식이 될 때까지는 오랜 시간이 걸린다. 그리고 어떤 아이들은 다른 아이들보다 더 오래 걸릴 수도 있다.

_이런 확신은 그때보다도 훨씬 강해졌다. 아이들이 가지는 맨 처음의 감은 극도로 희미하고 시험적인 것이다. 뭔가에 대해 '어쩌면 이런 것일지도 모른다.'고 여기게 만드는 직관의 가장 옅은 형태와 비슷하다고 할까. 이 희미하기만 한 감은 아이들이 시험해보고 확인할 때마다 조금씩 분명해진다. 5퍼센트짜리 감이 10퍼센트가 되고, 그게 다시 20퍼센트가 되는 식이다. 그렇게 천천히 진행되고 나서야 아이들은 마침내 '이러이러한 것이 사실이라는 걸 안다.'고 확신에 차서 말하게 된다. '안다'라는 말은 『아이들은 왜 실패하는가』에서 이야기했듯이 '최고'의 학교에 다니는 '가장 똑똑한' 아이들조차도 좀처럼 하지 않는 말이다.

이는 내가 악보 읽는 법을 배우면서 거쳐온 과정과 똑같다. 내가 악보 읽는 법을 익히는 데 그렇게 많은 시간이 걸린 이유 중 하나는 나 자신의 감을 믿으려하지 않았기 때문이다. 나는 음표 하나 하나를 연주할 때마다 계속해서 나 자신에게 이렇게 말했다. '그게 맞는 게 확실해? 정말 맞다고 확신하냐고?' 나는 이 심각한 습관을 이제 막 극복하고 있는 중이다. 만약 내가 실수할 때마다 자신을 닦아세우는 사람이었더라면 이 습관을 이만큼이라도 벗어버리지 못했을 것이다.

여러 해 전 5학년을 가르칠 때 나는 이런 사실이 인상적이고 재미있는 방식으로 확증되는 걸 보았다. 철자를 잘 맞추지 못하는 아이들을 도울 양으로 나는 순간 노출기라는 아이디어를 이용했다. 순간 노출기는 아주 짧은 시간 동안 단어를 스크린에 영사시킬 수 있는 기계다. 나는 이 기계를 사용하면 학생들이 단어를 하나의 전체로 보고 그 이미지를 머릿속에 단단히 새기는 데 도움이 될 거라고 생각했다. 하지만 순간 노출기는 학교나 내가 구입하기에는 너무 비쌌다. 그래서 나는 5센트도 되지 않는 적은 비용을 들여 직접 제작하기로 했다. 먼저 나는 3×5인치 크기 카드에 학생들이 볼 단어를 까만 매직펜으로 썼다. 그런 다음 아무것도 쓰지 않은 4×6인치 카드를 들어 단어가 쓰인 카드를 덮었다. 나는 학생에게 잘 보라고 말한 후, 손을 재빨리 움직여서 밑에 가려진 단어를 짧은 순간 드러내고는 그 단어의 철자를 큰 소리로 불러보라고 했다. 철자를 부르기 전에 원하는 만큼 여러 번 단어를 볼 수 있다는 것이 규칙이었다. 철자를 제대로 댈 수 있다는 확신이 들기 전에는 철자를 부르지 않아도 되었다.

나는 아이들이 확신을 느끼려면 얼마나 여러 번 단어를 보아야 하는지가 제일 궁금했다. 아이들은 보통 몇 번을 보여달라고 하고 나서야 희미하고 불확실하고 뭔가 의심스럽다는 듯한 목소리로 철자를 불렀다. 만약 아이들이 틀리게 말하면 나는 "다시 봐."라고 한 뒤 또 한 번 단어를 보여주었다. (이 단어들은 모두 아이들의 시험 답안지에서 나왔다. 철자법 훈련을 효과적으로 만드는 단 하나의 방법이다.) 나는 가끔 아이들이 철자를 맞히기는 했지만 목소리에 확신이 없어 보이면 같은 단어를 계속 붙잡고 있기도 했다. 'horse(말)'라는 단어를 예로 들어보자. 몇 차례 단어를 본 뒤 아이들은 떨리는 목소리로 말한다.

"H-O-R-S-E?"

나는 "다시 봐." 하고 한 번 더 단어를 보여준다. 아이들은 말한다.

"H-O-R-S-E."

이번에는 약간 더 확실하고 분명해진 목소리다. 단어를 보는 횟수가 늘어갈 때마다 아이들의 목소리는 점점 더 크고 확고해진다. 그러다 마침내는 성질을 내면서 화난 목소리로 글자 하나하나를 외친다. 마치 자기들이 교사가 되어 우둔한 학생인 나를 가르치고 있다는 듯이. 아이들의 목소리가 진짜 화난 것처럼 들리면 나는 "이제 아는군."이라 말하고 다음 단어로 넘어갔다.

아이들이 부러 화난 척해서 시간을 단축하려 했다고? 그야 모를 일이지만 내 생각에 아이들은 정말로 화난다고 느끼기 전에는 제대로 화를 낼 수가 없다. 다시 말해 그 아이들은 5퍼센트짜리 감이 100퍼센트에 가까워졌을 때에만 진짜 화를 낼 수 있었고, 비로소 그에 합당한 소리가 나올 수 있었다. 아이들의 감이 점점 확실해짐에 따라 목소리가 바뀌는 걸 듣고 있으면 아주 재미있다. 마치 계기판을 따라 천천히 움직이는 바늘을 보는 것 같은 기분이다.

아이들의 감에 대해 이런 사실을 알고 나니 아이들의 학습을 끊임없이 확인하는 일이 어떻게 학습 그 자체를 가로막거나 망쳐버리고, 심지어는 학습 능력 대부분을 파괴시키는지 좀 더 분명히 이해하게 되었다. 『아이들은 왜 실패하는가』에서 나는 끊임없이 시험당하는 아이들이 느끼는 불안감과 그에 실패했을 때 주어지는 벌과 불명예에 대한 두려움이 어떤 결과를 낳는지 이야기했다. 그것은 아이들의 인지력과 기억력을 심각하게 손상시키며 아이들을 점점 더 공부에서 떼어놓는다. 심지어 아이들은 자기들이 모르는 것을 안다고 생각하도록 교사를 속일 전략을 고안해낼 정도가 된다.

하지만 이게 다가 아니다. 아이들이 청하지도 않았는데 다른 사람이 실시하는 이런 시험이 아이들의 학습을 망치는 더 중요한 이유가 있다. 우선 아이들을 시험하기 위해 (혹은 아이들이 모른다는 것을 증명하기 위해) 던지는 질문들은 희미한 감을 반복적으로 확인함으로써 확실한 지식으로 바꾸어가는 아이들의 더딘 과정을 중간에 끊어버린다. 이제 막 배우기 시작한 내용에 대해 아이들에게 질문을 던지는 일은 방금 막 아교로 붙인 의자에 그들을 앉히는 격이다. 그 구조물은 무너져버린다. 마찬가지로 압력을 받으면 아이들은 자신의 희미한 감을 튼튼하게 만들려는 시도를 그만둬버린다. 그냥 포기하는 것이다. 나는 종종 시험에 임하는 아이들이 자기들의 감에 대해 이렇게 말하는 소리를 들었다.

"이건 분명 틀렸을 거야."

"이건 틀렸어, 난 알아."

어른에게서 탐색하는 듯한 질문을 받으면 아이들은 보통 이렇게 말한다.

"몰라요."

바로 그 순간 아이들의 마음 은밀한 곳에서 막 싹트고 있던 감은 시들고 만다. 아이들이 그 자리에 대신 앉히는 것은 어른 전문가가 원하는 정답이다. 아주 형편없는 대용물이 아닐 수 없다.

이젠 알 것이다. 두 살짜리 리사가 물건을 달라고 한 다음에 뭐가 건네지는지를 보는 식으로 그것들의 이름에 대한 자신의 감을 시험하는 것과 만약 누군가 식사 때마다 "이게 뭐지, 리사? 또 이건 뭐지?" 라고 시시한 퀴즈를 냈을 경우 일어났을 일 사이에는 엄청난 차이가 있다는 것을.

《그로잉 위다웃 스쿨링》의 독자이자 자원 봉사자인 레이첼 솔렘은 네 살 된 자기 딸이 질문에 어떻게 반응하는지 편지를 보내왔다.

딸아이에게 이야기책을 읽어주다가 이따금 책 내용에 대해 물어볼 때가 있습니다. 아이의 이해력을 테스트하기 위해서죠. 그러면 아이는 항상 이렇게 말합니다.

"몰라."

하지만 딸애는 그 이야기를 남동생에게 아주 자세히, 게다가 자신의 통찰로 얻어낸 내용까지 곁들여서 이야기할 줄 알지요.

그 애는 또 자신에겐 사과가 몇 개인지, 버스에 붙은 숫자가 뭔지와 같은 실없는 질문을 엄마에게 할 권리가 있다고 생각한답니다. 내가 그 애에게 묻는 것처럼 말이죠. 아이의 시시콜콜한 질문에 내가 대답을 해주면 그건 곧 사물에 대해서 이야기하는 '놀이'가 됩니다. 내가 묻는 건 그저 시시한 퀴즈가 되어버릴 뿐이지만요. 저는 아이에게 버스 같은 데서 볼 수 있는 숫자나 글자에 관해 묻곤 했지요. 아이가 얼마나 눈이 밝은지 몰래 가늠해보려고요. 그러자 그 애는 자기 눈에 비치는 물체의 형상에 대해 설명하기 시작했고, 저는 그 애의 눈이 제 눈보다 훨씬 더 날카롭다는 사실을 알았습니다. 예를 들어 아이는 자동차에 별다른 관심이 없음에도(적어도 우리에게 그런 관심을 보여준 적은 없지요.), 우리가 보고 있는 차와 내 친구 차의 차이점을 알아낼 수 있었습니다. 한쪽 차의 미등은 옆쪽으로 굽어 있는 데 반해 다른 쪽 차는 그렇지 않다면서요. 아니나 다를까 두 차는 같은 모델이었지만 연식이 다르더군요. 그런데 미등의 각도는 겨우 식별할 수 있는 정도였습니다.

브루노 베텔하임 박사와 카렌 젤란Karen Zelan이 최근에 낸 유익한 책 『읽기 학습법On Learning to Read』에 두 아이에 관한 이야기가 나온다. 그 아이들은 큰 소리로 읽으라고 학교에서 준 바보 같은 교재와, 끊임없이 대답을 요구하는 바보 같은 질문에 너무도 깊이 수치심과 모욕감을 느낀 나머지 그 교재와 질문들에 전혀 반응할 수 없었다. 아니, 반응할 마음 자체가 사라져버렸다고 하는 편이 더 정확하겠다.

초보자용 책을 다 뗀 4학년과 5학년 아이들은 자신들의 분개를 아주 분명하게 설명했다. 다소 말이 없던 한 소년은 자신의 생각을 깊은 감정에 실어 이야기했다. 혼자서 책을 읽거나 공부하는 걸 좋아하는 반면 반 아이들과 어울려 노는 일은 드물었던 그 아이는 초보자용 독본에 쓰인 내용을 말하는 것이 너무나 창피해서 도저히 그럴 마음이 생기지 않았다고 했다. 그 아이는 자신은 이제 책 읽는 걸 좋아하지만 큰 소리로 읽기는 여전히 힘들다고 말했다.

바보 같은 질문은 아이들에게 모욕감을 느끼게 하고 화를 불러일으킬 뿐 아니라 아이들을 혼란에 빠뜨려 이미 배운 것까지도 파괴한다. 아이들은 질문에 대한 답을 알고 있을 때조차 이렇게 생각하기 쉽다. '그 답은 맞을 리가 없어. 그렇게 쉬운 것일 수가 없다고. 그렇지 않다면 처음부터 그런 질문을 했을 리 없지.' 그래서 아이들은 올바른 답을 알고 있어도 그걸 말하지 않는다. 더 나쁜 일은, 아이들이 올바른 답을 스스로 포기해버린다는 점이다. 그 대신 아이들은 다른 답을 찾아 헤매거나 아예 아무 대답도 하지 않는다. 게다가 아이들이 이런 이유로 침묵을 하거나 오답을 내면 어른들은 계속해서 아이들에 관해 해롭고 잘못된 판단을 내린다. 이것이야말로 왜 그토록 많은 (아마 수백만 명은 될 거다.) 아이들이 치유가 불가능할 수도 있는 '학습 장애' 딱지를 달게 되는지 그 이유를 설명해준다.

이 모든 일이 아이들의 자신감과 자존심을 무너뜨린다. '내가 스스로 배울 수 있을 거라고 사람들이 믿고 있구나. 그러니 나도 나 자신을 믿을 수 있겠구나.' 하는 느낌이 아이 안에서 사라지게 되는 것이다. 그도 그럴 것이 (아이들이 부탁해서 이루어지는 게 아닌) 테스트는 학습자를 전혀 신뢰하지 않는다는 일종의 선언이기 때문이다. 당신이 배운 것을 일일이 누군가 체크한다는 것은 그가 당신이 정말로 그걸 배웠는지 의심하며 염려하고 있다는 뜻이다. 어린아이들에게 이와 같은 불신을 반복해서 보여주는 것은 참혹한 결과를 불러올 수 있다.

한번은 '학습 장애'에 관한 협회가 주최한 회의와 만찬에 초청받은 적이 있다. 만찬 시간에 나는 협회장 부인 옆자리에 앉았다. 식사를 시작하면서 그 부인이 나에게 말했다.

"우리 아이들은 앞으로도 낙오자 신세를 벗어날 순 없겠죠. 하지만 적어도 그게 자기 잘못은 아니라는 걸 알게 될 테죠."

알고 보니 그녀에겐 다섯 살 된 아들이 있었다. 나중에 그녀는 그 아들이 어떻게 '공식적으로' 자신이 낙오자라는 걸 알게 되었는지에 관해 들려주었다.

그녀의 아들은 모든 면에서 다른 아이들보다 좀 더딘 듯 보였다. 그게 늘 걱정스럽고 부끄러웠던 그녀는 아들을 데리고 폭넓은 심리 테스트를 시행하는 어느 센터에 찾아갔다. 거기서 아이는 조각을 맞추는 퍼즐 타입의 테스트를 치르게 되었다. 3세 수준의 퍼즐을 맞춰보라고 주자 아이는 그 퍼즐을 보고는 "못하겠어! 못하겠어!" 하며 눈물을 터뜨렸다. 여기까지 들은 나는 "정말 안됐다."고 말했다. 그런데 갑자기 그 장면이 머릿속에 떠오르면서 어떤 섬뜩한 생각이 드는 것이었다.

"걔가 못 맞춘 그 퍼즐 말예요, 거기에 몇 살짜리를 위한 제품이라고 쓰여 있었나요?"

"물론이죠."

나는 확실히 하기 위해 다시 물었다.

"퍼즐 바로 위에 쓰여 있었나요? '3세용'이나 뭐 그 비슷하게 말이에요. 아무나 다 볼 수 있게?"

그녀는 그렇다고 대답했다. 순간 오싹 소름이 끼쳤다. 나는 그저 가만히 앉아 있을 수밖에 없었다. 그 문제에 관해 논쟁할 자리가 아니었다. 무슨 할 말이 있었더라도 말이다.

그 후 나는 그 심리센터에서 일어난 사건을 당사자인 아이의 눈으로 그려보곤 했다. 그건 악몽이었다. 그 아이는 여러 달, 어쩌면 여러 해 동안 부모가 자신을 걱정하고 있으며 심지어는 부끄러워하고 있다는 것까지 느꼈을 터였다. 그러다 마침내 긴장과 두려움이 팽팽해진 상태에서 이상한 장소에 끌려간다. 거기엔 자신을 뚫어지게 쳐다보면서 (아이가 뭔가 잘못된 게 분명하다고 확신하는 듯) 이상한 질문을 해대는 사람들이 있다. 아이는 순순히 그들이 시키는 짓을 해야 한다. 마지막으로 아이가 받은 것은 '3세용'이라고 분명히 쓰여 있는 퍼즐이다. 아이는 그 퍼즐을 맞춰보라는 지시를 받는다. 어찌어찌해서 그 퍼즐을 알아본 소년은 자기 부모를 포함한 모든 어른들이 자기를 세 살짜리도 할 수 있는 일을 못할 정도로 머리가 모자라는 아이로 생각하고 있다는 사실을 깨닫는다. 아이는 이 압도적인 불신의 증거를 마주하고는 무너져버린다. 어떻게 안 무너질 수가 있겠는가? 어느 누구도 그 아이를 믿지 않는 상황에서 어떻게 아이가 스스로를 믿을 수 있겠는가 말이다. 나중에 내가 느낀 것처럼 어쩌면 아이는 자기 부모가 어떤 면에서는 (스스로에게, 그리고 남들에게 그건 자기들의 잘못이 아니라고 말할 수 있게 되었다는 점에서) 자신의 실패에 안도하고 있다는 것을 눈치 챘을지도 모른다.

어른들은 이런 방식으로 그 아이의 자신감과 지성의 거의 대부분을 파괴했다. 어쩌면 지금쯤 그 아이는 진짜로 '학습 장애아'가 되어 있을지도 모른다. 그게 아니라 해도 초조함에 사로잡힌 어른들의 끊임없는 시험이 그 아이를 무능력하게 만드는 데 큰 역할을 한 것만은 분명하다.

『아이들은 왜 실패하는가』에서 지적했듯이, 학교에서 배운 것을 항상 잊어먹는 아이들은 기억력이 나빠서가 아니라 자신의 기억력을 믿지 않기 때문에 그런 것일 수도 있다. 아이들은 자신이 옳을 때에도 여전히 틀렸다고 느낀다. 그들은 결코 '그건 이러할 것'이라는 자신의 감을 걸고 도박하지 않으려 한다. 그 감을 확신으로 바꾸려들지도 않는다. 철자를 잘 틀리는 학생들과 작업하면서 나는 어떤 단어의 철자에 대해 그들이 갖는 첫 번째 감이 맞을 확률이 매우 높다는 것을 발견했다. 하지만 정작 아이들은 그 감을 믿지 않는다. 그들은 '이건 분명 틀렸을 거야.'라고 생각한다. 그러고는 다른 철자법을 찾아내려고 애쓴다. 그렇게 해서 그들은 틀린 철자를 쓰게 되고 결국 자신감은 더욱 손상된다.

이런 이유로 나는 노라가 책을 읽다가 실수했을 때 그걸 바로잡거나 지적하려는 유혹에 저항했다. 만일 내가 그렇게 했다면 노라를 불안하고 소심하게 만들었을 것이다. 그리하여 노라는 자신의 감을 시험할 용기를 잃고 나에게서 답을 받아낼 궁리를 하는 데 더욱 몰두했을 것이다. 지적받는 걸 좋아하는 사람은 아무도 없다. 어른들도 마찬가지다. 새뮤얼 존슨Samuel Johnson처럼 자신이 보낸 편지를 읽은 귀부인으로부터 어떻게 해서 그처럼 틀린 철자를 쓰게 되었느냐는 질문을 받았을 때 "순전히 소인이 무식해서 그렇지요, 부인."이라고 대답할 수 있는 자신감이 우리에겐 없다. 오직 소수의 어른들만이, 그리고 더욱 소수의 아이들만이 다른 사람의 지적을 태평하게 받아들일 수 있다. 대부분의 사람들에게 지적은 그들의 불안정한 자부심에 상처를 입히는 강력하고도 고통스런 타격이다.

하지만 노라의 실수를 지적해서는 안 되는 더 중요한 이유가 있다.

노라 스스로 자기가 한 실수의 대부분을 알아차리고 고쳐나갈 줄 안다는 점이 바로 그것이다. 물론 그건 아이를 재촉하지 않고 가만히 놔둘 때, 부담감을 주지 않고 불안하게 만들지 않을 때만 가능한 일이다. 어쨌거나 노라가 그 일을 어떻게 해내는지 지켜보는 건 정말로 흥미로웠다. 노라는 처음엔 실수를 잘 알아차리지 못했다. 하지만 나는 노라가 책을 읽어나감에 따라 점점 더 불편해한다는 걸 느낄 수 있었다. 노라는 자신이 읽는 게 뭔가 말이 안 되고 다른 것들과 앞뒤가 안 맞는다는 느낌을 받고 있었음에 분명하다.

예를 들어 어떤 페이지에서 노라가 HIM을 'him'이 아닌 'tom'으로 잘못 읽었다고 치자. 처음에 노라는 이에 만족한다. 하지만 그 다음 페이지에서 노라는 앞서 읽은 것과 앞뒤가 안 맞는 내용을 발견한다. 'tom'일 수가 없는 곳에서 HIM을(현재 아이에겐 HIM이 곧 tom이라는 것에 유의하라.) 발견하거나, 아니면 진짜 TOM이 등장했을 때 tom이라고 바로 읽는 게 그런 경우다. 아니면 i나 o발음이 나는 다른 단어를 보고 이상한 낌새를 챘을 수도 있다. 노라는 이 이상하고 불편한 느낌을 무시하려고 해본다. 되돌아가고 싶지는 않기 때문이다. 아이는 계속 앞으로만 나아가 책을 빨리 다 읽게 되길 원할 뿐이다. 하지만 뭔가 잘못됐다는 느낌이 마치 신발 속으로 들어간 돌멩이처럼 괴롭히는 탓에 노라는 결국 페이지를 초조하게 도로 넘기고 뭐가 잘못됐는지 찾아본다. 그리고 마침내 자신의 실수가 무엇이었는지 알아내어 그것을 고친다.

이런 일은 자주 일어났으나 간혹 어떤 실수는 알아차리지 못한 채 지나치기도 했다. 뭔가 잘못됐다는 느낌을 갖게 할 만한 단어나 대목이 바로 나오지 않으면, 아이는 자기가 실수했다는 걸 쉽게 알 수가 없다. 어쩌면 책을 읽는 그 자체에 너무 몰입한 나머지 그런 데 신경 쓸 여력이 없었을 수도 있다. 하지만 노라는 거의 모든 실수를 스스로 알아챘다. 대부분의 어린아이들처럼 노라 또한 올바른 '전체' 즉, 여러 사물들이 서로 맞물려 의미가 통하는 조화로운 상을 보고자 하는 강력한 욕구를 갖고 있었던 것이다. 뿐만 아니라 노라에겐 앞뒤가 맞지 않을 경우 문제가 무엇인지 찾아내고 제대로 끼워 맞출 수 있는 능력도 있었다.

_많은 교사들의 (그리고 학생들의) 수고를 더는 데 도움이 되고자 하는 마음에서 나는 종종 이 이야기를 해주었다. 그런데 이야기를 들은 이들이 어찌나 화를 내던지 한동안은 그저 놀라울 따름이었다. 하지만 이제는 나의 말이 그들에겐 위협이었다는 것을 알겠다. 그들은 자기 없이도 아이들이 배울 수 있다는 것을 믿을 수 없는, 아니 믿기 싫은 사람들인 것이다.

노라가 이미 알고 있고 좋아하는 진짜 이야기를 읽고 있었다는 점이 실수를 알아차리고 고치는 데에 많은 도움이 되었다는 사실을 짚고 넘어가야겠다. 『읽기 학습법』에서 베텔하임과 젤란은 아이들은 매사에 그렇듯 읽기에서도 의미를 찾는다는 사실을 아주 명쾌하게 보여준다. 아이들이 독서를 통해 찾고자 하는 것은 자신이 살고 있는 이 세계를 최대한 이해할 수 있게 도와줄 수 있는 정보이다. 그러나 학교에서 사용하는 읽기 독본은 점점 더 의미를 상실해가고 있다. 많은 학교들이 그저 몇 개의 쉬운 단어가 허튼소리처럼 계속 반복되는 교재를 선호하고 있는 것이다. 설혹 텍스트에 의미가 있다 하더라도 아무런 재미도 없거나 전혀 현실적이지 못한 엉터리인 경우가 허다하다. 그럴 경우 아이들은 읽기를 완전히 거부하거나, 아니면 그 안에 쓰인 단어를 바꾸거나 한다. 이는 텍스트를 좀 더 재미있고 좀 더 사실에 가까운 이야기로 '바로잡기' 위한 아이들의 선택이다. 문제는 대부분의 교사들은 아이들의 이 같은 '바로잡음'이 조심성 없고 멍청한 실수라도 되는 것처럼 반응한다는 사실이다.

그들은 아이들이 더 쉽게 글을 배우도록 도와주겠다는 명목 아래 무조건 읽기 쉬운 책들만을 주어 결과적으로 읽기를 더더욱 재미없고 거짓된 것으로 만들고 있다. 아이들의 손이 닿는 곳에 너무 많은 정보를 가져다놓는다 해서 아이들이 상처를 받지는 않는다. 그 모든 것을 배워야 한다고 강요하지 않는 한 아이들은 필요한 정보를 골라서 쓰고 나머지는 나중을 위해 미뤄둘 줄 안다. 하지만 만약 우리가 너무 적은 정보를 준다면 그것이야말로 아주 쉽게 아이들을 지루함과 혼란스러움에 빠뜨릴 것이다.

기다려주면 알아서 고친다

아이들은 실수를 알고 찾아내 고친다. 하지만 한 가지 명심해야 할 것은 이 능력이 발휘되는 데는 시간이 걸리며, 더욱이 아이가 부담과 불안을 느낄 때는 전혀 발휘되지 않는다는 점이다. 그런데도 학교에서는 여기에 필요한 시간을 거의 주지 않는다.

예를 들어 학교에서 어떤 아이가 수업 시간에 큰 소리로 글을 읽다가 실수라도 하면, 그 즉시 주변에서 이러저러한 신호를 보낸다. 몇몇 아이들이 킥킥거리는 것을 시작으로 어떤 아이는 묘한 표정을 짓거나 손으로 입을 가린다. 또 다른 아이는 손을 공중에 휘저을 수도 있다. 어떤 행동이든 상관없다. 자기들이 최소한 그 불운한 낭독자보다는 더 많이 알고 있다는 것을 교사에게 보여주기만 하면 그뿐이다. 어쩌면 아이들에 앞서 교사가 먼저 아이의 실수를 교정할지도 모른다. 직접적으로 고쳐주는 대신 이렇게 말할 수도 있으리라.

"정말 그러니? 그게 맞는 거야?"

또는 다른 학생에게 "넌 뭐라고 생각하니?" 라고 물어볼 수도 있다. 만약 그 교사가 동정심이 많고 친절한 사람이라면 (많은 교사들이 그렇다.) 다만 상냥하고 슬픈 미소를 짓기만 할 것이다. 그런데 아이의 입장에서는 이 미소야말로 학교가 주는 가장 심한 벌 가운데 하나다. 왜냐하면 그런 미소는 아이가 교사의 마음을 상하게 했으며 실망시켰다는 것을 보여주는 증거와도 같기 때문이다. 이는 교사의 지지와 인정을 받는 것을 목표로 훈련되어온 아이 입장에서는 견디기 힘든 것이다.

어쨌거나 이런 반응을 통해 아이는 자신이 멍청한 짓을 했으며 주변 사람들도 모두 그렇게 생각한다는 걸 알게 된다. 이런 상황에 놓인 대부분의 사람들이 그러하듯 아이는 엄청난 수치심과 당혹감을 느끼고 그로 인해 사고마저 마비되어버린다. 설사 아이가 이런 공개적인 실패와 망신 앞에서도 제정신을 유지할 수 있는 자신감을 갖고 있다 할지라도 아이 스스로 실수를 찾아내어 고칠 만한 시간은 주어지지 않는다. 왜냐하면 교사들은 즉각적인 정답을 좋아하기 때문이다. 그러므로 그 아이가 당장 실수를 고치지 못하면 누군가라도 대신 고쳐줘야 한다.

일관성에 대한 감각, 그러니까 사물이 서로 잘 맞아떨어져서 올바른 의미를 드러내는지 그 여부를 감지하는 능력은 스스로 실수를 찾아내 고치는 경험에 의해 발전할 수 있다. 그 과정에서 아이는 지성을 사용하는 자신의 방법이 잘 통한다고 느끼고 점점 더 거기에 능숙해져, 이윽고 무엇이 옳고 그른지, 무엇이 이치에 맞고 어긋나는지 알아낼 수 있게 된다. 반면 아이가 실수를 하자마자 그것을 지적하고 아이 대신 그 실수를 고쳐주기까지 한다면 스스로를 점검하고 바로잡는 아이의 능력은 발전은커녕 점점 사라져버릴 것이 분명하다. 아이는 자신이 그런 능력을 가져본 적이 있다는 것조차 믿을 수 없게 되고, 앞으로 가질 수 있다는 생각은 더더욱 하지 못하게 될 것이다.

이런 환경에서 자라는 아이라면 얼마 안 가 내가 알고 있는 많은 5학년 아이들처럼 될 것이다. 그들 중 상당수가 '공부를 썩 잘 하는' 학생이었는데도 툭하면 나에게 문제지를 들고 와서 "이거 맞아요?"라고 묻곤 했다. 내가 "넌 어떻게 생각하니?"라고 되물으면 아이들은 마치 나를 미친 사람 대하듯 이상한 시선으로 바라보았다. 그 아이들은 그때 무슨 생각을 하고 있었을까? 무엇이 맞는지에 관한 생각을 할 수나 있었을까? 그 아이들에겐 교사가 맞다면 맞는 것이었다. 그게 무엇이든 말이다. 좀 더 최근에 나는 능력 있고 공부 잘 하는 건 비슷하지만 나이는 5학년보다 훨씬 많은 학생들이 그와 아주 비슷한 말을 하는 걸 들었다. 그들은 자신이 한 일에 대해 어떤 판단도 할 줄 몰랐다.

판단은 오직 교사의 몫이었다.

교사들이 학습자에게 해주어야 하는 가장 중요한 일 하나는 학습자가 교사로부터 독립하도록 만드는 일이다. 우리는 학생들에게 그들이 하는 일이 정확한지 이치에 닿는지 스스로 알아낼 방법을 마련해주어야만 한다. 수학에는 이렇게 할 수 있는 여러 가지 방법이 있다. 《그로잉 위다웃 스쿨링》에 그중 몇 가지를 소개해놓았다.

책 읽어주기, 빠지기 쉬운 함정들

많은 아이들이 하퍼 리Harper Lee가 쓴 『앵무새 죽이기To Kill a Mockingbird』의 여주인공 스카우트 핀치처럼 읽기를 배운다. 스카우트는 아빠 무릎 위에 앉아 아빠가 소리 내어 읽어주는 이야기를 들으며 눈으로는 단어들을 따라갔다. 시간이 좀 지나자 아이는 자신이 그중 많은 단어를 알고 있다는 사실을 깨달았다. 그로부터 아이는 차츰 발음법에 관한 정보, 혹은 직관적인 통찰을 활용하여 스스로 단어를 알아내기 시작했다.

어느 날 한 친구가 나에게 자신의 남동생도 네 살 무렵에 꼭 그런 식으로 글을 배웠다고 이야기해주었다. 그 아이는 아빠나 엄마가 읽어주기도 전에 다음 단어가 무엇인지 알아채는 데 점점 더 능숙해졌다. 그러던 어느 날 책을 읽어주다가 잠시 쉬고 있던 아빠는 어린 아들이 아빠가 곁에서 듣고 있다는 사실을 의식하지 못한 채 조그만 소리로 혼자 책을 읽어나가는 걸 들었다.

내가 알고 있는 어떤 아빠는 딸아이가 세 살쯤 되었을 때 그림이 그려진 '머더 구스 이야기'를 읽어주곤 했다. 네 살이 되자 아이는 그 책을 너무 잘 알게 되어서 아빠가 페이지를 넘기자마자 거기 있는 모든 문장을 거의 한 단어도 틀리지 않고 외울 수 있게 되었다. 이것은 분명 그 아이가 스스로 글 읽는 법을 익히기 시작했을 때 굉장한 도움이 되었을 거라고 생각한다. 그 책을 통해 아이는 자기가 식별할 줄 아는 단어들을 축적하고 나아가 그 단어들로부터 글자와 소리의 관계를 유추하는 일을 할 수 있었을 것이다. 이런 식으로 얻은 발음법에 대한 이해는 아이가 다른 단어를 알아내는 능력을 키우는 데 밑거름이 된다.

부모가 소리 내어 책을 읽어주는 것은 많은 아이들이 읽기를 시작하는 데 도움이 된다. 그러나 그것은 마술 알약이 아니다. 만약 책 읽기가 부모에게나 아이에게나 재미없는 소일거리에 불과하다면 좋은 결과를 주기보다 해악을 끼친다는 걸 알아야 한다.

내가 곁에서 지켜본 바에 의하면 (적어도 그 기간에는) 토미는 누가 책을 읽어주는 것에 흥미를 보인 적이 별로 없었다. 하루는 번화가로 함께 쇼핑을 간 김에 토미에게 책을 한 권 사주기로 했다. 나는 서점에서 토미가 직접 책을 고르도록 했다. 이 일은 토미를 무척 신나게 했다. 집에 도착하자마자 토미는 책을 읽어달라고 했다. 그러고는 내가 그 책의 마지막 페이지를 덮을 때까지 나를 놔주지 않았다. 책을 읽는 동안 토미는 완전히 정신이 홀려서 꼼짝 않고 앉아 있었다. 평소 같지 않은 모습이었다. 하지만 그 후로는 단 한 번도 그 책을 다시 읽어달라고 부탁하지 않았고, 내가 먼저 읽어주겠다고 했을 때도 전혀 흥미를 보이지 않았다. 그 시기에는 다른 것들이 훨씬 더 토미의 흥미를 자극하고 그의 삶에 영향을 주었던 것이다.

대니처럼 누군가 책 읽어주는 걸 좋아하는 아이들도, 부모가 그 일을 좋아하지 않으면 역시 흥미를 잃게 된다. 어느 날 저녁 잠자기 직전에 대니가 엄마에게 책을 읽어달라고 했다. 몹시 피곤했던 대니의 엄마는 가까운 책 더미에서 한 권을 골라 한숨을 내쉬며 읽기 시작했다. 그 책은 이미 여러 번 읽은 적이 있었고 특별히 재미있는 것도 아니었다. 물론 그녀는 재미있게 읽어주려고 최선을 다했다. 하지만 아이들은 어른의 감정을 아주 예민하게 감지한다. 이윽고 대니는 몸을 뒤척이며 안절부절못하기 시작했다. 엄마가 재미없어 하니까 대니도 재미가 없어진 거였다. 얼마 안 있어 대니는 더 이상 듣고 싶지 않다고 말했다.

책이 마음에 들지 않거나 무슨 일로 지쳤을 때 지금은 읽어주기 싫다고 말하는 건 잘못이 아니다. 아이뿐 아니라 우리 자신이 좋아하는 책을 읽어준다면 아이는 훨씬 더 듣기에 집중하고 즐기게 될 것이다. 또 한 가지 마음에 새겨두어야 할 점은 아이에게 책을 사주면 십중팔구 그 책을 읽어달라는 부탁을 받게 된다는 사실이다. 그러니 아이에게 책을 사주기 전에 먼저 나 자신이 그 책을 좋아하는지 아닌지를 충분히 생각해보아야 한다. 이 말은 충분히 그 책을 좋아해야 한다는 뜻이다. 한두 번 읽고 치우는 게 아니라 기꺼이 여러 번 읽어줄 수 있도록.

우리는 꼬마들이 이해할 수 있는 '쉬운' 책부터 읽어줘야 한다고 생각하는 경향이 있는데 꼭 그럴 필요는 없다. 아이에게 들려주길 원할 만큼 좋아하는 책이라면 얼마든지 다양한 감정을 실어 즐겁게 읽어줄 수 있고, 그러면 아이 역시 그 시간 동안만은 그것을 즐길 수 있기 때문이다. 비록 아이가 모든 내용을 이해하지 못한다고 해도 말이다. 사실 대부분의 아이들은 내용을 거의 이해하지 못하는 상황에서도 어른들의 얘기를 듣는 걸 즐긴다. 그렇다면 책 읽기라고 뭐 다르겠는가?

1학년을 가르치면서 한번은 아이들이 익숙해져 있는 매우 간단한 이야기 말고 좀 어려운 것을 읽어준 적이 있다. 내가 고른 책은 알프레드 처치Alfred J. Church가 쓴 『소년 소녀들을 위한 오디세이The Odyssey for Boys and Girls』였다. 이는 내가 어릴 때 무척 좋아했던 책이다. 그러나 분명 많은 교사들이 "1학년에게는 너무 수준이 높고 어렵지 않을까요?"라고 말할 만한 책이기도 했다. 그런데 1학년 애들은 그 책을 아주 좋아했고 그 다음 날에는 좀 더 읽어달라고 하기까지 했다.

_책 읽어주는 걸 들으면서 읽기를 배운 아이들에 관한 편지가 지금까지 《그로잉 위다웃 스쿨링》으로 수백 통이나 왔고 그중 여러 편은 이미 소개되었다. 하지만 우리 부모들이 알아야 할 더 중요한 사실이 있다. 만약 우리가 오로지 아이로 하여금 글 읽기를 배우게 할 목적으로 책을 읽어준다면 그것이야말로 그 활동 전체를 망치게 한다는 점이다. 책을 읽어주면 좋은 유일한 이유는 당신이 정말로 좋아하는 이야기를 아이들과 나누는 기쁨에 있다. 그러므로 그런 마음으로 아이에게 책을 읽어줄 수 없는 사람은 아예 책을 읽어주지 말아야 한다.

아이가 읽지 못하게 될까 걱정할 필요도 없다. 아이는 읽는 법을 배울 다른 방법을 찾을 것이다. 나만 해도 다른 사람들이 내게 책을 읽어주기 전에 혼자서 읽는 법을 익혔다._

얼마 전에 아직 글을 읽을 줄 모르는 일곱 살짜리 아이의 엄마가 와서 자신의 아이가 이런 말을 하더라고 말했다.

"왜 읽는 법을 배워야 돼? 그림만 봐도 책에 나오는 이야기가 뭔지 전부 다 알 수 있는데."

어린 꼬마들을 위한 초보자용 독본에는 글은 적고 그림은 너무 많아서 이야기가 대체 어디서 나오는 것인지 아이들이 헛갈릴 수 있다. 아이들은 어쩌면 이야기는 그림에 있고 우리가 책을 읽어주는 것은 단지 그 그림에 대해 이야기를 하는 것이라고 생각할지도 모른다. 내가 어릴 적에는 아무리 어린이용 책이라 해도 대부분 글로 이루어져 있었고 그림은 극히 적었다. 따라서 우리는 그 이야기가 뭔지 알려면 글 읽는 법을 배워야 한다는 사실을 자연스럽게 받아들일 수 있었다.

베텔하임과 젤란은 『읽기 학습법』에서 이 점을 매우 강력하게 지적하고 있다. 요 몇 년 사이 학교에서 쓰는 초보자용 독본을 발행하는 출판사들은 시종일관 점점 더 적은 단어와 쉬운 단어만 골라 쓰는 동시에 점점 더 많은 그림으로 지면을 채워왔다.

어느 날 나는 단어가 쉽고 그림이 많다고 그 책이 아이에게 꼭 도움이 되는 건 아니라는 것을 마음에 새기며 그림이 하나도 없는 책을 들고 세 살짜리들이 모여 있는 교실에 들어갔다. 그리고 한쪽 구석에 자리를 잡은 다음 조용하게 소리 내어 책을 읽기 시작했다. 잠시 후 몇몇 아이들이 책 읽는 소리에 귀를 기울이기 시작했고, 얼마 안 있어 한 명씩 차례로 내가 무슨 책을 읽고 있는지 보러 왔다. 책을 들여다본 아이들은 그 안에 그림이 전혀 없는 걸 발견하고는 놀랍다는 표정을 지었다. 그렇다고 곧바로 등을 돌리는 아이는 없었다. 오히려 상당수의 아이들은 좀 더 세심하고 주의 깊게 내가 읽는 걸 들어보더니 마침내 책에 있는 단어를 손으로 가리키면서 "이건 뭐죠?"라고 물어보기 시작했다. 나는 가르쳐주었다. 책이 그다지 재미가 없었기 때문에 오랫동안 내 옆에 머문 아이는 한 명도 없었다. 하지만 그들은 최소한 책에 점점이 박혀 있는 까만 표시들이 뭔가를 말하고 있다는 아주 중요한 개념을 파악했다고 나는 생각한다. 그 개념은 많은 아이들에게 새로운 것이었다.

다른 길을, 다른 속도로 가는 아이들

최근에 만난 토미 엄마에게서 1년 전에는 글자나 읽기 같은 것에 거의 관심을 보이지 않던 토미가 이제는 그 글자들이 무슨 말을 하고 있는 건지 매우 궁금해하고 또 알기를 원한다는 얘기를 들었다. 토미는 끊임없이 깡통이나 병, 시리얼 상자에 쓰여 있는 글이 뭔지를 묻는다고 한다. 아이에겐 어제 '프루트칵테일'이라 말하고 있던 라벨이 오늘도 여전히 같은 내용을 말하고 있으며, 또 항상 그렇다는 사실이 너무도 신기하고 재미있는 모양이다. 왜 안 그렇겠는가. '생각'이나 '말'처럼 사라지기 쉬운 것을 '글'로 단단하게 굳혀서 원하는 만큼 오래 보존할 수 있다니 정말 신기하고도 흥미가 당기지 않는가.

글자가 뭔가를 말하고 있다는 사실을 내가 처음 알아차린 건 네 살 무렵이거나 아니면 그보다 좀 더 어릴 때였다. 그때까지 어느 누구도 내게 글자가 뭔가를 말하고 있다는 걸 가르치려 한 적이 없었다. 당시 우리 가족은 뉴욕에 살았다. 공원 같은 데 가려고 거리를 걸을 때면 여러 가게들을 지나쳐야 했는데 가게마다 간판이 달려 있었다. 대부분의 간판에는, 그게 뭘 말하고 있는 건지 어린아이가 알 수 있을 만한 요소라고는 하나도 없었다. 식품점 간판에는 Gristede's, First National, A&P 등이 표기되어 있고 잡화점에는 Rexall's, Liggett's 식으로 쓰인 간판이 달려 있었던 것이다. 하지만 세탁소에는 어디에나 LAUNDRY라는 글자가 쓰인 간판이 있었다. 열 번 혹은 스무 번, 아니 백 번 이상 나는 그 간판을 보았음에 틀림없다. 게다가 간판 밑 창문에는 언제나 셔츠와 깨끗한 의류들이 걸려 있어 그곳이 옷을 세탁하는 장소라는 걸 알기에 충분했다. 그러던 어느 날 나는 가게 위에 쓰여 있는 글자들과 창문에 있는 셔츠들과 그 가게가 하는 일 사이에 어떤 관계가 있다는 것을 깨달았다. 가게 위에 있는 글자들이야말로 이곳이 세탁소라는 것을 알려주고 있다는 것, 그리고 그 사실을 말해주기 위해 거기 있다는 걸 인식하게 된 것이다. 그 글자들이 바로 'laundry(세탁소)'라고 말하고 있다는 사실을 말이다.

진은 아주 명민하고 빈틈없고 말도 잘 하는 아이다. 그런데 그 아이는 1학년이 될 때까지 글을 읽지 못했다. 진의 부모와 학교 선생들 모두가 이것을 이상하게 생각했다. 그 애는 정말 똑똑했기 때문이다. 진이 읽기를 두려워하는 것 같지는 않았다. 진은 글을 배우려고 시도했다가 실패한 적이 없었다. 다만 배우려고 하지 않았을 뿐이다. 진의 부모는 대단히 지각 있는 사람들이어서 아이가 읽기를 못 한다는 사실에 난리를 치거나 걱정을 하지 않았다. 오히려 학교를 설득해서 아이를 닦달하거나 걱정하는 대신 그냥 자기들처럼 가만히 지켜보게 했다. 그리하여 진은 읽기 능력과는 상관없이 학급의 다른 아이들과 함께 한 학년씩 제대로 올라갈 수 있었다.

3학년 말이 되도록 진은 여전히 글을 읽을 줄 몰랐다. 물론 아이는 예전과 똑같이 활달하고, 말도 잘하고, 호기심도 왕성했지만 말이다. 4학년에 올라갈 즈음 진의 부모는 아이의 진급을 아이 스스로 선택하게 하자는 결정을 내렸고 학교도 이에 동의했다. 그래서 부모는 진을 불러 4학년이 되면 배우는 것의 대부분이 책에서 나오고 수업에서 이루어지는 이야기도 거의 다 책에 관한 것이라는 사실을 말해주었다. 글을 읽을 줄 모른다면 아주 힘들고 지루하고 혼란스러워질 것이라는 말도 덧붙였다. 그렇다 해도 반 아이들과 함께 다음 학년으로 올라갈 것인가, 아니면 제대로 공부할 준비를 갖추기 위해 한 해 더 3학년에 남을 것인가 선택해야 하는 순간이 되자 진은 그냥 다음 학년으로 올라가고 싶다고 말했다. 그리고 한 학기가 지났을 때 진은 똑똑하고 공부 잘하는 또래 아이들 못지않게 글을 잘 읽을 수 있었다.

_훗날 나는 집에서 부모(두 사람 다 낮에는 직장에 나간다.)와 공부를 한 남자아이를 알게 되었다. 그 아이는 여덟 살이 되어서야 비로소 읽

기를 시작했다. 그리고 열한 살이 되어 새로운 동네로 이사를 갔을 때 아이는 학교에 가길 원했다. 다른 아이들을 만나보고, 학교가 어떤 곳인지도 알아보고 싶어서였다. 학교는 그 아이에게 흔히 하는 읽기 시험을 치르게 했다. 아이의 점수는 거의 12학년 수준으로 나왔다. 어떻게 이런 결과가 나왔을까? 그건 물론 그 아이가 억지로 읽기 기술을 배우고 또 확실히 배웠는지 검사를 받느라 하루에 몇 시간을 보내거나 하지 않았기 때문이다. 아이는 그럴 시간을 진짜 책을 읽는 데 쓸 수 있었던 것이다.

다음에 소개할 글은 어떤 남자아이의 엄마가 보낸 편지의 일부이다. 그 아이가 다니는 학교에서는 아이들이 수업에 출석하지 않아도 되고 원하는 것을 원하는 때에 배울 수 있다. 주변에 있는 연장자로부터 도움을 받을 수도 있는데 물론 그 상대를 선택할 자유와 권리는 아이에게 있다. 일반 학교에서 아주 어려움을 겪은 이 아이는 좀처럼 읽기를 배우지 못하다가 일곱 살에 이 학교에 들어갔다고 한다. 이 편지는 그로부터 2년 후에 쓴 것이다.

> (그 애는) 지난달까지 아무 수업에도 출석하지 않았어요. …… 하지만 표준 학력 검사와 IQ 검사를 했을 때 독서 능력은 10학년 수준으로, 수학은 9학년 수준으로 높게 나왔습니다. 전자공학처럼 공립학교에서는 취급하지 않는 몇몇 다른 분야에서는 거의 고등학생 수준으로까지 나왔지요.

기적처럼 보이는 이 일이 어떻게 가능할 수 있었을까? 우리는 그 단서를 '전자공학'이라는 단어에서 발견할 수 있다. 어린이를 위한 전자공학 매뉴얼이나 교과서, 혹은 지침서 같은 건 없다. 그러니 아이는 어른을 위해 출판된 일반 서적을 읽어야 했을 것이다. 그런데 전자공학에 관한 책들을 유용하게 쓰려면 먼저 '저항기', '축전기', '전위차계' 같은 단어들을 읽을 줄 알아야 한다. 아이는 분명 처음에는 도움이 필요했을 것이다. 하지만 일단 전자공학에 필요한 기본 용어들을 읽게 되면서 아이는 그 어떤 단어를 만나도 어려움 없이 읽을 만큼 글자와 소리에 대한 충분한 정보를 얻을 수 있었을 것이다. 전자공학을 하려면 또한 진법이니 전기니 회로와 같은 내용도 알아야 한다. 그런 식으로 아이는 필요한 것들을 하나씩 알아나갔음에 틀림없다.

시간표 따윈 필요 없어!

이런 사례는 학교와 어른들이 강조하는 '시간표'가 얼마나 헛된 것인지 보여준다. 그들은 마치 아이들이 시간표에 맞추어 달려야만 하는 기차라도 되는 듯이 군다. 철도청에서 일하는 사람들은 기차가 정해진 시간에 종착역에 도착하려면 노선 중간에 있는 모든 역에도 정해진 시간에 도착해야 한다고 생각한다. 따라서 기차가 어떤 정거장에 10분만 늦게 도착해도 그들은 걱정하기 시작한다. 이와 흡사하게 어른들은 아이들이 대학에 갈 때까지 알아야 할 지식의 종류와 양을 각 나이와 학년별로 정해놓고 그것대로 따라야 한다고 말한다. 만약 아이가 그 시간표를 제대로 따르지 못하는 기미라도 보이면 그들은 곧바로 이 아이는 아주 늦게 종착지에 도착할 거라고 예단한다. 하지만 아이들은 일정한 속도로 달리는 기차가 아니다. 그들의 배움은 매우 불규칙하다. 그리고 아이가 배우고 있는 내용을 재미있어하면 할수록 그 불규칙성은 더욱 커질 가능성이 높다.

그뿐만이 아니다. 아이들은 우리가 논리적이라고 생각하는 순서에 따라 배우지 않는 경우가 많다. 우리는 흔히 어려운 것을 쉬운 것보다 나중에 배우는 게 논리에 맞는다고 생각하지만 의미를 찾는 탐구자인 아이들은 어려운 것에 더 먼저 접근하기도 한다. 그쪽에 훨씬 더 많은 의미가 있을 경우에 말이다. 이는 페퍼트 식으로 말하자면 아이들이 세계로부터 훨씬 덜 분리되어 있음을 보여준다.

이런 아이들은 어려운 것을 통해 '쉬운' 것들을 배운다. 글을 잘 읽는 아이들은 확실히 발음법phonics을 많이 알고 있는데 단어에서 배운 발음이 발음법을 활용해서 단어를 배운 것만큼은 될 것이다. Ph가 f 발음이 난다는 사실을 나에게 가르쳐준 사람은 아무도 없다. 나는 혼자서 그걸 알아냈다. 그것도 아마 PhotograPh(사진)나 telePhone(전화) 같은 어려운 단어에서 알아냈을 것이다.

이 주제와 관련하여 생각나는 사람이 있다. 그 여자는 지금은 실력이 뛰어난 사진 작가로 성공했지만 과거 학생 때는 '완전 구제불능'이었다. 그녀는 열네 살 때 처음으로 진지하게 사진 기술을 배우기 시작했는데, 불과 몇 달 안에 10년간 학교를 다니면서도 배우지 못했던 수학을 몽땅 다 익혀버렸다. 자기가 원하는 공부를 하는 데 수학이 필요했기 때문이었다. 이런 이야기는 결코 드물지 않다.

순수하게 육체적인 기술, 예를 들어 스포츠나 체조, 발레, 악기 연주와 같은 것을 배울 때에는 대체로 쉬운 것을 먼저 하고 어려운 건 나중에 익히는 게 맞다. (사실 이것들도 '순수하게' 육체적이지는 않다. 정말로 '순수하게' 육체적인 것은 어디에도 없다.) 몸은 그런 방식으로 작동한다. 하지만 정신은 그렇지 않다. 어떤 일의 쉽고 어려움을 머릿속에 인식시키는 건 그 일이 포함하고 있는 정보의 양이 아니다. 그건 오히려 그 일이 얼마나 재미있느냐와 상관이 있다. 다시 말해 그 일이 얼마나 의미가 있는지, 얼마나 자신의 현실과 관계가 있는지에 의해 결정된다는 얘기다.

앞서 말한 남자아이가 전자공학에 관심을 가진 것처럼 혼자 배우도록 내버려둔 아이들 모두가 흥미로운 일을 발견하리라는 보장은 없다. 다만 내가 말하고 싶은 건 우리가 아무리 잘 가르친다고 해도 아이는 결국 자기 나름의 이유에서 자기만의 방식으로 배울 때 훨씬 더 빠르고 효과적으로 원하는 것을 배울 수 있다는 사실이다. 그러므로 우리는 최소한 우리가 짠 커리큘럼과 시간표를 던져버리고 아이들이 알아서 배우도록 자유롭게 놔두어야 한다.

이제는 모든 아이들이 다 흥미로운 일을 발견하고 추구할 수 있다고 생각한다. 아이들에겐 억지로 배우게 하거나 무엇을 배우라고 가르쳐주거나, 어떻게 배우는지를 보여줄 필요가 없다. 세상과 접촉할 기회, 그리고 그 세상 속에서 우리의 삶과 일에 접촉할 기회를 충분히 준다면, 아이들은 무엇이 진실로 우리에게 그리고 다른 사람들에게 중요한지를 충분히 명확하게 알게 될 것이다. 그리고 우리가 만들어 줄 수 있는 것보다 훨씬 나은 길을 스스로 만들어서 그 세상 속으로 나아갈 것이다._

특히 읽기만큼 시간표에 대한 강박관념이 불필요하고 어리석은 분야는 없다. 읽는 법을 익힐 때 겪는 어려움의 대부분은 우리 스스로 만들어낸 것이다. 교사들은 이렇게 말하리라.

"하지만 읽기는 어려운 것임에 분명해요. 그렇지 않다면 그처럼 많은 아이들이 글 읽는 법을 배우느라 고생할 리가 없지요."

그러면 나는 이렇게 말하겠다. 많은 아이들이 읽는 법을 익히기까지 고생을 하는 이유는 우리가 그것을 어렵다고 생각하기 때문이라고. 우리의 불안감과 두려움, 그리고 이미 충분히 단순한 것을 더욱 '단순하게' 만들려고 우리가 벌이는 그 우스꽝스러운 짓들이 문제의 대부분을 일으킨다고 말이다.

사실 읽는 법을 배운다는 건 얼마나 엄청난 일인가? 이 일을 해내기 위해서는 너무나 많은 정보와 그들 사이의 관계성에 대한 인식이 필요하다. 영어를 예로 들면 우리는 먼저 영어 글자들이 실제 영어 소리로 표현되는 여러 가지 방법을 배워야 한다. 그런 소리는 약 45가지 정도가 있다. 그러면 이런 소리들을 만들어내기 위해 얼마나 많은 글자와 글자들의 조합이 필요한가? 380개 정도다. 이 정도에 경기를 일으키기에는 아직 이르다. 아이들이 1학년에 들어갈 즈음 보통 알고 있는 단어의 수는 5,000개 이상이다. 그리고 이 단어들 중 엄청나게 많은 수가 하나 이상의 정의를 가지고 있다. 그러니 아이는 5,000개가 훨씬 넘는 단어의 의미들을 알고 있는 셈이다. 이게 전부가 아니다. 그 아이는 또한 외국인들이 그렇게나 골치를 썩이는 관용구를 엄청나게 많이 알고 있다. 게다가 문법의 대강도 파악하고 있다. 그것들을 뭐라고 부르는지 전문적인 용어는 모를 수 있지만 아이가 이해하지 못하거나 활용하지 못하는 영어 구문은 거의 없다. 영어보다 훨씬 더 복잡한 문법으로 돼 있는 언어를 쓰는 나라의 아이들도 이 점에서는 마찬가지다. 격변화어미, 동사변화어미, 성, 어법상 일치 같은 것을 다 이해하고 사용한다. 전 세계 아이들이 이 엄청난 정보의 대부분을 여섯 살 정도에 획득하며 그것도 (내가 이제까지 말한 것처럼) 정식 수업이라고 부를 만한 어떤 것도 받지 않고 혼자서 터득한다니 놀랍지 않은가? 이 과업과 비교하면 읽는 법을 배우는 건 아주 작은 일일 것이다.

물론 이것은 하룻밤 새에 되는 일이 아니다. 그렇다고 우리가 이 과업에 쏟아 붓는 걱정과 고통으로 이루어지는 것도 아니라는 사실은 더더욱 분명하다. 걱정하고 가르치고 단순화시킴으로써 얻는 결과는 오직 읽기를 본래보다 백 배쯤 더 어렵게 만드는 것밖에 없다.

__그때 이후로 읽는 법을 가르치는 일은 훨씬 더 '과학적'이 되었다. 조각조각 분해되고(500개의 기술로!) 현실과 멀어지는 바람에 아이들은 진짜 책과 진짜 신문, 진짜 잡지, 그리고 진짜 사람에게서 온 진짜 편지를 읽는 즐거움으로부터 동떨어지게 되었다. 그리하여 읽기 문제는 훨씬 더 심각해졌다.__

글, 소리 없는 말

유럽의 학교에서 배웠지만 오랫동안 잊고 있던 프랑스어를 다시 배우고 또 이탈리아어를 처음 배우는 과정에서 나는 간판의 도움을 많이 받았다. 그 시절에만 해도 대부분의 유럽 상점들은 어릴 적 내가 본 뉴욕의 세탁소처럼 이 가게가 무슨 일을 하는 곳인지 알려주는 간판을 달고 있었다. 그걸 보면서 나는 단어들을 혼자 쉽게 익힐 수 있었다. 가장 유용했던 것은 입구, 출구, 남자, 여자, 전화, 주차금지, 비상구, 버스 정류장, 가스, 음식점 같은 단어를 써놓은 표지들이었다.

나중에 나는 그런 표지들을 집 곳곳에 붙여놓으면 아이들이 단어를 익히고 기억하는 데 도움이 되지 않을까 하고 생각했다. 그래서 문, 창문, 싱크대, 의자, 테이블, 계단, 전등 스위치 등에 표지를 만들어 부착하기로 했다. 그런데 어린아이들을 키우는 친구에게 이 제안을 하자 그녀는 웃으며 이렇게 말하는 것이었다.

"우리 큰애는 그걸 찢어버릴 거고, 작은애는 먹어버릴 거예요."

이 말에 약간 좌절하긴 했지만 리사가 네다섯 살 때 나는 마침내 표지들을 여러 개 만들어 집안 곳곳에 붙이는 일을 실행에 옮겼다. 리사는 표지를 보기는 했지만 그렇다고 크게 관심이 있는 것 같지는 않았다. 그래도 어쩌면 거기서 뭔가를 배우지 않았을까? 모르겠다. 다만 조금 더 컸을 때 리사는 표지에 적극적인 관심을 보이면서 직접 만들고 싶어 했다.

토미가 네 살 때 나는 토미를 위해서도 표지를 몇 개 만들기로 마음먹었다. 이번에는 표지마다 한 개 이상의 단어를 쓰기로 했다. 이것은 램프입니다, 이것은 옷장입니다, 이것은 세탁기입니다, 이런 식으로 말이다. 처음엔 각각의 카드가 대체 뭘 말하는 건지 이해하고 기억하기가 힘들 수 있지만 좀 더 많은 자료를 제공해 줄 수 있을 거라 생각했기 때문이다. 더욱이 이렇게 쓰면 토미가 '이것은', '입니다' 같은 단어를 알아볼 수 있을 것이었다.

토미는 이 작업에 아주 열성적이어서 내가 카드 만드는 걸 지켜보기도 하고 붙이는 데 따라오기도 하면서 그것들에 관해 이런저런 질문을 해댔다. 실비아 워너의 선례를 따라 나는 토미에게 네가 하고 싶은 말을 해주는 표지도 만들어주겠노라고 했다. 그러자 토미는 아홉 살이나 열 살 무렵의 아이들처럼 굴었다. 그 시기의 아이들은 자기 방문에 들어오지 말라는 경고 표지를 붙이고 싶어 한다. 그 경고를 어기면 무시무시한 형벌이 내려지는데 때로는 사형이 언급되기도 한다. 토미는 우리가 토미를 위해 마당에 세워준 텐트에 붙일 표지를 부탁했다. 그건 "이 텐트에 들어가지 마시오."였다. 나는 그 표지를 만들어주었고, 토미는 즉시 그걸 텐트에 붙였다.

얼마 안 있어 토미는 직접 표지를 만들고 싶어 했다. 나는 "좋아!"라고 말하고 카드 몇 장과 매직펜을 주었다. 사실 그때 나는 토미가 내가 적어놓은 단어를 베끼지 않을까, 적어도 내가 쓴 글자를 몇 개 정도는 쓰지 않을까 하는 기대가 있었다. 하지만 토미의 생각은 나와 달랐다. 쉽게 말해 토미는 자기가 하고 싶은 말을 카드에 표시하면, 그게 바로 그 카드가 말하는 내용이 된다고 보았다. 그러므로 어떤 표시를 사용하는가는 중요하지 않았다. 실제로 토미가 카드에 쓴 건 대부분 울퉁불퉁한 O나 U였다. 그 일에 흠뻑 빠진 토미는 남들은 이해할 수 없는 표지들을 천지사방에다 붙여놓았다. 보통 내가 만든 표지 바로 옆이었다.

이제 내가 저지른 중대한 실수를 고백해야 할 때인 것 같다. 이 실수는 내가 얼마나 편협한 (보통은 효과적이라고 여기는) 학습 방법에 빠져 있었는가를 보여주는 예이기도 하다. 당시 나는 토미가 자신의 표지를 만드는 일에 너무 재미를 붙여서 내가 만든 '진짜' 표지를 보거나 베끼는 데는 아무 관심이 없다고 느끼기 시작했다. 실제로 그랬다. 그 애 눈에는 내가 한 작업 역시 카드에 여러 가지 표시를 해서 온갖 곳에 붙여놓는 걸로 보였을 뿐이니까. 그래서 나는 이 활동이 별로 유용하지 않고, 토미는 아직 너무 어려서 이런 일에서는 아무것도 배울 수 없다고 결정해버렸다. 곧바로 나는 새 표지 만드는 걸 그만두고 카드와 매직펜을 치워버렸다. 그러고는 그 모든 실수 중 가장 어리석은 짓을 하고 말았다. 토미가 만든 표지 몇 개를 떼어버리고 내 표지만 남겨둔 것이다. 나는 생각했다. 왜 토미를 혼란에 빠뜨려야 해? 진짜 글자가 있는 표지만 남겨두는 게 좋지 않겠어? 내 표지가 자기 표지와 다르다는 것을 스스로 발견하는 일이 토미에게는 유익할 거라는 생각은 나중에야 떠올랐다. 일이 만약 그런 식으로 전개되었더라면 토미가 그 사실을 알게 되었을지도 모를 일이다.

보다 중요한 생각, 즉 표지를 만들면서 토미가 발견한 것이야말로 그 애가 발견할 수 있는 가장 중요한 개념이라는 것은 더 나중에 떠올랐다. 그건 바로 글쓰기가 생각을 표현하는 한 방법이라는 것, 일종의 소리 없는 말이라는 사실이었다. 토미가 한 표시가 무슨 뜻인지 내가 알아볼 수 없었다는 게 무슨 상관인가? 중요한 것은 토미가 그 일을 통해 자신이 뭔가 말하고 있다고 느꼈다는 점이 아닐까? 이런 느낌은 글쓰기가 얼마나 중요한지 강조하는 학교에서는 절대로 얻을 수 없는 것이다. 그리고 이런 이유 때문에 학교에서 이루어지는 아이들의 글쓰기나 읽기가 무미건조하고 부자연스럽고 비인격적으로 느껴지는 것이다. 만약 아이들이 글쓰기는 말을 하는 한 방법이고, 읽기는 다른 사람들이 무슨 말을 하고 있는지 아는 한 방법이라고 생각한다면 훨씬 더 즐겁고 생기발랄한 마음가짐으로 글을 쓰고 읽을 수 있지 않을까 싶다.

이제는 토미가 처음으로 시도한 그 표지들과 글쓰기의 관계가 아기의 첫 재잘거림과 말하기의 관계와 같다는 걸 이해한다. 나는 토미의 글쓰기 옹알이를 격려하고 북돋워주었어야 했다. 그러면 머지않아 그 아이는 자신의 글이 다른 사람의 것과 다르다는 것을 알아차리고 어떻게 하면 똑같이 만들 수 있을까 그 방법을 생각하기 시작했을 것이다. 보통의 글자들은 많은 사람들이 읽을 수 있지만 토미의 글은 자기밖에 읽을 수 없다는 사실을 보여주기도 쉬웠을 것이다. 그리하여 토미는 마침내 다른 사람들도 읽을 수 있는 글을 쓰는 데 관심을 가지게 되었을 것이다.

_이 실수를 생각할 때마다 나는 점점 더 후회스럽다. 토미의 표지를 떼어냈을 때 그 애의 마음은 어땠을까? 얼마나 마음이 상하고 낙담했을까? 토미가 그 일에 대해 나에게 불만을 표시한 적은 없었다. 토미는 자신이 부당한 대우를 받았다고 느꼈을 때 가만히 있는 녀석이 아니었다. 하지만 나는 가끔 토미가 어떤 종류의 글에도 그다지 큰 관심

을 보이지 않았던 데에는 이 일이 어느 정도 영향을 미친 게 아닐까 생각하곤 한다. 토미는 말하기는 좋아하지만 글쓰기는 좋아하지 않는다. 읽기에도 별로 관심을 보인 적이 없다.

내가 그런 짓을 안 했어도 토미는 문자의 길이 아닌, 도구와 기계, 공작, 수리, 조립의 길을 통해 세상으로 나아갔을 거라고 위로할 수도 있다. 하지만 아이들은 여러 가지 길을 통해서 세상을 탐구할 수 있고, 그 길은 많으면 많을수록 좋다. 그러므로 나의 행동이 그 애가 걸어갈 수도 있었을 어떤 특별한 길을 가로막았다고 생각하면 마음이 괴롭다. 새로운 일을 시도하려는 아이들은 조그만 연두색 싹을 내미는 식물과 같다. 우리는 그 싹을 잘라버리지 않도록 주의해야 한다.

많은 부모들이 《그로잉 위다웃 스쿨링》으로 어린 자기 아이들의 '글쓰기'에 대한 편지를 보내왔다. 나중에 내가 만난 한 가족은 막내 아이가 나에게 쓴 것이라며 한 장의 카드를 보냈는데 거기엔 구불구불한 표시 몇 개가 '그려져' 있었다. 아이의 로제타석이라고나 할까. 나는 멋진 편지를 보내줘서 고맙다는 답장을 썼다. 머지않아 그 애도 우리 모두가 읽을 수 있는 글자를 쓸 수 있게 되리라 생각하면서 말이다.

많은 아이들이 읽기보다 쓰기를 먼저 배운다. 그리고 만약 글을 쓰는 수단이 좀 더 쉬워진다면 (내가 타자기를 좋아하는 이유 중 하나다.) 더 많은 아이들이 쓰기로부터 글을 배우게 될 것이다. 쓰기에 먼저 도전하는 아이들은 아주 주관적이긴 하나 논리적이라고도 할 만한 음성 중심의 스펠링으로 시작한다. 그런 다음 예전에 말을 익힐 때 자신의 말이 주변 사람들의 것과 똑같아지도록 서서히 조정해나갔던 것처럼, 아이들은 더 많은 글자를 보고 읽기를 배우는 과정을 통해 자신이 쓰는 글자가 주변 사람들의 것과 같아지도록 다듬어간다.

아이의 성장과 배움을 주제로 한 책 가운데 가장 뛰어나다고 할 만한 글렌다 비섹스의 『지니스 앳 워크』는 아이들이 글쓰기를 터득해가는 과정을 훌륭하게 보여준다. 이 책의 주인공이기도 한 그녀의 아들 폴은 혼자서 쓰기와 읽기를 익혔다. 폴은 쓰기를 먼저 배웠을 뿐 아니라 더 중요하게 여겼다. 앞에서 이야기한 아이들이 그러했듯 폴도 처음엔 구불구불한 낙서로 시작했다. 폴의 첫 번째 역작 중 하나는 어떤 표지로, 아이는 그걸 통해 "집에 잘 왔어."라는 메시지를 엄마에게 전달하려고 했다. 폴이 처음으로 읽을 수 있게 쓴 메시지 또한 엄마에게 보내는 분개의 편지였다. 책을 열심히 읽느라고 그녀는 아들이 뭔가를 물으려고 하는 걸 알아차리지 못했다고 한다. 잠시 사라졌다가 다시 나타난 폴의 손엔 종이쪽지가 들려 있었고, 거기에는 큰 글자로 RUDF라고 쓰여 있었다. 그녀는 현명하게도 메시지를 정확하게 읽어냈고 폴이 바라던 대로 주의를 돌렸다. "Are you deaf?(귀먹었어?)" 분명 그녀의 재빠른 반응은 폴이 메시지 쓰기를 계속하는 하나의 이유가 되었을 것이다.

몇 년 전 내 친구이자 영어 교사인 제임스 모펫은 현명하게도 "글쓰기를 쓸 수는 없어."라고 말했다. 글을 쓸 때는 항상 뭔가에 관해 써야 한다는 말이다. 역시 영어 교사인 비섹스 여사는 조목조목 생생한 예를 들어가며 폴은 '글 쓰는 법을 배우지 않았다'는 사실을 명료하게 밝히고 있다. 그녀의 요점은 아이가 나중에 글을 쓸 때 이용하려는 목적으로 이른바 학교에서 말하는 '글쓰기 기술' 같은 것은 미리 배우지 않았다는 것이다. 처음부터 폴은 뭔가 하고 싶은 말이 있었고, 그것을 전달하고 싶었기에 글을 썼다. 그건 혼잣말인 경우도 있고 다른 사람에게 하는 말일 때도 있었다. 비섹스는 폴이 맨 처음 쓴 글에 대해 다음과 같이 말한다.

> 폴은 자신의 작업을 '철자법'이 아닌 '글쓰기'라고 불렀다. …… 주된 관심이 단어의 철자를 맞추는 데 있었더라면 폴은 단어 목록을 작성했을 것이다. 그러나 폴이 쓴 것은 메시지였다. 폴은 자기가 쓰고 있는 내용에 관심이 있었지, 그 내용을 쓰는 방법에만 관심을 두었던 것은 아니다.

글쓰기를 시작한 지 6개월 만에 폴의 메시지는 아주 다양한 형태를 띠게 되었다. 표지, 리스트, 정보가 든 쪽지, 편지, 물건이나 그림에 붙이는 라벨과 짧은 설명, 소설, 보드게임 지시문, 성명서, 신문, 책 등등이 그것이다. 비섹스는 이 모두에 예를 하나씩 들고 있다. 이듬해에도 폴은 이런 형태의 글쓰기를 계속했고 여기에 발렌타인 카드, 쇼핑 목록, 사용 설명서, 개와 고양이에게 보내는 생활통지표, 요리책 한 권, 신문 네 부(연재만화와 뉴스, 날씨, 광고로 구성된), 장난감 동물들에게 수여하는 면허증과 신분증, 장난감 전기 기차를 사용하는 규칙, 업무용 편지(우편 주문을 위한), 퀴즈(자기가 풀기 위해 내는), 일기 따위의 형식을 추가했다. 확실히 폴의 글은 여러 가지 방식으로 주변 세계와 강하게 연결되어 있었다.

폴이 단어 목록을 쓰는 경우는 가끔씩 좀 어려운 단어의 철자를 맞추는 일에 도전할 때뿐이었다. 여기서 비섹스 여사는 아이들과 도전에 관해 아주 훌륭한 견해를 밝히고 있다.

> 도전이란 어떤 사람의 능력을 최대한으로 발휘시키는 일을 말한다. 도전은 그 능력을 확신하게 만드는 가능성을 내포하고 있다. 사람은 성공할 수 있다는 충분한 자신이 있을 때 도전하고 싶어 한다. 반면 자기가 이룩하거나 대처하기에는 뭔가 부족할 것 같아 보이는 임무는 위협이 된다. 폴은 스스로 목표를 세우면서 늘 도전할 자세가 되어 있었다. 폴은 이미 성취한 일을 반복하는 데 만족하지 않고 자발적으로 점점 더 어려운 임무를 향해 나아갔다. …… 폴은 목표가 순차적으로 어려워지도록 스스로 설정했다. 다른 많은 아이들도 자발적으로 그렇게 한다. 만일 도전이 가능한 조건이 주어지고 또 그것을 관찰할 만한 시간과 공간이 허락된다면 많은 아이들이 수업 시간에 스스로 목표를 설정하고 그것을 성취하기 위해 노력할 것이다.

앨리슨 스톨리브라스Alison Stallibrass가 『자신을 존중하는 아이The Self-Respecting Child』에서, 그리고 밀리센트 쉰이 『아기의 일대기』에서 명쾌하게 보여주고 있는 것처럼 모든 아이들은 자라면서 다 이렇게 한다. 적어도 학교에 가기 전까지는 말이다. 그러나 학교에 가면서부터 아이들은 도전을 위협으로 보게 된다. 사실 학교에서의 도전은 보통은 다 위협이다. 임무를 달성하는 데 실패할 가능성이 많기 때문만은 아니다. 혹시라도 실패하게 되면 거의 반드시 비난을 받거나 창피를 당하고 심지어는 벌을 받게 되는 것이 더 큰 이유다. 결국 아이들은 날마다 반복되는 이런 위협으로부터 요령 있게 빠져나가거나 달아나는 데 익숙해지고 그러다 보면 스스로 도전하는 습관을 점점 잊게 된다. 나중엔 학교 밖에서조차 도전을 하지 않게 되는 최악의 일이 발생한다. 학교에서 아이들이 배운 두려움은 인생 전체를 오염시킨다. 썩 우호적이거나 유혹적이라고는 할 수 없을지 모르지만 적어도 한때는 중립적으로 보이던 세상이 점점 더 예측할 수 없는 위험한 적처럼 보이기 시작하는 건 이때부터다.

어떻게 도울 것인가

언제나 그렇듯이 우리는 쓰기와 읽기에서도 일을 거꾸로 한다. 우리는 기술을 먼저 획득한 다음 그 기술을 써서 할 수 있는 유익하고 흥미로운 일거리를 찾는다는 식으로 생각한다. 하지만 사리에 맞는 최선의 방법은 그 반대다. 할 만한 가치가 있는 것을 먼저 시작하고, 그런 연후에 그것을 하고자 하는 강렬한 욕구에 자극을 받아 필요한 기술을 익히는 것이 옳다. 이는 아이들의 쓰기와 읽기에도 적용된다. 먼저 쓰기와 읽기가 다른 사람들과의 교류를 위해 꼭 필요한 수단이라는 것을 아이들이 느끼도록 도와주는 것으로 시작한다면 우리는 굳이 아이들에게 쓰기와 읽기에 관한 기술을 익히라고 꼬드기거나 들볶지 않아도 될 것이다. 아이들 스스로 그 일에 필요한 기술을 익히고 싶어 할 것이기 때문이다.

읽기와 관련한 정규 수업을 전혀 하지 않는데도 아이들이 일반 학교에서만큼이나 글을 잘 익히는 학교들을 몇 군데 알고 있다. 내가 모르는 학교는 아마 훨씬 더 많을 것이다. 그 학교들의 학급 규모는 교사 한 명당 학생이 40명이나 될 정도로 크다. 아이들이 특별한가 하면 그것도 아니다. 보통은 평균 수준의 IQ를 가지고 있다. 게다가 글을 잘 읽지 않는 가정 출신의 아이도 많다. 그렇다면 그 아이들은 왜, 어떻게 배울 수 있었는가? 대체 무슨 일이 일어난 것일까?

그 학교들은 대부분 새로 입학한 다섯 살짜리 아이들을 예닐곱 살 된 아이들 반에 넣는다. 다섯 살짜리들은 거의 글을 읽을 줄 모른다. 하지만 예닐곱 살 된 아이들은 대부분 글을 읽는다. 바로 이것이 우리가 '동기 부여'라고 부르는 과제를 거의 해결해준다. 어린 아이들은 자기보다 큰 아이들이 하는 것을 하고 싶고 또 할 수 있게 되길 바란다. 함께 있으면 그런 욕구에 불이 붙는 건 시간문제다. 또한 교실에는 아이들이 읽을 수 있거나 혹은 읽는 법을 알아내는 데 도움이 되는 여러 종류의 교재들이 있다. 일반적인 책에서부터, 설명문이 첨부된 그림, 아이들이 직접 그리고 설명을 붙인 그림, 아이들이 쓰고 삽화를 그려 넣은 이야기책, 운이 맞는 단어들을 모아놓은 리스트까지 매우 다양하다. 아이들이 원할 땐 조언과 도움을 줄 만한 사람들도 많다. 다시 말해 그곳은 아이들이 뭔가를 발견해낼 수 있는 자료와 증거물과 사람들이 가득한 보물창고인 것이다.

_여기에 언급된 학교의 대부분은 영국의 유아학교(다섯 살에서 일곱 살까지의 아이들이 다니는 학교)들이다. 『아이들은 왜 실패하는가』에서도 언급했듯이 60년대와 70년대 초에 많은 유아학교들은 (열광자들은

3분의 1정도라고, 회의론자들은 10퍼센트에 가깝다고 말했다.) 단지 교실에서 자유롭게 돌아다니고 이야기할 수 있는 권리를 줌으로써가 아니라 '아이들이 무엇을 언제 어떻게 배울지 스스로 선택할 수 있을 때 가장 잘 배우고 가장 많이 기억한다.'는 원칙 아래 학교를 운영하려고 했다. 당시는 영국 초등교육의 '혁명'에 관한 이런저런 이야기가 분분한 시기였다. 그것은 얼마 동안 미래를 주도해 나갈 물결처럼 보이기도 했다. 하지만 그 혁명이 한창 전성기를 누리고 있을 때조차 내게는 그게 오래가지 않을 것처럼 보여 염려가 되었다. 찰스 래스본Charles Rathbone이 편집한 『열린 교실 열린 교육Open Education in the Informal Classroom』의 서문에서 나는 그 문제에 관해 이렇게 썼다.

> 영국 초등교육 혁명의 전망은 무엇인가? 그 미래는 무엇인가? 이 책에 글을 실은 사람들은 이에 관해 직접적으로 논의하고 있지는 않다. 하지만 그 어조에서 독자들은 혁명은 이미 확고하게 자리 잡았으며, 무너질 위험이 없고, 오직 성장하고 있을 뿐이라는 느낌을 받는다. 그러나 나는 이를 그다지 확신하지 못하겠다. 여기엔 몇 가지 이유가 있다.
>
> 찰스 래스본과 롤랜드 바스Roland Barth는 그들이 쓴 장에서 열린 교육이 기대고 있는 가설들을 아주 명료하고 자세하게 이야기하고 있다. …… 그리고 말한다. 열린 학교가 활성화되고 있는 레스터셔 주 등지의 초등학교 학부모의 대부분은 이 가설들을 대체로 이해하고 받아들이고 있다고. 그러나 나는 이 생각은 사실과는 아주 거리가 멀다고 생각한다.
>
> 영국의 초등학교들이 대규모의 변화를 이룩할 수 있었던 것은 크게 보아 두 가지 이유 덕분이다. 첫째로 영국에는 다음과 같은 전통이 있다.

학교와 교사들이 가장 잘 알고 있으니 그들이 하는 일에 학부모는 상관할 필요가 없고 그럴 문제도 아니라는 것. 학부모들은 학교 일에 참견해서는 안 된다는 얘기다. …… 둘째로 이게 훨씬 더 중요한 이유인데 아이들 부모의 대다수는 자기 아이가 나중에 대학에 갈 거라고는 기대하지 않는다는 것이다. 오히려 그들은 자기 아이들이 열다섯 살이나 열여섯 살 정도가 되면 학교를 나와서 노동계급이나 중하층계급 어디쯤에 자리를 잡을 거라고 생각한다. …… 즉 대부분의 영국 학부모들은 이제까지 영국을 그다지 상승지향적인 사회로 보지 않았고 그렇게 느끼지도 않았다. 자기 아이를 사회경제적인 피라미드의 꼭대기로 밀어붙이는 것을 인생 최대의 의무로 여기지도 않았다. 마찬가지 이유에서 그들은 학교와 학교에서의 성공을 사다리를 올라가게 만드는 중요한 수단으로 보지도 않았다.

모르긴 해도 내가 볼 때 이런 전통적인 태도는 이제 바뀌고 있지 않나 싶다. 그건 어른들이 학교를 아이들의 전 인생에 걸쳐서 계속될 경주의 출발점으로 보기 시작했다는 것을 의미한다. 그렇다면 초등학교 혁명은 심각하게 위협당할 것이 뻔하다. 사실 혁명은 엘리트라고 자임하는 일단의 사람들에 의해 이미 위협받고 있다. 그들은 영국을 엄격하고 계층이 분명하게 구별되는 사회로 유지시키고 싶어 한다. 이와 같은 열린 교육의 적들은 그에 환호하는 지지자보다도 이런 종류의 학교 교육이 장기적으로 불러올 정치사회적 결과를 훨씬 더 잘 파악하고 있다. 그럼에도 새로 새워진 영국 초등학교에서 근무하는 나의 교사 친구들은 자신들이 획득한 기반이 사라질 수도 있다는 생각을 하지 않는다. 물론 그들이 옳기를 빈다. 하지만 자신감이 지나친 게 아닌가 걱정이다.

이 책에 글을 실은 사람들은 거의 모든 열린 교육의 작업을 어린 아이들과 함께했다. 그러나 나는 레스터셔에 머물면서 그리고 그곳 초등학교 교사, 교장 들과 이야기를 나누면서, 그들이 자기네 학교에서 이루어낸 것과 같은 종류의 개혁을 중등교육에도 도입하려는 어떤 운동에 대해서도 들어보지 못했다. 그뿐만이 아니다. 개혁된 중등교육이 어떤 모습을 띨 것인지에 대한 생각이나 논의 같은 것도 전혀 들어보지 못했다.

나에게 이것은 실수로 보인다. 그것도 아주 심각한 실수가 아닐까 싶다. …… 영국에서 최고로 좋은 유아학교들은 정말로 멋진 곳이다. 그건 의심의 여지가 없는 사실이다. 하지만 그 학교들은 아주 드문 경우를 제외하곤 세상과 단절되어 있으며, 우리 사회의 시대적인 문제나 위기와도 단절되어 있다. 그들은 이 시대의 젊은이가 어떻게 자라야 하는지, 어떻게 이 문제들과 대면하게 될 것이고 또 대면해야 하는지와 같은 질문들을 피하고 있다. 심지어 그들은 열린 학교를 나온 아이들이 그 다음에 가야 할 아주 다른 학교에 대한 문제까지도 회피하고 있다. …… 대체로 보아 영국 초등학교들은 바깥세상이란 건 존재하지 않는다는 듯이, 아니면 그건 이미 주어진 것이기 때문에 더 이상 바꿀 여지가 별로 없다는 듯이 행동하고 있다. …… 그들은 결과적으로 이렇게 말하고 있는 것 같다.

"얘야, 너는 이 벽 안에서는 네 삶의 주체일 수 있고, 자유로울 수 있고, 책임을 다할 수 있고, 선택을 할 수 있고, 그 선택을 실천에 옮길 수도 있단다. 하지만 여기를 나가면 그걸로 끝이야. 넌 다른 사람들처럼 살아야만 할 거야. 시키는 것을 하고 주어지는 것을 택해야만 할 거야."

그렇게 이 학교들은 한 아이의 전 인생에 영향을 미치는 중요한 부분으로 스스로를 자리매김하기보다는 그저 아이들로 하여금 고달픈 인생에서 잠시나마 벗어날 수 있게 해주는 막간이 되고자 한다. 숨 돌릴 기회를 주는 것에 만족한다고 할까. 또 다른 영국의 열린 교육가 리워드 Lyward가 언젠가 표현했듯이 '집행유예' 라고 해도 되겠다.……

열린 교육과 같이 심오한 교육 혁명이 과연 장기적으로 살아남을 수 있을지 의문이다. 삶에 대한 더 넓고 깊은 이해 혹은 비전이나 사회 변화를 추동하는 일부가 되지 않는 한 나는 이 교육 혁명이 생명력과 성장력을 둘 다 잃어버리거나, 언젠가는 이것이 불러올 정치사회적 결과를 훨씬 더 잘 알아채고 있는 사람들에 의해 고립되거나 파괴되지 않을까 염려스럽다.

얼마 안 지나서 나의 염려가 괜한 망상은 아니었다는 사실이 증명되기 시작했다. 어디에나 있는, 어린이와 인간의 자유를 혐오하고 불신하는 자들이 영국에서만 조용하리란 법은 없었던 것이다. 그들은 열린 유아학교들을 적극 공격하기 시작했다. 이른바 '연구'라는 게 글로 출판되어 영국과 미국에 널리 선전되었다. 열린 학교에서 교육 받은 아이들이 전통적인 방식을 따른 아이들보다 적게 배운다는 것을 보여주는 연구였다.

목적을 달성하는 데는 대단히 성실했을지 모르나 그 연구는 질 나쁘고 가치 없는 교육 연구의 모범이라 할 만했다. 무엇보다도 그 책을 쓴 연구자들은 열린 교육의 장에서 별로 성과를 거두지 못한 지방에서 조사 결과의 대부분을 끌어다 썼다. 최고의 성과를 낸 많은 도시와 지방은 교묘하게 피해가는 주도면밀함을 보였음은 물론이다. 그 연구서가 열린 학교와 전통적인 학교를 구분하는 기준은 단지 그 학교들이 스스로를 어떻게 부르는가였다. 그럼으로써 둘 사이의 지극히 중요한 차이는 완전히 사라지고 말았다. 하지만 내가 레스터셔에 있는 학교들을 방문했을 때 내 눈에는 그 차이가 확연하게 보였다. 한쪽이 열린 교육의 철학에 대한 신뢰를 바탕으로 상상력과 열정을 꽃피우고 있었다면, 다른 한쪽은 그 철학이 뭔지 이해하지도, 신뢰하지도 못하면서 상부에 있는 누군가가 원하는 것 같으니까 마지못해 회의적으로 열린 교육을 흉내 내고 있었다.

열린 교육에서 독보적인 위치를 점하고 있는 레스터셔의 일류 학교들 중에도 가짜 열린 학교들이 있었다. 그 학교들은 물론 아무 효과도 보지 못하고 있었다. 아이들은 어른들이 자기를 존중하고 신뢰하는지 그렇지 않은지를 너무 잘 안다. 그러므로 실제로는 전통적인 가치를 따르면서 다만 열린 척하는 학교 안에서 아이들이 변화되었을 리 없다. 아니, 열린 척하는 학교가 전통적인 가치를 드러내놓고 표방하는 학교들보다도 아이들에게 더 안 좋은 영향을 미친다고 생각한다. 결과적으로 그들은 더 많은 불안감을 퍼뜨리고, 훨씬 더 모순적이며, '이중으로 구속하는' 메시지로 아이들을 억압하고 있기 때문이다.

이 연구서가 갖고 있는 맹점은 또 있다. 아이들이 '무엇을', '얼마나' 배웠는가를 오로지 평균화된 시험 점수로 판단했다는 점이 그것이다. 전통적인 교육을 받는 아이들은 평소에도 시험에 대비한 지도를 받는다. 반면 열린 학교 아이들은 그렇지 않으니 점수 차이가 좀 나는 것은 당연한 일 아닌가. 게다가 그들이 심각하게 취급하는 그 성적 차이조차도 아주 근소한 것이었다. 하지만 『아이들은 왜 실패하는가』에서도 지적했듯이 무엇보다도 중요한 것은 시험 점수는 말짱 사기라는 사실이다. 선발 기준이 아주 높은 사립학교에서 내가 가르친 5학년 아이들 대부분은 자신들이 받는 시험 점수에 훨씬 못 미치는 수학 실력을 가지고 있었다. 그리고 독서 능력 점수와는 아무 상관없이, 아주 소수의 아이들만이 정말로 책 읽기를 좋아하고 시키지 않아도 책을 읽으려 했다.

다시 말해 이 연구서를 쓴 저자들은 전통적인 학교에서 시키는 '학습의 질'이 실제로 어떠한가에 대해서는 관심이 없었고, 그걸 알아내기 위한 최소한의 노력조차 하지 않았다. 그들이 겉으로 보이는 것이 가짜일지도 모른다는 생각을 한 번이라도 해보았겠는가. 마찬가지로 그 연구를 진행한 이들은 열린 학교 아이들이 시험으로 검증되지 않는 것들을 얼마나 많이 배우고 있는지 파악하려고 하지 않았다. 이는 아주 심각한 약점이다. 왜냐하면 열린 학교에서 이루어지는 학습과 아이들이 그 학습을 통해 성취하는 것들은 대부분 시험과는 무관한 종류이기 때문이다. 백 번 양보해서 그들의 연구 결과를 수용한다고 치자. 그렇다 해도 전통적 학교와 열린 학교의 점수 차이는 그 자체로는 아무것도 증명할 수 없을 정도로 너무나 근소하다. 고작해야 몇 달이면 따라잡을 수 있을 정도의 차이인 것이다. 하지만 사람들은 믿고 싶은 것만 믿는다. 그리고 그것을 증명하기 위해 온갖 방법을 다 동원할 것이다.

영국의 저술가 릴러 버그Leila Berg가 많은 책에서 보여준 것처럼 영국 아이들이 미국 아이들보다 더 많이 사랑받는 것은 아니다. 미국인들과 꼭 마찬가지로 영국인들도 아이들이 즐겁게 학교에 다니는 느낌을 갖는 것을 굉장히 싫어한다. 『학교를 넘어서』와 『당신의 아이는 당신이 가르쳐라Teach Your Own』에서 나는 그 이유를 설명했다. 그런저런 이유들로 영국의 유아학교에서 일어난 인간적인 변화들은 초등학교까지 연결된 사례도 드물 뿐더러 중등학교에는 전혀 퍼지지 못한 채 서서히 (아니 그다지 서서히도 아니다.) 토대를 침식당하더니, 마침내는 폐지되어버렸다. 당시 노동당 국무총리였던 제임스 캘러헌James Callaghan이 교육 관련 연설을 하는 공식석상에서 영국이 필요로 하는 것은 '둥근 구멍에 둥근 말뚝'이라고 말했을 때 교육 혁명은 이제 끝났다는 사실이 분명해졌다. 그건 앞서 시도되었던 같은 종류의 혁명들이 끝난 것과 같은 이유에서였다. 말할 필요도 없지만 아이들이 무엇을 배우고 있었나 하는 것은 이유가 되지 않았다.__

이런 교실들 중 많은 곳에서는 녹음기가 다양하게 사용되고 있다. 앞에서 나는 누군가 책 읽어주는 소리를 들으면서 눈으로 이야기를 따라가는 것이 많은 아이들에게 도움이 된다고 이야기했다. 그러나 40명을 맡고 있는 교사들이 그런 식으로 모두에게 책을 읽어줄 수는 없다. 대신 그 교사들은 교실에 있는 책을 테이프에 녹음하여 교실에 비치해놓았다. 그러면 아이들은 서너 명씩, 때로는 여섯 명이 함께 테이블에 둘러앉아 헤드폰을 쓰고 교사의 목소리를 들으며 눈으로는 같은 이야기가 쓰인 책을 읽거나 눈으로 좇았다.

지금은 많은 초등학교에서 이 방법을 다양하게 활용하고 있는 추세다. 아이들은 교사에게 직접 말로 하거나 아니면 녹음기를 써서 자신의 이야기를 들려준다. 그러면 교사는 그 이야기를 받아 적어 아이들에게 다시 돌려준다. 아이들에게는 이 이야기 모음집이 낡은 책 몇 권보다 훨씬 더 가치가 있다. 읽고 싶은 욕구를 불러일으킨다는 점에서 그러하다. 나는 이런 방법으로 이제까지는 전혀 읽기에 관심이 없던 아이들이 읽기에 관심을 갖게 된 예를 많이 알고 있다. 대도시 중심부에 있는 저소득층 거주 지역의 어떤 학교들에서는 아이들이 직접 독본을 쓰기도 한다. 이는 자신들의 삶과 아무런 관련이 없는 일반 교재와 독본에 질린 아이들에게는 멋진 도전이 아닐 수 없다.

전에는 테이프 녹음기로 할 수 있는 일에 제한이 없지 않았다. 기계를 다루는 법이 너무 어렵고 고장 내기도 쉬웠기 때문이다. 저 빙글빙글 돌아가는 바퀴들! 저 건드리고 싶은 테이프! 바닥에 흩어질 게 분명해! 그건 교사들이 피하고 싶은 위험임이 분명했다. 하지만 카세트 녹음기는 작동시키기가 훨씬 쉽기 때문에 교사의 감시 없이 아이들이 직접 녹음과 재생을 하는 게 가능하다. 뜻있는 교사라면 아이들의 도움을 받아 도서관에 있는 책으로 테이프 라이브러리를 만들 수도 있다. 그러면 이야기를 들으며 동시에 책을 읽고 싶어 하는 아이들에게 많은 도움이 될 것이다. 혹시 같은 학급에 서로 다른 연령의 아이들이 섞여 있다면 작은 아이들이 구술한 이야기를 큰 아이들이 받아 적을 수도 있겠다.

_이로부터 얼마 되지 않아 미국의 교육 관련 출판업자들이 정말로 그런 카세트를 발매하기 시작했다. 내가 찾아간 학교 중에도 그런 카세트를 보유하고 있는 곳이 꽤 많았다. 하지만 기대에 부풀어 들어본 테이프들은 하나같이 실망스러웠다. 너무 공을 들인 데다가 값도 비

쌌고 별로 좋은 이야기도 아니었다. 게다가 교육자들이 어린아이에게 곧잘 쓰는 말투, 그 끔찍하게 가식적이면서 짐짓 친절하고 귀여운 척하는 어조의 목소리가 계속 흘러나오는 것이 아닌가. 그래도 어떤 아이들은 거기에서 뭔가를 얻었을 수도 있다. 하지만 내가 바랐던 일은 일어나지 않았다. 아이들이 뭘 들을지 직접 선택할 수 있고, 자기가 좋아하는 이야기를 들을 수 있고, 나아가 자기들이 구술한 이야기를 돌려 들을 수 있는 그런 일 말이다. 한 가지 더 바라는 점이 있다면 아이들이 잘 아는 사람이 자연스러운 목소리로 읽었으면 하는 점이다. 그 사람은 교사나 학부모일 수도 있고 친구이거나 자기 자신일 수도 있다.

이런 일들을 하는 것은 어렵지 않고 비용도 많이 들지 않는다. 성능 좋은 카세트 녹음기와 테이프만 있으면 되는데 이것들은 값도 싸고 내구성도 좋다. 어린아이들이 사용하기도 쉽다. 게다가 아주 싼 값으로 카세트를 복사해주는 회사가 이제는 많기 때문에 교사들은 (또는 학부모, 아니 누구든) 인기 만점인 이야기들을 녹음한 테이프 복사본을 필요한 만큼 많이, 빠르게 만들 수 있다. 지금은 이런 일을 실행하고 있는 학교가 많지 않은 걸로 알고 있다. 하지만 도서관 사서나 집에서 아이를 직접 가르치는 사람이라면 아주 쉽게 이 일을 할 수 있을 것이다.

5

스포츠와 삶의 리듬

□ 1965년 6월 6일

올 들어 처음 토미를 풀장에 데리고 갔다. 공교롭게도 풀에 도착하자마자 토미는 사고를 당했다. 그 또래라면 충분히 겁먹을 만한 사고였다. 토미는 풀장의 얕은 쪽 계단의 첫째와 둘째 발판에 서서 더이상 들어가려고 하지 않았다. 내가 물에 뜨게 해준다고 해도 막무가내였다. 대신 계단 위에서 서성거리면서 물을 바라보거나 물에 손을 갖다 대거나 했다. 그런데 풀 가를 돌아다니다가 발을 헛디뎠는지 머리부터 물속으로 곤두박질쳤다. 가까이에서 지켜보던 토미 누나가 즉시 아이를 꺼냈다. 토미는 콜록거리며 푸푸 하고 물을 뱉어냈지만 그리 놀란 것 같지는 않았다.

잠시 물 밖에서 안정을 취하며 숨을 고른 토미는 용기를 내어 다시 물속으로 들어갔다. 이번에는 자신이 물에 뜰 수 있도록 해달라고 부탁했다. 그래서 나는 토미를 팔에 안고 물속을 걸어 다녔다. 물은 토미의 허리에서 가슴 정도까지 왔다. 토미는 아기들이 곧잘 그러듯이 팔다리를 사용해서 나에게 착 달라붙었다. 가끔씩 나는 물이 토미 어깨까지 올라올 정도로 깊이 들어가곤 했는데 토미가 싫어하는 것 같아서 자주 하지는 않았다. 토미는 어느 경우든 절대 팔다리를 느슨하게 풀지 않았고 금방 계단으로 돌아가고 싶어 했다. 이것이 오늘 토미가 하길 원한 전부였다.

□ 1965년 6월 9일

오늘 토미는 좀 더 물에 들어가 뜨고 싶어 했다. 달라붙는 것도 좀 덜했고 물이 어깨까지 차도 신경 쓰지 않았다. 약간은 즐기는 것처럼 보이기까지 했다. 얼마 동안 이렇게 했더니 토미가 나를 붙잡는 대신 내가 토미를 붙잡아도 될 것 같다는 생각이 들었다. 나는 먼저 토미의 다리를 살살 푸는 걸로 시작했다. 토미는 저항하지 않았다. 오히려 다리가 물속에서 자유롭게 떠다니게 되자 기분이 좋아진 듯했다. 그 다음 나는 토미를 단단히 붙들고는 내 목에 감긴 아이의 팔을 천천히 떼어내 내 팔을 붙잡게 했다. 마침내 토미의 자세는 진짜 수영하는 것처럼 되었다. 나는 그런 자세로 토미를 끌고 물속을 천천히 돌아다녔다. 잠시 후 나는 토미에게 발로 물을 차보라고 하면서 토미의 다리를 움직여 내 말이 뭘 뜻하는 건지 보여주었다. 토미는 열심히 물장구를 치기 시작했다. 무슨 일이나 다 그렇게 하듯이 매우 격렬하게. 때때로 나는 토미로 하여금 내 팔을 놓고 손을 물속에서 자유롭게 움직이면서 한두 번 물을 젓게 할 수도 있었다. 물론 아주 잠깐 동안이지만 말이다.

토미가 '물'이라는 새로운 영역을 탐구하는 데 한결같이 진전하는 모습만 보여준 것은 아니다. 어린아이들의 용기는 변동이 심하다. (어디 어린아이뿐이겠는가!) 올라갔다 내려갔다 하는 것이 마치 조수와 같다. 단지 그 주기가 짧아서 몇 분마다, 어떨 때는 몇 초마다 변할 뿐이다. 두 살 정도 된 아기가 엄마와 산책을 하거나 혹은 놀이터나 공원에서 놀고 있는 모습을 관찰하면, 이런 변동을 아주 생생하게 지켜볼 수 있다.

얼마 전 보스턴 시민공원에 갔을 때도 이런 장면을 보았다. 엄마들이 벤치에서 수다를 떠는 동안 아이들은 주변을 돌아다녔다. 처음 얼마간 아이들은 엄마를 무시한 채 대담하고 자유롭게 탐험에 나섰다. 그러다가 저장된 용기와 자신감을 다 써버리면 다시 엄마에게 돌아와 마치 배터리를 충전하듯 옆에 착 달라붙어 있는 것이었다. 그리고 다시 탐험을 할 준비가 되면 아이는 엄마 곁을 떠났고 충전이 필요해지면 또다시 돌아오길 반복했다.

이런 식으로 풀장 속의 아기 또한 탐험과 후퇴, 충전의 시간을 반복해서 갖는다. 때때로 토미는 발로 물장구를 치고 손으로 열심히 물을 저으면서 내가 마음대로 자기를 끌고 다니도록 놔두었다. 하지만 어떤 때는 내 팔을 꽉 붙잡고 몸을 밀착시키면서 처음처럼 내게 단단히 안기고 싶다는 걸 알렸다. 그럴 때 토미의 몸짓이나 표정은 매우 단호했다. 계단으로 돌아가자고 하거나 아예 풀장에서 나가고 싶어 할 때도 있었다. 그러다가도 몇 분 후면 다시 물에 들어가 모험을 계속하려고 했다.

나는 아주 어린 자녀들에게 헤엄을 가르치려는 부모들을 여러 번 관찰했다. 대체로 그들은 별 성과를 거두지 못했다. 아이의 용기가 오르락내리락 하는 것에 무신경했기 때문이다. 그들은 왜 아이들의 그런 특성에 무신경한 걸까. 몰라서? 아니면 그저 마음을 쓰지 않기 때문에? 내가 볼 때 그들은 아이가 어떻게 느끼는지는 중요하지 않고, 간곡한 권유나 격려 아니면 분노나 위협으로 아이의 감정을 쉽게 좌지우지할 수 있다고 생각하는 것 같다. 어쨌거나 아이의 감정을 배려하지 않는 사람은 아이의 감정을 알아차리지 못할 개연성이 크다. 그리고 이런 사람들은 아이의 배움과 관련하여 완전히 실패하지는 않더라도 많은 것을 잃고 만다. 용기가 고갈된다고 느껴 저장 탱크를 다시 채울 필요를 느낄 때 잠깐씩 어린 아기로 되돌아갈 수 있는 아이는 우리 어른들이 억지로 떠밀 때보다 훨씬 더 빨리 미지의 세계로 나아갈 것이기 때문이다. 아이가 무서워하는 일을 계속해서 강요하면 그 아이는 더욱 소심해지고 자신의 지성과 에너지를 미지의 것을 탐사하는 데 쓰는 대신 어른이 가하는 압력을 피하는 방법을 찾는 데 쓰게 된다. 그러므로 우리는 아이의 용기가 허용하는 한계 너머로 아이를 밀어붙이지 않으려고 조심해야 한다. 그러면 분명히 아이는 더 용감해진다.

예를 들어 토미의 누나 리사는 토미보다 훨씬 더 겁이 많았다. 풀장에 처음 갔을 때 리사는 계단 꼭대기에 앉아서 발에 물을 묻히는 것 이상은 하지 않으려 했다. 리사의 표정과 태도는 이 일조차도 위험스런 짓이라는 투였다. 몇 주일이 지난 뒤에야 리사는 비로소 깊이가 허리 정도 되는 물에 들어가거나, 다른 사람이 자기를 안고 물속을 돌아다니도록 놔둘 마음이 생겼다. 그리고 여름이 되었을 때 리사는 우리를 잡지 않고 우리가 자신을 물 위로 끌고 다니도록 했다. 하지만 그럴 때조차 우리는 리사의 타고난 소심함과 조심성을 존중했다. 그 결과 리사는 차츰 자신의 두려움과 싸워서 이기고 싶어 했고 실제로 그렇게 하는 법을 배웠다. 이제 여섯 살이 된 리사는 대담무쌍한 스키 선수가 되어 자기보다 두 배는 나이가 많은 아이들과 함께 어려운 코스를 내려가곤 한다. 여름에는 수영을 배우느라 열심이고 웬만한 친구들만큼은 한다.

□ 1965년 6월 10일

오늘은 풀장에 가니 얕은 쪽에 밧줄이 가로질러 있었다. '어린이를 위한 제한 구역'을 나타내는 표시였다. 토미는 그 밧줄에 많은 관심을 보였다. 특히 줄이 물에 뜨도록 설치한 파랗고 하얀 플라스틱 부표에 시선을 집중했다. 어제 했던 물장구치기나 물 가르는 법에는 이미 흥미를 잃은 듯했다. 대신 토미는 밧줄과 부표를 조사하고 싶어 했다. 여느 어른들이 그러하듯 나 역시 처음엔 토미의 관심사가 바뀐 것이 수영을 배우는 데 하등의 도움도 되지 않을 거라 생각했다. 하지만 그게 아니었다. 토미는 곧바로 다른 사람의 도움 없이 밧줄에 몸을 지탱할 수 있다는 사실을 발견하고는 물이라는 새로운 활동 영역을 탐사하는 데 밧줄을 이용했다.

토미가 밧줄을 쥐고 그 튼튼함과 확실성을 시험하고 있을 때 나는 천천히 아이를 지탱하고 있던 손을 놓기 시작했고 마침내 토미는 나의 도움 없이 밧줄에만 의지해 떠 있을 수 있었다. 적어도 토미에게는 그렇게 보였을 것이다. 실제로는 몸의 부력과 입고 있는 구명구 덕분에 물 위에 떠 있는 것이지만 말이다. 나는 토미에게서 손을 떼고 난 다음에도 한동안은 아이 가까이 머물렀다. 그러다 내가 붙들고 있지 않다는 사실에 토미가 익숙해질 무렵 천천히 그곳에서 멀어졌다. 독립되어 있다는 느낌을 주고 싶었기 때문이다.

붙잡아주는 사람이 없다는 건 토미에게 큰 자극이었나 보다. 그건 또한 많은 용기를 요구하는 것이었던지 토미는 밧줄을 붙들고 혼자 있는 시간이 길어지면 "잡아줘."라고 말하곤 했다. 그래서 내가 잡아주면 잠시 후 아이는 다시 "놔줘."라고 말했다. 시간이 흐르자 토미는 더 이상 잡아달라는 요구를 하지 않았다. 가끔은 나를 보고 아예 가버리라고 말하기도 했다. 이때쯤 토미는 밧줄을 따라 플라스틱 부표를 이리저리 움직일 수 있다는 사실을 발견했고 그걸로 곧바로 신나게 놀았다. 물속에 있는 나머지 시간 동안 토미는 부표를 밧줄 한쪽 끝에서 다른 쪽 끝으로 밀면서 놀았다. 그러는 과정에서 자기 다리를 밧줄 밑에서 앞뒤로 왔다 갔다 하게 만들 수 있다는 걸 알았다. 결과적으로 토미는 누워서 떠다니게 되었는데 그걸 아주 좋아했다. 오른쪽 옆구리를 다시 일으켜 세우려면 꽤 용을 써야 했지만 말이다.

오늘 토미는 뜻하지 않게 발견한 밧줄과 부표로 즐거운 시간을 보냈지만 어려움이 전혀 없었던 건 아니다. 풀에는 아이들이 아주 많았다. 그들은 물을 튀기며 헤엄을 치고 첨벙첨벙 뛰어다니고 갑자기 물속으로 뛰어들었다가 나오곤 했는데 이게 토미에게 문제가 되었다. 그들이 움직일 때마다 끊임없이 얼굴에 물이 뿌려졌고 가끔은 입과 코를 덮치곤 했던 것이다. 토미가 이런 문제를 겪기 전까지 나는 수영하는 사람이 익혀야 하는 가장 중요하고 미묘한 기술 중 하나가 물이 올라올 때 자동으로 입과 코를 막을 수 있는 반사 능력이라는 걸 몰랐다. 수영에 숙달된 사람은 그렇게 해야겠다는 생각 없이도 그렇게 한다. 또 어떤 사람들은 입의 아랫부분이 물에 잠겨 있더라도 윗부분을 통해 숨을 쉴 줄 안다. 하지만 토미는 그런 고난도의 기술은커녕 입과 코로 들어오는 물을 막는 방법조차 모르는 상태였다. 물이 밀려들면 너무 놀라 오히려 숨을 헐떡이기 일쑤였다. 그러면 물이 온갖 구멍을 통해 다 들어오게 되므로 토미는 한참 동안 숨이 막혀 캑캑거리고, 콜록거리고, 거품을 튀기고, 큰 소리로 트림을 했다. 다행히 물이 안으로 들어오는 만큼 내뱉기도 쉬워 큰 탈은 없었지만 토미는 이런 일이 일어나는 걸 좋아하지 않았다. 그렇게 고생을 하고 나면 얼마 동안은 내가 잡아주어야 안심했다. 그렇다고 울거나 풀에서 나가자고 하지는 않았다. 다만 이따금씩 분연한 어조로 "사람이 너무 많아!"라고 말할 뿐이었다.

후에 책을 읽고 안 사실인데 아기들도 태어난 첫해에는 일시적으로 숨을 멈추는 반사 능력이 있어서 물고기처럼 쉽고 자연스럽게 헤엄칠 수 있다고 한다. 하지만 한 살 때 수영을 좋아하던 아이들도 정기적으로 수영을 계속하지 않으면 서너 살쯤 되어서는 이 반사 능력과 기술을 완전히 잃어버리게 된다고 한다. 그 후부터는 모든 것을 다시 배워야만 하는 것이다.

나는 동의할 수밖에 없었다. 실제로 풀장은 너무 작고 사람은 너무 많았다. 게다가 출렁일 때마다 넘치는 물을 내보내는 배수구가 따로 없어서 풀 안이 잔잔해지기란 거의 불가능했다. 그래서 우리는 어떻게든 상황에 대처할 방법을 찾아내야 했다.

이때 우연히 발생한 어떤 일이 유익한 놀이가 되었다. 내가 토미를 가까이 붙잡고 있을 때였다. 불시에 물이 밀려와 입 안으로 들어가자 토미는 본능적으로 그 물을 내 얼굴에 내뿜었다. 나는 얼굴을 찡그리고 기침을 하면서 굉장한 소란을 피웠다. 캑캑거리면서 물거품을 마구 튀기기도 했다. 이게 재미있었는지 토미는 재빨리 얼굴을 물에 담가 입 안 가득 물을 채워 넣은 다음 나에게 내뿜는 놀이를 하기 시작했다. 이 놀이는 몇 가지 쓸모가 있었다. 우선 토미는 다 자란 어른도 캑캑거리고, 헐떡거리고, 콜록거릴 수 있다는 것, 그런 어려움을 겪는 사람이 자기만이 아니라는 사실을 알았다. 또한 입 한가득 물을 들이킨다고 해서 그것이 꼭 사고나 재난이 되는 건 아니라는 것도 알게 되었다. 그러다 마침내 토미는 물이 입에 들어오고 나가는 것을 '자신'이 결정하고 통제하고 있으며, 그렇게 할 수 있다는 것을 느꼈다.

토미가 이 놀이를 하고 있을 때 나는 토미가 물속에서 공기 방울을 불도록 만들 수 있지 않을까 하는 생각을 했다. 나는 토미에게 시범을 보여주었다. 그러나 토미가 나를 흉내 내는 데 아무런 관심을 보이지 않기에 곧 그만두었다.

□ 1965년 6월 12일

오늘은 최고로 모험적인 날이었다. 물속에 들어가자마자 토미는 한 바퀴 돌아달라고 부탁했다. 그래서 나는 물이 얕은 쪽에서 토미를 잠시 동안 끌고 다녔다. 토미는 나를 붙들지 않고 열심히 물장구를 치고 손을 저었다. 나는 토미를 아주 가볍게 잡고 있다가 잠시 후 손에서 힘을 뺐다. 그러곤 토미에게 말했다.

"헤엄친다, 헤엄친다!"

토미의 흥분된 표정을 통해 나는 그 애 또한 자신이 헤엄치고 있다는 사실을 안다는 걸 뚜렷이 느낄 수 있었다. 마침내 나는 토미에게서 완전히 손을 떼고 물 밖으로 들어 올려 토미가 온전히 혼자서 물 위에 떠 있다는 걸 토미와 그 애 엄마에게 보여주었다. 그 놀이는 여러 번 계속되었는데 한 번 할 때마다 토미가 그 모험을 감당할 수 있는 시간은 단 몇 초였다. 그래서 나는 토미가 불안해하기 전에 신경을 써서 접촉을 하고 몸을 다시 받쳐주었다.

나중에 토미가 쉬면서 햇볕에 몸을 덥히고 있는 동안 나는 혼자서 수영을 좀 했다. 토미는 엄마와 함께 풀의 깊은 쪽 끝에 있었다. 내가 거기까지 갔을 때 토미 엄마는 아이가 다이빙보드에서 뛰어내리고 싶어 한다며 나보고 잡아달라고 했다. 나는 놀라서 되물었다.

"진짜요? 토미가 진짜 그렇게 하고 싶어 해요?"

고집을 부려 보드 위로 올라간 토미는 보드 끝으로 걸어가더니 일말의 망설임도 없이 뛰어내렸다. 나는 토미를 받아서 풀 가에 있는 사다리까지 끌고 갔다. 토미는 그렇게 두 번, 세 번 더 뛰어내렸다. 큰 아이들이 몰려와 보드에 줄을 서지 않았더라면 분명 더 계속했을 것이다.

그런데 이 모험은 예상 밖의 난국을 초래했다. 보드에서 뛰어내리고 나자 풀 전체가 정당하게 자기 것이 되었다고 느꼈는지, 토미는 그 다음부터 밧줄 건너편의 깊은 곳에서 놀게 해달라고 요구했다. 그러고는 밧줄을 넘어가자마자 깊은 쪽 끝을 향해 온 힘을 다해 헤엄치기 시작했다. 나는 토미를 뒤따랐고 내 발이 간신히 닿는 지점에 이르렀을 때 아이 몸을 다시 얕은 쪽으로 되돌렸다. 그러자 토미는 끝까지 가고 싶다고 말하며 도로 몸을 돌렸다. 그렇게 나와 토미의 실랑이는 계속되었다. 결국 토미의 엄마와 구조원까지 합세해 너는 얕은 쪽에 있어야만 한다, 이렇게 깊은 곳에서 수영할 만큼 크지 않다, 그만큼 수영을 잘하는 것도 아니다라고 말했다. 얼마 동안 고집을 피우던 토미는 우리가 정말로 자기를 안 보내줄 거라는 걸 알았는지 울기 시작했다. 그건 실망과 치욕감, 분노로 가득 찬 울부짖음이었다. 아무도 토미를 달랠 수 없었다. 다이빙까지 성공하는 능력을 보여 풀장 전체를 사용할 정당한 권리를 얻었는데도 어른들은 얕은 쪽에 가둬두려고만 하니 토미는 분명 그것을 차별 대우라고 느꼈을 것이다.

_지금은 그때 우리가 아주 어리석은 실수를 했다고 생각한다. 만약 다시 그때로 돌아간다면 이렇게 말할 것이다.

"그래, 가고 싶으면 깊은 쪽 끝까지 가도 돼. 내가 옆에 있어줄 테니까."

그렇게 한다고 해서 무슨 나쁜 일이 일어나겠는가? 그럼에도 왜 우리는 그때 이것을 허락하지 않았을까? 토미는 물에 빠질 염려가 없었다. 아이는 구명구를 착용하고 있었고 무엇보다 곁에 내가 있었다. 토미의 용기가 바닥나거나 혹시 힘이 빠져 물을 삼키더라도 내가 아이를 풀 가장자리로 끌고 가면 그만이었다. 그날 토미가 화를 낸 일에 나는 전혀 불만이 없다. 보란 듯 공훈을 세워 깊은 쪽 끝까지 갈 권리를 얻었음에도 그걸 전면 부인하고 오히려 아이에게 날카로운 불신의 표를 던졌으니까 말이다._

□ 1965년 6월 16일

날씨가 나빠서 며칠 동안 풀장에 가지 못했는데 오늘은 태양이 우리를 다시 풀장에 내려놓았다. 차를 타고 풀장으로 가면서 토미는 몇 번이나 나에게 말했다.

"나 잡지 마, 존. 나 혼자 할 거야."

토미는 분명히 풀에 가면 뭘 할지 머릿속에 그려보고 있었다. 이건 많은 전문가들이 이 나이의 아이들은 물론 상당히 더 큰 아이들도 할 수 없다고 말하는 종류의 사고 작용으로 보였다.

풀장에 도착하자 토미는 플라스틱 구명구를 착용하고는 곧바로 물속으로 들어갔다. 그리고 아무 도움 없이 혼자서 헤엄치기 시작했다. 어깨에 걸치는 구명구는 토미를 거의 수직 상태가 되도록 만들기 때문에 앞으로 나가려면 아주 용을 써야 했다. 그럼에도 토미는 혼자 수영하는 일을 멈추지 않았다. 다른 아이가 불시에 얼굴에 물을 뿌릴 때만 제외하고 말이다. 그럴 경우 토미는 수영을 멈추고 주변을 둘러보며 도움과 의지처를 구했고 기침을 해서 물을 다 뱉고 나면 곧바로 다시 출동했다. 이런 식으로 토미는 얕은 풀 전체를 서너 번 가로질렀다. 이 일로 그날 몫의 에너지와 자신감을 다 써버린 토미는 나머지 시간 동안 내가 자기를 이리저리 끌고 다니거나 밧줄을 잡고 노는 것에 만족했다.

□ 1965년 6월 18일

오늘 처음으로 토미는 얼굴에 물이 들이닥칠 때 어떻게 대처해야 하는지 그 방법을 알았다. 토미는 이전에 몇 번 했던 것처럼 계단에서 내 품 안으로 뛰어내리는 걸로 오늘의 탐사를 시작했다. 그런데 평소보다 약간 겁을 먹었던지 내게 손이 아닌 팔로 받아달라고 부탁했다. 그렇게 하지 않은지가 상당히 오래되었음에도 말이다. 나는 몇 번인가 팔로 토미를 안아서 계단에 데려다주는 일을 반복했다. 차츰 대담해진 토미는 계단으로 헤엄쳐 돌아가고 싶어 했다. 나는 처음엔 형식적으로만 받쳐주다가 나중엔 아예 손을 떼었다. 토미는 내게 닿자마자 몸을 돌려서 계단이나 풀 가장자리로 헤엄쳐 갔다.

이를 몇 번 해본 끝에 토미는 물속에서 몸을 틀 수 있다는 걸 알았다. 그리하여 몸을 틀어 가고 싶은 방향으로 나아갈 수 있게 되었다. 이것 역시 토미에게는 아주 흥분되고 재미있는 일이었다. 토미는 자기가 그걸 할 수 있다는 걸 보여주고 싶은지 몸을 완전히 한 바퀴 돌리는 걸 몇 번이나 시도했다.

풀장엔 사람이 아주 많았고 물이 출렁대는 정도가 보통 이상이어서 토미는 그 어느 때보다도 얼굴을 덮치는 물 때문에 고생을 해야 했다. 그런데 어느 순간 토미를 보니 그 문제에 아주 잘 대처하고 있었다. 처음 몇 번은 다른 때와 마찬가지로 들이킨 물을 내뱉을 때까지 잡아주어야 했다. 그러나 시간이 좀 흐르자 물이 들어올 때는 입을 다물 줄 알게 되었고 물이 들어온 즉시 뱉어낼 수도 있었다. 마침내 토미는 더 이상 얼굴로 날아드는 물보라로 고생하지 않았다. 물보라가 덮치는 것을 물속에 있는 것과 똑같이 받아들임으로써 물이 자신의 활동 영역이고 그 속에서 편안함을 느끼고 싶어 한다는 것을 보여주려는 듯했다.

토미 스스로 고질적인 문제의 해결 방법을 터득했으므로 나는 물 밖에 나와 쉬면서 세 아이들에게 수영을 가르치고 있는 한 남자를 보았다. 그는 앞에서 내가 말한 전형적인 부모 같았다. 자신의 의지와 무자비한 힘을 사용해서 자신이 원하는 것을 아이에게 가르치려 드는 그런 부모 말이다. 우리가 수영장에 도착했을 때 그는 네 살쯤 돼 보이는 어린 딸을 팔에 안고 물속을 돌아다니고 있었다. 아이는 저항하지는 않았지만 뻣뻣하게 굳은 것이 다소 불안해하는 것처럼 보였다. 아이의 아버지는 아직 젊었지만 살찐 체격이었는데 그래도 왕년엔 상당한 운동가였던 듯 체력은 좋아보였다.

그는 풀에 들어간 지 2, 3분도 채 지나지 않아 이제 충분한 준비가 되었으니 본격적인 지도를 할 때라고 결정했다. 그의 계획은 수영하는 자세, 그러니까 배를 밑으로 해서 아이를 물 위에 놓고 자기가 붙들고 있는 동안 아이로 하여금 발을 차고 손을 젓게 하는 것이었다.

적당한 때에 한다면 그리 나쁜 계획은 아니다. 다만 문제는 그 아이에겐 아직 적당한 시기가 아니라는 점이었다. 아이는 자신이 갑자기 새롭고 이상하고 겁나는 환경에, 그것도 아빠를 붙들고 있던 손마저 강제로 떼어져 의지할 곳 하나 없이 둥둥 떠 있는 것에 놀란 듯 아빠의 손 안에서 뻣뻣하게 굳어갔다. 아이는 물 위로 몸을 일으키려 안간힘을 썼지만 아무 소용이 없었다. 아빠는 아이를 꽉 잡고는 점점 더 큰 소리로 "발을 차! 손을 움직여!" 라고 말할 뿐이었다. 급기야 작은 소녀는 비명을 지르기 시작했다. 나는 그 소리를 통해 아이의 공포와 분노를 보았다. 또한 비명을 지르면 아빠가 멈추지 않을까 하는 기대와 희망도 보았다. 하지만 남자는 위협적으로 들리는 고함으로 아이의 모든 감정과 기대를 배반했다.

"링크! 링크! 멈춰! 내 말 들어! 무서워할 것 없어! 가만히 있으라고!"

급기야 아이의 비명소리가 하늘을 찌르고 풀을 둘러싼 사람들이 비난에 가득 찬 시선을 보내기 시작하자 남자는 딸아이를 거칠게 풀장 밖으로 끌어냈다. 하지만 잠시 후 그는 어린 사내아이를 풀로 데리고 들어가 다시 한 번 그 과정을 되풀이했다. 우리가 풀장에 머문 짧은 시간 동안 그는 아이 세 명을 모두 눈물과 공포 속에 몰아넣었다.

자연스러운 욕구가 배움의 힘

그날 이후 나는 더 이상 토미의 집에 머물지 않게 되었고 토미에 대한 관찰과 기록도 끝이 났다. 나는 토미가 스티로폼 구명구 없이 헤엄치는 것을 직접 보지는 못했다. 그 구명구는 토미가 별로 노력을 하지 않아도 물에 떠 있게 할 만큼 부력이 강한 것이었다. 따라서 구명구에 의지하지 않고 자기 몸의 부력만으로 물 위에 뜨는 것이 토미가 나아갈 다음 단계가 아닌가 싶었다. 그렇게 하는 한 가지 방법은 구명구를 조금씩 잘라내서 점차적으로 부력을 줄이는 것이다. 가끔씩 구명구 없이 물속에 데리고 들어가 손이나 벨트로 아이의 허리를 잡고 물 위에 떠있게 했다가 조금씩 지탱하는 힘을 줄이는 것도 좋은 방법의 하나다. 어쨌거나 나는 한두 해 안에 토미가 구명구를 더 이상 안 쓰고 싶어 하거나, 아니면 그럴 필요가 없다고 스스로 결정을 내릴 거라 생각했다.

하지만 무엇보다도 우리의 경험을 통해 내가 확신하게 된 것은 어른들이 아이의 각오와 의지 이상으로 빠르게 그리고 멀리 밀어붙이려 하지 않을 때, 오직 미지의 세계를 탐사하고 그 세계를 통제할 힘을 획득하고자 하는 아이의 자연스런 욕구를 이용할 때만이 학생과 교사 둘 다 가장 큰 즐거움을 느끼고 발전할 수 있다는 사실이다.

_정말로 토미는 1, 2년 후에 수영을 터득했다. 하지만 더 자라서 학교에 다니게 되었을 때 토미는 수영보다는 경기용 스포츠에 큰 관심을 가지게 되었다. 토미가 살던 뉴멕시코에서는 수영이 그다지 주요하고 큰 경기가 아니라 그저 많은 사람들이 하는 흔한 운동이었을 뿐이다. 토미의 가까운 친구들 중 수영에 특별한 관심을 가진 아이는 없었다. 사실 많은 아이들이 헤엄치는 법조차 몰랐다. 결과적으로 토미

는 축구나 농구, 스키, 육상 같은 스포츠에서는 두각을 나타내는 탁월한 선수가 되었지만 수영은 그럭저럭 할 줄 아는 정도로밖에는 되지 못했다. 뭐 문제될 것은 없다. 토미는 자신이 하고 싶으면 뭐든 할 수 있다는 사실을 이미 알고 있으니까. 언젠가 토미가 바다 가까운 곳에 살게 된다면 아마도 스키 경험을 살려 멋진 서퍼가 되지 않을까? 나는 그럴 거라고 확신한다.

최근 메릴랜드에 사는 맨프레드 스미스가 《그로잉 위다웃 스쿨링》으로 편지를 보내와 자신의 세 살짜리 딸 제이미가 어떻게 수영을 배우게 되었는지에 대해 이야기했다.

작년에 우리는 제이미에게 수영 레슨을 시키기로 했습니다. 그건 좋은 생각처럼 보였지요. 하지만 두 번째 레슨을 받게 되었을 때 우리는 제이미가 그걸 싫어한다는 걸 알아차렸습니다. 결국 네 번인가 하고 나서 레슨을 그만두게 했지요. 제이미는 여름이 다 끝날 때까지 레슨을 다시 받게 될까 봐 계속 걱정했습니다. 큰 풀에도 들어가기 싫어했고요. 그런데 올 들어서는 어린이용 풀에서 수영을 하며 많은 시간을 보냈습니다. 이곳 어린이용 풀은 참 좋아요. 한쪽 끝이 깊어지는 그런 구조로 되어 있지요. 제이미는 거기서 옆으로 혹은 뒤로 헤엄을 치고 잠수도 하면서 몇 시간을 보내곤 했습니다.

더 놀랄 일은 3주일쯤 전에 일어났습니다. 제이미가 나에게 오더니 이제는 큰 풀에 혼자 들어갈 준비가 되었다고 말했던 겁니다. 그러고는 바로 풀 쪽으로 걸어가더군요. 내가 곧 따라잡지 않았다면 그 애는 풀 속으로 뛰어들었을 겁니다. 어쨌든 나는 제이미를 안고 큰 풀로 들어가 1미터 정도 되는 깊이에 내려놓았습니다. 그랬더니 제이미가 정말로 헤엄을 치는 것이었어요. 우리는 큰 풀에서 한 시간을 보냈습니다. 제이미는 머리부터 풍덩 뛰어들어 나를 향해 헤엄쳐오곤 했습니다. 아이는 최소한 5미터는 헤엄칠 줄 알았지요. 그날 이후 우리는 큰 풀에서 많은 시간을 보낸답니다. 심지어 제이미는 이제 바다에서도 큰 재미를 보고 있어요. 그 애는 바다에서 헤엄을 칠 뿐만 아니라 파도타기도 하지요! 제이미는 우리에게, 아이들은 준비가 되었을 때 하고 싶은 것을 한다는 걸 알려주었습니다.

또 한 명의 엄마에게서도 비슷한 내용의 편지를 받았다.

Z는 네 살 때와 다섯 살 때 수영 레슨을 받았습니다. 각각 2주일 동안요. 하지만 아이는 그때마다 수영을 할 수 있기 직전이 되면 레슨을 받고 싶지 않다고 했습니다. 그리고 다섯 살 이후 1년 반 동안 아이는 수영 레슨을 전혀 받지 않았지요. 하지만 우리 가족은 매주 수영을 하러 갔습니다. 그런데 글쎄 지난주에는 Z가 등을 밑으로 하고 풀 전체를 가로질러 가는 게 아니겠어요. 아이는 결국 풀을 일곱 번이나 왕복했어요! 이번 주에는 배를 밑으로 하고 헤엄을 쳤습니다. 누군가의 가르침에 의한 게 아니라 순전히 자기 식으로 말이죠. 아이는 등을 위로 했다가 밑으로 했다가 하면서 장장 열두 번을 왕복했습니다! 그리고 나서는 자기가 물에 뛰어들면 다른 사람이 풀 가장자리로 밀어주는 놀이를 하고 싶어 하더군요. 마치 수영을 할 줄 모르는 한 살짜리 아기처럼요. 아직은 자신이 완전히 독립할 준비가 되지 않았다는 걸 알리려 한 거지요.

이 두 아이는 아이들이 뭔가를 배우는 과정에서 나타나는 아주 일반적인 패턴을 보여주고 있다. 아이는 맨 먼저 새로 만난 흥미로운 세계를 향해 대담한 도약을 감행한다. 그러고는 잠시 동안 편안하고 익숙하고 안전한 장소로 후퇴한다. 우리는 이 진전과 후퇴, 탐색과 강화의 리듬을 예측할 수 없으며 조절은 더더욱 할 수 없다. 이것이 바로 아이들의 학습이 정해진 시간표에 맞추어질 수 없고 그렇게 해서도 안 되는 중요한 이유다.__

스포츠의 영역에서 우리는 아이들이 누구의 가르침도 없이 얼마나 많은 것을 배울 수 있는가 확연하게 알 수 있다. 내가 한때 일한 적이 있는 어느 초등학교의 체육 프로그램은 아주 빈약했다. 무엇보다도 체육을 할 만한 적당한 장소가 없었다. 시간도 충분하지 않았다. 4학년에서 6학년까지의 상급생들은 오전에 30분 동안 휴식할 수 있었고, 소프트볼을 할 수 있는 오후 운동 시간은 겨우 한 시간에 불과했다. 우리는 처음에 그리 넓지 않은 포장된 마당에서 소프트볼을 했다. 하지만 2년 후에는 그조차도 불가능해졌다. 마당의 일부를 울타리로 막아 더 어린 아이들이 놀도록 했고, 나머지 장소는 주차장으로 바꾸었기 때문이다. 설상가상으로 오후 운동 시간도 30분으로 줄었다. 하는 수 없이 우리는 테니스 코트보다 훨씬 더 작은 공터로 장소를 옮겼다. 거기서 나나 6학년 담임인 데이비드 하디가 투수 노릇을 해주면 아이들은 공을 쳐내는 타격 연습을 하거나 공을 받아내는 수비 연습을 했다. 상급생들이 주로 수비를 맡고, 3학년은 (때로는 2학년도) 베이스 달리기를 했다.

사실 우리는 대단한 소프트볼 팀을 만들 수 있을 거라 기대하지 않았다. 조건도 조건이거니와 아이들이 특별히 운동을 잘하는 것도 아니었기 때문에 더 그랬다. 하지만 우리는 해마다 꽤 실력 있는 소프트볼 팀을 이루어 경기에 참가할 수 있었다. 적어도 또래의 다른 소년들에게 지지 않고 버틸 만큼은 되었던 것이다. 어떻게 그런 일이 가능했던 것일까. 나와 데이비드가 아이들에게 '가르친' 건 거의 없다고 해도 과언이 아니었다. 더군다나 모든 면에서 연습 조건이 열악했는데도 아이들은 그와 같은 결실을 이루어냈다. 그 비결은 바로 관찰과 모방에 있었다. 아이들은 서로를 관찰하고 모방하면서 배웠던 것이다.

해마다 나는 같은 일이 일어나는 걸 보았다. 예를 들어 3학년이나 4학년쯤 된 남자아이가 팀에 가입했다고 치자. 아이는 몸놀림도 시원찮고 서투른 데다가 야구의 규칙과 기술에는 또 어찌나 무지한지 영원히 야구를 못 할 것만 같다. 그런데 2년쯤 지나고 보면 아주 괜찮은 선수가 되어 있다. 몇몇은 심지어 다른 아이보다 더 뛰어나기까지 하다. 이 아이들 중 많은 수는 외부의 다른 지도와 가르침 없이 오직 학교에서만 연습을 하고 경기를 했다. 자기들보다 야구를 잘 하는, 나이 많은 아이들을 눈여겨보고 똑같이 해보려고 시도하며 배운 것이다.

반면 나는 훨씬 좋은 조건, 이를테면 공간도 널찍하고 체육 시간도 넉넉한 학교에서 운동을 한 아이들이 조건이 좋지 않은 학교의 아이들보다 실력이 뒤떨어지는 예를 많이 보아왔다. 내 관찰에 따르면 가장 큰 차이점은 조건이 좋은 학교의 경우 교사들이 소프트볼을 '가르치려고' 했고, 아이들은 무언가에 대한 설명을 들으면서 가만히 서서 체육 시간을 보낸다는 점이었다. 그 당시 타격하는 법과 공 던지는 법을 배우고 있던 두 명의 소년이 생각난다. 그 부루퉁하고 체념한 듯한 얼굴 표정이며 흐늘흐늘하고 짜임새 없어 보이던 근육이 눈에 선하다. 그 아이들의 몸은 학교 밖 운동장에 서 있었지만 생각은 운동장으로까지 그대로 옮겨온 '학교'에 갇혀 있었다. 그러니 그들이 멀리 가지 못한 것은 전혀 이상한 일이 아니다. 하지만 만약 그 아이들이 자기보다 좀 어리고 큰 선후배 소년들과 함께 놀고, 보고, 따라할 기회를 가졌더라면 분명 좋은 변화가 있었을 거라고 생각한다.

6
창의성 교육

어느 날 아침 1학년 교실에서였다. 아주 친한 사이인 두 여자아이가 커다란 종이 몇 장과 연필을 들고 테이블에 앉았다. 그림 그릴 준비가 다 끝나자 한 아이는 생각을 좀 한 다음에 커다란 나무를 그리기 시작했다. 그 아이는 종이의 맨 밑에서 시작해 두 개의 선을 그었다. 두 선은 안쪽으로 모였다가 나란히 위로 올라갔고, 거의 꼭대기까지 가서 다시 바깥쪽으로 펼쳐졌다. 아이는 그 동체에 큰 가지 몇 개를 그리고, 큰 가지에 작은 가지들이 뻗어 나오게 한 다음 이파리로 덮기 시작했다. 다른 한 소녀는 친구가 그리는 모습을 지켜볼 뿐 아무것도 하지 않았다. 잠시 후에 내가 그 애에게 물었다.

"넌 뭘 그릴거니?"

재촉하는 게 아니라 오로지 궁금했을 뿐이었다. 그러자 아이가 대답했다.

"뭘 그려야 될지 모르겠어요."

"너도 나무를 그리지 그러니?"

내가 권하자 아이는 한순간의 망설임도, 또 아무런 수치심도 없이 이렇게 말했다.

"어떻게 그리는지 모르겠어요."

상징을 그리는 아이들

아이의 대답은 나에게 놀라움이자 동시에 뭔가를 알려주는 계시이기도 했다. 그림을 구경하는 건 좋아하지만 사실 나는 그림에 대해서는 아는 게 거의 없다. 내가 학교를 다니던 시절에는 미술 시간이 거의 없었다. 나는 오직 한 번의 미술 시간과 내가 그리려고 노력했던 단 한 장의 그림만을 기억할 뿐이다. 그때 나는 보름달을 배경으로 죽은 나뭇가지에 앉아 있는 올빼미를 그리려고 했다. 비록 완성하지는 못했어도 내게 그건 일종의 야심작이었다. 이처럼 경험이 턱없이 부족한 탓일까. 나는 화가들이란 그저 눈앞에 있는 물체를 보고 베끼는 일을 하는 것이며 그 일을 반복할수록 점점 더 잘하게 되는 게 아닌가 하는 순진한 생각을 가지고 있었다. 그러다 최근에 와서야 실재하는 물체는 종이에 그대로 옮겨지지 않으며, 뭔가 진짜처럼 보이는 형상을 선과 색으로 만들어내기 위한 일종의 테크닉이 (배우고 연습하고 완성시켜야만 하는) 필요하다는 것을 알았다.

그래도 여전히 아이들의 눈으로 이런 사실을 생각해보지는 않았었다. 나는 더 원시적인 수준에서는 미술도 일종의 복사 작업이라고 생각했었다. 그래서 이 아이가 나무를 그릴 줄 모른다고 말했을 때 깜짝 놀랐던 것이다. 내 입에서는 거의 "나무를 그냥 보면 되잖아."라는 말이 튀어나오려 했다. 그러나 다행히도 그 말이 튀어나가기 전에 언젠가 읽은 이런 이야기가 떠올랐다. 많은 원시 종족들은 그림이나 사진 속에서는 눈에 아주 익숙한 물건이나 주변 풍경조차 알아보지 못한다는 내용이었다. 우리는 어떤 그림이 진짜 실물처럼 보인다고 말하고, 또 그렇게 믿곤 한다. 하지만 그건 사실이 아니다. 실물엔 깊이가 있는 반면 그림은 평평하다. 그러므로 실재하는 물체를 평평한 그림으로 바꾸는 작업엔 일종의 약속이 개입한다. 언어처럼 말이다. 그리고 언어와 마찬가지로 그 약속도 배워야만 한다.

나는 나무 그림과 진짜 나무의 관계는 몇 가지 점에서 어떤 도시와 그 도시의 지도 사이의 관계와 같다는 사실을 깨달았다. 지도는 많은 점에서 도시와 비슷하다. 하지만 지도를 만들 때는 모든 것을 다 그리는 것이 아니라 어떤 부분은 집어넣고 어떤 부분은 제외시킨다. 그림도 그와 같아서 무얼 넣고 무얼 뺄지 모르는 사람은 어디서부터 어떻게 그려야 할지 모르게 된다. 어린 소녀 또한, 우리가 나무라고 부르는 복잡한 실체를 모든 색깔과 형태, 결, 부피, 명암 속에서 바라보고 있었기에 그중 어떤 성질을, 어떤 방법으로 표현해야 할지 몰랐던 것이다.

2, 3일 후에 나는 같은 여자아이 둘이 다시 커다란 종이를 가지고 테이블에 앉아 있는 것을 보았다. 이번에는 양쪽 종이에 모두 예의 그 나무가 그려져 있었다. 뿌리가 올라와 줄기가 되고 줄기는 거의 종이 꼭대기까지 쭉 뻗은 다음 두 갈래로 갈라져 가지가 되고, 그 가지에서 사방으로 퍼져나간 잔가지에는 초록색 이파리들이 붙어 있었다. 나는 "오, 나무를 그렸네."라고 말했다. 그 아이는 즐거운 미소를 지어 보이더니 친구를 향해 고개를 끄덕이고는 말했다.

"얘가 가르쳐줬어요."

그러고는 다시 작업을 계속했다.

_물론 그 아이들은 '나무'를 그리고 있는 것이 아니었다. 아이들은 자기들이 알게 된 '나무의 상징'을 그렸을 뿐이다. 거대한 상형문자를 그리듯이 말이다. 다시 말해 아이들이 종이에 그린 선은 그들 자신에게 나무로 보인 것이 아니었다. 그 선은 다만 나무를 뜻했다. 어떤 나무를 보고 닮은꼴로 그릴 수 있느냐 없느냐의 관점에서 보면 이는 정말이지 난감한 문제다.

낙서를 하거나 무늬를 그리며 혼자서 즐긴 지는 오래되었지만 나는 그림을 잘 그린 적도 없고 그렇게 할 수 있다고 생각해본 적도 없다. 물건이나 사람을 진짜처럼 그릴 줄 안다는 것은 내겐 그저 신비롭고 마술 같은 재능으로 여겨졌다. 악기 연주가 한때 그렇게 보였듯이. 그런데 요 1년 사이 베티 에드워드Betty Edward의 책 『우뇌로 그림 그리기Drawing with the Right Side of the Brain』를 읽으면서 나는 나를 포함한 대부분의 사람들은 왜 그림을 못 그리는지, 그리고 그림을 잘 그리는 사람들은 어떻게 하는지를 알게 되었다. 그전에도 그림 그리는 법에 관한 책을 전혀 안 읽어본 것은 아니었다. 하지만 그 책들은 그림 그리는 일에 대해 내가 갖고 있는 신비감이나 나는 그리기를 터득할 수 없을 거라는 느낌을 조금도 덜어주지 못했다. 하지만 베티의 책은 시간을 투자할 마음만 있다면 그림을 잘 그리게 되는 일도 가능하리라는 느낌을 갖게 했다. (내가 실제로 그렇게 될지는 의문이다. 지금은 음악이 훨씬 강하게 나를 끌어당기니까. 그래도 가능성은 있다고 확신한다.)

그 책을 통해 나는 많은 사람들이 그림을 못 그리는 진짜 이유는, 위에서 예를 든 두 소녀처럼 사물에 대한 시각적인 상징들로 머리가 가득 차 있어서 사물의 진짜 모습을 보지 못하기 때문이라는 것을 알았다. 우리는 사람의 얼굴에 관한 상징을 한 무더기 머릿속에 담아두고 있다. 눈은 이렇게, 코는 저렇게, 입은 이렇게 생겼다고. 그리하여 진짜 얼굴을 그릴 때가 되면 우리는 이 상징들을 종이에 쏟아놓는다. 눈은 제일 위에, 코는 중간에, 입은 맨 밑에 그리는 식으로 말이다. 그러나 다 그려놓고 보면 그 얼굴은 어느 누구도 닮지 않았다.

우리가 배워야 하는 것은 무릇 코는 이렇게 생겼다고 하는 상징은 일단 잊어버리고 지금 눈앞에 있는 특별한 코가 어떻게 생겼는가를 '진짜로 보는 법'이다. 이것은 약간의 지식과 쓸모 있는 기술, 그리고 얼마간의 생각과 연습을 필요로 한다. 하지만 적어도 평생이 걸리는 작업은 아니며, 사람에 따라서는 아주 짧은 기간 안에 터득할 수도 있다. 베티 에드워드의 책에 실린 학생들의 그림은 재능 없는 사람이라도 몇 달 안에 이 기술을 배울 수 있다는 것을 잘 보여준다.

'있는 그대로' 보는 일의 어려움

두 여자아이와 같은 반에는 내가 이때까지 보아온 어떤 아이보다도 그림 그리기를 좋아하는 소녀가 있었다. 그 애는 어찌나 그림 그리는 일에 열심이던지 여러 장의 그림을 차례차례 빨리도 그려냈다. 교실

벽은 그 애의 그림들로 가득 찼는데, 그 하나하나가 다 흥미로웠다. 나뿐 아니라 다른 아이들에게도 그랬다.

그 소녀는 항상 집을 그렸다. 하지만 집의 모양과 정원, 주변에 서 있는 나무들, 집 안팎에 있는 사람들과 그들이 하는 일은 다 달랐다. 아이는 그런 식으로 그림에 변화와 다양성을 부여했다. 보통 그 그림들은 크기가 클 뿐만 아니라 생동감과 활력으로 가득 차 있었는데 무엇보다 가장 특기할 만한 점은 엄청나게 뛰어난 세부 묘사였다. 집 주변에 난 풀을 그릴 때면 아이는 그저 초록색 크레용으로 줄을 찍찍 긋는 대신 먼저 풀잎을 뾰족뾰족하게 그린 다음 거기에 색칠을 했다. 꽃을 그릴 때는 꽃잎과 잎을 따로 정성스럽게 그려 넣었다. 그 아이가 그린 사람은 언제나 다섯 개의 손가락이 달려 있는 손을 가지고 있고 그 비례도 정확했다. 손가락 하나하나에는 정확한 모양의 손톱도 달려 있었다. 창문 안쪽에 달린 커튼 역시 진짜 집에 있는 커튼처럼 조심스럽게 한쪽 구석에 걷어놓은 모양이었다.

아이들의 미술 작품을 정신분석의 도구로 이용하는 유행을 퍼뜨린 사람들은 이 대목에서 유식한 소리를 해댈 것이다. 아이의 그림에서 세부에 대한 집착이니 강박적인 성격이니 하는 것들이 보인다면서 말이다. 어쩌면 이런 분석에도 진실 한 조각쯤은 있을 수 있다. 그러나 그 이상은 아니다. 그 아이는 아주 쾌활하고 생기가 넘치며 앞장서서 반의 분위기를 끌어가는 아이들 중 한 명이었다. 그 아이는 다만 자기 방식대로 사물을 관찰하고, 보이는 그대로 그렸던 것뿐이다. 그 아이에게 그림은 세상에 관해 배운 것을 표현하는 도구인 동시에 사물을 어떻게 바라봐야 하는지 배우고 다듬을 수 있는 유용한 방편이기도 했다.

그 아이의 그림은 동급생들의 눈도 밝혀주었다. 그 아이의 지도를 받은 상당한 수의 아이들이 일종의 유파를 형성하여 (마치 옛 이탈리아 거장들의 유파 같았다.) 똑같은 그림을 그리거나, 아니면 그 아이의 아이디어를 자기 나름의 방식으로 발전시키기도 했던 것이다. 아이들은 종종 그 소녀의 그림을 보기 위해 몰려들곤 했는데 하루는 그림 속에 있는 사람들이 손톱을 가지고 있다는 점을 알아챘는지 이렇게 수군거렸다.

"봐, 봐! 손톱까지 있다고!"

아이들에게 그것은 굉장한 성취로 보였다. 그리하여 자기 그림에도 손톱을 그려 넣어야겠다고 생각하게 된 아이들은 먼저 자신의 손톱을 새로운 눈으로 관찰하기 시작했다. 손톱은 정말로 어떻게 생겼고, 크기와 색깔은 어떤가 하고 말이다. 아이들은 점차 자기들의 스승인 그 소녀조차도 아직 발견하지 못한 세세한 면들을 찾아내려 했고, 그 결과 나는 다른 아이들의 그림에서도 주의 깊고 확실하게 관찰된 세부 묘사가 나타나는 것을 감상할 수 있었다.

굉장히 생산적이고 매번 새로워지는 이 과정이 그해 내내 계속되면서 성장했다고 보고할 수 있다면 얼마나 좋겠는가. 하지만 현실은 그렇지가 않았다. 그건 물론 그 반 담임교사 때문은 아니었다. 그녀는 아주 이해심 깊고 상냥한 여자였다. 게다가 다른 1학년 교사보다 훨씬 많은 시간을 할애해 그림을 그리게 했다. 하지만 그녀는 정해진 커리큘럼대로 수업을 진행해야 한다는 압박감에 시달리고 있었다. 무엇보다도 그녀와 아이들 모두 신경질적인 학부모의 손아귀에서 벗어날 수 없었다. 학부모들은 아이들의 '진도'에 관해 끊임없이 걱정을 했고 '아이비리그행 특급 열차'가 시간표에 맞게 달리고 있는지 아닌지 신경을 곤두세웠다. 그리하여 마침내 아이들에게는 편하게 그림 그릴 만한 시간이 없다, 미술은 진지한 것이 못 된다는 결론을 내려버렸다.

그림은 현실을 만나고 느끼는 매개

학교를 다니는 여섯 살짜리들은 매우 진지하다. 그리고 어른들이 무엇을 가치 있게 여기는지에 아주 민감하다. 예를 들어 아이들이 부모나 교사에게 그림을 보여준다고 치자.

"오, 정말 멋지구나."

어른들은 성의 없는 목소리로 대답한다.

그 다음 아이들이 바보 천치 같은 학습장을 펼쳐놓고 빈칸을 성실하게 채워놓으면, 그제야 어른들은 자신이 느끼는 참된 기쁨과 흥분된 감정을 드러낸다. 이것이 바로 그림이 어떻게 학습장에 밀려 사라지는가를 보여주는 과정이다. 스무 권의 학습장보다 한 장의 그림에 보다 진정한 배움이 있다 해도 어쩔 수가 없다.

훗날 그 아이들이 그림을 그리게 될 때는 현실과 접촉하는 수단으로서가 아니라 현실로부터 도피하기 위해 그림을 그리게 될 수도 있다. 3학년 남학생들이 그리는 전쟁 장면이나 열 살짜리 소녀들이 끊임없이 그려대는 말처럼 말이다. 환상과 공포, 가망 없는 소원들을 표현하는 한 방법으로서의 예술이 가치가 없다는 말이 아니다. 하지만 이런 종류의 그림은 남몰래 은밀히 하는 시시한 것이 되기 쉽다. 공책 한 귀퉁이에 끼적여놓거나, 아니면 단지 숙제를 위해서 그리는 식이 되는 것이다. 그런 그림에는 더 이상 상상력도 진지함도 존재하지 않는다.

지금은 3학년 남학생들이 전쟁 장면을 그리는 이유가 현실로부터 도피하기 위한 것이라고는 '절대' 생각하지 않는다. 도대체 어떻게 그런 멍청한 생각을 할 수 있었는지 아무리 생각해도 모르겠다. 이 세상에서 여덟 살 된 남자아이라면 누구나 다 전쟁이 존재한다는 걸 알고 있다. 그리고 거기서는 어른 남자들이 폭탄과 로켓과 총알 등으로 서로를 죽이고, 훗날 어른이 되면 자기도 다른 사람들을 죽이거나 누군가에게 죽임을 당할지 모른다는 사실도 알고 있다. 만약 잔인하게 학대받아온 아이들에게는 이런 것들이 자신들이 이미 살고 있는 세계의 완벽하고도 당연한 확장으로 보일 것이다. 반면 가족의 보호 아래 좋은 대접을 받으며 자라고, 다른 사람을 때리거나 다치게 하거나 재산을 손상시키는 따위의 일은 나쁘다는 내용의 이야기를 항상 듣고 지내온 아이들에게는 그런 사실이 아주 이상하고, 어렵고, 무서우면서도 이해해야만 하는 현실로 다가올 것임에 분명하다. 아니, 그런 문제는 다 제쳐두고라도, 죽음은 그 자체로 아이들에게 아주 강력하고 신비로운 주제다. 남자아이에게나 여자아이에게나 할 것 없이 말이다.

내가 아주 어렸을 때의 일이다. 여섯 살쯤 되었을까. 아니, 여섯 살도 안 되었던 것으로 기억한다. 어느 날 아버지가 화가 친구를 우리

아파트에 초대했다. 잠시 후 그 분이 큰 스케치북과 연한 연필을 꺼내더니 그림을 그리기 시작했다. 내가 황홀경에 빠져 지켜보는 가운데 종이 위에 차츰 어떤 형상이 나타나기 시작했다. 그건 기사였다! 완전 무장을 한 기사! 기적이었다. 1분 전까지만 해도 텅 비어 있던 종이에 여기 하나, 저기 하나 줄이 척척 그어지고 손이 매끄럽게 날아다니더니 기사가 나타난 게 아닌가. 그것도 거의 진짜처럼 보이는 기사가 말이다. 그 기사가 종이 밖으로 뛰쳐나왔다 해도 나는 그리 놀라지 않았을 것이다. 확실히 그 순간과 이후 얼마 동안 내겐 그림을 그리고 싶다는 욕망을 뛰어넘는 다른 욕망은 없었다. 실물을 종이에 연필로 옮기는 것, 그건 초인적인 능력으로 보였다. 나는 나도 그런 일을 할 수 있게 되리라고는 상상조차 해볼 수 없었다. 그렇지만 누군가 내게 그런 능력을 준다면, 그 어떤 것도 서슴없이 내놓았을 것이다.

오늘날 아이들이 학교에서 그런 경험을 한다는 것은 상상하기 힘들다. 어깨너머로 이래라저래라 시키거나, 잘못 그렸니 뭐니 잔소리를 늘어놓는 사람 없이 커다랗고 엉성한 원색적인 그림이나마 마음대로 그릴 수 있게 격려를 받는다면 그것만으로도 좋은 일이다. 하지만 미술 활동의 의미와 가치는 그 이상이다. 미술 활동에는 아이들이 꿈도 못 꿔본 (나도 진짜 같은 기사를 종이 위에 창조해낼 수 있는 사람이 있으리라고는 꿈도 꾸지 못했었다.) 가능성이 있다. 아이들은 그런 가능성을 접할 기회를 더 많이 가져야만 한다. 적어도 그림 그리기가 단순히 기분전환을 위한 게 아니라, 현실과 접촉하고 현실을 표현하는 아주 강력한 방법이 될 수 있다는 생각에 노출되어야만 한다. 아이들은 종이에 진짜 같은 형상을 나타낼 줄 아는 사람을 만나야만 하는 것이다.

아마 예술이라는 특정한 방식으로 현실을 탐구하기를 선택하는 아이들은 그리 많지 않을 것이다. 어떤 아이는 책을 통해, 또 어떤 아이는 건축이나 기계를 통해 현실을 탐구할 수도 있다. 그리고 과학 분야 중 하나를 택해서 그 분야가 요구하는 실험을 통해 세상을 탐구하는 아이도 있을 것이다. 하지만 어떤 아이들은 1학년 교실에서 내가 본 그 소녀처럼 예술의 길을 택할 것이다. 그리고 그 길을 택하는 아이들의 진지한 작업은 자기 자신과 주변의 많은 아이들에게 굉장한 이득을 가져다줄 것이다.

_아이들의 예술에는 그 당시에 내가 꿈꾸었던 것보다 (그리고 지금 많은 사람들이 꿈꾸고 있는 것보다) 훨씬 더 큰 가능성이 있다. 그리고 그에 대해 나는 이 책에서 쓸 수 있는 것보다 더 많은 이야깃거리를 가지고 있다. 이 주제에 관해 내 눈을 활짝 열어준 것은 톰 웨슬리Tom Wesley라는 한 부모가 몇 년 전에 보낸 편지였다. 그 편지는 《그로잉 위다웃 스쿨링》 9호에 실려 있다. 나의 책 『당신의 아이는 당신이 가르쳐라』에도 이 편지가 실려 있다. 다음은 그 편지의 일부다.

> 마리코(톰의 딸)는 생후 6개월부터 그림을 그리기 시작했습니다. 우리는 마리코가 하는 일은 뭐든지 중요한 예술로 취급해주었죠. 한 살 때 마리코는 주변의 어느 누구보다도 그림을 잘 그리게 됐습니다. '내가 뭔가를 다른 사람보다 잘할 수 있다. 나를 둘러싸고 있는 전능한 거인들보다도 더 잘 할 수 있다.'는 사실은 마리코의 붓질에 용기를 주었지요. …… 마리코는 한 살 때 이젤과 템페라 물감을 선물 받았습니다. 두 번째 생일에

는 무독성 아크릴 물감을 받았고요. 아이는 그때부터 아크릴 물감을 가장 좋아하게 되었지요. 샌프란시스코에서 열린 어린이 미술 전시회에서 우리는 놀라운 사실을 발견했습니다. 마리코는 어린이 미술을 하지 않는 어린이 화가였던 겁니다. …… 그 애가 아크릴 물감을 쓰고 있다는 점에서 특히 그랬지요. 어린이는 수채 물감을 써야 한다는 고정관념이 있거든요. 아크릴 물감은 포스터칼라나 템페라 물감보다 사용하기가 쉽습니다. 하지만 더 비싸지요. 저는 제가 받는 최저생활임금의 대여섯 배나 되는 급료를 받으면서도 아이들에게 아크릴 물감을 사줄 돈이 없다고 말하는 사람들을 알고 있습니다. 이 말이 무엇을 의미하는지는 분명합니다. 아이들은 그만한 돈을 투자할 가치가 있는 일을 할 수 없다고 생각하는 것이지요.

그는 편지와 함께 딸이 생후 26개월에서 38개월 사이에 아크릴 물감으로 그린 다섯 장의 그림을 칼라사진으로 보내주었다. 그 그림들은 굉장히 훌륭했다. 그중 세 장은 성인들의 작품 전시회에서 보았다 해도 발걸음을 딱 멈추게 할 만한 것이었다. 색깔과 형태, 드로잉과 구상 등 그림의 기초가 되는 아이디어들이 놀라웠다. 아무리 아이들을 존경하는 어른이라 해도 그 그림들을 어린아이가 그린 것이라고는 믿기 힘들 것 같았다. 실제로 웨슬리 씨가 마리코의 그림들을 어린이 미술 '전문가'들에게 보여주었을 때 대부분은 그게 어린이의 작품이라는 사실을 믿지 않으려 했다고 한다.

웨슬리 씨는 나중에 편지를 또 보냈다. 미술 재료와 테크닉에 대한 실제적인 제안으로 가득한 편지였다. 그 일부를 여기에 싣는다.

어린이 미술에 공급되는 싸구려 물품, 어린이의 작품이 전시되는 방식, 어린이 미술에 대한 어른들의 억측과 신화의 관점에서 보면 저는 진짜 괴짜입니다. …… 우리는 항상 마리코에게 최고급의 미술 재료를 사주었습니다. 저의 수입이 적은데도 말이지요. 마리코가 아홉 살이 될 때까지 그 결과는 끊임없이 우리를 놀라게 했습니다. 마리코가 사용한 재료는 대략 이런 순서를 밟아왔습니다. 6개월 때는 크레용과 매직펜, 한 살 때는 이젤과 템페라 물감, 두 살 때엔 아크릴 물감. 그리고 아크릴 물감은 마리코가 가장 좋아하는 재료가 되었습니다.……

왜 아크릴 물감을 좋아하느냐고 묻자 마리코는 이렇게 말했습니다.

"아크릴 물감을 쓰면 더 쉽게 그려져요. 진하게 칠해도 선명하고요. 템페라 그림은 칙칙하고 가루가 날려요. 오래가지도 못하고 말예요. 아크릴 물감의 좋은 점은 그것 말고도 많아요."

하지만 제가 읽어본 일본과 미국의 아동 미술 서적이나 도쿄와 캘리포니아 만안 지역에서 관람한 어느 전시회에서도 어린이가 아크릴 물감으로 그린 그림은 없었습니다. 저는 마리코에게 값비싼 낙타털 붓을 사주는 게 하나도 아깝지 않습니다. 그 애가 새 붓의 섬세한 감촉에서 얻는 감각적인 즐거움이 제게도 전해지거든요. 더욱이 그 붓이 마리코의 그림에 끼치는 흥미로운 영향을 감상하는 것만으로도 보상은 충분합니다. 요즘 마리코는 메소나이트보드나 다른 하드보드에 그림을 그리고 있지요. 저는 건축자재상에서 커다란 하드보드를 사와서 2×4 인치 등의 크기로 잘라 사포로 가볍게 문지른 다음 질 좋은 라텍스 페인트로 애벌칠을 합니다.……

빛의 상호작용과 색들의 반사와 흡수에 관한 마리코의 사색은 끝이 없습니다. …… 한 살이 되기 전부터 그 애는 색깔과 색들의 관계에 굉장한 흥미를 가져왔지요.

아주 어린 아이라 할지라도 고품질의 미술 재료를 접해볼 기회를 가져야 한다는 웨슬리 씨의 의견에 나는 완전히 동의한다. 우리는 아이들에게 좋은 미술 재료를 주의 깊게 사용하는 방법을 보여주어야 한다. 비싼 도구를 어떻게 사용하는지를 가르쳐줄 때처럼 말이다. 나쁜 도구의 한계에서 벗어남으로써 아이들은 자신의 예술적 재능을 더 깊게 탐구하고 표현하고 넓힐 수 있기 때문이다.

좋은 도구를 적절히 사용하기에는 아이들이 너무 서투르고, 참을성도, 조심성도 부족하다고 치부해서는 안 된다. 이제까지 《그로잉 위다웃 스쿨링》으로 온 많은 편지가 분명하게 보여주듯이 아주 어린 아이들도 일을 잘하고 싶어 한다. 적어도 우리 어른들만큼은 말이다. 게다가 아이들에겐 여러 가지 도구를 사용하는 법을 배울 수 있는 완벽한 능력이 있다. 날카로운 목공 연장, 조리 기구, 악기, 카메라 같은 물건들도 예외는 아니다. 대부분의 어른은 아이들이 그런 물건을 다루기엔 무리라고 주장하겠지만.

음악을 매개로 만난 내 친구 하나는 재미로 혼자서 중국어 공부를 시작한 덕분에 마침내 중년의 나이에는 중국어로 유창하게 말하고 쓸 줄 알게 되었다. 그 친구가 얼마 전에 중국 본토 아이들이 그린 그림 달력을 나에게 보여주었다. 각 페이지마다 아름다운 그림 한 장과 그걸 그린 아이의 사진, 짧은 프로필이 함께 실려 있는 달력이었는데, 어린이 화가의 능력에 대한 우리의 통념을 깨부수기에 충분했다. 큰 대회에서 수상한 경력이 있는 그 아이들을 평범한 중국 어린이의 전형으로 볼 수는 없을 것이다. 그렇다고 해도 일종의 수채 물감처럼 보이는 재료를 써서 붓으로 그린 그 그림들은 구성에서나 색채에서나 놀랄 만큼 아름다웠다.

우리에 비해 엄청나게 가난한 나라인 중국이, 어린이 미술에 그렇게 큰 중요성을 두고 많은 자원과 노력을 쏟고 있다니 얄궂은 일이다. 중국에서 그렇게 하고 있는 바로 이 순간에 미국은 학교에서 미술을 추방하려 하고 있지 않은가. 학교에서 지금 하고 있는 미술 교육이 아무리 별 볼일 없는 것이라 해도, 그것마저 없애려고 하는 건 기분 좋은 일이 아니다. 예술은 많은 아이들에게 바깥세계와 내면세계를 탐구하고 거기서 배우고 느낀 점을 표현하게 해주는 아주 강력하고도 근본적인 방법이기 때문이다. 다시 말해 예술은 '장식'이 아니라 중심적인 인간 활동이자 필요불가결한 일이다. 그런데도 우리는 그것을 감히 소홀히 하고 있다.

수학과도 '잘' 통하는 미술

미술 활동은 눈과 손뿐만 아니라 두뇌도 훈련시킨다. 나는 『아이들은 왜 실패하는가』란 책에서 IQ 검사란 뭔가 하는 방법을 얼마나 많이 알고 있는가를 검사하는 게 아니라 그 방법을 모를 때 어떻게 행동하느냐에 대한 검사라고 말했었다. 어떤 책에도 답이 나와 있지 않아 스스로 풀어야만 하는 '진짜 문제'를 던지는 상황이나 활동이야말로 우리의 지성을 연마시킨다. 숙련을 필요로 하는 여러 직종처럼 미술도 그런 가능성으로 가득 차 있다. 숙련된 화가나 장인, 공예가들이 대부분 머리가 좋은 이유는 바로 이 때문이다. 그들의 정신은 활동적이고 창의적이다. 그래야만 하기 때문이다.

나에게는 어른이 된 후에 그림을 시작한 친구가 하나 있다. 그 친구가 그림을 그리기 시작한 지 1, 2년 정도 되었을 때다. 나는 그에게 그림이 어떻게 되어가고 있는지 물었다. 그는 잘 되어가고 있지만 아무리 해도 고칠 수 없는 문제가 하나 있다고 했다. 도무지 물을 눕힐 수가 없다는 것이었다. 그게 대체 무슨 말인지 모르겠다는 멍청한 표정을 짓고 있자 그 친구가 설명을 시작했다. 그는 풍경을 그리길 좋아하고 실력도 좋아지고 있는 참이라고 했다. 하지만 호수나 연못을 그리면 물이 전혀 물처럼 보이지 않는다고 하소연을 했다. 그의 표현에 의하면 그건 땅 위로 튀어나온 파란색 혹은 초록색이거나 회색 유리판처럼 보일 뿐이라는 것이다. 그 친구는 말을 끝내고 나서 두 장의 그림을 보여주었는데 과연 그랬다.

그 친구와 헤어지고 나서도 내 머릿속에서는 친구의 고민이 떠나지 않았다. 나는 혼자서 묻고 또 물었다. 우리 눈앞에 있는 것이 수평으로 누워 있는 물인지 수직으로 서 있는 유리판인지를 두뇌에 말해주는 단서는 대체 무엇이란 말인가?

그로부터 며칠 후 찰스 강을 따라 산책하면서 나는 그 문제의 답을 찾을 수 있을지 주의 깊게 살피기 시작했다. 당연히 답은 여러 가지가 있었다. 강에 물결이 치고 있으면, 가까운 곳에서는 물결이 더 크게 보였다. 반면 먼 곳에서는 물결 하나하나가 개체성을 잃어버리고 거친 질감으로 희미해져갔다. 강둑에 있는 물체들은 강둑이 멀어질수록 작아졌다. 다른 말로 하면, 원근감이 강이라는 전체의 어떤 부분들과 우리 사이의 거리를 알려주는 것이다. 물이 잔잔할 때에는 물체들이 강 표면에 반사되었는데 그걸 바라보다가 물체들의 색조 변화로 거리감을 느낄 수 있다는 사실을 발견했다. 멀리 떨어져 있는 물체는 더 흐릿해 보이고, 파란색과 회색에 가까웠다. 이는 굉장히 만족스러운 경험이었다. 나는 어떤 신비를 직접 풀었고, 이전보다 약간은 더 명료하게 보고 생각할 수 있다는 느낌이 들었다.

나는 그림 그리는 일에 무지하고 서툴렀기 때문에 함께 공부하는 아이들에게 그 방면의 아이디어나 영감을 많이 불러일으켜주지는 못했다. 하지만 아이들의 호기심과 흥미를 자극하는 일 두어 가지쯤은 할 줄 알았다. 4년간 5학년 아이들을 가르친 후에 나는 1년 동안 비담임 연구 교사로서 아이디어나 교재를 개발했다. 대부분은 수학 교육과 관련이 있었다. 교재 대부분을 직접 만들어야 했던 나는 세탁소에서 셔츠에 끼워주는 마분지를 주재료로 사용했다. 마분지는 값도 싸고 작업을 하기도 쉬웠다. 처음 얼마 동안은 연구실에서 일했지만 차츰 다른 교실에서 작업을 하는 일이 많아졌다. 물론 담임교사들이 허락을 했기에 가능한 일이었다. 교실에서 작업을 하면 아이들이 내가 하는 일을 볼 수 있었다. 나는 혹시 아이들이 그 일을 궁금해하거나 어쩌면 따라 해볼지도 모른다고 생각했다.

어느 날은 1학년 교실에서 뚜껑이 없는 작은 마분지 상자들을 만들었다. 그 교실에서는 처음 있는 일이었다. 상자는 여러 가지 크기의 퀴즈네르 막대가 꼭 들어갈 만한 치수였다. 나는 제도판과 T자, 삼각자, 긴 자, 마분지를 자르는 날카로운 칼 등을 써서 작업하고 있었다. 이 물건들이 아이들의 흥미를 불러일으켰다. 아이들은 정규 수업 도중에 이따금씩 내가 일하고 있는 교실 구석으로 와서 잠시 보다 가곤 했다. 때로는 내게 뭘 하고 있는지 묻기도 했다. 그러면 나는 "어, 그냥 뭐 만들고 있는 거야."라고 대답했다.

상자를 몇 개 완성했을 즈음엔 아이들도 내가 뭘하는 것인지 알아차렸다. 아이들은 자기들도 직접 만들어보고 싶어 했다. 그 반 담임교사는 시간표에 여유가 좀 생기자 아이들에게 두꺼운 종이와 가위를 주고 직접 해보라고 했다. 아이들은 즉시 작업에 착수했다. 아이들은 나나 다른 아이가 어떻게 하는지 관찰하거나 직접 생각을 해보는 따위의 여러 과정과 시행착오를 거친 후 뚜껑 없는 직사각형 상자를 만들려면 종이를 뚱뚱한 십자가 모양으로 잘라야 한다는 사실을 알아냈다. 처음에는 십자가 모양이 조잡하기 짝이 없었다. 변의 길이를 제대로 재지 않아서 길이도 제각각이고 귀퉁이도 직각이 아니었다. 하지만 아이들에겐 장인 정신이 있다. 으르고 달래서 구워삶으려는 사람이 없을 때 아이들은 일에 더 끈질기게 매달리고, 더 잘 하고 싶어 한다. 마침내 이 꼬마들도 상자를 좀 더 신경 써서 만들기 시작했다. 어떻게 종이를 잘라야 모서리가 고르게 잘 맞을까, 상자 꼭대기가 반듯해질까 고민하면서 말이다. 그러는 과정에서 나에게 조언을 구한 아이는 단 한 명도 없었다. 때때로 내가 일하는 모습을 잠시 지켜보는 것이 다였다. 그러고 난 후 아이들은 자기 작업을 하러 돌아갔다.

나는 아이들의 작업을 만족할 만큼 충분히 지켜보지는 못했다. 다른 반과도 작업을 해야 했고, 특별한 수업도 몇 개 맡고 있었기 때문이다. 게다가 지도해야 할 아이들도 상당수 있었다. 여기서 '지도'란 아이들이 시험을 통과하도록 벼락치기로 주입식 공부를 시키는 것을 의미한다. 어쨌거나 당시 나에겐 유유자적하게 탐구를 하거나 괜찮은 지도를 할 만한 충분한 시간이 없었다. 게다가 1학년 교사는 정해진대로 커리큘럼을 밀고 나가서 아이들을 2학년에 올려 보낼 준비를 해야 한다고 느끼고 있었다. 아이들 또한 상자 만들기 같은 작업 안에 숨어 있는 수학적 가능성(정확한 치수의 상자 만들기, 일정한 양의 나무 입방체를 넣을 수 있는 상자 만들기, 직사각형 이외의 모양으로 상자 만들기 같은 일이 가지고 있는 수학적 가능성을 생각해보라.)을 탐구하거나 발전시킬 수 있을 만큼 충분한 시간과 여유를 갖고 상자를 만들 수는 없었다.

무한히 펼쳐지는 탐구의 세계

그런데 상자 만드는 작업을 한 그 짧은 시간 중에, 어떤 작은 남자아이가 괄목할 만한 작품을 만들었다. 어쩌면 그 작품이 그 아이와 학급 전체를 내가 상상도 못해본 방향으로 이끌었는지도 모르겠다. 공교롭게도 그 아이는 골치 아픈 학급 중에서도 특히 골치 아픈 아이들 중 하나였다. 뚜껑 없는 상자를 몇 개 만들고 난 뒤 그 아이는 뚜껑이 달린 상자를 만드는 일에 대해 생각했고 얼마 지나지 않아 뚜껑 달린 상자를 만들려면 어떤 모양으로 종이를 잘라야 하는지 알아냈다. 마침내 뚜껑 달린 상자가 완성되자 아이는 그것을 집으로 생각해보기 시작했다. 그리고 상자에다 문과 창문 몇 개를 그려 넣었다. 그러나 그다지 멋있거나 진짜 집 같아 보이진 않았다. 아이는 어떻게 하면 진짜 집처럼 보이는 집을 만들 수 있을까, 어떻게 하면 뾰족한 지붕을 달 수 있을까 곰곰이 연구했다. 나는 아이가 그 문제를 푸는 모습은 보지 못했다. 그래서 그 아이가 어떤 단계를 밟아서 그걸 해냈는지는 모른다. 하지만 며칠 후 아이의 담임이 뾰족한 지붕이 달린 마분지 집을 보여주었다. 상당히 잘 만들어진 집이었다. 벽면과 지붕도 깨끗하게 맞아떨어졌고 문과 창문도 그려 넣은 것이 아니라 집을 접기 전에 그 부분을 미리 잘라내서 진짜 창문처럼 만들었다. 정말 비범한 작품이었다.

이와 같은 작업에는 더 깊은 탐구와 배움의 가능성이 있었지만 불행하게도 그 아이와 그 반에는 그런 가능성을 충분히 탐구할 시간이 없었다. 하지만 다른 식으로 운영되는 학급과 학교에서였다면 계속해서 여러 가지 일들을 할 수도 있었을 것이다. 다양한 형태의 물체 모형을 만든다거나 한 가지 물체의 모형을 여러 가지 크기로 만든다거나 등등의 작업을 말이다. 이런 작업의 특징은 모양은 그대로 두고 축척을 변화시키는 것이다. 아이들은 축척의 개념에 관심이 많다. 아니 사실상 매혹되어버린다. 같은 모양으로 된 물건을, 크기만 서로 다르게 만들 수 있다는 사실은 아이들에겐 엄청난 신비이자 경이 그 자체다.

내가 아는 어떤 여교사는 시범 수업에 쓸 목적으로 실물보다 훨씬 큰 퀴즈네르 막대 세트를 만들었다. 그 반 아이들은 그걸 구경하고,

그걸로 공부하기를 좋아했다. 그 일을 염두에 두고 있던 나는 어느 날 마분지로 미니 퀴즈네르 막대 세트를 만들었다. 진짜 퀴즈네르 막대의 5분의 2가량 되는 크기였다. 1학년 아이들 몇몇이 여기에 마음을 빼앗겼다. 그들은 진짜 막대들을 서로 묶어주는 관계가 미니 막대에도 들어맞는다는 사실에 놀랐고 매우 즐거워했다.

축척으로 그리는 일에도 역시 배움의 가능성이 크게 잠재해 있다. 어렸을 때 어떤 사람이 그림을 모눈종이에 붙여서 더 큰 모눈종이에 옮기는 식으로 작은 그림을 크게 복사하는 걸 본 기억이 난다. 몇 번은 나도 직접 해보지 않았나 싶다. 그리고 그런 방법이 진짜로 통한다는 걸 확인할 때마다 항상 놀랐던 것 같다. 물론 학교 정규 수업 시간에는 못하고 집에서만 해야 했다. 그 점이 아쉽지만 그래도 이런 상상을 해볼 수는 있다. 나이 어린 아이들로 이루어진 학급에서, 작은 그림을 기본으로 한 다음 그 그림을 점점 크게 만들어 마침내는 벽이나 칠판을 뒤덮을 만한 크기의 사본을 만든다고 치자. 아이들은 그런 일에 굉장한 매혹을 느낄 뿐만 아니라 결과적으로는 그 작업을 통해 좌표와 그래프, 해석기하학, 그림이 아닌 것으로 그림 설명하기(함수)와 같은 개념을 쉽게 이해할 수 있을 것이다. 아니면 또 다른 방향, 이를테면 실물을 정확하게 여러 가지 크기로 그리는 일로 이끌어 아이들로 하여금 길이는 물론 각도까지 재는 측량의 세계를 경험하게 할 수도 있을 것이다. 그 단계가 되면 아이들이 지도를 제작하는 일도 가능해진다.

여기에 얼마나 많은 '수학'이 들어 있는가. 그것도 재미있는 수학이 말이다. 우리가 학교에서 하는 일들의 배후에는 재미있는 일을 시작하려면 우선 그 일을 하는 데 필요한 지루한 지식들을 외우며 여러 해를 보내야 한다는 생각이 기본으로 깔려 있다. 그러나 이는 사물에 접근하는, 참으로 어리석은 방법이 아닐 수 없다. 그런 방법은 효과를 보지 못한다. 대부분의 아이들은 지루한 지식들을 외우는 데 질려버려서 재미있는 일을 할 수 있을 만큼 충분한 지식을 알기도 전에, 아니 그런 재미있는 일이 하고 싶어지기도 전에 그만두어버린다. 설사 그 모든 지식들을 머릿속에 다 집어넣은 아이가 있다 해도 그 과정에서 머리가 너무 둔해지는 바람에 그 지식들을 이용해서 할 수 있는 재미있는 일 같은 것은 생각할 수도 없게 된다. 그 아이가 할 수 있는 건 다만 더 많은 지식들을 계속해서 축적하는 것뿐이다. 실제로 우리 사회의 대학이나 대학원이 그렇게 하고 있지 않은가.

하지만 우리가 만약 마차 뒤꽁무니에 매달려 있는 말을 제자리로 돌려 마차 앞에 매어둔다면, 아이들에게 뭔가 재미있는 일을 먼저 하게 한다면, 그들은 지루하고 무용하게 여겨졌을지도 모를 지식들을 스스로 찾아내서 유용하게 이용할 것이 틀림없다. 더군다나 아주 빠른 속도로 그 지식들을 배울 것이다. 앞서 내가 이야기한 적이 있는 그 소년, 전자공학을 공부함으로써 정규 수업에 들어가지 않고도 9년 동안 배울 읽기와 수학을 2년 만에 습득해버린 그 소년처럼 말이다.

어려운 지식의 쉬운 습득법

또 한 번은 이런 일이 있었다. 나는 1학년생들을 등각투상도에 입문

시켰다. 등각투상도가 뭔지는 설명하는 것보다 직접 보여주는 게 더 쉽다. 정육면체 하나가 눈앞에 있다고 가정해보자. 그 정육면체의 등각투상도는 정육면체의 삼면, 즉 윗면과 두 개의 옆면을 보여주는데 모든 모서리가 같은 길이다. 정육면체의 수직 모서리는 종이에서 수직선으로 나타난다. 수평 모서리는 수직선에 대해 60도 각도로 왼쪽 오른쪽으로 그어진다.

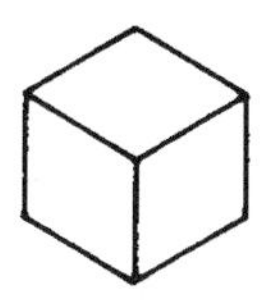

등각투상도는 물체의 삼차원적 모습을 보여주기 위해 제도공들이 사용한다. 등각투상도 용지라는 특별한 종이도 있는데 거기엔 수직선과 수직선에 대해 육십도 각도인 선이 왼쪽 오른쪽으로 그어져 있다. 나는 이 용지를 몇 장 복사해서 1학년 교실에 가지고 갔다. 처음에 나는 파스텔과 칼라 매직펜을 써서 색 문양을 만드는 데에 이 종이를 썼다. 내가 일하는 모습과 또 그려낸 문양이 재미있어 보였던지 아이들은 자기들에게도 종이를 나눠주지 않겠느냐고 부탁을 했다. 그래서 종이를 좀 주었더니 자기들도 몇 가지를 그렸다.

그 후에 나는 정축투상도라는 그와 비슷한 투상도가 있다는 걸 알게 되었다. 아이들에겐 이쪽이 더 그리기 쉽겠다는 생각이 든다. 그냥 보기에도 훨씬 더 재미있을 것 같다. 이것은 등각투상도와 비슷하지만 (실제 공간 속의 수직선은 종이에서도 수직으로 나타난다.) 수평면은 모두 실제 모양으로 나타난다. 그러므로 정축투상도로 그린 정육면체의 윗면은 정사각형이 될 것이다. (그림을 보라).

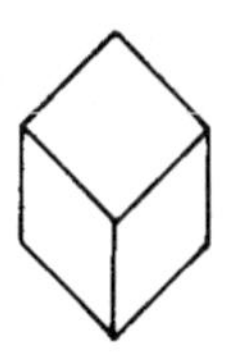

마이클린 그린 여행사에서 나온 뉴욕 가이드는 뉴욕 주요 건물들의 정축투상도를 보여준다. 그리고 독일의 볼만 출판사는 모든 건물이 정축투상도로 그려진 도시 지도를 펴낸다. 대부분 독일 도시이지만 개중에는 뉴욕도 있다. 뉴욕 지도는 놀라울 정도로 복잡하고 멋지다. 그 지도를 보고 있자면 마치 비행기를 타고 그 도시 위를 날아가는 것 같다. 이 복잡할 정도로 세세하게 묘사된 건물 수백 개를 전부 볼만 씨가 직접 그렸다는 게 믿기지 않는다. 어린 아이들은 이 지도를 별로 중요하게 생각하지 않을지도 모르지만 나이가 좀 된 아이들, 특히 뉴욕을 아는 아이들은 매력을 느끼지 않을까. 분명 어떤 아이들은 자신이 알고 있는 건물이나 레고 같은 장난감 블록으로 만든 구조물을 정축투상도로 그려보고 싶어 할 것이다.__

어느 날 1학년 교실에 있을 때다. 수업을 지켜보기도 하고 내 일을 하기도 하면서 자유롭게 시간을 보내고 있던 중에 불현듯 뾰족한 지붕과 천장이 달린 집의 등각투상도를 그려보자는 생각이 떠올랐다.

이건 몇 가지 흥미로운 문제를 불러일으켰다. 투상도를 그리려고 작정한 사람이라면 누구나 봉착할 만한 문제였다. 문과 창문, 지붕 등 집의 주요 부분은 그리기가 쉬웠다. 문제는 천장을 어떻게 지붕에 들어맞게 그리느냐 하는 것이었다. 내가 머리를 싸매고 이 작업을 하고 있으니, 이번에도 아이들이 간혹 다가와서는 잠시 동안 내가 하는 일을 구경했다. 그러다 시간이 좀 지나자 몇몇 아이들이 자기들도 등각 투상도를 그려보고 싶어 했다.

처음에 아이들은 간단한 상자를 그렸다. 그 다음엔 물매 없는 지붕에 문과 창문이 달린 집을 그리기 시작했다. 때때로 아이들은 실제 공간에서 수평인 선은 수직선에 대해 60도 각도로 그려야 한다는 걸 잊어버렸다. 하지만 대부분의 아이들은 실수를 한 후 곧 그 모습이 우습고 틀리게 보인다는 사실을 알아차렸다. 아니면 다른 누군가가 지적을 해주곤 했다. 그러면 아이들은 내가 그 문제를 어떻게 해결하는지 보려고 다시 내 그림을 보러왔다. 어떤 아이들은 1학년생에겐 어렵게 느껴지는 뾰족지붕 그리는 일에 도전하기도 했다. 이번에도 역시 이 활동을 계속 해나갈 만큼 충분한 시간을 갖지 못했지만 아이들이 이 작업에 매우 흥미를 느꼈으며 많은 것을 배웠을 거라는 사실은 분명하다.

상자 만들기 작업과 마찬가지로 이 일 역시 여러 방면으로 탐구의 영역을 넓힐 수 있다고 생각한다. 실제 물체들의 등각투상도를 다양한 축척으로 그릴 수도 있고, 정면도와 측면도, 평면도를 보여주는 종래의 축척도와의 관계를 탐구할 수도 있다. 아니면 이런저런 종류의 그림들을 보면서 그림에 깊이를 더하는 문제를 사고하고, 원근법의 개념을 알아갈 수도 있을 것이다. 어린아이들은 원시시대 화가들처럼 그림에 깊이를 부여하지 못한다. 나무를 그리는 소녀가 그랬듯 그 방법을 알지 못할 뿐 아니라 그 문제를 생각해볼 기회를 가져보지 못했기 때문이다. 어린아이가 원근법의 개념을 혼자서 발견할 거라고는 기대하기 어렵다. 물론 다른 많은 예에서 볼 수 있듯이 아이들은 이 문제에서도 우리를 놀라게 할 수 있지만 말이다. 그러나 직접 원근법을 깨치지는 못해도 분명 원근법의 필요성만은 스스로 느낄 수 있을 것이다. 게다가 진짜 기찻길처럼 보이는 기찻길을 그리는 방법이 있다는 걸 알면 분명 기뻐하지 않을까.

현실 안에서 만나는 지식과 기술

사물을 종이 위에 표현하는 미술 활동은 눈만이 아니라 두뇌도 훈련시킨다고 앞서 말했다. 한번은 내가 맡고 있는 5학년 아이들에게 자전거를 그려보라고 시킨 적이 있다. 아이들은 즉시 엄지손가락으로 비상벨을 눌러댔다. 어떤 자전거요? 너희들이 타는 것 같은 자전거 있잖아. 저기 운동장에 보이는 것 같은 자전거 말이야, 바퀴 두 개 달린 보통 자전거. 남자용이요, 여자용이요? 아무거나 하려무나.

아이들은 이윽고 자전거를 그리기 시작했다. 사실 반에서 그림 그리기를 좋아하는 아이는 한두 명밖에 없었다. (이것이 바로 미술이 중요하다고 생각해왔거나 적어도 말로는 중요하다고 인정해온 학교에서 몇 년에 걸쳐 '미술'을 한 결과다.) 더군다나 그림 그리기를 좋아하는 그 아이들조차도 자전거를 그리는 데는 관심이 없거나 싫어했다. 어쨌거나 시도조차 하지 않은 고의적인 실패자 두 명을 빼고는 모든 아이들이 그림을 제출했다. 그 그림들은 놀라울 정도로 시사하는 바가 컸다. 영리한 아이들, 지성이 아직도 활발하고 곤란을 피하는 법이나 정답을 추구하는 데 골몰하는 대신 사물의 참된 현상에 관심이 있는 아이들은 자전거를 어느 정도 자전거처럼 보이게 그려놓았다. 세부 묘사에서는 여기저기 틀린 구석이 있을지 모르나 적어도 이치에 맞는 형태를 띠고 있었다. 그들은 모두 프레임 같은 것을 그려놓고 바퀴가 그 프레임에 부착되어 있도록 한 것이다. 그림에서는 바퀴를 굴러가게 만드는 구조 같은 것도 볼 수 있었다. 분명 그 아이들은 그림을 그리면서 자전거가 어떻게 만들어져 있고 어떻게 작동되는지를 생각한 것 같았다.

반면 다른 아이들의 그림은 여러 가지 형체들을 희한하게 모아놓은 것처럼 보였다. 그 그림들은 진짜 자전거와는 거의 관계가 없었다. 게다가 그 형체들조차도 서로 아무 연관이 없었다. 바퀴라고 짐작되는 형체는 보이나 그것이 다른 부품이나 물건과 연결되어 있는 경우는 드물었다. 그 아이들의 그림은 희미하게 자전거를 닮은 부품 두세 개가 공중에 떠 있는 그런 모습이었다. 나는 그 아이들에게 스케치북과 연필을 들고 밖으로 나오라고 했다. 그리고 아이들을 자전거 앞에 앉히고는 다시 그려보라고 시켰다. 결과는 마찬가지였다. 아이들은 자전거를 바로 앞에 두고도 자전거의 구조를 볼 수가 없었다. 혹여 볼 수 있다 해도 그걸 종이에 옮길 수 있을 만큼 오래도록 머리에 담아둘 수가 없었다. 학교 교육이 너무나 오랫동안 현실과 유리된 나머지 그 아이들은 더 이상 현실을 볼 수도, 파악할 수도 없게 된 것 같았다.

내가 앞에서 제안하고 설명한 종류의 활동들을 아이들이 더 많이 할 수 있게 된다면, 단지 지식만이 아니라 기술을 획득할 수 있지 않을까. 아이들에겐 그것이 중요하다고 생각한다. 아이들은 뭔가를 잘할 수 있게 되어 뚜렷한 결과를 얻으면 존재감과 자부심을 느끼기 때문이다. 이런 느낌은 정규 수업이나 선생 기쁘게 하기 놀음을 통해서는 (그걸 아무리 잘한다 해도) 절대로 얻을 수 없는 소중한 것이다. 그럼에도 이런 경험을 하고 느낄 기회가 학교에는 너무 적다. 내가 받아온 그 고가에 고성능을 자랑하는 강력한 교육에서는 사실상 기회가 전혀 없었다고 해도 과언이 아니다. 서른 살이 되도록 내가 만든 단 하나의 물건은 모형 비행기였다. 그것도 학교 바깥에서, 아홉 살과 열 살 때만 시도할 수 있었다. 얼마나 잘못된 현실인가.

마리아 몬테소리는 아이들이 활달한 동작만큼 꼼꼼하고 정확한 동작도 잘 할 줄 알고, 또 하기 좋아한다는 사실을 보여주었다. 자신을 평가하는 어른이 아니라 자신이 하고 있는 일과 상황이 세심한 관심을 요구할 때는 아이들도 기꺼이 그럴 수 있고 즐기기도 한다. 이것이 바로 우리가 기술과 정확성을 갈고 닦을 더 많은 기회와 방법을 아이들에게 제공해야만 하는 이유이다.

사족. 나는 현재의 커리큘럼을 버리고 내가 제안한 활동으로 새 커리큘럼을 만들자고 주장하는 게 아니다. 제발 그런 뜻으로 오해하는 사람이 없기 바란다. 나는 다만 학교에서도 아이들이 좋아할 만한 활동, 직접 해보고 싶어 할 만한 활동들을 시도해야 한다고, 그를 통해 아이들 스스로 어떤 길을 통해 세상을 탐구할 것인지 자유롭게 선택하고 결정할 수 있어야 한다고 생각할 뿐이다. 만약 우리가 〈수학 I〉을 〈등각투상도 I〉이나 〈모형 만들기 I〉로 대체하고 예전과 똑같은 과제와 숙제, 반복 연습, 시험을 되풀이한다면 거의 아무것도 얻지 못할 것이다.

길을 찾는 다양한 방법들

앞서 이야기한 작업들을 한 그해에 1학년 담임교사가 일주일 동안 학교에 나오지 않아 잠시 그 학급을 맡은 적이 있다. 그 교사는 아침에 아이들이 교실에 들어오면 바로 볼 수 있도록 칠판에다 수학 문제를 써놓는 것이 습관이었다. 아이들은 정규 수업이 시작되기를 기다리면서 그 문제를 풀 수 있었다. 주로 덧셈 문제였는데 어렵진 않았다. 두 개 이상의 숫자가 더해지는 경우는 드물었고 합이 10을 넘는 일도 좀처럼 없었다. 20을 넘는 일은 전혀 없었다. 아이들이 아직 그런 문제를 푸는 법을 배우지 않았기 때문이었다. 적어도 교사가 가르쳐준 적은 없었다.

그러던 어느 날 행복한 사고가 생겼다. 내가 깜빡하고 문제를 칠판에 적어놓지 않은 것이다. 두세 명의 아이들이 아침 일찍 와서는 칠판에 문제가 없는 걸 보고 잠시 걱정을 하더니 자기들이 문제를 쓰면 안 되겠냐고 물었다. (꼬마들은 모두 칠판에 글쓰기를 좋아한다.) 나는 그러라고 했다. 처음에 아이들은 이제까지와 비슷한 종류의 문제들을 썼다. 하지만 얼마 후 좀 더 대담해진 아이들은 70+20=? 같은 문제도 쓰기 시작했다. 아이들은 해답이 무엇인지를 두고 자기들끼리 자주 논쟁을 벌였는데 푸는 법을 알았다는 느낌이 들기 전에는 절대로 한 문제도 그냥 넘어가지 않았다. 상당수의 아이들이 서로 자기가 맞다고 확신하고 물러서지 않는 경우가 아니면 내게 도움을 구하지도 않았다. 다행히 아이들은 금방 합의에 도달했고 그 해답들은 대개 정확했다. 틀린 답을 두고는 진심으로 합의하기가 어려운 법이니까.

시간이 좀 더 지나자 아이들은 200+400이나 심지어는 230+500, 340+420 같은 문제를 내고 답을 구했다. 한 단계 한 단계씩 문제를 복잡하게 만들어가는 과정에서, 모두는 아니지만 꽤 많은 아이들이 덧셈의 법칙을 스스로 알아낸 것이다. 하루에 단 몇 분을 활용함으로써 학교가 몇 년 동안 가르칠 내용을 일주일 안에 섭렵했다고나 할까. 아쉽게도 나는 그 주의 마지막 날에 떠나야 해서 그 방법을 자릿수 올림이나 뺄셈과 같은 문제로까지 확장시킬 수는 없었다. 하지만 만약 수학을 배워야 할 사실들의 목록이 아니라 탐구의 대상으로 취급한다면, 아이들은 우리가 가능하다고 생각하는 것보다 훨씬 더 빨리 그 영역으로 나아갈 거라는 것은 충분히 느낄 수 있었다.

인간의 자유에 기초한 학교와 시설 들을 설립한 조지 폰 힐샤이머George von Hilsheimer는 플로리다에 있는 그린밸리스쿨Green Valley School의 학교 안내문에 다음과 같이 썼다.

> 이 학교에서 학업을 시작한 학생들은 수학에 대한 두려움이 없다. 우리는 다섯 살 먹은 아이들이 잠잘 때 듣는 '옛날이야기'로 수학을 가르친다. 그러면서 아이들이 유치원, 1학년, 2학년, 3학년용 학습장에 나올 만

한 문제들을 나흘 밤 만에 다 해버리는 모습을 즐거운 마음으로 지켜본다. 그러나 여름 계절학교 학생들이나 1학년 이후에 전학을 오는 학생들에게서는 이런 진보를 기대할 수 없다.

같은 해의 어느 날 나는 100과 200 사이에는 164개의 정수가 있다고 말한 5학년 남학생 생각을 하고 있었다. 그때 나는 아이들은 숫자가 커지면 점점 더 빽빽해진다고 느끼나 보다고 직감했다. 쉽게 말해 아이들은 900과 1000 사이에는 100과 200 사이에 있는 것보다 더 많은 정수가 있다고 느낀다는 얘기다. 작은 수에 대해서는 어느 정도 상식적인 감각이 있는데 숫자가 커지면 그것이 약해지거나 달아나버린다. 사실은 아이들뿐 아니라 어른들도 그렇다. 다루는 수가 커질수록 머리가 어찔어찔해지고 짐작할 수 있는 범위도 점점 허술해지지 않는가.

나는 숫자가 커지는 모습을 보면 1, 2학년 아이들이 재미있어할 거라고 생각했다. 특정한 숫자들이 갖는 크기에 대해 구체적인 개념을 획득하는 데도 도움이 될 것 같았다. 어느 날 나는 그 아이디어를 실현할 요량으로 계산기 안에 넣는 종이 두루마리를 몇 개 사서 1학년 교실로 가지고 갔다. 그러고는 아무 말도 하지 않고 두루마리에다 2인치 간격으로 점을 찍기 시작했다. 점이 좀 많이 생기자 나는 거기다 숫자를 붙여나갔다. 1, 2, 3, 4, 5 …… 식으로 점 하나에 숫자 하나씩. 으레 그렇듯 오래지 않아 몇몇 아이들이 다가와 나에게 뭘 하고 있느냐고 물었다. 나는 가만 보고 있으라고 했다. 아이들은 잠시 보고 있다가 그냥 가버렸다. 다른 아이들이 그 자리를 대신했다. 때때로 어떤 아이는 "그건 뭐 하려고 하는 거예요?" 라고 묻곤 했다. 그 질문은 "그걸 가지고 우리가 뭔가 해야 되나요?" 라는 말로 들렸다. 나는 보통은 아무 대답도 하지 않았다. 어떤 아이가 자기도 이걸 만들어야 되냐고 단도직입적으로 물을 때만 이렇게 말했을 뿐이다.

"아니, 전혀!"

숫자가 점점 커지면서 100에 가까워졌다는 말이 떠돌자 아이들은 내가 100이라는 숫자를 쓰는 걸 보려고 몰려왔다. 그건 마치 자동차의 주행거리계에 표시된 한 떼의 9들이 한꺼번에 0으로 바뀌는 마술 같은 순간처럼 느껴졌다.

그때 누군가가 종이가 어디서 났냐고 물었다. 나는 가게 이름을 말했다. 그거 얼마 하는데요? 25센트. 하나 주시면 안 돼요? 그래, 돈만 내면 주마. 나는 이것으로 이 작업도 끝났다고 생각했다. 그런데 전혀 아니었다. 다음 날이 되자 두 명의 아이들이 25센트 동전을 들고 나타났다. 내가 종이를 가져다주자 아이들은 작업을 시작했다. 이윽고 열 명이 넘는 1, 2학년 아이들이 숫자 두루마리를 만들게 되었다. 어떤 아이들은 간격을 꼼꼼하게 맞추지 않고 대충 숫자를 썼다. 어떤 아이들은 나를 따라서 일정한 간격을 두고 숫자를 썼다. 숫자는 점점 더 커졌다. 많은 아이들이 숫자가 수백이 넘도록 계속했다. 나 역시 그 일을 멈추지 않았다. 나중엔 새 두루마리를 이어서 숫자를 썼다. 그리하여 내 숫자는 1,500에 다다랐다. 그런데 숫자에도 관심이 많고, 경쟁심도 만만찮은 두 소년이 곧 나를 따돌리고 2,000 가까이 썼다. 두루마리를 집에까지 가지고 가서 작업을 했던 것이다.

사람들은 이렇게 말할지도 모른다. 아니, 그런 이가 실제로 있기도 했다.

“그런 게 다 무슨 소용이 있지요? 아이들이 거기서 뭘 배운다는 겁니까?”

이 질문은 “그 일을 해서 아이들이 무슨 질문에 답을 할 수 있게 되고, 또 어떤 시험에 통과할 수 있지요?”라고 바꿀 수도 있다. 아이들이 뭘 배웠는지는 나도 확실히 모르겠다. 다만 숫자가 커지는 비율과 수학 시간에 나오는 숫자들의 구체적인 의미에 관해 뭔가를 알게 되지 않았을까 추측할 뿐이다. 어쩌면 아이마다 배운 점이 제각각 다를 수도 있겠다.

내 종이 테이프가 상당히 길어진 어느 날 우리는 500 정도까지 다 다른 그 두루마리를 완전히 풀어보았다. 교실을 한 바퀴 돌아서 복도까지 나가야 끝에 다다를 수 있었다. 호기심 많은 아이들은 테이프를 따라 이쪽저쪽으로 열심히 걸어 다니며 “여기는 200이다!”, “여기는 400!”이라고 외쳤다.

나는 다음 해에도 이 일을 계속하고 싶었지만 1년에 1, 2천 달러 정도 되는 지원금이 끊기는 바람에 그만둘 수밖에 없었다. 교육에 투자되는 돈과 그 돈이 쓰이는 활동을 생각해보면 씁쓸한 구석이 없지 않았다. 그 숫자 두루마리를 여러 방법으로 사용해 아이들을 다양한 분야로 이끄는 것이 가능해 보였기 때문이다. 곱셈, 약수, 큰 수, 비례, 축척, 측량, 지도 제작 등등 말이다. 가능하지 않다고 누가 말할 수 있겠는가? 하지만 정말 중요한 것은 이런 활동을 할지 안 할지, 한다면 어떻게 할지 마음대로 선택할 수 있는 자유가 아이들에게 주어져야 한다는 점이다.

'내 것'이 되어야 문제가 풀린다

'새수학'이 대두하기 이미 오래전에 그러니까 커리큘럼 개혁 붐이 일어나기 한참 전에, 빌 헐은 자신이 가르치는 5학년생들에게 문제에 곧바로 접근하는 실질적이고 창의력 있는 사고를 하게 만들려고 애쓰고 있었다. 빌 헐이 사용한 도구 가운데 하나는 평형저울이었는데, 중심점에 균형을 맞춘 나무 막대를 따라 추를 놓을 수 있게 만들어진 것이었다. 저울의 원리를 파악해서 막대 한쪽 편에 어떤 추가 놓여 있으면 다른 편에 추를 놓아 균형을 맞추는 것이 과제였다.

『아이들은 왜 실패하는가』에서 나는 아주 똑똑한 5학년 학생들이 이 저울을 가지고 한 작업을 일부 묘사했었다. 그중 기억나는 한 여자 아이에 대한 이야기를 하려고 한다. 그 애는 최소한 간단한 균형 맞추기 정도는 할 줄 아는 것처럼 보였다. 추 두 개로 추 한 개의 균형을 맞추는 문제 같은 것은 말이다. 이는 학급의 다른 아이들이 이런 간단한 문제조차도 일관성 있게 풀지 못하는 것과 대조적이었다. 대부분의 아이들은 짐작으로 때려 맞히는 단계 이상으로 넘어가지 못했다. 원리를 쉽게 발견할 수 있는 상황을 조성하려고 온갖 노력을 다 해도 (우리는 그렇게 생각했다.) 결과는 그랬다. 우리는 아이들을 작은 그룹으로 나누어서 작업을 했다. 아이들 각자에게 쉬운 문제를 주고 한 아이가 문제를 풀면 그룹의 다른 아이들은 문제를 그렇게 푸는 게 맞는지 틀린지, 틀렸다면 왜 틀린지 자기 생각을 말하도록 격려했다. 우리는 교실에 작은 실험실을 세웠다고 생각했고 아이들이 과학자처럼 행동할거라고 기대했다. 하지만 우리는 실험실을 세운 게 아니었고 아이들 또한 과학자처럼 행동하지 않았다. 그건 아이들이 풀고 있는 문제는 '우리의 문제'였지 '아이들 자신의 문제'가 아니었기 때문이다.

2년 후 직접 5학년을 가르치게 되었을 때 나는 빌에게서 여분의 저울을 몇 대 빌려왔다. 내 학생들이 그걸로 뭔가 알아낼 수 있을지 보기 위해서였다. 나는 저울과 추를 교실 뒤편 테이블에 갖다놓았다. 그런데 그 다음 순간 과분한 행운이 나를 찾아왔다. 저울에 대해 뭔가 말을 하거나 설명을 하거나 가르칠 만한 기회가 오기도 전에, 몇몇 아이들이 아침 일찍 들어와서 저울을 보더니 그게 뭔지 묻기 시작한 것이다. 나는 말했다.

"아, 빌 선생님한테서 빌려온 물건이야."

아이들이 다시 말했다.

"뭐하는 거예요?"

"뭐 별 거 아니야. 갖고 놀고 싶으면 그래도 돼."

서너 명의 아이들이 교실 뒤편으로 가서 저울을 만지작거리기 시작했다. 그 사이에 교실에 도착한 다른 아이들도 무슨 일인가 싶어 저울 쪽으로 몰려들었다. 30분쯤 지나자 저울을 가지고 놀던 거의 모든 아이들이 저울 쓰는 법을 알게 되었다. 개중엔 공부를 그다지 잘 못하는 학생들도 있었다. 나는 한 아이에게, 아주 뛰어나고 영리한 학생들도 쉽게 풀지 못했던 문제 하나를 내보았다. 그 애는 문제를 쉽게 풀었고, 자신이 하고 있는 일의 의미가 뭔지 이해하고 있음을 보여주었다. 나는 물어보았다.

"그 문제를 푸는 데 어려운 점은 없었니?"

그 아이는 말했다.

"아니요. 식은 죽 먹기였어요."

얼마 후 빌 헐과 또 다른 친한 사람들 몇몇이서 애트리뷰트 블록Attribute Blocks 또는 그냥 에이 블록A-blocks이라 불리는 아주 독창적이고 효과적인 수학 논리 교재를 개발했다.(지금은 뉴욕의 맥그로우힐 북 컴퍼니에서 제작되고 있다.) 이 교재는 다양한 색깔과 크기, 모양으로 된 나무블록 세트로 여러 가지 분류 놀이를 할 수 있다. 아이들은 그 교재를 가지고 그 방면의 전문가들이 할 수 없을 거라고 말한 엄청나게 다양한 일을 해낸다.

그 교재는 꼬마들로 이루어진 작은 그룹과 작업하며 개발된 것으로 대부분 다섯 살짜리 아이들이 연구실로 와서 다양한 게임을 하고 퍼즐을 맞추고 문제를 풀었다고 한다. (교재에 나와 있는 게임 중 몇 가지는 그 아이들이 만들었다.) 그런데 그 과정에서 교사들은 아주 흥미로운 점을 발견했다. 연구실에 온 아이에게 처음부터 교재를 내주고 당장 '놀이'를 하라고 시키면 아무런 성과도 볼 수가 없었다는 것이다. 아이는 시킨 일을 하기는 했으나 거기엔 아무 즐거움도, 통찰도 없어 보였다. 반면 아이가 자기 방식대로 교재를 가지고 놀게 내버려두면 아주 다른 결과가 나왔다.

아이들은 처음에는 나무토막을 가지고 공상을 했다. 어떤 나무토막은 엄마와 아빠였고, 또 다른 나무토막은 아이들이었다. 그건 또한 자동차와 집, 혹은 큰 동물과 작은 동물이 되기도 했다. 공상이 끝나면 아이들은 나무토막을 여러 가지 모양으로 늘어놓거나 쌓아서 구조물을 만들었다. 그런 자유로운 공상과 놀이를 통해 교재들을 머릿속에 흡수해서 소화시키고 나면 아이들은 기꺼이 복잡한 게임에 달려들었다. 그 게임들은 보다 조직적이고 기계적인 상황에 놓인 아이들을 완전히 나가떨어지게 만든, 매우 어려운 것이었으나 아이들은 별 어려움 없이 해냈다. 이런 현상이 일관되게 나타났기 때문에 실험자들은 아이들에게 지시된 작업을 시키기 전에 반드시 '완전히 자유롭게' 교재를 가지고 놀 시간을 주어야 한다는 규칙을 세웠다.

무작정 놀기, 왜 중요한가?

콜로라도대학의 철학교수이자 초등과학연구회의 회장이었던 데이비드 호킨스David Hawkins는 '과학 안에서 무작정 놀기'라는 제목의 기사에서 이러한 주제를 다루었다. 《사이언스 앤 칠드런Science and Children》 1965년 2월호와 에듀케이셔널 서비시즈 사Educational Services Inc.의 계간 소식지 1966년 6월호에 실린 기사의 내용은 다음과 같다.

> 초등 교육의 다른 분야에서도 그렇지만 특히 과학 교육 분야에서는 흔히 허락되고 있는 것보다 훨씬 많은 시간이 자유롭고 유도되지 않은 탐구 작업(원한다면 '놀이'라고 불러도 좋다. 하지만 나는 '작업'이라고 부른다.)에 주어져야 한다. 아이들은 교재와 장비를 받되 거기에 딸린 질문이나 지시 없이 그저 그 물건들을 가지고 구조물을 만들고, 검사해보고, 탐구해보고, 실험해볼 수 있는 시간을 가지는 게 허용되어야 한다. 나는 이 단계를 '무작정 놀기'라고 부른다. …… 특수 용어로는 이런 상황을

'비체계적'이라고들 하는 모양인데 그건 오해를 불러일으키는 말이다. 미심쩍게 생각하는 사람들은 이 상황을 단지 카오스적이라고 치부하는데 사실은 절대로 그렇지 않다. '비체계적'이라는 말이 오해를 불러일으키는 이유는 수업이라는 명목 속에는 어떠한 경우든 항상 어떤 체계가 있기 마련이기 때문이다.……

최근에 내가 겪은 어떤 일에서 예를 들어보고자 한다. 어느 날 아침 5학년 학급에 들어가 두세 개의 추를 끈으로 매달게 되어 있는 간단한 기구를 두 명에 하나씩 나누어주었다. 그에 앞서 시험적으로 실시한 두 번의 수업에서 우리는 같은 기구를 훨씬 '체계화된' 상황에서 소개했다. 실험을 시작하도록 허락하기 전에 우선 두 개의 진자가 부딪치는 현상을 보여주고 그와 관련된 질문을 하는 걸로 시작했던 것이다. 반면 이번 수업은 달랐다. 학습 안내가 있었다면 그건 실험 기구 그 자체에서 나온 것, 즉 '추는 흔들리게 되어 있는 것이다!'뿐이었다.

내가 영어를 가르치는 보스턴의 여름 야간학교 어번스쿨the Urban School 현관홀에는 위에 나오는 진자 틀이 있다. 고등학생 나이의 아이들은 홀에 들어오면서 추를 만져보곤 하는데 개중엔 손을 대지 않는 아이들도 있다. 어느 날 저녁 한 남자아이가 미심쩍은 눈으로 진자를 잠시 보더니 말했다.

"이건 뭘 하기로 '되어 있는' 거죠?"

학교라는 환경에서 세월을 보낸 아이들이니 그런 질문을 한다고 해서 새삼 놀라울 것도 없다.

"뭘 하게 '되어 있는' 게 아니야. 우리가 이것 보고 뭘 하라고 시켜볼까?"

그 아이는 내 농담의 요점을 못 알아들었다. 아니 내가 농담을 하고 있다는 것조차 모르는 듯했다. 그 아이는 추를 건드려보려고도 하지 않았다. 그 물건이 뭘 하게 '되어 있는지' 모르는 한, 그 물건을 건드려 뭔가를 하게 만드는 건 위험한 짓이니까. 더욱이 그게 잘못되기라도 하면 비난을 받을 수도 있으니까. 학교 아이들이 갖는 흔한 감정 중의 하나가 바로 이것이다. 자연과 우주는 일관성이 없고 예측이 불가능할 뿐 아니라 적의로 가득 차 있으며 믿을 수 없다고 느끼는 것.

나는 아이들을 제쳐둔 채 진자를 가지고 무작정 놀기 시작했다. 애써 기억해둔 법칙에 의해서가 아니라 세계는 이렇다고 느끼는 내적 모델에 근거하여 나는 짧은 진자가 긴 진자보다 더 빨리 흔들린다는 사실을 알고 있었다. 하지만 줄의 길이와 진동 사이의 정확한 비례 관계는 잊은 상태였다. 어렴풋한 느낌으로는 한쪽 진자가 다른 진자의 길이보다 반이 짧다면 긴 줄의 진자가 한 번 왔다 갔다 하는 동안 짧은 줄의 진자는 두 번을 왔다 갔다 할 것 같았다. 그런데 시험을 해보자 내 예상이 틀렸음이 드러났다. 그래서 나는 긴 진자가 한 번 흔들리는 동안 짧은 진자는 두 번 흔들리도록 끈의 길이를 조절했다. 그러고 나서 눈대중으로 짧은 줄이 긴 줄의 약 4분의 1 정도 된다는 걸 알았다. 여기서부터 나는 법칙을 역구성하기 시작했다.

이 작은 프로젝트에 내가 열중하고 있는 동안 다른 교사 한 사람이 와서 나를 관찰했다. 그 교사는 아주 생기발랄하고 지적인 여자였다. 몇 초도 채 지나지 않아 그녀는 진짜 불안이 가득한 목소리로 말했다.

"그게 따르고 있는 법칙이 뭐예요? 거기에 적용되는 법칙이 뭐지요?"

나는 웃으면서 말했다.

"그냥 잠시 지켜보지 그러세요? 보이는 것을 보고 알면 되잖아요."

하지만 그녀는 차마 이 어린애 같은 놀이를 더 이상 지켜볼 수 없었다. 아니, 하지 않으려 했다. 그리고 그 법칙을 기억할 수 없는 이유에 대해 자기는 한 번도 과학을 잘해본 적이 없다는 둥 어딘지 모르게 좀 신경질적으로 들리는 소리를 늘어놓더니 (그야말로 전형적인 방어 전략이다!) 자기 일을 하러 가버렸다.

이쯤에서 다시 호킨스 교수의 이야기로 돌아가 보자.

이런 방식으로 수업을 시작하면서 나는 순진하게도 두어 시간만 '무작정 놀면' 충분하리라고 생각했다. 하지만 두 시간 후에 우리는 두 시간을 더 주었고, 결국 그 시간은 몇 주로 연장되었다. 이러는 동안 지루해하거나 혼란스러워하는 분위기는 보이지 않았다. 다만 우리가 계획해둔 거의 모든 질문이 예정 밖으로 밀려났을 뿐이다.

어째서 우리는 이런 오랜 시간을 허락했는가? 이전의 수업을 통해 우리는 '무작정 노는' 쪽으로 방침을 정하면 일이 잘 되는 반면 우리가 바라는 행동을 하도록 너무 심하게 아이들의 고삐를 잡아당기면 그만큼 일이 잘 풀리지 않는다는 것을 알게 되었기 때문이다. 이 아이들은 순수한 현상으로서의 진자 운동도 충분히 접해보지 못한 것이 분명했다. 그러니 우선 보는 눈이 생길 만한 예비 경험을 쌓을 필요가 있었다. 그러면 그 예비 경험에 비추어 좀 더 분석적인 지식이 모양을 갖추고 의미를 갖게 된다.

호킨스 교수의 이 글을 내 식으로 다시 말해보면 세계에 대한 아이들의 내적 모델 속에 진자가 충분히 새겨지고 나야 진자에 대한 이야기가 아이들에게 어떤 의미를 갖게 된다는 것이다. 물론 나는 이게 과학뿐 아니라 읽기나 숫자, 수학, 역사, 지리, 언어에도 적용된다는 데 동의한다. 아이들은 읽기를 배우기 전에, 글자와 소리 사이에 어떤 관계를 설정하기 전에, 우선 읽기를 두고 '무작정 노는' 시간을 가져야 한다. 특정한 단어들을 기억하기 전에 아이들은 재촉이나 압박감을 받지 않고 단어들이 어떻게 생겼는지 충분한 이미지를 머릿속에 쌓을 시간이 필요하다. 마찬가지로 아이들은 덧셈의 성질이나 구구단을 외우기 전에 (물론 일부러 외울 필요가 있다면 말이지만) 우선 수와 숫자를 가지고 '무작정 노는' 시간을 가지며 76이 얼마나 큰지, 134가 얼마나 큰지, 35,000이 얼마나 큰지, 1,000,000이 얼마나 큰지를 알아야 하는 것이다. 하지만 학교에서는 이런 시간을 많이 주지 않는다. 교사들은 설명이라는 방법을 통해 자신이 가지고 있는 내적 모델을 아이들의 머릿속에 옮겨 심을 수 있다고 생각한다. 하지만 그런 일은 있을 수 없다.

해법의 열쇠, 내적 모델 세우기

호킨스 교수는 계속한다.

일이 이런 식으로 발전해나가도록 놔둔 두 번째 이유는 아이들로부터 새로운 종류의 피드백을 얻고, 아이들의 관심사가 어떤 경로를 통해 어느 방향으로 전개되어나갈 것인지 보고 싶었기 때문이다. 우리의 역할은 단지 이리저리 기웃거리면서 도움이 되어주는 것이지, 의식적인 자극을 주거나 지도를 하는 것은 아니었다. 지도를 하지 않았음에도, 아니 사실은 지도를 하지 않았기 때문에 이 5학년생들은 진자와 아주 친숙하게 되었다. 그리고 그들은 운동의 상태를 여러 가지 방법으로 변화시켰다. …… 여러 종류의 발견이 일어났다. 하지만 우리는 순수하게 즐거워하는 것 말고는 어른이 보낼 만한 별다른 반응을 보이지 않고 그 발견들이 그저 지나가도록 내버려두었다. 그래서 발견들은 일어나고, 인지되고, 사라지고, 다시 일어났다. 어쩐지 교만한 느낌이 나는 '발견 학습법'이란 말이 신경에 거슬렸던 이유가 이게 아닌가 싶다. 학습이 이와 같이 기초적인 단계에 있을 때에는 뉴턴 역학의 모든 추상적인 개념이 바로 모퉁이 뒤에 있을지라도 절대 덤벼들지 말라! 우리의 정신이 추상 개념들(물리에 대한 이해로 이끄는)을 발전시키고 있을 때는 그것을 진정으로 이해하게 되기까지 무지와 통찰의 경계를 몇 번씩이나 가로질러야만 한다.

이게 바로 읽기에 관한 장에서 내가 설명하려고 했던 과정이다. 그 장에서 나는 혼자서 읽기를 배우는 다섯 살짜리 여자아이 이야기를 했다. 호킨스 교수가 말한 "정신이 추상 개념들을 발전시키고 있을 때"는 실제로 희미한 감을 잡았다가, 잃어버렸다가, 다시 잡았다가, 시험해보았다가, 다시 잃어버리고 되찾는 과정을 반복함을 뜻한다. 우리는 어떤 단어가 이러이러한 소리가 난다고 생각한다. 그게 통하는 듯이 보인다. 그 단어를 다시 만났을 때 이번에는 새로운 감을 시도해본다. 그건 통하지 않고 모순을 일으킨다. 그리하여 우리는 실수를 바로잡고 계속한다. 이렇게 여러 번 반복하고 나서야 우리는 비로소 그 단어를 알게 된다. 다시 말하지만 우리는 그걸 외우는 게 아니다. 그저 알고 있는 것이다. 그 단어가 내적 모델의 일부가 되었기 때문에 가능한 일이다. 우리는 더 이상 그 단어를 잊어버릴 수 없다. 그건 신발을 떨어뜨렸을 때 그것이 천장으로 솟구치는 게 아니라 바닥으로 떨어질 거라는 사실을 잊을 수 없는 것과 같다.

한 가지 더. 호킨스 교수는 올바르게 말하고 있다.

"우리 모두는 진정으로 이해하게 되기까지 무지와 통찰의 경계를 몇 번씩이나 가로질러야만 한다."

여기에 더해 나는 이렇게 말하고 싶다. 우리는 무지와 통찰의 경계를 몇 번씩이나 가로질러야 할 뿐 아니라, 옛 흑인 영가의 노랫말처럼 그 자신 말고는 그 경계를 대신 넘어줄 수 있는 사람은 아무도 없다고. 그러므로 우리는 직접 그 경계를 넘어야만 한다. 떠밀리거나 이끌려서 경계를 넘는 건 좋지 않다.

다시 호킨스 교수로 돌아가자.

> 이 단계(무작정 놀기)가 무엇보다도 중요하다. 왜냐하면 이것은 아이들이 학교에 가기 전에 이룩한 거의 모든 배움의 원천을, 즉 아이들의 도덕적, 지적, 심미적 발달의 근원을 학교에까지 확장시키기 때문이다. 만약 교육이 아이들이 태어난 이후 배워온 모든 것, 자연과 인간 세계에서 살아오면서 획득한 모든 것을 포함하는 의미로 정의된다면 어떤 엄밀한

척도로 재더라도 대여섯 살 전에 배운 것의 가치는 그 후에 배운 모든 것의 가치를 능가한다고 할 수 있다. 그럼에도 우리는 교육을 학교에서 이루어지는 일로 축소함으로써 초기의 눈부신 발전을 가능하게 한 그 학습 방법을 내버리고 있다.

초기의 학습 방법을 계속 장려하기 위해서는, 즉 학교에서 학습이 제대로 이루어지고 해방적 참여가 일어나 학교를 메마르고 무시무시한 사막이 아니라 말 그대로 아이들의 정원으로 여겨지게 하기 위해서는, 내가 '무작정 놀기' 라고 부르는 스타일의 작업에 커다란 중요성을 부여할 필요가 있다. 그리고 이는 아이가 10학년이 된다고 해도 계속되어야 한다. 설혹 그때가 되어 아이가 유치한 행동들을 그만두더라도 말이다. 시간이 지남에 따라 '무작정 놀기' 는 학습의 다른 요소들과 적절한 조화를 이루면서 아이의 성장을 발달시키는 방향으로 그 질이 바뀐다. 그리하여 어린이다운 특질을 계속 유지하되 더 이상 유치하지 않은 학습 방식이 되는 것이다. 이와 같은 자발적인 탐사와 탐구야말로 창조성의 본질이다.……

일단 아이들이 스스로 선택한 경로를 따라 배움을 전개하도록 놔두었다면, 그것을 끝까지 지켜보고 아이들의 작업이 가지고 있는 독자성을 계속 유지시켜야만 한다. 시작만 해놓고 나중에 가서 "한번 해보라고 준 것 뿐이야."라는 식의 권위적인 말로 그동안 아이들 스스로 가장 가치 있다고 느끼게 된 것을 깎아내려서는 안 된다. 그렇다고 그냥 내버려두는 것이 아니다. 아이들의 '무작정 놀기'가 외부에서 이끌어주고 훈련하는 단계로 이어지거나 발전하는 시점에는 반드시 내가 '다차원적으로 프로그램화한 교재'라고 부르는 것이 손닿는 곳에 있도록 해야 한다. 이들 교재는 학생을 이끌어줄 만한 특정한 종류의 글이나 그림이 최대한 다양한 주제와 방식으로 구성되어 있어, 아이가 어떤 주제를 어떤 방식으로 탐구해나가더라도 그 길을 따라 더 멀리 갈 수 있도록 도움을 주는 것이 특징이다. 가끔 누구의 도움도 받지 않고 이 일을 해내는 영웅적인 교사도 있지만 나는 교재를 고안하는 이들이 이 부분에 도움을 주어야 한다고 생각한다. 그들의 역할은 교사와 아이들에게 풍부하고 다양한 선택의 기회를 제공하면서 교사를 단 하나의 정해진 길을 따라 아이들을 이끌고 가는 '지도자-견인차' 역할로부터 구제하는 것, 교사에게 학습 그룹의 활동을 다양화하는 데 필요한 격려와 전술적인 도움을 줄 수 있는 교재를 만드는 것이다.

작은 교실의 환상은 그만

어떤 교사들은 '지도자-견인차'가 되고 싶어 한다는 사실을 우리는 알아야만 한다. 그들은 매순간 자신이 아이의 몸뿐 아니라 마음까지도 지배하고 있다고 느끼길 좋아한다. 그들은 또한 자신이 모든 지식과 지혜, 교실에서 이루어지는 모든 학습의 유일한 원천이라고 느끼길 원한다. 그런 교사들 중 일부는 권력에의 욕망으로 움직인다. 교실은 많은 권력을 주기 때문이다. 또 어떤 교사들은 자신이 쓸모 있고 필요한 사람이 되고자 하는 욕구, 심지어는 학생들에게 없어서는 안 될 존재라고 느끼고 싶은 깊고도 때로는 절망적인 필요에 의해 움직인다. 그리고 이러한 부류의 교사들은 모두 아이들은 스스로 배울 수 있고 또 그래야만 한다는 암시나 주장에 심한 위협을 느낀다.

물론 학생들에게 더 많은 자주성과 자율권을 주고 싶어 하는 교사들도 많을 것이다. 하지만 그런 이들조차 규격화된 시험에 대한 두려움 때문에 물러서게 된다. 그 시험으로 그들 자신과 그들이 가르치는 학생이 평가될 것이기 때문이다. 실제로 학교의 주된 임무는, 학생들이 학업성취고사나 이러저러한 능력검증시험, 그리고 대학입학시험 같은 데서 높은 점수를 딸 수 있게 준비시키는 것이다. 이런 학교에서는 학생이 자율적, 독자적으로 연구하는 모습을 보기 힘들다. 솔직히 말하면 커리큘럼 개혁가들과 교육 혁명가들도 지금까지는 이런 문제에 그다지 많은 관심을 보이지 않았다. 그들은 자기들이 학생들을 위해 계획한 것이 모든 가능한 길 중에서 최고라고 확신하는 경향이 있다. 때문에 그들의 주된 관심사는 어떻게 하면 아이들을 가장 빨리 그 길을 따라 끌고 갈 수 있을까 하는 것이다.

다시 호킨스 교수로 돌아갈 차례다.

> 교실에서 이루어지는 작업이 풍부하고 다양해지기 위해서는 교사가 작은 학급을 담당해야만 한다, 다시 말해 담당하는 아이들 숫자가 적어야 한다는 견해가 일반화된 사실처럼 떠돌고 있다. 이런 식으로 말이다.
>
> "당신이야 그렇게 할 수 있겠지요. 하지만 돌봐야 할 아이들이 43명이나 되는 내 학급에서 그 일을 한번 해보시라고요!"
>
> 작은 교실의 중요성을 하찮게 보는 사람은 내가 마지막이었으면 좋겠다. 하지만 다양성이라는 관점에서만 보면 큰 학급을 이끄는 사람도 아이들의 작업을 다양화시키는 수밖에 별 도리가 없다. 아니, 아이들이 다

양해지는 걸 막을 수 없다고 해야 할까. 아이들은 기회만 주어지면 필연적으로 다양해질 수밖에 없다. 이른바 '능력에 따른 학급 편성'이 효과적인 교육의 해답인 양 여겨지고 있는데, 이것은 동기 부여라는 진짜 문제와 관련해서는 전혀 답이 되지 못한다. 통상적인 잣대에 비추어 대등하다고 여겨지는 아이들을 뭉쳐놓은 그룹 안에서도 아이들의 취미나 자발적 관심사는 너무나 다양하다. …… 더욱이 아이들이 학습에서 아무런 자율성을 가지지 못할 때는 모두가 지루해하기 십상이다.

작은 교실 문제는 내가 말을 할 때마다 항상 듣게 되는 것 중 하나다. 내 대답은 이렇다. 작은 교실에서는 적어도 완전한 통제를 하고 있다는 환상, 모든 아이들이 동시에 똑같은 일을 하고 있다는 환상을 유지할 수 있는 반면 큰 교실에서는 그것이 불가능하다. 아이들이 다루기도 쉽고 그 수도 스무 명밖에 되지 않는 교실에서는 교사가 상당히 효과적으로 경찰관 역할을 해낼 수 있다. 그러나 40명이 앉아 있는 교실에서는 그럴 수가 없다. 관찰해야 할 아이들이 너무 많기 때문이다. 많은 학교에서 학급당 학생 수가 적어지기보다는 더 늘어나는 추세인데 그런 곳에서는 학업을 단편적으로 고정시키는 커리큘럼을 깨부수고 학생들이 자기 힘으로 배우도록 해야 한다.

도시에 있는 학교들은 특히나 이렇게 할 필요가 있다. 도시 학교 아이들은 외곽에 있는 학교의 아이들보다 지루함을 못 견딘다. 따라서 자신을 하루 종일 지루하게 만드는 학교에 고분고분 따르지 않을 것이고 따를 수도 없다. 많은 사람들이 마치 우리의 과제는 도시에 있는 학교들을 도시 근교의 학교들만큼 좋게 만드는 거라는 듯이 말하곤 하는데, 그건 문제의 핵심이 아니다. 도시 근교 학교에서는 이때까지 계속 아이들을 지루하게 만들었어도 그런대로 굴러왔고 잘못된 교육을 해도 괜찮았다. 아이들이 그것을 참아줄 마음이 있었기 때문이다. 그러나 도시에서는 그렇게 할 수가 없다. 도시 아이들은 참으려 하지 않는다. 게다가 아이들을 참게 만들 수 있는 방법도 없다. 도시 학교의 문제는 정말이지 참된 교육이 아니고는 풀 수가 없다. 그리고 참된 교육이란 바로 호킨스 박사가 말하고 있는 그런 식의 학습이다.

꼬리에 꼬리를 무는 지식의 고리

어떤 모임에 갔을 때 사회과 교사 몇 명이 사회 과목에서는 학생들이 어떤 식으로 독립적으로 탐구하고 배우는지에 대해서 물었다. 그때 나는 두어 가지 이야기를 해주었다. 첫 번째 이야기는 어떤 일곱 살짜리 남자아이에 관한 것이다.

어느 날 이 소년은 스쿠버다이빙을 다룬 기사를 읽었다. 내 생각엔 《내셔널 지오그래픽National Geographic》에서 본 게 아닌가 싶다. 대부분의 아이들처럼 그 애도 스쿠버 장비에 굉장한 흥미를 느꼈다. 뿐만 아니라 다이버들이 구경하고 때때로 잡아보기도 하는 가지각색의 화려한 물고기에는 더더욱 흥분했다. 독자적인 생명력으로 가득한 물속 세계 그 자체에 매혹된 것이다. 아이가 눈을 반짝이며 자신이 본 기사 내용을 엄마에게 말하자 엄마는 곧 아이에게 다이버들에 대한 또 다른 기사를 찾아주었다.

이번에는 물고기를 보기 위해서가 아니라 깊은 물밑의 보물을 찾으려고 잠수한 다이버들에 관한 내용이었다. 그 기사에는 3천 년 전 지중해 밑바닥에 침몰한 배와 그 속에 가득한 병과 그릇, 무기들, 그리고 그것을 찾아 헤엄쳐 다니는 다이버들이 있었다. 그 모든 것이 소년을 황홀경에 빠뜨렸다. 아이에겐 그 이상하고 아름다운 물건들이 그토록 오랫동안 잊혀진 채 바다 속에 가라앉아 있었다는 사실이 무엇보다도 매혹적이었다.

아이는 그 보물들을 만들었다는 호메로스 이전의 크레타와 미케네 문명에 관심을 갖게 되었다. 친절한 어른들이 관련 서적을 몇 권 구해주자 아이는 그 책들을 읽기 시작했다. 거기엔 호메로스와 트로이 전쟁에 관한 이야기가 언급되어 있었다. 그래서 아이는 『일리아드』와 『오디세이』를 짧고 이해하기 쉽게 편집해놓은 책을 읽었다.

이처럼 자신의 관심 분야와 관련한 책들을 계속해서 찾아보던 중에 소년은 어디선가 일곱 층으로 이루어진 전설의 도시 트로이와 그 도시를 발굴한 고고학자 슐리만에 대한 글을 읽게 되었다. 아이는 도시가 땅 밑으로 사라질 수 있고, 그 위에 다른 도시가 세워질 수 있다는, 더군다나 그런 일이 일곱 번이나 반복되었다는 얘기에 깊이 감명을 받았다. 그 아이는 그렇게 묻힌 도시들을 끈기 있게 발굴하여 다시 햇빛을 보도록 하는 일에도 감동했다. 이와 같은 경험들은 아이를 고고학의 세계로 이끌었고 아이는 고고학에 대해 최대한 많이 알고 싶어졌다. 내가 마지막으로 그 아이에 관한 이야기를 들었을 때 그 애는 고고학과 관련하여 손에 넣을 수 있는 모든 글과 자료들을 읽고 있는 상태였다.

시골 학교의 위대한 프로젝트

그 다음 이야기는 줄리아 웨버Julia Weber(지금은 줄리아 고든Gordon)가 가르친, 교실이 한 칸밖에 없는 시골 학교에 관한 이야기다. 그녀는 『나의 시골 학교 일기My Country School Diary』에서 자신의 작업에 대해 썼다. 현재 이 책은 절판된 상태이나, 출판사 하퍼 앤 로우Harper & Row에서 다시 페이퍼백으로 펴낼 예정이다.

나는 이 책의 재판에 서문을 썼다. (지금은 다시 절판된 이 책이 언젠가 다시 나오길 바란다.) 이 책은 가르치는 일과 교사가 된다는 것이 무슨 뜻인지를 알려주는 아주 중요한 내용을 담고 있다. 또한 우리 학교는 돈이 없기 때문에 그런 일을 못해요 등등의 하소연과 체념, 불평들을 훌륭하게 논박하는, 내가 본 최고의 책이다.

그 학교에는 1학년에서 8학년까지의 아이들이 있다. 그들은 많은 시간 동안 자율적으로 공부하며 여러 가지 주제에 관해 토론한다. 그게 수업이다. 웨버는 토론 중 제기된 많은 질문들 가운데 답이 나오지 않은 것을 커다란 종이에 써서 벽에 붙여놓곤 했다. 아이들은 그 종이를 보고 질문들을 상기할 수 있었다. 그렇다고 학생들이 꼭 질문에 대한 답을 찾아내야 하는 것은 아니었다. 그것은 정규 과목도 아니고 숙제도 아니었다. 하지만 아이들은 특별히 자신의 흥미를 끌어당기는 문제라면 무엇이든 깊이 탐색하고 해답을 추구해볼 자유가 있었다. 그리하여 어떤 질문은 관심을 끌지 못하고 사라진 반면, 어떤 것은 반 아이들의 호기심을 자극해서 그들을 광범위한 탐구의 세계로 이끌었다.

어느 해 초봄의 일이다. 아이들은 이제 겨울옷을 치울 때가 되었으며, 겨울옷은 보관하기 전에 드라이클리닝을 해야 한다는 사실을 알고 있었다.

"그런데 왜 겨울옷은 물로 빨면 안 되지?" 하고 한 아이가 물었다. 많은 아이들이 그건 울(모직)은 줄어들기 때문이라고 대답했다. 그러자 다른 질문들이 쏟아졌다. 울은 왜 줄어들까? 울이 줄어들면 무슨 일이 생기는데? 그에 대해서는 아무도 몰랐다. 현미경으로 울을 관찰하면 그 이유를 알 수 있겠지만 불행히도 학교엔 현미경이 없었다. 게다가 현미경을 살 만한 돈도 없었다. 좋아, 그럼 현미경을 빌리지 뭐. 아이들은 편지를 썼다. 아마도 주립대학 같은 곳이 아니었나 싶다. 편지에는 우선 현미경을 빌릴 수 있는지 묻고 현미경이 필요한 이유를 자세하게 설명했다. 아이들이 그런 편지를 쓴 건 그게 처음이 아니었다. 시골의 작은 학교는 필요한 책과 장비를 대부분 빌려야 했고 그럴 경우 아이들은 기꺼이 편지를 쓰곤 했던 것이다.

말이 나온 김에 한마디 하자면 나는 여기에서 바로 코넌트Conant 박사 같은 이들이 유행시킨 미신을 뒤엎을 증거를 본다. 그들은 학교를 첨단 장비를 갖춘 거대한 공장으로 만들어야 한다고 말한다. 학교가 최신의 장비를 모두 구비하지 않는 한 좋은 교육을 할 수 없다는 얘기다. 하지만 나는 우리가 학교를 그처럼 거대하게 만듦으로써 얻은 것보다는 잃어버린 가치가 훨씬 많다고 생각한다. 더구나 그렇게 해서 얻은 작은 이익들은 다른 방법으로도 충분히 성취할 수 있는 것들이었다. 예를 들어 책이나 장비를 빌릴 수 있는 중앙도서관을 세우고, 이동 도서관, 이동 실험실 등을 만들어 학교를 순회 방문하게 했다면 얼마든지 가능하지 않았을까. 시골의 몇몇 지역에서 실제로 이런 방법을 채택하고 있듯이 말이다. 규모를 키우는 것이 곧바로 교육의 효율성과 질을 보장한다는 관점이 깨진다면 언젠가 이런 아이디어들이 부활할 수도 있지 않을까 기대해본다.

다시 시골 학교 얘기로 돌아가자. 아이들은 마침내 현미경을 손에 넣었다. 조심스럽게 소포를 뜯고, 사용 설명서를 읽고, 사용법을 배우는 내내 아이들은 들떠 어쩔 줄 몰랐다. 그리고 흥분과 기대 속에서 물로 씻기 전후의 울 섬유가 어떤 차이를 보이는지 검사하기 위해 현미경을 들이댔다. 아이들이 발견한 것은 울 섬유에는 망원경 다리처럼 생긴 관절이 있다는 사실이었다. 울을 물로 빨면 이 관절들이 수축했다. 아이들은 울에 이어 리넨, 면, 레이온 같은 다른 직물도 현미경으로 관찰해보기로 했다. 그 과정을 통해 아이들은 섬유의 생김새가 각각 다르다는 것과 천의 모양은 직조 방식에 따라서도 달라진다는 사실 등을 알았다.

이렇게 얻은 지식은 아이들로 하여금 천 짜는 일에 관심을 가지게 만들었다. 그리하여 아이들은 서로 이야기를 좀 나눈 끝에 간단한 도구를 사용해서 직접 천을 짜보자는 결론을 내렸다. 아이들은 편지 몇 통을 더 썼고 얼마 후 양털을 비롯하여 (이건 양을 기르는 동네 주민에게서 얻었다.) 실을 잣고 천을 짜는 데 필요한 모든 물건을 준비할 수 있었다. 아이들이 양털을 선택한 이유는 비교적 간단한 도구만 갖고도 천을 짤 수 있기 때문이었다. 아이들은 양털을 씻어서 가려내 실을 자은 다음 천을 짰다. 학급의 누군가가 천을 만드는 데 얼마나 많은 노동이 필요한가를 알아보면 재미있을 거라고 제안했다. 아이들은 천 만들기 프로젝트에 들어간 시간을 기록하기로 했다. 그리하여 노동량의 단위인 인시(人·時, man-hour)의 개념이 적용되었다. 인시는 경제학에서는 아주 중요한 개념이다. 마침내 작고 네모난 천이 완성되었을 때 아이들이 기록한 바에 따르면 72인시가 소비된 것으로 나왔다.

"이 작은 천 조각 하나에 72시간이나!"

놀란 아이들은 옷 한 벌을 만들려면 도대체 얼마나 시간이 들까를 궁금해했고 그 문제를 풀기 위해 수학이 도입되었다. 불규칙한 모양을 한 물체의 표면적을 재는, 제법 어려운 문제까지 더해졌다. 나아가 아이들은 초기의 식민개척자 같은 사람들은 직접 옷을 만들 시간이 어떻게 났는지 의아해하기 시작했다. 또한 노동의 전문화와 노동력 절감을 위한 설비가 얼마나 절실하게 필요한지 깨닫기 시작했다.

천 만들기 프로젝트는 여기서 끝나지 않았다. 그것은 아이들을 여러 가지 다른 방향으로 이끌었다. 한 가지 예로 아이들은 그 천을 염색해보고 싶어 했다. 그래서 천연염료에 대해서도 알아보았다. 염료를 어떻게 만드는지, 물들이는 방법은 무엇인지와 같은 것들을 말이다. 아이들은 몇 가지 염료를 만들어서 직접 염색을 해보기도 했다. 또한 천연염료의 대부분이 식물에서 추출되므로 아이들의 관심은 식물학으로까지 통하게 되었다.

아이들은 다른 종류의 모직물에도 관심을 보였다. 자기들이 직접 손으로 만든 그 천은 이제까지 눈으로 보고 입어온 모직 의류와는 그다지 닮은 데가 없었기 때문이다. 대체 어떤 이유로 다르게 보이는 걸까? 모직물에는 얼마나 많은 종류가 있을까? 아이들은 모직 옷을 입고 있는 사람만 보면 그 옷이 무슨 털로 되어 있는지 물어볼 만큼 열성이었다. 그리하여 모에는 여러 종류가 있다는 사실을 알아냈다. 그러자 어떤 아이가 털을 제공한 동물의 목록을 만들고 그 동물들이 사는 곳을 지도에 표시하기 시작했다. 왜 어떤 천은 다른 것보다 비싼지에 대해서도 토론했다. 서로 이야기를 나누고 자료를 찾은 결과 천의 가격은 털을 제공한 동물과 관계가 있다는 결론을 내렸다. 또한 그 동물이 얼마나 많은 양의 털을 제공하는지, 그 털이 얼마나 먼 곳에서 오는지, 그걸로 천을 만들려면 얼마나 많은 인부와 노력이 필요한지 등등의 구체적인 질문들을 던지고 파고든 덕분에 진짜 경제학에 대한 지식을 쌓고 약간의 지리 공부까지 덤으로 얻을 수 있었다.

고갈될 줄 모르는 아이들의 호기심은 방모사와 소모사의 차이점(나는 그 차이를 모른다.), 직조 공정과 방직 산업 등으로까지 뻗어나갔고 이를 통해 아이들은 성능 좋은 기계가 어떻게 천 가격을 내리는지 그 이유를 알았다.

"그러면 방직 기계를 처음 발명한 사람은 누구지?"

이런 질문에 답을 얻기 위해 아이들은 지방 도서관에 책을 주문해야 했다. 고든 박사에 따르면 그 학급의 35명 학생이 1년에 빌린 책은 700권 정도였다고 한다. 어쨌거나 아이들은 초창기 방직 기계의 대부분이 영국에서 발명되었다는 걸 알고는 '왜 하필이면 영국이었을까?' 궁금해했다. 그리하여 당시 영국에선 이미 상당한 정도의 노동 분업, 요컨대 공장과 같은 형태의 조직화가 이루어져 있었다는 사실을 파악했다. 그러자 실제 공장들에 대해 알고 싶어졌고 마침내 뉴저지에 있는 방직 공장을 방문하게 되었다. 그와 함께 초기 공장들과 노동 조건에 대한 자료를 읽고, 기계의 도입이 고용에 미친 영향에 대해서도 토론했다. 기계가 도입된 공장이 인근 지역에 미친 영향과 노동조합 및 노동법에 관해서도 검토했다.

물론 모든 아이들이 이 프로젝트에 매달린 건 아니었다. 또한 그 아이들이 이 작업만 한 것도 아니었다. 이 프로젝트가 진행되고 있을 때 다른 아이들은 다른 주제에 대해 탐구했다. 하지만 예를 들어 초기 방적기의 발명에 관해 실제로 조사를 한 아이들은 불과 몇 명밖에 안 된다고 해도 그들이 알아낸 것은 늘 학교 전체에 보고되었기에 학교 아이들은 모두 그 내용을 함께 공유할 수 있었다.

그 학교 아이들이 진행한 또 다른 프로젝트는 출판에 관한 것이었다. 학교의 나이 많은 아이들이 몇 주일마다 한 번씩 작은 신문을 펴내고 있었는데 어느 날 한 학생이 말했다.

"우리는 이렇게 작은 신문을 만드는 데도 이처럼 오랜 시간이 걸리는데, 어떻게 사람들은 크고 기사 내용도 많은 그런 신문을 매일같이 펴낼 수 있는 거지?"

그 질문은 학급의 관심을 끌었고 아이들은 그 문제를 파고들어 보기로 했다. 그래서 우선 편지를 몇 통 써 보내 큰 신문 인쇄소를 방문할 기회를 얻었다. 거기서 식자와 인쇄 과정을 보고 굉장한 흥미를 느낀 아이들은 활자와 인쇄, 제본의 역사를 조사하기 시작했다.

이 일로 몇몇 아이들은 글과 필기 재료의 개괄적인 역사에 호기심을 갖게 되었으며, 또 다른 아이들은 최초의 문자들과 파피루스나 양

피지 같은 필기 재료의 신비한 세계에 이끌렸다. 오래지 않아 아이들은 직접 글을 쓰고, 타이프를 치고, 제본하는 전체 과정을 거쳐 글과 인쇄, 제본의 역사에 관한 책을 만들어보기로 했다. 그건 대규모 사업이었다. 학기 중에 끝내지 못해 어떤 아이들은 방학이 시작된 뒤에도 일주일 정도 학교에 더 나와 드디어 책을 완성시켰다. 고든 박사는 아이들이 만든 책을 나에게 보여주었다. 정말 멋진 작품이었다. 구성도 잘 돼 있고 글도 깔끔하고 삽화와 서체도 세련되고 장정 또한 단단했다. 그건 한마디로 진짜 책이었고, 무엇보다 아이들이 배우는 방식을 집약해서 보여주는 작업의 위대한 결과물이었다.

스스로 가르칠 때 더 잘 배우는 아이들

아이들은 세계를 하나의 전체로 본다. 불가사의하지만 전체는 전체인 것이다. 이는 우리 어른들이 세계를 밀폐된 작은 범주들로 나누는 것과는 정반대다. 아이들에게는 한 문제에서 다른 문제로 뛰어넘고 그것들을 연결하는 것이 자연스럽다. 정규 수업이나 교과서에서는 찾아보기 힘든 일이다.

아이들에겐 미지의 세계로 나아가는 자기 나름의 길이 있다. 우리는 절대로 그 길을 대신 만들어줄 수 없다. 예를 들어 어떤 아이들이 트로이 전쟁이나 고고학에 대해 알아야 한다고 스스로 생각했다 치자. 우리가 과연 그 아이들에게 스쿠버다이버에 관한 이야기를 해주면서 그 일을 시작할까? 분명히 아니다. 만약 그렇게 한다고 해도 많은 아이들에게는 그것이 별로 좋은 발단이 못 되거나, 전혀 아무런 발단도 되어주지 못할 것이다. 짧게 말하면 이러하다. 아이들은 스스로의 의지와 욕구에 따라 궁금한 것을 배울 때 훨씬 빨리 앞으로 나아가며 우리가 아이들을 돕는다는 명목으로 재단하거나 억지로 시키는 것보다 훨씬 넓은 영역을 품을 수 있다.

내가 이렇게 이야기하면 사람들은 자주 내게 신경질을 내거나 화를 내며 말하곤 한다. 만약 아이들로 하여금 스스로 알고 싶은 것만 배우도록 놔둔다면 분명 좁은 분야의 전문가밖에 안 될 거라고 말이다. 야구 타율 같은 하찮은 것에 미쳐버리는 마니아처럼. 하지만 내가 볼 때 그렇게 되는 사람은 바로 어른들이다. 대학에는 인위적, 독점적으로 제한한 배움의 좁은 요새에 스스로를 가둬놓은 사람들이 얼마나 많은가. 하지만 아직 두려움이 없고 호기심으로 가득한 건강한 아이들은 결코 이런 방식으로 배우지 않는다. 아이들은 배움에 스스로를 가두지 않는다. 여러 방향으로 열려 있는 배움을 통해 그들은 오히려 살아 있는 세상으로 나아간다. 현재의 배움은 다음에 배울 새로운 것들로 아이들을 이끈다. 그러므로 우리가 할 일은 오직 하나, 아이들의 호기심이 자라는 데 필요한 음식이 계속 잘 공급되도록 하는 것뿐이다.

아이들의 호기심에 '음식이 잘 공급'되도록 한다는 것은 음식을 억지로 먹이거나 이러이러한 음식을 먹으라고 일러준다는 뜻이 아니다. 그저 아이들의 손이 닿는 곳에 가능한 다양하고 좋은 양질의 음식을 가져다두라는 말이다. 정크푸드 없는 슈퍼마켓에 아이들을 데리고 가듯이. 만약 그런 것을 상상할 수 있다면!

7

공상, 현실 세계로 들어가는 마법의 문

_어느 날 여섯 살짜리 꼬마 친구 한 명이 엄마, 오빠와 함께 내 사무실로 왔다. 엄마는 나와 이야기를 나누고 오빠는 선반에 있는 책들을 살펴보는 동안, 꼬마 아가씨는 사무용 전동 타자기 쪽으로 갔다. 내가 종이를 좀 주자 그 애는 곧바로 타이핑을 시작했다. 그 애는 자신이 얼마나 빨리 기계를 움직이게 만들 수 있는지 보면서, 자신의 능력과 힘에 대한 공상을 즐기고 있는 것 같았다. 아이의 엄마는 훌륭한 타자수였다. 엄마가 일하는 소리를 평소에 자주 들은 것이 아이의 공상에 날개를 달아주고 있는지도 몰랐다. 얼마 동안인가 키들이 부지런히 달칵거리더니 소리가 점점 느려지기 시작했다. 그러다가는 한두 글자를 의도적으로 치다가 조용해지고, 다시 한두 글자를 치는 식으로 바뀌었다. 나는 아이 엄마에게 말했다.

"이제 자기가 뭘 하고 있는지 보는가 봐요. 뭔가 말이 되는 걸 쓰려고요."

몇 분 후에 아이가 사무실로 들어와 쾌활하게 말했다.

"처음에 나는 아무 말도 안 되는 걸 치고 있었는데 이제는 재미가 없어."

그러고는 엄숙한 태도로 우리에게 몇 개의 '서식'을 건네주었다. 내가 받은 종이의 윗부분에는 자기 이름과 우편번호, 집 전화번호가 찍혀 있었다. 이어 그 밑에는 naem(name 이름), adress(address 주소), zip(우편번호), number(번호)라는 낱말이 각각 한 줄씩을 차지하고 있었다. 각각의 낱말 끝에는 요구된 정보를 기입할 수 있도록 긴 밑줄까지 그어놓았다. 그 애는 혼자서 줄긋는 법까지 알아냈던 것이다.

나는 서식을 채워 넣으면서 number에는 사회보장번호를 적는 것이냐고 물어보았다. 아니었다. 그 애가 바란 것은 전화번호였다. 우리들이 각자 받은 서식을 다 채워 넣자 아이는 그것을 더 많이 만들기 위해 다시 타자기 쪽으로 갔다. 그러고는 매번 이전보다 더 사무적으로 보이고 더 많은 정보를 묻는 서식을 들고 나타났다. 마지막 서식에서 아이는 사각형을 그려 초록색 크레용으로 색칠해놓았다. 아이 엄마가 그건 은행수표를 나타내는 거라고 설명해주었다. 나중에 그녀는 이 수표에 관해서 《그로잉 위다웃 스쿨링》으로 편지를 보내왔다.

수표는 비타를 매혹시킵니다. 나는 비타가 '가게 놀이'를 할 때 쓰도록 헌 수표를 주지요. 비타는 거실에 있는 작은 자기 책상에 수표 더미를 보관합니다. 비타는 서너 번쯤 수표가 어떻게 통하는지 물었습니다. 그것이 어떻게 돈이 되는지 궁금했던 거지요. 비타는 우리 돈이 어디에 있는지도 알고 싶어 합니다. 은행이 우리가 거기에 넣은 바로 그 돈을 주는 것인지도요. 비타는 내가 수표책을 결산하는 모습을 지켜보기를 좋아하지요. 하지만 무엇보다 비타는 수표 다발을 손에 쥐었을 때 몸에 전해지는 그 느낌을 좋아합니다. 아주 어른스런 느낌이죠.

판타지의 진실을 찾아서

이 장에서 나는 이전에 별로 얘기된 적이 없는 아주 간단한 이야기를 할 생각이다. 아이들은 현실 세계에서 벗어나기 위해서가 아니라 현실 세계로 들어가기 위해 공상을 한다는 그런 얘기 말이다.

아동심리학자들은 '유아적 전능감'에 관해 많은 이야기들을 해왔다. 아이들의 판타지는 현실 세계에서 도망쳐 무엇이든지 할 수 있는 자기만의 세계로 들어가는 방법이라는 투로 말이다. 하지만 적어도 TV가 양산해내는 레디메이드 판타지를 만나기 전에는, 아이들은 스스로 전능해지길 바라지 않는다. 그저 자신이 무력한 상태가 싫을 뿐이다.

아이들은 주변의 큰 사람들이 하는 일을 하고 싶고 그렇게 되길 바란다. 마음대로 읽고, 쓰고, 이런저런 장소에도 가고, 도구와 기계를 사용하고 싶은 것이다. 무엇보다도 아이들은 큰 사람들처럼 몸을 스스로 통제할 수 있기를 원한다. 일어서고, 앉고, 걷고, 먹고, 자는 일 따위의 당장 생활에 필요한 문제들을 자기 스스로 해결하고 싶은 것이다. 다시 말해 아이들은 현실 세계에서 벗어나기 위해서가 아니라 현실 세계로 들어가기 위해 공상을 한다.

내가 처음으로 아이들에게 관심을 쏟기 시작한 40년대 후반이나 50년대 초반만 해도 아이들이 하는 '흉내 놀이'는 소꿉놀이 같은 것일 때가 많았다. 거기에서 우리는 엄마나 아빠나 아기가 되었다. 학교 놀이라든가 의사 놀이 같은 것도 있었다. 최소한 아이들이 슈퍼맨 흉내를 내면서 뛰어다니지는 않았다. 그런 판타지는 분명 그것을 발명해서 파는 어른들에게서 나온 것이다. 총알보다 빠르게 날아간다든지 높은 빌딩을 단번에 뛰어넘는다든지 하는 것도 역시 어른들이 지어낸 판타지다. 아이들이 그런 판타지에 익숙해지고 자기의 공상 영역에 포함시키기까지는 여러 해가 걸린다. 어쩌면 크고 힘센 무언가가 자신을 쫓아오는 상상은 쉽게 할지도 모른다. 하지만 다른 사람들을 자기가 원하는 대로 조종한다거나, 세상을 다 가진다거나, 혹은 몽땅 폭파시켜버리는 상상은 좀처럼 하지 않는다.

물론 요즘은 사정이 달라졌다. 아이들이 아주 일찍부터 대중매체에 홀려버린 탓이다. 지금 아이들 세대는 어린이용으로 미리 만들어진 백일몽에 푹 빠져 있고, 이는 인류 역사상 유례가 없던 전혀 새로운 상황이다. 그러므로 진정으로 자기 식의 고유한 판타지를 가지고 있는 아이를 관찰하려면 아주 어린 아이를 택해야만 할지도 모른다.

이쯤에서 내 어린 시절의 판타지를 얘기해볼까 한다. 대여섯 살쯤 되었을 때 나와 동생 제인은 여름이면 메인 주에 있는 할머니 댁을 방문하곤 했다. 당시 우리 집 가까운 곳에는 우리 또래 아이들이 없었다. 게다가 오늘날의 기준으로 보면 할 일도 별로 없었으므로 우리는 보통 여러 가지 종류의 상상을 통해 만들어낸 연극을 하며 시간을 보내곤 했다. 우리가 가장 좋아한 것은 기차 놀이였다. 메인 주로 가는 건 굉장한 모험이었다. 왜냐하면 그건 기차에서 잠을 잔다는 뜻이었고, 그거야말로 아주 흥분되는 일이었기 때문이다. 상단 침대에 누울 때는 약간 무섭기까지 했다. 나는 내가 누워 있는 상태에서 침대가 대합조개처럼 탕 하고 닫히지나 않을까 두려웠다. 나중에 사물의 작동 원리를 좀 더 잘 이해하게 되었을 때는 그 침대에 빗장이나 잠금 장치가 있는지 확인하기 위해 주의 깊게 조사를 하곤 했다. 그런 무서움과 두려움이 있었지만 여전히 여행은 굉장히 신나는 일이었다. 식당차에서 저녁밥을 먹고, 잠을 자기 위해 침대차가 만들어지는 모습을 보고, 두꺼운 초록색 커튼을 헤치고 올라가 창문 밖으로 시골의 밤풍경을 구경하는 일은 생각만으로도 가슴이 뛰었다. (야간 기차 여행은 지금도 내가 제일 좋아하는 일 중 하나다.)

할머니 집에 도착하면 우리는 거기까지 오면서 있었던 모험을 되살리는 일을 했다. 할머니 집 밖에는 캔버스 천으로 된 접의자가 여러 개 있었다. 제인과 나는 의자들을 앞으로 쓰러뜨려서 팔걸이가 땅에 닿게 하고 등받이는 하늘을 보게 만들었다. 그러고는 엎어진 의자를 두 개씩 짝 지워서 등받이 끝이 서로 닿게 만들었다. 그 다음 할머니의 낡은 담요를 의자 등받이에 걸쳐 옆으로 드리웠다. 그렇게 만들어진 작은 공간은 기차의 하단 침대가 되었다. 우리는 그 공간으로 기어들어가 (한 사람이 침대를 하나씩 차지했다.) 몇 시간씩 보내곤 했다. 무슨 이야기를 하고 놀았던가? 기억할 수 있었으면 좋겠다. 우리는 날마다 기차 놀이를 했다. 그렇다고 차장이나 기관사 흉내를 낸 것은 아니다. 우리는 단지 기차를 타고 있는 우리 자신을 흉내 냈을 뿐이다.

몇 년 후 우리의 판타지는 라디오 연속극과 싸구려 범죄 소설로 이어졌다. 라디오 연속극이야 부모님도 알고 있었지만 범죄 소설은 알지 못했다. 우리는 그 싸구려 소설들을 몰래 사서 읽고 교묘하게 숨겨 놓았다. 부모님 없이 다섯 살짜리 여동생과 아침을 먹을 때면 나는 동생과 함께 다양한 모험 이야기를 연출하며 그 속에서 역할 놀이를 했다. 때로 이 놀이는 라디오 연속극 〈벅 로저스〉 이야기 주변을 맴돌았다. 우리는 아버지가 직장에서 늦게 돌아오실 때면 〈벅 로저스〉를 즐겨듣곤 했다. 하지만 우리의 아침 모험은 대개 싸구려 소설 『스파이더』와 관계되어 있었다. 우리가 즐겨 읽던 그 책의 주인공 스파이더는 리처드 웬트워스라는 부유한 청년의 별명이자 또 다른 자아였다. 스파이더는 범죄 조직인 갱에 맞서 싸우는 일종의 협객으로 달마다 다른 사람이 되는데 매번 황당한 초강력 병기로 무장하고 있었다. 닿기만 해도 죽는 독가스, 도시 전체를 몽땅 파괴할 수 있는 폭약(뱀장어로 만들었음!), 백만 명을 감염시킬 수 있는 전염병 등등.

그런데 열 살밖에 되지 않은 당시에도 나는 『스파이더』의 주인공보다는 작가를 동일시했던 것 같다. 나는 주로 그 작가가 생각하지 못한 대량살상병기를 상상해냈다. 내가 초강력 병기에 관한 소설을 쓰는 상상은 물론 심지어는 훗날 어떤 잡지에 내 소설의 제목과 소설 속에 등장하는 병기가 작동되는 장면을 묘사한 그림이 실리는 상상을 하기도 했다. 당시 내가 상상해낸 것들 가운데 지금도 기억나는 병기는 건드리는 것은 무엇이든 얼려버리는 무기였다.(그때 나는 액체 공기에 대한 이야기를 막 읽은 참이었다. 액체 공기에 대해 처음 들으면 대부분의 아이들은 매혹되고 만다.)

그리고 한두 해 뒤 《아메리칸 보이The American Boy》라는 월간지를 구독하면서부터는 그 잡지에 글을 쓰는 백일몽을 꾸곤 했다. 실제로 나는 두 편이나 되는 소설의 플롯을 짜고 열 장 이상 타자를 쳐내기도 했다. 하지만 그게 내가 진행할 수 있는 전부였다. 왜냐하면 내가 쓰고 있는 것에 대해 아무것도 아는 게 없었기 때문이다. 내가 어떤 주제를 생각해낼 수 있었던 이유는, 내가 그에 대해 잘 알고 있기 때문이 아니라 단지 《아메리칸 보이》에 아직 그 주제의 소설이 실리지 않았기 때문이었다.

추상적인 개념을 피부로 느끼기까지

나중에 어른이 된 나는 아이들의 공상이나 공상의 유용성에 대해 거의 생각해보지 않았다. 60년대 초에 이 책의 원본이 된 내용을 관찰하고 글로 쓰게 되기 전에는 말이다. 그 일이 진행되던 당시에도 나는 아이들의 판타지보다는 아이들이 어떤 식으로 세상에 대해 생각하고 어떻게 그 속에서 일어나는 문제를 풀려고 하는지에 훨씬 더 많은 관심을 기울였다. 그런데 5학년을 함께 가르친 지 서너 해가 지났을 무렵 빌 헐이 해준 이야기가 아이들의 판타지를 새로운 관점에서 보게 만들었다.

그 당시 빌과 친하게 지내는 두 명의 다른 동료들은 빌이 고안한 새로운 교재에 대한 아이들의 반응을 연구하는 중이었다. 그 교재는 아이들에게 사물을 분류하는 여러 가지 방법과 기초적인 기호 논리학을 소개하기 위한 것으로 빌 자신은 이미 여덟 살에서 열 살에 이르는 아이들과 함께 그 교재를 성공적으로 사용한 바 있었다. 빌의 동료 교사들이 그 교재와 관련하여 탐색하기 시작한 대상은 다섯 살짜리 아이들이었는데, 막상 그 아이들에게 교재 세트를 주고 간단한 과제를 시키자 아이들은 아무것도 하지 못했다. 아무리 설명을 해도 달라지는 게 없었다. 아이들은 완전히 막혀버린 것처럼 보였다.

그리하여 어른들은 새로운 방법을 시도하기로 했다. 다른 아이들로 새 그룹을 만들어 그 교재를 주고는 교재에 대해 어떤 설명이나 과제도 주지 않은 채 그냥 갖고 놀도록 놔둔 것이다. 그걸 사람이라 부르든, 동물이라 부르든, 집이라 부르든, 상관 않고 내버려두었다. 자기들 마음대로 하는 일에 좀 질리게 되자 아이들은 좀 더 흥미로운 일을 할 준비를 갖추게 되었다. 바로 그때 전 그룹에게 준 것과 똑같은 과제를 내주자 아이들은 아무런 어려움 없이 금방 해내었다. 아이들에겐 자유로운 놀이가 먼저 선행되어야만 했던 것이다. 아이들은 그 물건들을 어른과 같은 수준의 추상적인 수학으로 생각하기 전에 먼저 그 물건들을 현실감 있게 살아있는 이 세상의 일부로 만들 필요가 있었다. 이것이 바로 아이들의 판타지가 한 일이고, 판타지가 존재하는 이유였다.

나는 그 후 몇 해 동안 자주 이 에피소드를 되새겨보았다. 그러면서 나 자신의 삶에서 판타지가 갖는 효용과 중요성에 대해 더 많이 이해하기 시작했다. 그 시기에 몬테소리 연차총회에서 강연을 해달라는 초청을 받은 나는 강연 준비를 위해 몬테소리 이론과 실천에 관한 책을 몇 권 읽었다. 그러다가 마리아 몬테소리와 그 추종자들이 아이들의 공상에 찬성하지 않는다는 사실을 알게 되었다. 그들은 아이들은 현실 세계를 탐구해야 하며 아이들의 판타지는 현실 도피에 불과하다고 생각했다. 그런 이유로 전통적인 몬테소리 학교에서는 아이들의 공상을 억제하는 경향이 있다. 물론 어떤 몬테소리인들은 이런 관점에 동의하지 않겠지만 말이다.

몬테소리 학교라면 어디에서나 다 사용하는 특별한 교재 두 개가 있다. '핑크색 탑'과 '갈색 계단'이라 불리는 나무로 된 교재가 그것이다. 핑크색 탑은 한 변의 길이가 1인치에서 4인치까지 변하는 다양한 크기의 육면체로 이루어져 있다. 아이들은 이 육면체로 탑을 쌓는다. 가장 큰 육면체를 맨 밑에 두고 다음으로 큰 육면체를 그 위에 얹는 식으로 탑을 쌓아서 제일 작은 육면체를 맨 꼭대기에 둔다. 탑을 쌓으면서 '크기'라는 개념을 알게 되고, 나아가 '더 큰', '더 작은' 등과 같은 순서에 대해서도 보다 뚜렷하게 인지하게 된다는 것이 이 교재의 요점이다. 갈색 계단은 갈색의 나무막대 세트인데 단면은 모두 1평방인치 정도 되고 길이는 각각 다르다. 아이들은 역시 이 막대들을 이용해 계단을 쌓는다. 제일 긴 막대를 맨 밑에 놓고 그 위에 막대를 하나씩 얹을 때마다 계단이 하나씩 올라간다. 그리하여 맨 위에는 가장 짧은 막대가 놓인다. 여기서 아이들은 '길이'의 개념에 대해 배우기로 되어 있다.

아이들은 이 교구로 탑과 계단을 쌓으며 상당한 시간을 보낼 마음이 있는 듯하다. 그리고 아이들이 그 활동을 통해 뭔가를 배운다는 것도 분명한 사실이다. 하지만 전통적인 몬테소리 학교는 아이들이 교재를 그 밖의 용도로 사용하지 못하도록 엄격하게 제한한다. 아이들은 그걸 갖고 기차나 집이나 사람 따위를 자유롭게 만들 수 없다. 만약 아이들이 그런 식으로 놀면 교사가 와서 "탑은 그렇게 쓰는 게 아니야. 계단은 그렇게 쓰는 게 아니야."라고 말하도록 되어 있다. 그러고는 교구를 어떻게 써야 할지 보여준다. 만약 아이들이 교구를 갖고 공상 놀이를 하기를 고집하면 교사는 "넌 아직 이걸 쓸 때가 되지 않았어."라고 말한다.

이 방법은 적절하게 통하는 것처럼 보이기도 한다. 결국은 모든 아이들이 교재를 '올바른' 방식으로 사용하는 법을 배우게 되니 말이다. 하지만 그러는 가운데 아이들은 자신의 판타지는 옳은 것이 아니며, 숨겨야만 한다는 것까지 배운다.

요즘에는 몬테소리 학교들이 얼마나 변했는지 모르겠지만 나는 그들의 생각이 굉장히 잘못됐다고 본다. 왜냐하면 아이들이 그 나무토막을 이용해 기차나 트럭, 엄마 아빠를 만들어 논다고 해서 현실로부터 도피하는 것은 아니기 때문이다. 아니, 오히려 정반대로 아이들은 그런 상상 놀이를 통해 나무토막에 최대한 현실감을 부여한다. 나무토막에 단지 '크기'와 '길이'라는 추상 개념만을 남기고 모든 현실감을 제거하는 사람은 오히려 어른들이다. 이 나무토막에서 중요한 건 자로 잴 수 있는 성질뿐이라고 고집하는 건 다름 아닌 어른들인 것이다. 분명하게 하자. 나무토막에 현실감을 더하고 싶어 하는 사람은 공상을 하는 아이들이며, 나무토막에서 현실감을 추방하고 싶어 하는 사람은 어른들이다!

설사 나무 세트를 이용해 아이들에게 가르치려는 것이 단지 크기와 길이 개념이라 하더라도 전통적인 몬테소리의 방법엔 문제가 있다. 빌 헐의 탐구 결과가 분명하게 보여주듯 나무토막과 같은 물건에서 아이들이 뭘 배우기를 바라든 일단 그걸 가지고 마음대로 놀도록 내버려둘 때 아이들은 더 빨리, 더 많은 것을 배울 수 있기 때문이다.

모든 아이들이 원하는 바로 그것!

1981년 여름 오스트레일리아에 있는 한 친구가 캐롤린 화이트 Caroline White라는 사람이 쓴 「쓰기의 시초에 관한 연구」라는 보고서의 사본을 주었다. 그 연구는 애덜레이드예술교육대학 부설 '언어와 읽기 및 커뮤니케이션 연구센터'가 특별 논문집을 출간하기 위해 수행한 것이었는데, 그 보고서는 굉장히 재미있고 명쾌하게 읽힐 뿐 아니라 또 다른 종류의 판타지까지 생생하게 보여주었다. 캐롤린 화이트의 연구는 5세 아동 여덟 명으로 이루어진 그룹의 쓰기 활동을 12주간 관찰하는 식으로 이루어졌는데 그녀는 이 프로젝트의 초기 단계를 다음과 같이 묘사하고 있다.

> 1980년 8월 초에 (아이들은 6월부터 학교를 다닌다.) 나는 그룹 아이들에게 좋아하는 음식의 목록을 써보라고 했다. 아이들은 얼굴을 잔뜩 찌푸린 채 끙끙 신음 소리를 내가며 종이에 뭔가를 끼적였다. 나는 종이를 거두어서 그중 여덟 장을 골랐다. 그러고는 철자를 가장 올바르게 구사한 아이들 여섯 명과 구불구불한 기호처럼 보이는 글씨로 마구 써내려간 낙서를 자신감 있게 건네준 아이 두 명을 선발했다. 이 두 명의 여자아이는 정기적으로 동급생에게 편지를 '쓰고' 있었으며 낙서로부터 많은 즐거움을 얻고 있는 듯했다.
>
> 나는 선발된 여덟 명의 아이들에게 내가 대학에서 맡은 어떤 일을 도와줄 수 있겠느냐고 물었다. 아이들은 나를 돕기 위해 '글을 쓰는' 데 동의했다. 물론 어떤 아이들은 그다지 내켜하지 않았다. 자기는 쓸 줄 모른

다고 생각하기 때문이었다. 뭔가 쓰는 일을 어려워한 그 아이들은 내가 올바른 철자법에 따라 목록을 작성했다고 평가했던 아이들이었다. 반면에 낙서를 즐기고 정기적으로 편지를 써온 아이들은 아무런 위협도 느끼지 않았고 오히려 다른 아이들을 설득시켜서 나를 돕는 일에 참여하도록 했다!

캐롤린 화이트는 봄 방학 바로 전에 줄리아(편지를 쓰는 두 아이 중 하나)가 처음으로 '럼펠스틸트스킨' 이야기를 썼다고 보고한다. 그녀는 보고서에 아이가 쓴 이야기를 그대로 실었다. 그건 글자, 혹은 글자 비슷한 형체들이 종이 위에 대충 줄을 지어 배열되어 있는 것처럼 보였다. 글자들이 단어 형태로 뭉쳐져 있지도 않았다. 그건 그냥 낙서였고, 우리에게 아무런 뜻도 전달하지 못했다. 하지만 줄리아 본인에겐 굉장히 의미가 있는 것이었다. 줄리아는 어떤 이야기를 하려고 했고, 낙서를 하면서 자기가 그 이야기를 하고 있다고 생각한 것이 틀림없었다. 애석하게도 화이트는 줄리아에게 잠깐 빌린 그 '이야기'를 방학 때 잃어버리고 말았는데, 줄리아는 그 일로 아주 기분이 상했다고 한다. 이야기가 아직 '끝나지' 않았다고 하면서 말이다. 그 애는 계속해서 그런 식으로 글을 썼다. 차츰 더 많은 기호들이 진짜 글자 모양으로 바뀌고, 기호 같은 글자들은 단어 형태로 배열되기에 이르렀다. 물론 줄리아는 어떤 기호를 쓰든 늘 분명한 뜻을 가지고 썼고, 화이트 선생님이 자기가 한 '말'을 알아볼 거라고 기대했다.

화이트는 줄리아에게 일어난 일을 이렇게 보고했다.

줄리아와 같은 아이들은 부담감 없는 낙서 단계에서는 매우 왕성하게 쓰기 활동을 할 수 있다. 하지만 몇몇 아이들은 그 다음 단계에서 상처를 입기도 한다. 이는 아이들이 시간이 지남에 따라 사람들이 자신의 낙서를 읽지 못한다는 것을 깨닫게 되는 것과 관련이 있다.

연구를 시작한 지 5주일 후 나는 줄리아가 머지않아 이 트라우마를 경험하게 될 것 같은 느낌이 들었다. 그래서 줄리아의 어머니에게 그 얘길 해주고 싶었다. 그녀에게 경고해야겠다고 마음먹은 날 아침, 줄리아의 어머니가 이런 뉴스를 전했다.

"줄리아가 할머니한테 편지를 안 쓰려고 해요. 할머니가 그걸 읽을 수 없다는 걸 알았어요!"

너무 안된 일이다! 짧은 연구 기간이 끝나가는 어느 시점부터 줄리아는 더 이상 '진짜' 글쓰기를 하지 않으려 했다. 그러니까 어떤 뜻을 전하기 위한 목적으로 글을 쓰지 않았다는 얘기다. 줄리아는 책에서 무작위로 베낀 글자를 줄지어 적기 시작했다. 줄리아는 그 글자들이 맞다는 것을 알고 있었다. 하지만 거기엔 아무 뜻도 없다는 사실 또한 알고 있었다. 오, 가엾은 줄리아!

이 책의 앞부분에서 나는 휴대용 전동 타자기를 사용한 세 살짜리들 이야기를 했었다. 그 무렵 작성한 메모에는 이런 내용이 적혀 있다.

아이들은 대체로 자기가 친 키와 종이에 찍힌 기호를 서로 연관 짓지 않는 것 같다. 아니, 아이들은 종이에 찍힌 기호에는 별로 관심을 두지 않는다는 말이 더 정확할 것이다. 아이들은 기호가 거기 찍혔다는 걸 안다.

하지만 그것이 어떻게 생겼는지는 신경 쓰지 않는다.

몇몇 아이들은 타자기가 말을 전달하기 위해 고안된 물건이라는 사실을 어느 정도 파악했다. 하지만 하고 싶은 말을 어떻게 하는지 가르쳐달라고 부탁할 생각은 못한다. 대신 아이들은 아무렇게나 키를 두드리면서 종종 지금 자기가 이러저러한 말을 하고 있다고 큰 소리로 알리곤 한다. 그러면 나는 조심스럽게 아이들이 쓴 글을 발음하며 이게 바로 너희들이 쓴 것이라고 말한다. 하지만 아이들은 내가 웃기고 있다고 생각할 뿐이다. 아이들에게 타자기는 의지의 힘으로 작동되는 것이고, 따라서 자기가 타자기를 통해 어떤 말을 하고 싶어 하면 그대로 그 뜻이 된다고 생각하기 때문이다.

어떤 꼬마 남자아이는 내가 자기 이름을 쓸 때 J를 맨 처음 친다는 걸 알았다. 어느 날 다른 남자아이가 타이프를 치고 있을 때 그 아이가 J를 가리키면서 말했다.

"그건 내 글자야. 그 글자는 치지 마."

또 다른 아이는 키보드의 한 줄 전체를 최고 속도로 치다가 갑자기 말했다.

"엇! 실수다."

이 메모가 의미하는 게 무엇일까. 그건 그 아이들이 타이프 치는 법을 배우려는 게 아니었다는 사실이다. 그 애들은 뭘 '하려'는 게 아니었다. 아이들의 현실, 즉 판타지는 큰 사람들이 하는 바로 그 일을 자신이 '하고 있다'는 것에 있을 뿐이다. 타자기를 쓰는 일, 뭔가를 말하기 위해 키를 아주 빠르게 두드리는 일 등 자신의 힘이 닿는 범위 안에서 아이들은 어른들이 하는 일을 최대한 똑같이 하려 한다. 그러다가 때가 되면 아이들은 '아무 말도 안 되는 것에 질려버려서' 어떻게 하면 좀 더 실제적인 일을 할 수 있을지, 어떻게 하면 진짜 글을 쓸 수 있을지 생각하기 시작한다. 판타지는 아이들을 현실로 더 가까이 끌어들인다. 타자기로 타자를 치는 어른들의 현실로 말이다. 그러면 아이들은 지금보다 더 어른같이 타자를 치기 위해 배우고 싶어 한다. 다른 사람들이 결과물을 읽을 수 있게 타자를 치고 싶은 것이다. 그러니 마침내 할머니가 진짜로 읽을 수 있는 편지를 쓴 날 줄리아는 얼마나 행복했을까.

상상, 현실을 비추는 거울

주변 세계를 체계화하고 이해하려 들기 시작하면서 아이들은 판타지와 연극 놀이를 적어도 두 가지 방식으로 이용한다. 맨 먼저 아이들은 현실을 시험하기 위해 판타지를 활용한다. 어른들은 이 일을 수리적 모델과 컴퓨터를 써서 한다. 쉽게 예를 들면 '만약 ~하다면 무슨 일이 일어날까?'라고 의문을 던지는 식이다. 아이들의 현실 모델은 당연히 아주 조잡하다. 경험이 별로 없기 때문이다. 하지만 연극 놀이와 공상을 할 때 아이들은 최대한 자신이 이해하는 현실의 법칙에 충실하려 한다.

꼬마아이들이 모래더미에서 장난감 트럭을 갖고 도로나 댐을 건설하는 시늉을 하며 놀 때 어떻게 하는지 관찰해보라. 그 애들은 어떻게 하면 짐을 여기에서 저기로 옮길 수 있을까 등과 같은 실제적인 문제를 설정하고, 최대한 합리적이고 현실적인 방식으로 그것을 해결하려 한다. 모래 위에서 트럭을 이쪽저쪽으로 움직이다가 장애물을 만날 경우 아이들은 점프를 하거나 날아가지 않는다. 진짜 트럭을 몰 듯 장애물을 피해 돌아갈 길을 찾는다. 트럭을 날아가게 할 수 있는 슈퍼맨을 흉내 내는 대신 진짜 트럭을 모는 진짜 운전사를 흉내 내는 것이다. 다른 모든 놀이에서와 마찬가지로 아이들은 경험 세계의 경계를 넓히기 위해 놀이를 한다.

낸시 월리스Nancy Wallace가 홈스쿨링에 관해 쓴 책이 있다. 아직 출판되지 않은 그 책에는 '인형놀이'에 관한 이야기가 있는데 그 첫 부분에서 월리스는 자기 아이인 이쉬미얼(열 살)과 비타(여섯 살)가 매일 하는 놀이의 일부를 묘사하고 있다.

엄마 인형 마저리는 채마밭에서 감자를 수확하고 있다. 이쉬미얼은 어지럽히지 않으려고 조심하며 그 작업을 돕는다. 감자는 파란색과 초록색 공깃돌이다. 둘이서 작은 도기 그릇에 감자를 채운다. 채마밭의 가장자리에는 분홍색 종이꽃을 먹여서 키우는 가축들, 즉 빨간 플라스틱 양과 유리 돼지, 하얀 금속 말이 있다. 동물들의 키는 1센티미터도 안 되는 반면 마저리는 15센티미터나 된다. 하지만 아무도 이 부조화에 신경 쓰지 않는다. 인형 가족의 나머지 구성원들은 벽돌집의 이층에서 빈둥거리며 시간을 보내고 있다. 그 벽돌집은 침실 바닥에 깔린 카펫의 중앙에 서 있다. 아빠인 토머스는 대형 괘종시계를 쳐다보고 있고 가정교사 아줌마는 종이 타월로 만든 침대에 누워 있는 부상당한 장난감 병정을 돌보고 있다. 아이들은 비타가 만든 꽃무늬 식탁보가 깔린 테이블에 앉아 있다.

파란색 벨벳 리본으로 된 강 건너편의 분위기는 좀 더 활발하다. 비타는 피셔-프라이스 사에서 제작한 '리틀 피플' 나무 인형 가족의 피크닉을 돕고 있다. 그들은 검소한 벽돌집 밖으로 나와 바둑판무늬 식탁보가 깔린 테이블 주위에 서 있다. 테이블에는 초록색 샴페인 병이 놓여 있다. 인형 가족들은 술병보다 훨씬 큰 거품투성이 맥주잔으로 술을 마시고 있다. 불고기가 담긴 커다란 그릇도 놓여 있다. 그런데 갑자기 모든 눈이 엄마에게로 쏠린다.

"이것 봐요. 난 아기가 있어요."

비타가 엄마 인형이 외치는 걸 돕는다. 과연 엄마 옆에는 작은 플라스틱 아기가 누워 있다. 비타는 모든 사람들이 감탄하며 주위로 몰려드는 것도 돕는다. 그러고는 아빠를 데리고 요람과 젖병을 찾으러 간다. 모든 것이 편안하게 정돈되자 작은 사람들은 피크닉을 계속한다.

"맥-주-우-우."

소풍을 온 사람들 중 한 명이 말한다. 비타는 갑자기 현실로 돌아온 듯 강과 상록수 숲 너머에 있는 이쉬미얼을 부른다.

"오빠, 지금 계절이 뭐지?"

"가을."

이쉬미얼이 대답한다.

"가을?"

비타가 꿍얼댄다.

"근데 아직 겨울을 한 적이 없잖아. 겨울 뒤에 가을이 오는 거잖아. 어쨌든 마저리가 감자를 캐고 있는 걸 보면 지금은 여름이야. 엄마는 감자를 여름에 캤어."

이쉬미얼은 참을성 있게 설명을 하면서도 엄마 인형 마저리가 계속 감자밭에서 일하게 한다.

"아니야, 비타. 가을은 여름이랑 겨울 사이에 오는 거야. 알겠니? 나무 이파리 색깔이 변하고 서리가 내리는 게 가을이라고. 엄마가 여름에 감자를 캔 건 나도 알아. 그치만 그건 서리가 일찍 내렸기 때문이었어. 어쩌다가 여름에 서리가 올 때도 있거든. 사람들은 보통 가을에 수확을 해. 그게 바로 할로윈데이에 재코랜턴을 켜고 추수감사절 잔치를 하는 이유야. 그 뒤에 크리스마스가 오는 거야. 근데 그때는 눈이 많이 내리고 또 겨울이야."

"아……."

비타는 엄마 인형이 아기에게 우유를 먹이고, 아기 위에 춥지 않게 이불을 덮어주는 걸 도우며 생각에 잠겨 말한다.

"그래, 그럼 할로윈데이를 하자."

감자밭으로 돌아온 이쉬미얼은 마저리가 마지막 감자 무더기를 실어와 그릇에 담은 뒤 장난감 방주 옆 돌집 안으로 가져다놓는 일을 돕는다.

"비타."

이쉬미얼이 비타를 보며 미심쩍은 듯이 말한다.

"겨울을 다 나려면 감자를 하루에 한 개씩만 먹어야겠는걸?"

"음, 그러면 말이야, 오빠. 오빠 양에서 양털을 좀 주면 우리가 돼지를 줄게. 우리한텐 벌써 고기가 충분히 있거든."

"좋아, 그렇게 하자. 근데 돼지가 살았니 죽었니?"

"죽었어. 우리는 그 돼지고기를 훈제할 건데 두 달은 먹을 수 있어. 그 다음에 봄이 오면 유리 돼지가 다시 새끼를 낳을 거고 그럼 고기 걱정은 땡이지!"

그렇게 놀이는 계속된다. 약간만 생각해보면 이 아이들이 (다른 많은 아이들도 엇비슷하다.) 놀면서 하고 있는 일은 정말 주목할 만하다. 아이들은 각본을 쓰고 연출하는 일을 동시에 해낸다. 이건 대부분의 어른들에게는 굉장히 어려운 일이다. 게다가 단독으로 작업해도 어려운데 이 두 아이는 파트너로 작업하고 있지 않은가. 한 사람이 연극 안에 뭔가를 끌어들이면 다른 사람은 반드시 그것을 감당해야만 한다. 또한 진지한 극작가나 소설가라면 누구나 그렇듯이 아이들은 현실적이고 합리적으로 놀이를 진행시켜야 한다. 아이들은 마음대로 무대를 설정할 수 있고 원한다면 아무 사건에서나 시작할 수 있지만 일단 이야기가 시작된 이상 자연스러운 과정을 밟도록 해야만 한다.

낸시 윌리스가 위의 책에서 강조하고 있듯이 아이들이 하는 인형놀이의 모든 요소는 현실 생활에서 나온다. 인형놀이를 하는 이 아이들은 먹을거리의 많은 부분을 직접 키우고, 나무를 베서 땔감을 장만하는 시골에서 살았다. 아이들은 식용 가축을 키우고, 도살하고, 훈제하는 사람들을 알고 있었으며, 그들 주변엔 갓난아기를 키우는 이웃도 있었다. 이 외에도 아이들의 놀이가 현실에 근거한다는 증거는 많다.

세상을 더 깊고 더 넓게 이해하기 위해

아이들은 현실을 이해하고, 현실에서 실제로 작용하는 내적 모델을 세우기 위해 판타지를 이용한다. 경험이 적은 아이들에게는 이것이 쉽지 않다. 아이들은 마치 10퍼센트의 조각만을 가지고 퍼즐을 맞추려는 사람과 같다. 따라서 빈틈을 모두 메우려면 상상의 조각을 만들어내야만 한다.

어른들은 이런 일을 싫어한다. 모든 조각을 가지고 있다는 확신이 서지 않으면 아예 퍼즐을 맞추려 들지 않는다. 하지만 어린아이들은 모든 조각을 가질 때까지 기다릴 수가 없다. 처음부터 끝까지 일관되고 합당하게 맞아떨어지는 현실 모델을 만드는 데 필요한 모든 정보를 수집하고 경험을 쌓을 때까지 가만히 기다릴 수가 없는 것이다. 아이들은 '지금 당장' 어떻게든 현실을 이해해야만 한다. 아이들의 판타지는 현실에서 자라나고, 현실로 이어지며, 더 깊은 현실과 접촉하려 한다. 여섯 살짜리 비타는 무효가 된 엄마의 수표를 통해 돈이라는 불가사의한 어른의 세계를 탐사한다. 혹은 사무용 타자기로 만든 서식을 통해 탐사하기도 한다. 다른 아이들은 또 다른 방법으로 현실에 손을 뻗는다.

애리조나에 사는 자넷 사켓은 읽기를 배우는 네 살 반 된 아들에 대해 《그로잉 위다웃 스쿨링》으로 편지를 보내왔다.

> 요즘 우리 아이는 그림을 정교하고 세밀하게 그리는 데 푹 빠졌어요. 구조 헬리콥터나 심해 잠수부, 수중익선, 해적, 경찰 같은 것을 즐겨 그린

답니다. 그림이 완성되면 나는 거기에 대해 이야기를 해보라고 하지요. 그러면 그 애는 한 문장으로 훌륭한 설명을 해준답니다. 예를 들면 "해적 샘은 칼을 가지고 있다.", "잠수함에 타고 있는 네 명의 잠수부들.", "이 수중익선은 길이가 100피트다." 이런 식으로 말이에요. 나는 이 문장을 그림 위에 쓰거나 아니면 종이 띠에 따로 씁니다. 매직펜 색깔은 아이가 정합니다. 우리는 문장을 여러 번 같이 읽어본 다음, 그림 색깔과 어울리는 매직펜을 써서 각각의 단어를 3×5인치 카드에 적습니다. 내가 카드를 섞으면 아이는 문장 띠나 그림 위의 알맞은 단어에 카드를 골라 맞춥니다. 그 애는 카드를 기차의 차량으로 생각하면서 문장을 이중으로 만들더군요. 마침표는 승무원차고, 대문자는 엔진이랍니다.

이 어린 소년은 문장의 첫 글자를 '엔진', 마침표를 '승무원차'라고 부르며 단어 공부에 현실감을 주고 있다. 아이는 이미 알고 있고 관심도 있는 분야의 단어를 기억에 남도록 단단히 연결시켜 자기 것으로 획득하고 있다. 시모어 페퍼트가 『마인드스톰』에서 말하듯 이미 축적해둔 기존의 모델에 동화시키면 무엇이든 배우기가 쉽다. 이게 바로 아이들이 하는 일이다.

아이들은 이 일, 즉 새로운 경험과 개념을 이미 획득한 경험과 연결시키는 일을 매우 잘 한다. 그리고 공상은 아이들이 이 일을 하는 한 가지 수단이다. 우리는 아무리 머리가 좋아도 아이들 대신 공상을 해줄 수는 없다. 아이들의 판타지를 예측하거나, 계획하거나, 통제할 수도 없다. 그리고 우리의 목적에 맞게 구부릴 수도 없다. 그러므로 우리가 할 수 있는 건 오직 아이들의 정신적 접시에 좋아하는 음식을 담

아주는 것이다. 아이들의 진짜 접시에 그렇게 하듯이.

비슷한 예가 또 있다. 기차와 아들의 러브스토리를 적어 보내준 캐롤 켄트의 편지가 바로 그것이다.

태어나서 두 번째로 맞이하는 크리스마스에 우리는 작은 환상 트랙을 달리는 태엽 기차로 로버트를 사로잡았습니다. 로버트는 무척 기뻐했죠! 다음 해 크리스마스에는 플로리다로 기차 여행을 갔습니다. 차량이 10대 달린 조그만 플라스틱 장난감 기차를 가지고 갔는데 로버트는 기차를 타고 가는 내내 그 장난감을 갖고 놀았지요. 세 살이 되던 해 봄 우리는 로버트에게 또 태엽 기차를 사주었습니다. …… 환상 트랙이 딸려 있고, 까만 증기 기관차에는 은색으로 빛나는 동륜축이 달려 있었지요. 석탄차와 호퍼차, 번쩍이는 빨간색 승무원차도 있었습니다. 로버트는 그 기차를 애지중지했어요. 로버트는 곧바로 그것들을 분해하기 시작했는데 트랙은 혼자서 조립할 수 있었지만 기차는 그렇게 할 수 없었지요. 그 후 몇 달 동안 우리는 방바닥에 엎드리거나 누워서 트랙 위에 세워놓은 분해된 차량의 잔해 너머로 상상의 기차 왕국을 뚫어지게 바라보는 로버트의 모습을 볼 수 있었지요.……

1979년 7월 4일, 역사박물관에 갔는데 때마침 기차 전시회가 열리고 있더군요. 다른 전시물들도 볼 만했지만 뭐니 뭐니 해도 거대한 증기 기관차가 최고였습니다. 그 옆에는 신호등도 있었는데 10분 정도 간격을 두고 증기 기관차 소리가 전시실을 가득 채우면 신호기에 불이 번쩍 들어오며 종이 울렸습니다. 마치 기관차가 정거장으로 들어왔다가 나가는 것처럼 말이죠. 우리는 그 광경을 몇 번이나 지켜보았습니다. 로버트는 하루 종일이라도 그러고 있을 기세였지요. 그날 로버트는 철도원 모자를 쓰고 있었는데, 그 후 한동안은 외출을 할 때마다 그 모자를 쓰곤 했답니다. 그 달 말 우리는 진짜 증기 기차를 타고 알렉산드리아에서 샬러스빌로 갈 수 있다는 얘기를 듣고 실행에 옮겼습니다. 그 여행은 그야말로 로버트를 기차에 푹 빠지게 했지요. 도서관에는 기차에 관련한 책이 너덧 권 있었는데 우리는 매주 그 책을 빌려야 했어요.

로버트는 어느새 '철도원 로버트'가 됐습니다. 모자와 스카프는 빼놓을 수 없는 액세서리가 되었지요. 로버트는 자신의 증기 기관차인 세발자전거를 몰며 끊임없이 기관차 소리를 내고 다녔습니다. 어찌나 열심히 (시끄럽게!) 소리를 질러대던지 때로는 지나가는 사람들이 화난 표정으로 쏘아볼 지경이었죠. 집에 있는 레코드판에서 기차 노래를 발견했을 때는 철도원 모자를 쓰고 전축 옆에 웅크리고 앉아 낡아빠진 장난감 증기 기관차를 움켜쥔 채 몇 번이고 노래를 듣곤 했습니다. 할로윈 바로 전에 제가 기관차 소리를 녹음한 음반을 찾아냈는데 그 즉시 히트를 쳤지요.

로버트의 네 번째 생일엔 새 태엽 기차를 사주어야겠다고 생각했습니다. 그런데 실망스럽게도 그런 종류의 장난감은 이제는 완전히 사라져 버렸더군요. 시판되는 태엽 기차는 하나도 없었습니다. 장난감 가게에서는 모형 기차를 팔았는데 가장 싼 것도 75달러나 했습니다. 당연한 일이지만 가게를 나올 때 로버트의 눈은 기차로 가득 찼지요. 그 애는 나에게 입장을 분명히 했습니다. 모형 기차를 갖고 싶다 이거죠. 나는 설명했습니다.

"로버트, 저 기차들은 아주 비싸. 게다가 너보다 더 큰 아이들용으로 나온 거야. 게다가 너는 기차를 분해하길 좋아하는데 저 기차들은 분해하면 안 돼. 아주 조심해서 다루어야 하지. 저런 기차를 가지려면 좀 더 커야 돼."

로버트는 내 손을 잡고 심각하게 나를 바라보았습니다. 그러고는 이렇게 말했지요.

"엄마, 난 벌써 컸어!"

크리스마스 때 로버트의 할머니 할아버지가 새 철도원 모자와 스카프 두 장, 증기 기차 사진 한 장, 커다란 철도원용 회중전등을 선물해주셨습니다. 로버트는 새 모자와 회중전등을 들고 앉아서 기차 레코드판을 들었지요. 다음 날 우리는 다른 할머니에게서 푸짐한 크리스마스 수표를 받았습니다. 우리는 만장일치로 기차를 사는 데 그 수표를 쓰기로 결정했어요. 수표와 저금한 돈을 들고 가게로 간 로버트는 무얼 살 것인지 자유로이 선택할 기회를 가졌죠. 로버트는 증기 기관차와 디젤 기관차, 호퍼차, 무개화차, 빨간색 승무원차, 조그만 장난감 소 여덟 마리가 딸린 가축차, 가축 하역 플랫폼, 가축 트럭을 골라 샀습니다.

우리는 종종 도서관에서 조지 재퍼의 『열차백과』를 빌리곤 하는데 마침 크리스마스 휴일 동안 그 책이 집에 있었지요. 그 책 안엔 모든 종류의 열차 차량에 대한 짧은 설명이 삽화와 함께 실려 있습니다. 어느 날 공부방엘 들어갔는데 로버트가 수지에게 '기차 이야기'를 들려주고 있더군요. 로버트는 나에게 책을 주면서 도와달라고 했습니다. 자기가 대사를 잊어버리면 일러달라는 것이었지요. 맨 먼저 로버트는 작은 증기 기관차와 탄수차를 트랙에 올렸습니다. 그러고는 시작했지요.

"기관차는 기관차고에서 나옵니다. 깨끗이 청소되고 기름이 쳐졌습니다. 기관차 뒤의 탄수차에는 석탄과 물이 실려 있습니다. 기관차는 여행할 준비가 되었습니다."

기관차 페이지를 끝낸 다음 로버트는 조심스럽게 호퍼차를 탄수차에 연결시키고는 설명문을 암송했습니다.

"강철제 호퍼차는 석탄과 자갈을 나릅니다……."

로버트는 장난감 기차 차량 각각에 대응하는 대사를 단 두 번밖에 틀리지 않고 모두 외웠어요. 며칠 후 우리가 팅커토이표 랜턴을 조립할 때도 로버트는 책에 나와 있는 모든 랜턴 신호를 익혔지요. 그 애는 가지고 있는 기차 그림을 모두 기차 테이블 옆 벽에다 걸어두었답니다. 때때로 로버트는 밤중에 어둠이 깔린 공부방에 들어와 회중전등을 켜고 기차를 비추어보며 행복해합니다.

위의 편지는 철도원 로버트의 네 번째 생일을 맞아 그 애의 엄마가 쓴 글이다. 이제 로버트는 거의 여섯 살이 다 되었다. 기차에 대한 애정이 지금쯤 그를 어디로 데려갔는지는 몰라도 하여간 감동적이고 재미있는 이야기다.

우리는 음식만큼이나 공상을 먹고 산다. 판타지는 세상을 열어주는 문이다. 로버트의 기관차는 트랙을 따라 화차를 끌듯이 로버트를 현실로 이끌었다. 나의 판타지가 나를 이끄는 것처럼. 책을 쓰는 큰일을 시작하기 전에 나는 먼저 완성된 책을 상상해야 했다. 그냥 완성된 정도가 아니라, 출판되어 히트를 치는 모습을 그려보아야 했다. 마음속에 책이 현실감 있게 떠오르기 전에는 책 쓰는 작업을 향해 한 발자국도 나갈 수가 없었던 것이다.

나만의 고유한 판타지 랜드

MIT 수학 교수이자 교육학 교수인 시모어 페퍼트는 『마인드스톰』에서 그가 세상으로 나아가는 데 가장 중요한 통로 역할을 했던 이야기를 들려준다.

나는 두 살이 되기 전부터 자동차에 관심이 많았다. 당시 내 어휘의 상당 부분은 자동차 부품의 이름들이었다. 나는 변속 장치의 각 부분, 특히 차동 톱니바퀴에 대해 알고 있다는 데 큰 자부심을 느꼈다. 물론 톱니바퀴가 어떻게 작동하는지 이해하게 된 것은 그로부터 여러 해가 지난 후였다. 하지만 일단 '알게' 되자, 톱니바퀴를 가지고 노는 것이 제일 좋아하는 오락거리가 되었다. 나는 동그란 물체들을 보면 톱니바퀴처럼 서로의 주위로 회전시키길 좋아했다. 당연히 내가 처음으로 조립한 이렉터 세트(금속이나 플라스틱 부품으로 된 조립 세트)도 조잡한 기어장치였다. 나는 곧 머릿속으로 바퀴를 굴리고 인과의 고리를 만드는 일에 도사가 되었다. '이 바퀴가 이쪽으로 돌면 저 바퀴는 저쪽으로 돌고…….'

나는 차동기어 같은 장치에서 특별한 즐거움을 찾았다. 자동차 바퀴에 걸리는 저항이 어느 정도인가에 따라 변속기축의 구동력이 두 개의 자동차 바퀴에 아주 여러 가지 방식으로 분배될 수 있기 때문에 차동기어는 단순히 직선적인 인과율의 고리를 따르지 않는다. 이처럼 어떤 체계가 요지부동으로 결정론적이지 않고도 법칙에 맞을 수 있다는, 게다가 그것을 완전히 파악할 수 있다는 사실을 발견했을 때 내가 얼마나 흥분했는지 지금도 생생히 기억하고 있다.

차동 톱니바퀴를 만난 것이 초등학교에서 배운 그 어떤 것보다도 나의 수학적 발달에 많은 영향을 끼쳤다고 믿는다. 기어는 하나의 본보기가 됨으로써 하마터면 추상에 불과했을 많은 개념들을 머릿속에 구체적인 형상으로 남겼다. 예를 들어 학교에서 수학 시간에 구구단을 배울 때 나는 곱셈 구구표를 톱니바퀴로 보았다. 또한 $3x+4y=10$처럼 변수가 두 개 있는 방정식을 배울 때도 나는 즉시 차동 톱니바퀴를 떠올렸다. 머릿속에 x와 y의 관계에 대한 톱니바퀴 모델이 세워지고 이를 통해 각각의 톱니바퀴에 필요한 이가 몇 개인지 알아낼 수 있게 되자 방정식은 기분 좋은 친구가 되었다.……

어느 날 나는 대부분의 어른들이 톱니바퀴의 마술을 이해하지 못하며 관심조차 없다는 사실을 발견하고 놀랐다. 이젠 더 이상 톱니바퀴 생각을 안 하지만 거기서 영감을 얻은 이후 시작된 의문을 외면한 적은 한 번도 없다. 나한테는 그렇게 간단한 것을 왜 다른 사람들은 이해하지 못할까? …… 나는 서서히 어떤 생각을 명확하게 세워가기 시작했고 지금도 그 생각이 배움에서 기본이 된다고 여긴다. 이미 축적해둔 기존의 모델에 동화시킬 수 있으면 무엇이든 다 쉬운 것이다.……

차동 기어장치와 나의 각별한 만남에는 몇 가지 특성이 있고 나는 종종 그것들을 떠올리게 된다. 첫째 특성은 아무도 나에게 차동 기어장치에 대해 배우라고 시킨 사람이 없었다는 점이다. 둘째, 톱니바퀴와 나의 관계에는 어떤 감동, 말하자면 사랑이 있었다. 셋째, 기어와 처음 만난 것은 두 살 때였다. 만약 어떤 교육심리학자가 이러한 만남이 내게 미친 영향을 '측정'하려 했다면 그는 필시 실패했을 것이다.……

현대의 몬테소리라면 내 이야기를 듣고 아이들을 위해 톱니바퀴 세트를 만들자고 할지도 모르겠다. 모든 아이들이 내가 한 경험을 맛볼 수 있도록 말이다. 하지만 그런 일을 기대한다면 그건 내 이야기의 요점을 놓쳤다는 뜻이다. 다시 말하지만 나는 톱니바퀴와 사랑에 빠졌었다.

우리가 세상에 대한 최초의 모델을 획득하게 되는 것은 무엇보다도 공상을 통해서다. 맨 첫 단계에서 그건 거의 항상 꿈이나 로맨스, 사랑의 수준으로 시작한다. 두 살 난 시모어에게 자동차는 신비와 기쁨의 근원이었다. 그 안에 뭐가 들어 있는지 알기 이전에 말이다. 마찬가지로 그가 처음으로 본 톱니바퀴 역시 그것이 어떻게 작용하고 왜 필요한지 알기 이전부터 아름답고도 경이로운 물건이었음에 틀림없다.

앞에서 나는 기차가 네 살짜리 철도원 로버트를 세상으로 이끌었다고 말했다. 하지만 로버트의 기차(진짜 기차와 모형 기차, 상상의 기차 등이 다 포함된)가 세상을 점점 더 로버트에게로 가까이 끌어왔다고 말할 수도 있다. 두 과정은 결국 같은 것이다. 세상으로 나아갈수록 우리는 점점 더 많이 세상을 받아들이게 된다. 아이들이 세상으로 들어갈 때 세상도 아이들 속으로 들어간다. 그 과정은 판타지로 시작된다. 그리고 판타지가 그 과정을 지속시킨다. 기차를 향한 로버트의 사랑과 기어를 향한 페퍼트의 사랑은 진짜 기차와 진짜 기어에 대해 더 많은 것을 알고자 하는 그들의 욕구에 박차를 가했다.

모든 판타지가 반드시 어떤 명확한 대가를 준다는 말은 아니다. 기어에 대한 사랑은 페퍼트를 훗날 그가 일생을 바치게 된 수학의 세계로 이끌었다. 하지만 누구나 항상 그렇게 되리란 법은 없다. 네 살인가 다섯 살 때 나는 요트와 배, 원양 여객선의 사진을 좋아했고 배 그림을 그리기도 했다. 특히 어떤 요트는 그 모양이 너무 멋져서 반하지 않을 수 없었다. 그래서 나는 그 사진을 간직했다가 즐거움을 맛보고 싶을 때 가끔씩 꺼내보곤 했다. 그렇다고 당시 내가 그런 요트를 가지고 싶어 했던 것은 아니다. 오히려 그런 일이 무엇을 의미하는지 상상조차 할 수 없었다. 다섯 살짜리 나는 단지 요트의 사진을 보고 싶었을 뿐이다. 몇 년 후 그 지역에 처음으로 유선형 기차가 들어왔다. 유니온 퍼시픽 사와 벌링턴 제퍼스 사의 합작품인 그 노란색 기차는 내 상상의 영역을 사로잡았다. 하지만 그때도 역시 기차나 배의 디자이너나 건조공이 되겠다는 생각은 해보지 않았다. 기차나 배가 어디서 어떻게 만들어지는지, 어떻게 작동을 하는지에 관해서조차 배울 마음이 전혀 없었다. 당시 판타지가 나에게 선사한 것은 '이 세상은 많은 점에서 매력적이고 아름다운 장소'라는 느낌을 계속 가질 수 있도록 해준 게 전부였다. 물론 이건 결코 별 볼일 없는 선물이 아니다. 지금까지도 나는 물건의 모양에 굉장한 관심을 가지고 있다. 그리고 아름답게 디자인된 쓸모 있는 물건을 보거나 만지면 감동할 줄도 안다.

가짜 꿈나라를 강요하지 말라

어쩌면 어린 시절의 열정과 어른이 되어서의 삶에 희미한 관련성조차 없는 사람들도 많을 것이다. 그래도 아무 상관없다. 싫어하거나 두려워하는 것이 아닌 좋아하는 것에 대한 판타지가 아이들을 세상으로 이끈다는 것은 분명한 사실이기 때문이다. 반면 수치와 고통과 공포의 판타지는 아이들을 드넓은 바깥세상에서 내몰아 스스로 만들어 낸 꿈나라에 갇히도록 만들 것임에 틀림없다.

어린 시절에 공상이 미치는 영향이 크고 중요하다고 해서 억지로 아이들에게 공상을 하라고 시킬 수는 없다. 만약 그렇게 하면 오히려 아이에게 심각한 해악을 끼칠 것을 각오해야 한다. 이제는 내가 왜 유치원이나 초등학교 저학년 수업에서 흔히 볼 수 있는 장면을 그렇게 싫어했는지 좀 더 확실히 알 것 같다. 어른이 피아노나 기타를 치는 동안 아이들은 나무나 새, 눈송이, 들꽃을 가장하도록 명령받는다. 아이들은 "눈송이가 되라."고 하면 팔을 흔들며 교실 안을 빙글빙글 돌고, 펄쩍펄쩍 뛰라는 신호가 떨어지면 눈치 빠르게 그대로 한다. 학교에서는 몸을 움직일 기회가 너무 적기 때문에 아이들은 이런 기회라도 생기는 것이 그저 반가울 뿐이다. 하지만 시키는 대로 한다고 해서 아이들이 정말로 판타지를 펼치고 있다고 생각하면 오산이다. 아이들은 다만 어른들이 원하는 일을 하고 있을 뿐이기 때문이다. 아이들이 이렇게 상상했으면 하고 '어른이 바라는 것'을 상상하면서 그 일을 즐기는 척하는 것뿐이란 얘기다.

학교가 아닌 일상적이고 비공식적인 자리에서 눈송이 흉내를 내는 아이가 어디 있는가? 아이들이 흉내 내는 건 어른들이다. 왕과 여왕, 트럭 운전사와 의사, 그리고 엄마 아빠. 그러니 만약 우리가 아이들에게 억지로 공상을 강요한다면 이 가짜 판타지들은 TV가 양산해내는 레디메이드 판타지처럼 아이들의 진짜 판타지, 즉 아이들의 경험에서 직접 우러나온 판타지와 세상을 이해하고 그 속에서 편안함을 추구하고자 하는 욕구에서 비롯된 판타지를 몰아낼 것이다.

8

타고난 열정과 능력을 어떻게 살릴까

5학년 교실에는 기하학적 도형으로 이루어진 '하코'라는 퍼즐이 있었다. 얕은 상자 안에 일정한 방식으로 배열되어 있는 직사각형 모양의 얇고 납작한 플라스틱 조각들을 이리저리 움직여 정사각형 모양의 가장 큰 조각을 원래의 지점에서 상자 반대편으로 이동시키는 것이 게임의 목표였다. 물론 플라스틱 조각을 뒤집거나 상자에서 꺼내서는 안 된다. 나는 많은 시간을 그 퍼즐을 붙잡고 씨름했으나 아무리 해도 잘 되지가 않았다. 이 일은 나를 몹시 약 오르게 했다. 더 약이 오른 이유는 그 목표를 달성하는 게 얼마든지 가능하다는 사실 때문이었다.

거의 모든 사람들이 그러하듯 나 역시 조각들을 되는 대로 아무렇게나 이동시키는 것으로 시작했다. 어리석게도 나의 참을성은 얼마 지나지 않아 바닥을 드러냈다. 이동시킬 수 있는 방법이 너무 많아서 오히려 진전이 없는 것 같았다. 그러니 머리를 써서 푸는 법을 알아내야 했다. 나는 조각들을 아주 신중하게 움직이며 그때마다 이동 경로를 분석하기 시작했다. 그리하여 상자 꼭대기에 있는 큰 조각을 아래로 이동시키기 위해서는 어떤 특정한 루트를 따라야 한다는 결론을 내렸다. 큰 조각이 밑으로 내려오는 동안 몇 개의 다른 조각들은 그 큰 조각을 지나쳐 위로 올라가야만 하기 때문이다. 그렇게 되기 위해서는 어떤 조각들이 특정한 방식으로 움직여야 하는데 내가 볼 때 그건 가능하지 않았다. 그러므로 그 퍼즐은 내게 목적 달성이 불가능한 과제였다.

가능한, 그러나 불가능해 보이는 퍼즐 읽기

하지만 문제는 그게 불가능하지 않다는 사실을 내가 알고 있다는 것이었다. 제조회사가 풀리지 않는 퍼즐을 만들어 팔 리가 없었다. 소송을 당할 수도, 그보다 더 나쁜 일이 발생할 수도 있는 위험을 왜 자처한단 말인가. 게다가 그 퍼즐은《사이언티픽 아메리칸》지에도 언급된 적이 있지 않은가. 무엇보다 최악의 사실은 몇몇 학생들이 이미 그 퍼즐을 푸는 데 성공했다는 거였다. 나는 그 아이들이 거짓말을 했거나 사기를 쳤다고 믿고 싶었지만 그 애들은 그런 타입이 아니었다. 화가 부글부글 끓는 가운데 이렇게 스스로를 위로했던 게 기억난다. '바보 멍청이처럼 이 퍼즐을 붙잡고 앉아 있을 마음만 있으면 누구나 다 할 수 있을 거야. 마구잡이로 조각을 움직이다 보면 요행히도 되는 날이 있겠지. 하지만 난 그런 짓을 하고 앉아 있을 시간이 없어.' 그런 짓을 하는 건 수준이 떨어진다고 생각했다는 편이 더 적절하겠다.

나는 몇 번이고 퍼즐을 다시 시도해보았다. 새로운 접근 방법을 알아낼 수 있을 거라고 기대하면서. 하지만 내 머리는 자꾸만 스스로의 만족을 위해 만들어낸 추론에 집착하는, 그 유치한 습관으로 되돌아 갔다. 나는 그 퍼즐이 불가능하다는 가상의 증명을 잊어버리려고 안간힘을 썼으나 아무 소용이 없었다. 어느새 나는 내 추론에서 결함을 찾아내려는 일에 골몰해 있곤 했다. 하지만 그 또한 가능하지 않았다. 다른 많은 사람들처럼 그리고 다른 많은 상황에서처럼 나는 추론을 함으로써 스스로를 상자 속에 가두어버린 것이었다.

호킨스 교수의 말을 귀에 새기며 나 자신을 돌아보니 뭐가 문제인지 보이기 시작했다. '무작정' 놀아 보는 일을 충분히 하기 전에, 조각들이 움직이는 방식에 대한 내적 모델을 세우기도 전에, 조각들을 움직일 수 있는 모든 방법을 탐구할 시간을 갖기도 전에 추론을 해버린 것이 내 문제였다. 다시 말해 몇몇 아이들이 그 퍼즐을 풀 수 있었던 건, 그 아이들이 단지 아무렇게나 퍼즐을 시작했기 때문이 아니라 조각들이 어떻게 움직이는지 경험으로 알아내기 전에 추리를 통해 문제를 풀려는 오류에 빠지지 않았기 때문이었다. 퍼즐에 대한 아이들의 내적 모델은 완전했고 나의 모델은 불완전했다. 그것이 내가 실패한 이유였다.

_루빅스큐브가 시장에 등장하자 어떤 사람이 나에게 하나를 보내주었다. 거기에 따라 붙은 '수십억의 가능성'이라는 광고 문구 몇 마디는 나로 하여금 그 큐브를 건드리지 않고 어딘가 보이지 않는 곳에 처박아두게 만들었다. 사실 난 약간 두려웠고 그래서 '저런 데에 말려들어 뒤죽박죽이 되고 싶진 않아!'라고 생각하기로 했다.

고작 몇 명의 수학자를 제외한다면 그 퍼즐의 빠른 해법을 누가 추론해낼 수 있을지 나는 무척 의심스러웠다. 퍼즐이 쉽다면 그 정도로 유행하게 되지도 않았을 것이다. 하코퍼즐의 경험 때문인지 나는 이런 생각을 갖고 있었다. 큐브를 풀려면 큐브가 움직이는 방식에 대해 충분히 알아야 하고, 그러려면 먼저 상당한 시간 동안 큐브를 가지고 무작정 놀면서 되는 대로 이것저것 해봐야 한다고, 그렇게 해서 서서히 큐브의 언어를 알아가야 한다고 말이다. 그러나 나에겐 그렇게 많은 시간이 없었다. 해야 할 일들이 많았던 것이다. 그래서 나는 큐브를 치워두었다.

그 후 하와이로 강연 여행을 갔을 때 호놀룰루에 있는 한 가정에 며칠 동안 머문 적이 있다. 하루는 부모가 외출한 사이 열세 살 먹은 남자아이와 아홉 살 된 여자아이만 집에 남게 되었다. 아이들은 둘 다 그 큐브를 굴리고 있는 중이었다. 남자아이는 혼자서 푸는 법을 알아냈는지, 누가 가르쳐줬는지 모르지만 벌써 풀 줄 알았다. 다음 날 저녁, 나는 그 아이가 어떤 손님 앞에서 2분 만에 큐브를 푸는 걸 보았다. 큐브 '푸는 법'을 알고 있는데도 아이는 여전히 큐브 가지고 노는 걸 좋아했다. 아이는 그저 큰 의자에 앉아 몸을 편안히 풀고 천천히 큐브를 손 안에서 굴렸다. 큐브를 바라보다가 이따금씩 움직여보고 뭐가 나타났는지 보기 위해 다시 천천히 큐브를 굴리는 식이었다.

나는 아이들에게 뭐하고 있느냐고 묻지 않았다. 만약 물었더라면 "아무것도." 혹은 "그냥 놀아요."라고 대답하지 않았을까 싶다. 그냥 놀면 안 된다고 생각할 만큼 아이들은 나이가 많았기 때문에 혹여 내가 그런 물음을 던지면 약간 부끄러워하거나 자의식이 생길 수도 있을 거라 생각했다. 그래서 아무것도 묻지 않고 그냥 곁눈질로 지켜보았다. 그런 아이를 보는 건 흐뭇한 일이다. 뭔가에 진짜로 집중하고 있는 아이들은 그들이 흔히 빠져드는 일종의 꿈같은 상태에 있는 듯 보인다. 그때 시간은 아무런 의미도 없다.

우리는 말한다. 시간은 돈이다, 시간은 절대 충분하지 않다고. 그래서 흔히들 이렇게 읊조리지 않는가.

"내 등 뒤에서 나는 항상 듣노라. 날개 달린 시간 마차가 가까이, 점점 가까이 굴러오누나."

"그대가 생각하는 것보다 늦었다."

하지만 나는 아이들이 누리고 있는 이 시간이 멈춘 듯한 느낌, 존재하지 않는 듯한 느낌, 시간에 대단한 가치를 부여하지 않는 그 느낌이 부러웠다. 때는 여름방학이었다. 시간이 충분한 아이들은 큐브와 일종의 대화를 나누고 있는 것처럼 보였다. 그들은 결코 증인을 반대 심문하는 변호사처럼 굴지 않았다. 큐브에서 뭔가 캐내려는 질문들을 던지는 대신 큐브가 말을 하도록 놔둔 채 귀를 기울였다.

그 아이들은 과학자로서 무슨 꽃과 풀들이 자라는지 살피기 위해 들판을 천천히 거니는 식물학자처럼, 참을성 있게 새들을 관찰하며 소리를 듣는 조류연구가처럼, 인위적으로 사건을 일으키려 하지 않고 그저 절로 일어나는 현상에 정신을 집중할 뿐이었다. 그리고 바로 그 순간 아이들은 조바심과 초조함, 허식을 제쳐둘 수 있었다.(나도 그럴 수 있었으면!) 지금 돌이켜보면 아이들은 큐브를 푸는 것만큼이나 예쁜 색깔의 무늬가 변화하는 모습을 지켜보는 일도 즐겼던 게 아닌가 싶다.

큐브 푸는 법에 관한 책이 몇 권 나와 있는데 그중 적어도 한 권은 어린이가 썼다는 사실에 나는 놀라지 않는다. 요전에 길모퉁이에 있는 잡화점 앞을 지나치다가 가게 안에 설치된 텔레비전 화면에 잡힌 어떤 아이를 보았다. 열두 살도 채 안 돼 보이는 그 아이는 카메라 앞에 서서 큐브를 풀고 있었다. 아이가 그걸 다 맞추기까지는 1분도 채 걸리지 않은 듯했다. 그럴 때 흔히 일어나는 경탄, 질투, 분개, 창피("왜 나는 저렇게 못하지?")와 같은 감정과 그 감정에 대한 뒤틀린 쾌감이 합쳐져 내 가슴을 찔렀다.

사실 루빅스큐브는 내가 일상적으로 즐기는 사색의 소재가 아니다. 그런데 며칠 전 나는 머릿속으로 큐브를 갖고 노는 나를 발견했다. 그때 떠오른 건 각 면의 중앙에 집중해서 큐브를 그려볼 수 있겠다는 생각이었다. 아홉 개의 파란색 정사각형 가운데에 있는 파란 정사각형, 아홉 개의 노란색 정사각형 가운데에 있는 노란 정사각형, 이런 식으로 말이다. 그렇게 하자 가운데에 있는 것을 제외한 다른 여덟 개의 정사각형은 자유롭게 그 주위를 움직일 수 있으며 그것들은 또한 네 개의 귀퉁이를 이루는 정사각형과 귀퉁이가 아닌 네 개의 정사각형(이들을 '변 사각형'이라 부르자.)으로 나뉠 수 있다는 사실이 떠올랐다. 계속해서 머릿속으로 큐브를 가지고 놀면서 나는 또한 귀퉁이 사각형은 절대로 변 사각형이 될 수 없고 그 반대도 마찬가지라는 것을 알아챘다. 매우 단순한 발견이었지만 유쾌한 발견이기도 했다. 하긴 발견은 아무리 간단한 것이라 해도 유쾌하기 마련 아닌가.

큐브에 대한 이런 발견들과 거의 동시에 만약 어떤 사람이 완벽하게 다 푼 큐브를 뒤섞은 다음 나에게 준다면 그 사람이 밟아온 모든 단계를 거꾸로 거슬러 올라갈 경우 퍼즐을 풀 수 있을 거라는 사실을 깨달았다. 쉽게 말해 그 사람이 퍼즐을 뒤섞기 위해 열다섯 번 큐브를 움직였다면 나 역시 열다섯 번만 정확하게 움직이면 퍼즐을 풀 수 있다는 얘기다. 하지만 말이 쉽지, 퍼즐은 일단 잘못 진행하기 시작하면 점점 어렵게 꼬여간다. 그러고 보니 그건 마치 집 밖으로 나왔다가 울부짖는 눈보라 속에서 길을 잃어버린 사람의 처지와 비슷한 것 같다. 집은 단지 500미터밖에 떨어져 있지 않고 그 사람 역시 그걸 알고 있으나, 발걸음을 떼어놓을수록 집에 가까워지기는커녕 멀어질 가능성이 더 많다는 점에서 말이다.

오늘 아침 또다시 큐브 생각이 났다. 나는 그걸 잠시 바라보다가 생각했다. '다 푼 큐브로 시작한다고 치자. 나는 지금 큐브의 한쪽 면을 보고 있다. 예를 들어 파란색 면이라고 하자. 오른쪽 위 귀퉁이에 있는 파란색 조각을 한 번에 한 단계씩 움직이는 방법으로 점점 더 멀리 이동시키기 시작한다. 본래 있던 장소에서 최대한 멀리 보내려면 그 조각을 몇 번이나 움직여야 할까?' 머릿속에서 시험해본 나는 네 번이면 된다고 결론을 내렸다(그 추측이 틀렸다는 사실은 나중에 알았다.). 그리고 다시 생각했다. 어떤 조각이든 네 번 이동해서 원래 장소로 돌아갈 수 있다면 한 번에 한 조각씩 올바른 장소로 옮기는 식으로 하면 퍼즐이 풀릴 것이라고. 그런데 곧 또 다른 의문이 떠올랐다. 다 푼 퍼즐을 섞을 때 파란색 면을 시계방향으로 90도 돌리고 그 다음 빨간색 면을 90도 돌리고, 다시 파란색 면을 돌리고 또 빨간색 면을 돌리고, 이런 식으로 계속하면 결국에는 원래 위치로 돌아올까? 처음에는 그럴 거라고 생각했다가 이내 안 그럴 거라고 결론을 내렸다. 그러다가 나는 큐브를 찾아서 직접 해봐야겠다고 결심하기에 이르렀다.

이동한 순서를 잘 기억해 두었다가 나중에 거꾸로 되짚어가면 원래의 완성된 큐브로 돌아가는지 직접 시험해보고 싶었던 것이다. 하지만 막상 실험을 시작하자마자 어딘가에서 큐브를 잘못 돌렸고 그 바람에 내게는 진짜로 풀어야 할 퍼즐만 남고 말았다.

그 무렵 동료 하나가 내가 속으로 골똘히 생각해온 의문에 답을 주었다. 한쪽 면의 색깔이 똑같이 된다고 해서 반드시 다른 쪽 면의 색깔도 똑같아지는 건 아니라는 얘기였다. 파란색 면을 완성하는 데 성공했다고 해도, 빨간색 면을 맞추기 시작하면 파란색 면이 다시 엉망이 될 수도 있다고? 그렇다면 한쪽 면씩 차례로 완성해가는 방법이 문제를 해결하리란 보장은 없지 않은가? 내게 분명한 건 아무것도 없었다.

나는 한쪽 면을 완전히 맞추는 대신 더 간단한 목표를 설정하기로 했다. 한쪽 면의 변 사각형만 모두 같은 색으로 맞추는 것이었다. 허나 나는 아직 그것조차 해내지 못하고 있다. 넷 중 세 개는 제자리에 맞출 수 있지만 나머지 네 번째 조각을 움직였다 하면 적어도 한 개, 보통은 두 개의 다른 조각이 늘 제자리를 벗어나곤 하는 것이다. 그러니 어려운 과제를 좀 간단한 것으로 바꾸는 작전은 통하지 않은 셈이다. 적어도 현재의 나에게는 말이다. 하지만 그것 말고 내가 펼 수 있는 다른 작전은 없다.

이처럼 문제의 해결 방법을 전혀 모르는 상황에서는 큐브를 하면서도 내가 지금 해답에 가깝게 가고 있는지 멀어지고 있는지 알 수가 없기 때문에 좌절하게 되고 욕구불만이 쌓인다. 실수를 통해 배울 수도 없다. 실수를 하고 있는지조차 알 수 없기 때문이다. 그런 점에서 이건 음악과는 전혀 다르다. 음악을 할 때는 적어도 내가 실수를 하고 있는지 여부는 알 수 있다. 무슨 실수를 했는지, 어떻게 하면 고칠 수 있는지도 알 방법이 있다. 하지만 큐브는 다르다. 어둠 속에서 비틀비틀 제자리를 맴도는 이런 기분은 딱 질색이다. 또 큐브퍼즐은 소마퍼즐과는 달리 만져도 손가락이 별로 즐겁지 않다.

큐브를 풀기 위해 내가 해야 했던 건 하와이에 사는 그 아이들을 따라하는 것이었다. 시간의 흐름에서 잠시 벗어나 그저 큐브를 이리저리 만져보는 일. 큐브의 비밀을 억지로 들여다보려 하는 대신 머릿속에서 일어나는 무의식적이고 조용한 직관이 천천히 큐브의 언어와 법칙을 알려주길 기다리는 일. 하지만 나는 이 일을 하지 않으련다. 참을성은 발휘할 수 있겠지만 시간이 없다. 패배를 받아들이기 싫은 탓도 있다. 적어도 지금은. 나에겐 또 다른 할 일이 많고 첼로도 그중 하나다. 그러니 이제 큐브는 상자 속으로 돌아간다. 아마도 언젠가 다시 꺼내 볼 날이 있을 것이다.

이론을 세우기 전에 먼저 '보라'

빌 헐과 함께 수업을 하던 당시에 한번은 소마라는 삼차원퍼즐을 가지고 공부를 했다. 소마퍼즐은 총 27개의 정육면체로 구성된 입체퍼즐로 정육면체를 4개씩 연결시킨 조각 6개와 정육면체 3개를 연결시킨 조각 한 개로 구성되어 있다. 이 퍼즐의 목적은 이 일곱 개의 조각을 사용해서 여러 가지 다른 입체도형을 만드는 것이다. 정육면체 같은 간단한 도형으로 시작해서 점차 터널이나 욕조, 성 등 복잡하고 어려운 도형으로 나아간다. 소마는 내가 본 퍼즐 중 최고로 멋진 퍼즐이다. 특히 아이들이 여러 단계의 난이도로 게임을 할 수 있다는 점이 매력적이다.

소마퍼즐과의 첫 만남은 당혹스러웠다. 그 퍼즐에 익숙한 사람은 여러 가지 방법으로 30초 안에 정육면체를 만들어낼 수 있다. 내가 아는 아이들의 상당수는 이미 15초 안에 해내는 수준이었다. 그러나 나는 첫 번째 시도에서 50분을 소비했다. 고군분투하는 그 모습을 숨기고 싶었으나 아이들은 잘도 눈치를 채고는 찔리는 질문을 던져 나를 괴롭혔다.

다행히도 나는 너무 빨리 분석을 시작하는 함정만은 피할 수 있었다. 아마도 어떻게 분석해야 할지를 몰라서였던 것 같다. 목적을 달성할 어떤 이성적인 방법도 떠오르지 않아서 나는 그저 조각들을 만지작거리며 시간을 보냈다. 말하자면 이리저리 조각을 맞추어보다가 실수를 하고 막다른 골목에 다다랐다가 되돌아가서 다시 시작하는 일을 반복했다. 이 퍼즐을 하면서 정말 좌절감이 드는 건 거의 다 맞추었다고 생각하는 순간 완전히 틀렸다는 사실을 알게 된다는 점이다. "이 조각이 저 조각처럼만 생겼다면 할 수 있는 건데." 하고 혼잣말을 하게 된다면 그때가 바로 처음부터 다시 시작해야 할 때다.

나는 결국 수많은 시행착오와 정정 끝에 많은 아이들처럼 이 조각들의 성질에 대해 훌륭한 내적 모델을 세우게 되었다. 일단 모델을 세우고 나자 나는 실제로 해보지 않고도 어떤 조각(혹은 조각들의 조합)이 특정한 지점에 들어갈지 어떨지 알 수 있었고, 잘못 진행하고 있을 때에는 몇 단계 앞서 미리 예측할 수도 있었다. 오래지 않아 나는 이 퍼즐의 명수가 되었다.

이런 종류의 경험을 몇 번 하고 나면 아동심리에 관해 시시하거나, 오해하기 알맞거나, 아니면 명백한 엉터리로 보이는 글들이 그토록 남발되고 있는 이유를 알게 된다. 내가 볼 때 심리학자들은 대체로 호킨스 교수가 말하는 '무작정 놀기'를 별로 해보지 못한 것 같다. 그들은 아이들이 본래 속해 있는 환경, 이를테면 집, 학교, 놀이터, 길, 가게 같은 곳에 있는 모습을 충분히 보지 못했다. 그들은 아이들과 충분히 얘기를 나누거나 놀아본 적도 별로 없다. 아이들을 도와주거나 위로해주거나, 혹은 아이들을 억압해서 반항하게 만들거나 화나게 해본 적도 없다. 운이 아주 좋지 않은 젊은 심리학자의 경우, 어쩌면 진짜 아이를 한 번도 관찰해보기 전에 아이들에 관한 이론으로 머리가 꽉꽉 채워져 있을 가능성이 많다. 그가 아이들을 실제로 보기 시작하는 것은 아주 특별한 실험이나 테스트가 진행되는 환경에서이기 쉽다. 많은 교사들이 그러하듯 그는 아이들이 무심결에 불안감을 드러내 보이는 여러 가지 방식을 알아차리지 못할 것이다. 불안하지 않은 상태의 아이를 본 적이 없기 때문이다. 퍼즐을 풀려고 할 때의 나처럼 그는 결국 자신의 이론에 갇힌 죄수가 되어 그 이론에 맞지 않는 현상은 아무것도 볼 수가 없게 되는 것이다.

내가 여기서 교육자와 심리학자들에게 말하고 싶은 것은 오래된 도그마를 새로운 도그마로 바꾸라는 게 아니라 다만 아이들을 '보라'는 것이다. 참을성 있게, 다시 또다시, 존중하는 마음으로 아이들을 보라고. 당신들 대부분이 가지고 있지 않은 것, 즉 아이들의 진면목에 대해 어느 정도 정확한 모델을 가지게 될 때까지는 아이들에 관한 이론을 만들거나 판단을 내리는 일 따윈 뒤로 미루고 말이다.

추론과 분석이라는 익숙한 함정

나는 연역적이고 분석적이고 논리적인 추론의 중요성을 부정하는 게 아니다. 알맞은 장소에서는 추론도 유용하고 효과적인 도구가 된다. 없어서는 안 될 때도 자주 있다. 다만 나는 그것이 부적절한 장소에서 남용될 때는 쓸모가 없을 뿐 아니라 해를 끼치기 쉽다는 점, 따라서 아무 데서나 쓰면 안 된다는 점을 얘기하고 싶은 것이다. 추론이란 극히 한정된 증거밖에 없는 상황에서 과거를 복원해야 할 때 통한다. 죄를 저지른 범인이 누구인지, 사고가 일어난 원인과 경위는 무엇인지, 이 사람이 아픈 이유는 무엇인지, 저 기계가 고장 난 원인은 무엇인지 알아내야 하는 것과 같은 상황에서 말이다. 그때 우리가 할 수 있는 일이란 추론을 통해 처리해야 하는 변수들을 하나하나 분리해서 살펴보는 것이다. 숙련된 정비사는 기계 부품을 차례로 검사하는 방법으로 문제를 일으킨 부품을 찾아낸다. 실험실에서 새로운 현상과 마주친 과학자는 실험의 조건을 하나씩 차례로 바꾸어봄으로써 그 현상과 연관이 있는 것을 발견해낸다. 때론 어떤 일이 왜 지금과 같은 방식으로 일어나는가에 대한 우리의 가설이나 직감을 확인하기 위해서 추론을 사용한다. 우리는 "만약 이 이론이 맞다면 이러이러한 일들이 일어나게 되어 있어."라고 말한다. 정말로 그런 일들이 일어난다면 그 이론은 적어도 '임시적'으로는 확증된 것으로 인정받는다.

아인슈타인에 관해 이런 이야기가 전해진다. 천문학자들의 관측으로 아인슈타인의 상대성 이론이 확증된 것처럼 보였을 때였다. 한 여성이 그의 이론이 올바르다는 게 증명되었다면서 아인슈타인을 축하했다. 그러자 그가 말했다.

"부인, 천 번의 실험도 제가 올바르다는 걸 증명할 수는 없습니다. 하지만 단 한 번의 실험으로도 제가 틀렸다는 게 증명될 수 있지요."

현상이 우리의 추론을 뒷받침해주는 것처럼 보인다 할지라도 그게 절대적인 진리의 발견을 의미하지는 않는다는 얘기다. 더욱이 이런 종류의 추론이 전혀 통하지 않을 때도 있다는 것을 알아야 한다. 우리 앞에 다가온 경험이 완전히 새롭고 이상할 때, 관찰해야 할 자료가 너무 많거나 그것들이 어떤 패턴이나 질서에도 들어맞지 않는 듯이 보일 때, 상황에 영향을 미치는 변수가 무엇인지 말할 수 없고 설혹 변수들이 있다 하더라도 그것을 하나씩 분리시킬 수 없을 때는 탐정이나 실험실의 과학자처럼 생각하려 들면 안 된다. 그건 현명하지 못한 태도다.

몇 년 전 어떤 사회학자들이 기체 속 분자의 움직임과 사회에서 보이는 인간 행동 사이의 유사 관계를 끌어내려 했다. 그리고 그것을 근거로, 기체의 움직임을 설명하는 법칙에서 사회에서의 인간 행동을 설명하는 법칙을 끌어내려 했다. 과학적 방법을 사용하지 말아야 하는 좋은 예가 바로 이런 것이다. 이런 상황에서는 완전히 다른 방식으로 머리를 써야 한다. 선입관을 버리고 판단을 미룬 채 상황에 자신을 열어놓고 최대한 많은 데이터를 받아들여야 한다. 카오스에서 질서가 나타나기를 끈기 있게 기다리면서 말이다. 짧게 말해서 그건 어린아이처럼 생각하는 것이다.

어린아이처럼 생각한다면

내가 어린아이처럼 생각해야 했고, 또 실제로 그렇게 했던 예를 몇 가지 들어보면 이해하는 데 도움이 될지도 모르겠다. 어느 화창한 여름날 친구 몇 명과 함께 메인 주의 헤이스택 미술공예학교에 갔는데 거기서 난생처음으로 베틀을 보았다. 학교의 어떤 교사가 햇볕이 잘 드는 넓은 목조 테라스에 베틀을 내다놓았던 것이다. 테라스는 언덕을 내려다보고 있고 그 앞쪽으로는 바다가 펼쳐져 있었다. 그 교사는 천을 짜려고 베틀을 세우는 중이었다. 함께 간 친구들은 베틀 주위에 몰려서서 그 교사가 뭘 하고 있고, 앞으로 뭘 하려는지에 대해 이야기하기 시작했다.

그들의 이야기에 귀를 기울이며 기계를 잠시 보고 있자니 내 안에서 희미한 조바심이 생기는 게 느껴졌다. 베틀은 내부가 훤히 트여 있는 기계여서 모든 부품을 똑똑히 볼 수 있었다. 주의 깊게 살펴보고 추론을 하면 이 기계가 어떻게 작동하는지 알아낼 수 있을 것 같았다. 하지만 나는 그렇게 할 수가 없었다. 내 눈에 베틀은 단지 작은 부품과 철사, 나무토막을 뒤죽박죽으로 붙여놓은 물건으로 보일 뿐이었다. 아무것도 이해할 수 없었고, 이해를 하려면 어떻게 해야 하는지조차 알 수가 없었다. 대체 어디서부터 시작해야 하는 걸까?

그런 상황에 놓였을 때 우리는 흔히 방어적으로 반응하는 경향이 있다. 나 역시 그런 식으로 반응하려 하고 있었다. 스스로에게 '베틀이나 천 짜는 데 관심 있는 사람이 어디 있겠어?'라고 말하고 싶어진 것이다. 뭐가 뭔지 파악하기 힘든 것과 마주했을 때 우리의 마음은 그것을 무시하고 내쫓아버리려 한다. 다행히도 나는 이런 반응이 방어적이고 비겁한 수작임을 알게 된 이후부터 그렇게 하지 않기로 결심했기에 다시 생각하기 시작했다. '자자, 겁먹은 아이처럼 굴지 말자고.' 나는 베틀을 좀 더 주의 깊게 조사해보면서 지적인 의문들을 하나씩 떠올렸다. 이건 뭐하려고 있는 거지? 이건 어디로 연결되는 거지? 하지만 그 또한 아무 소용이 없었다. 조바심은 점점 더 커졌고 거기에 약간의 수치심까지 곁들여졌다. 이런 기분은 베틀을 이해하지 못한 데서 나온 거라고 생각한다. 또 한편으로는 나처럼 지성적인 사람은 당연히 베틀을 이해할 수 있어야 한다는 아집도 있었다고 본다. 결국 나는 학교에 다니는 아이들이 그러하듯 스스로 설정해둔 이상적인 모습에 부합하지 못할까 두려워하고 있던 것이다.

마침내 나는 나를 제외한 모든 사람들이 베틀의 작동 원리를 알고 있고 심지어는 내가 그걸 모른다는 사실까지 알고 있다는 걸 눈치 챘다. 내 귀에는 그들이 어떻게 생각하는지 그 소리가 들리는 듯했다.

"희한하네. 존은 보통 때는 아주 똑똑한데 말이야. 누구나 이해할 수 있는 이 간단한 베틀을 어려워하다니."

더 나쁜 건 그들이 설명을 함으로써 나를 도와주려고 했다는 점이었다. 나는 그들의 방자하고 조급한 말투에 화가 났다. 그건 전문가들이 비전문가에게 뭔가를 설명해줄 때 쓰는 바로 그 말투였다. 다른 사람이 이해 못하는 것을 내가 이해하고 있다는 건 얼마나 즐거운 일인가. 그것을 설명해줌으로써 그 사람의 은인이 되는 건 더더욱 즐거운 일이 아닌가. 물론 가장 즐거운 건 설명을 해주었는데도 그 사람이 계속 이해하지 못하는 것이고 말이다. 한 친구가 그걸 다 아는 듯한 어조로 말하기 시작했다.

"이건 진짜 간단해. 여기 이 부분은……."

나는 듣다못해 약간 날카롭게 말했다.

"제발 그만 좀 말하고 내가 가만히 보게 놔둬."

그러고는 속으로 나 자신에게 이렇게 말하기 시작했다. '배움이란 무엇인가에 대해서 네가 지금까지 알아온 것을 기억해봐. 어린아이처럼 되어보라고. 눈을 써. 머릿속에서 온갖 질문을 던지고 있는 그놈의 선생을 입 다물게 해. 베틀을 분석하려 들지 말고 다만 보라고. 베틀을 봐. 베틀을 받아들여.' 나는 다른 사람들의 유식한 화술에는 신경을 끈 채 나 자신이 내게 말하는 대로만 했다. 때때로 내 안의 다른 목소리가 질문을 던지곤 했으나 나는 그 목소리를 잠재웠다. 얼마 동안 그렇게 베틀을 그냥 바라보았다.

그 학교엔 다른 볼거리도 많았다. 도예가와 판화제작자도 있고 유리공예가도 있었다. 유리를 불어서 공예품을 만드는 작업은 정말로 신기했다. 우리는 그들의 작업을 모두 둘러본 다음 집에 돌아가기로 했다. 나와 친구는 (이 사람은 도예가였다.) 차를 몰고 가는 동안 주로 도예에 관한 이야기를 나눴다. 그런데 이상한 일이 일어나기 시작했다. 베틀에 대해서는 전혀 생각도 하지 않았는데 어느 순간 베틀이 내 머릿속에서 천천히 조립되기 시작한 것이다. 갑작스럽게 어떤 부품의 이미지가 또렷하게 떠오른 그 현상을 어떤 말로 설명해야 할까. 더 신기한 것은 내 머릿속에 떠오른 부품을 내가 이해할 수 있었다는 점이다. 여기서 이해했다는 것은 그 부품이 왜 거기에 있는지, 어떤 용도로 쓰이는지까지 알 수 있었다는 것을 의미한다. 심지어 나는 그 부품이 맡은 일을 어떻게 하는지 그 모습까지 볼 수 있을 정도였다. 만약 내가 그때 베틀을 만드는 중이었다면 그 부품을 올바른 자리에 끼워 넣는 데 성공했을 것이다.

내 머릿속에서 베틀이 조립되는 과정은 매우 느리게 진행되었다. 어떤 순서로 부품들이 나타나서 조립이 되는지 기록해두었다면 좋았을까? 그러나 나는 그렇게 하지 않았다. 뭔가 중대한 일이 내 정신의 비언어적이고 무의식적인 영역에서 일어나고 있다는 걸 느낀 나는 혹시나 그 과정이 멈춰버릴까 두려워 너무 열심히 들여다보고 싶지 않았다. 게다가 그 과정이 어디까지 진행될지도 알 수 없었다. 첫 번째 부품이 내 의식에 떠올랐다고 해서 다른 부품들도 그런 방식으로 나타날 거라고 믿을 근거는 없었던 것이다. 하지만 어떤 이유에서인지 다른 부품들도 차례차례 떠올랐다. 몇 개는 집으로 오는 길 위에서, 몇 개는 그날 늦게, 또 몇 개는 그 다음 날에. 그렇게 해서 다음 날 저녁 무렵엔 내 머릿속에 베틀이 한 대 세워져 있었다. 실제로 작동하는 베틀의 모델이 말이다.

여전히 나는 베틀에 대해 모르는 것이 많았지만 베틀을 만들어야 하는 상황이 오면 최소한 어떤 부품들이 필요하고 어디에 그것들을 끼워넣어야 하는지는 알 수 있었다. 정확히 말하면 나는 앎이 어디서 끝나고 무지가 어디서 시작되는지를 알게 되었다. 무슨 질문을 던져야 하는지 알고 질문에 대한 답까지 알아들을 수 있는 상태가 되었던 것이다. 그러자 베틀을 처음 본 날 전혀 알아들을 수 없었던 친구들의 설명이 비로소 이해되기 시작했다.

설명, 가르침의 발작 같은 것

'설명'과 관련하여 교사들은 (아마도 모든 인간들이 그럴 것이다.) 놀라운 미망에 사로잡혀 있다. 그들은 우리가 오랜 경험과 친숙해지는 과정을 통해 마음속에 세운 심상이나 구조, 그리고 현실적으로 효과가 있는 내적 모델들을, 단지 몇 줄의 말로 바꾼 설명을 통해 다른 사람의 머릿속에 통째로 옮겨 심을 수 있다고 생각한다. 만약 말하는 사람이 설명하는 데 굉장히 능하고, 듣는 이 역시 말을 비언어적인 실재로 바꾸는 데 숙련되어 있다면, 그리고 무엇보다도 이야기하는 그 주제에 대해 공유할 수 있는 경험이 두 사람 사이에 많이 축적되어 있다면, 그러한 방법으로 진짜 뜻이 약간은 전달될지 모르겠다. 천 번에 한 번 꼴로 말이다. 하지만 대부분의 경우 설명은 상대의 이해를 돕지 못하며 심지어 방해하기도 한다.

몇 년 전 빌 헐의 집에서 하룻저녁을 보낸 적이 있다. 그날 모인 사람들은 모두 아이들에게 수학을 가르치는 데 관심을 가지고 있었다. 그날 저녁, 우리는 우리가 학교에서 한 일과 앞으로 해보고 싶거나 계획하고 있는 일에 대해 이야기하며 시간을 보냈다. 모임이 파할 무렵 그룹에서 가장 눈에 띄었던 한 외국 손님이 고백하길 아이들을 위해 자신이 개발한 교재는 거의 다 수와 숫자, 또는 대수를 다루고 있지만 자기가 정말로 좋아하는 건 기하학이라고 했다. 보통 사람들이 학교에서 접하는 구식의 평면기하학이 아니라 훨씬 진보한 색다른 기하학이라는 거였다. 그가 그걸 사영기하학이라고 했던 기억이 난다. 내가 들어본 사영기하학과는 다르게 들렸지만.

나는 그에게 사영기하학의 무엇이 그렇게 좋으냐고 물었다. 그는 정리의 아름다움과 단순성이라고 대답했다. 그 다음 내가 "예를 들어서요?"라고 물은 건 실수였다. 그의 눈이 열의로 번득이는가 싶더니 이렇게 말했다.

"예를 들어 두 4차식의 교점은 비틀린 3차식이라는 명제의 증명이지요."

멍청하게 흐릿해지는 내 눈을 본 그는 증명의 개략을 설명하려 했다. 나는 한 손을 들고 웃으면서 말했다.

"후아, 잠깐만요. 전 그런 걸 한 번도 들어본 적이 없어요. 비틀린 3차식은커녕 4차식이 뭔지 3차식이 뭔지도 모른답니다."

하지만 너무 늦었다. 가르침의 발작이 이미 그를 사로잡고 있었던 것이다. 그는 '설명하기' 시작했다. 내가 여전히 이해를 못하자 그는 점점 열을 올렸다. 학생들이 자신의 설명을 이해하지 못할 때 대부분의 교사들이 그러는 것처럼 말이다.

"이건 진짜 간단해요!"

그는 손으로 복잡한 도형을 공중에 그리며 말했다. 나는 재미있는 한편 소름이 끼쳤다. 여기, 내 눈앞에 정말로 위대한 교사가 있었다. 몇 년 동안이나 어린아이들과 함께 작업하며 아이들이 수학의 관계성을 경험하고 발견하는 일을 돕기 위해 자신의 손과 눈을 부지런히 써온 사람이었다. 그러나 오랜 경험에도 불구하고 그는 설명의 마법을 너무 굳게 믿고 있었다. 그리하여 수학의 진보적이고 복잡한 한 분야에, 그와 관련해서는 문외한이나 다름없는 나를 풍덩 빠뜨려놓고는 단 몇 마디의 말과 손짓으로 모든 것을 명쾌하게 만들 수 있을 거라 여겼다.

제롬 브루너는 학교에서 일어나는 일 가운데 하나는, 아이들이 학교에 오기 전에는 알고 있었고 할 수 있었던 일을 스스로 모른다고 여기거나 할 수 없다고 믿게 되는 것이라고 말해왔다. 나는 이런 일이 실제로 일어나는 걸 여러 번 보았다. 하지만 다음과 같이 생생한 예는 처음이다. 아래는 그린밸리스쿨의 학교 안내서에서 따온 글로 조지 폰 힐샤이머가 그 학교 미술 동아리에서 실험한 일을 쓴 것이다.

교실에 들어온 아이들은 각자의 책상에 미술용 색판지가 놓여 있는 것을 보았다. 교사는 주름을 잡아서 접은 부채를 보여주었다. 누구나 많이 만들어 보았을, 바로 그 부채였다.

"이게 뭔지 아니?"

"알아요!"

"하나 만들어보겠니?"

"그럼요! 당연하죠!"

모든 아이들이 재빨리 작은 부채를 만들어냈다.

잠시 후 교사는 부채 만드는 법을 설명해놓은 책을 읽어주었다. 그녀는 적절한 강조와 표현을 곁들여 천천히 낭독했다. 그 지시문은 5학년생들이 쉽게 알아들을 수 있도록 아주 잘 짜여 있었다. 지시문을 다 읽고 난 다음 교사는 아이들에게 다시 부채를 만들어보라고 했지만 아무도 부채를 만들지 못했다. 교사는 책상마다 돌아다니며 아이들이 처음에 부채를 만들 때 시도한 그 방법으로 돌아가게 하려고 애를 썼지만 (처음에 만든 부채가 책상 위에 그대로 있었다.) 아이들은 그러질 못했다.

교육심리학에서는 이런 종류의 실험을 많이 진행했다. 그러나 불행히도 이와 같은 증거를 진지하게 받아들이는 교사는 거의 없고, 학교는 더더욱 없다. 하지만 우리는 진지하게 받아들인다.

이런 이야기는 많은 체제 옹호자들을 화나게 한다. 그들은 말한다. "하지만 인간의 지식은 상징으로 보존되고 전달됩니다. 그러니 우리는 아이들에게 상징을 사용하는 법을 가르쳐야 한다고요."

맞는 말이다. 하지만 아이들이 상징에서 의미를 끌어낼 수 있으려면, 즉 다른 사람의 상징을 실재나 실제적인 모델로 바꾸기 위해서는 먼저 아이들 자신의 현실을 상징으로 바꾸는 법을 배워야 한다. 실재에서 상징으로 넘어가는 여행을 여러 번 반복해야 하는 것이다. 상징에서 실재로 넘어가기 전에 말이다. 따라서 우리는 아이들이 모르는 이야기를 하기 전에 우선 아이들에게 그들이 직접 보고 듣고 해본 것, 아는 것에 관해 말을 하고 글을 쓰도록 해야 한다. 예를 들어 종이부채 만드는 법을 아는 아이에게, 손짓은 쓰지 말고 그 방법을 다른 사람에게 전화로 이야기하듯이 설명해보라고 하는 건 그리 나쁜 생각이 아니다. 나는 종종 5학년 아이들에게 이런 질문을 던지곤 했다.

"영어를 할 줄 알지만 오른쪽과 왼쪽이라는 단어를 모르는 사람이 있다 치자. 그 사람에게 두 단어의 차이를 설명해주는 데 전화를 쓴다면 어떻게 하겠니?"

이런 놀이는 재미있고 유익하다. 그러나 대부분의 학교에서는 의미 없는 상징과 말로 시작해서 설명이라는 방법으로 거기에 의미를 채워 넣으려 한다. 그 결과 아이들은 모든 상징은 의미가 없다는 믿음을 갖게 되거나, 아니면 상징에서 의미를 끌어내기에는 자신의 머리가 너무 나쁘다고 생각하게 된다. 그것이 문제다.

_실재를 상징으로, 상징을 실재로 전환하는 일에는 기술이 필요하다. 나는 앞서 네 살짜리 친구 토미가 고안해낸 멋진 놀이를 소개한 적이 있다. '기어 놀이'가 바로 그것이다. 우리는 아침이면 침대에서 그 놀이를 함께했다. 같은 시기에 개발한 또 다른 놀이가 있는데 우리는 그걸 '기계 놀이'라고 불렀다.

그 놀이에서 내가 맡은 역할은 기계였다. 토미는 내 어깨 위에 앉아서 운전사 노릇을 했다. 조종 장치는 아주 간단했다. 오른쪽 귀를 당기면 오른쪽으로, 왼쪽 귀를 당기면 왼쪽으로 돌라는 걸 의미했다. 세 번째 신호는 '회전 정지'로, 뱃사람들의 호쾌한 말로 해보자면 '곧장 나아가라.'는 뜻이었다. 앞으로 가라는 신호도 있었고, 후진과 정지를 뜻하는 신호도 있었다. 기계는 어떠한 말도 이해하지 못한다. 따라서 토미의 임무는 오로지 조종 장치만 사용해서 기계가 이 방 저 방에 들어가게 하고 가구 주변을 돌게 하는 등 한마디로 집 안을 누비도록 안내하는 것이었다.

그건 정말 신나는 놀이였다. 대개는 몇 분 지나지 않아 너무 심하게 웃는 바람에 놀이를 멈추어야 했다. 토미는 기계도 사람처럼 어느 정도의 상식과 판단력을 갖고 있을 거라 생각했다. 반면에 나는 중대한 진리를 이해하고 있었다. 기계는 멍청하고 명령밖에 따를 줄 모른다는 것, 그리고 일단 명령을 받으면 무슨 일이 생겨도 계속한다는 것을 말이다. 그래서 나는 그저 토미가 조종하는 대로만 움직였다. 예를 들어 토미가 오른쪽에 있는 문으로 들어갈 마음을 품었는데 실수로 문을 지나친 후에야 뒤늦게 오른쪽으로 돌라는 신호를 보냈다고 치자. 토미는 자기 속마음을 내가 알아차리고 그대로 해줄 거라고 기대하면서 가만히 서 있다. 하지만 나는 기계이기 때문에 아무것도 이해하지 못한다. 그러니 토미의 명령을 그대로 따를 뿐이다. 토미가 먼저 회전 신호를 주의 깊게 사용해서 내가 올바른 방향으로 갈 수 있게 만들지 않는 한 나는 문으로 들어가는 대신 그 옆의 벽으로 걸어가 태엽 감긴 장난감처럼 계속해서 부딪힐 수밖에 없다. 이런 경우 토미는 웃으면서 "아냐! 아냐! 그쪽이 아냐!"라고 말로 의사를 전달하려 했다. 물론 그건 아무 효과가 없었다. 그러면 토미는 다른 신호를 내리기 시작했다. 후진하라, 왼쪽으로 돌아라 등등. 하지만 대개 토미는 너무 흥분하는 바람에 '이제 됐어.'나 '멈춰!'라는 신호를 보내야 할 적절한 순간을 놓치기 일쑤였고, 비행기 조종사들이 초심자를 두고 하는 말처럼 지나치게 많은 조종 장치를 사용하곤 했다. 그 결과 나는 원을 그리며 빙빙 돌거나 등을 벽에 쾅쾅 부딪쳤다.

아무도 다칠 염려가 없는 재미있고 우스운 놀이라는 점만 빼면 이건 자동차 운전을 처음 배우는 것과 아주 비슷했다. 초보 운전자들이 그러하듯 상황이 심하게 혼란스러워지면 토미는 기계에다 대고 "멈춰! 멈춰!" 라고 소리를 쳤다. (상당하다 싶을 정도로 큰 소리를 치면 나는 멈춰주곤 했다.) 눈가리개를 했더라면 더 실감이 났을 거라는 생각이 나중에 들었다. 하지만 재미는 덜했을 것이다. 내가 어디에 부딪치고 있는지 나 자신이 완벽하게 볼 수 있다는 점도 놀이를 재미있게 만든 요소였기 때문이다.

나중에 나는 학교에서 4, 5학년 아이들과 로봇이 되는 놀이를 해봐도 재미있을 거라는 생각을 했다. 한 아이가 눈가리개를 한 다른 아이에게 지시를 내려서 임무를 수행하게 만드는 식으로 말이다. 헌데 '로봇'이 된 아이가 진짜 아이처럼 생각하지 않는 걸 어려워할 거라는 점이 문제였다. 아이가 진짜 기계처럼 행동하지 않고 자기의 임무가 무엇인지 알아내거나 그 일을 하기 위해 사람처럼 머리를 굴릴지도 모르지 않는가.

믿을 수 없을 정도로 빠르지만 여전히 멍청한 기계에게 복잡한 지시를 내리는 기술 혹은 과학이 거대한 산업으로 발전하고 있다.『마인드스톰』의 저자 시모어 페퍼트는 자신과 다른 컴퓨터 전문가들이 아이들과 함께 한 작업을 예로 들어가며 아이들이 특별하게 프로그래밍된 컴퓨터를 접할 기회를 갖는다면 (프로그램 자체의 이름은 '로고'이고 적어도 두 군데의 큰 컴퓨터 회사에서 이 프로그램을 제공하고 있다.) 가장 훌륭한 방법으로 수학의 기초적인 개념(덧셈의 '기초' 같은 것보다 훨씬 더 기초적이고 중요한)과 친숙해질 수 있을 거라고 말했다. 먼저 아이들은 (토미가 기계 놀이를 할 때처럼) 아주 제한된 명령어를 사용해서 컴퓨터로 하여금 화면에 설계도를 그리게 한다. 말하자면 프로그램을 공급하는 것이다. 이를 통해 아이들은 자신이 내린 명령, 즉 프로그램이 원하는 결과를 불러오고 있는지 아닌지를 곧바로 알 수 있고, 원하는 결과가 나오지 않을 때는 컴퓨터로 하여금 원하지 않은 일을 하게 한 버그를 찾을 수 있다.

페퍼트는 컴퓨터로 작업하는 아이들이 사용하는 말, 그들의 행동과 배움의 과정을 관찰하며 아이들과 수학, 그리고 보편적인 배움에 관한 몇 가지 아주 중요한 결론을 이끌어냈다. 겨우 몇 마디 언급하는 것으로는 그 매혹적인 이야기를 제대로 나타낼 수 없지만 그래도 아래의 인용문에서 몇 가지 시사점을 발견할 수 있을 것이라 생각한다.

> 아이들은 천부의 재능을 타고난 학습자인가 보다. 학교에 들어가기 오래전에 아이들은 내가 '피아제식 배움' 또는 '가르침 받지 않고 배우기'라고 부르는 과정을 통해 방대한 양의 지식을 습득한다.……
>
> 일반적으로 뭔가를 배울 때도 그렇지만 특히 수학을 배울 때 아이들이 겪는 어려움은 학습된 것임에 틀림없다. 우리의 교육 문화는 수학 학습자에게 자신이 배우고 있는 것을 이해할 만한 자원이나 수단을 거의 제공하지 않는다. 그 결과 우리 아이들은 기계적 암기식 학습법을 억지로 따라가게 되는데 이는 수학을 배우는 데 가장 안 좋은 방법이다. 암기식 학습법 속에서 학습의 내용은 아무런 의미가 없는 것으로 취급된다. 그것은 분열된 방법이다. 아이의 느낌은 기본적으로 정확하다. 학교에서 아이들에게 억지로 시키고 있는 종류의 수학은 무의미하며, 재미도 없고, 별로 유용하지도 못하다.……
>
> 모든 아이들은 취학 연령이 되기 전에 이미 세상에 대해 자기 나름의 이론을 하나 이상 세워둔다. 그 이론을 바탕으로 조금씩 어른 같은 관점

으로 옮겨가는 것이다. …… 아이들은 하나의 '정답'에서 좀 더 발전된 '정답'으로 나아가는 배움의 길을 따르지 않는다. 아이들에게 자연스런 배움의 길은 '틀린 이론'까지 포함하고 있다. 그리고 그 '틀린 이론'은 올바른 이론만큼이나 이론 구성에 관해 많은 것을 가르쳐준다.

우리는 아이들이 말을 익히는 과정을 보면서 이것을 실제로 확인할 수 있다. 글렌다 비섹스가 보여주듯이 쓰기를 익힐 때도 마찬가지다. 그녀의 아들 폴은 자기가 지어낸 틀린 철자를 계속 반복하지 않았다. 영어 철자법에 대한 전체적인 인식이 바뀌고 점점 더 정확해짐에 따라 폴은 계속해서 철자를 바꾸었다.

아이들이 수학을 배울 때도 이런 과정이 나타나는 것을 볼 수 있다. 물론 그건 우리가 아이들의 실수를 어리석고 조심성 없는 것으로 치부하는 대신 질문을 잘못 이해한 데서 비롯된 논리적인 결과나 불완전한 이론으로 보았을 때의 얘기다.

상징을 버리고 현실을 받아들이라

너무 상징에만 빠져서 모든 일을 상징 위주로 처리할 때 생길 수 있는 가장 큰 위험은 상징이 아무 소용이 없을 때에도 상징을 버리지 못하게 되는 것이다. 그런 경우 우리는 상징 중독자가 된다. 말이나 상징이 현실에 접근하는 데 방해만 될 때도 있다. 그럴 때는 상징을 버리고 보다 적절한 방식으로 지성을 활용할 마음을 먹어야 한다. 가장 좋은 건 어린아이가 되어보는 것이다.

나는 그런 경험을 해본 적이 있다. 얼마 전 영국의 써머힐스쿨로 A. S. 닐을 찾아갔을 때 일이다. 날씨가 무척 안 좋은 탓에 학교의 공공장소는 모두 텅 비어 있었다. 학생들은 전부 자기 방에 틀어박혀 있고, 그 바람에 학교에는 볼 것이 별로 없었다. 고통스런 좌골신경통 발작으로 방 안에 몸져누워 있던 닐만이, 함께 이야기할 사람이 나타났다며 나를 반겼다. 우리는 오랫동안 흥미진진한 대화를 나누었다. 그만 가보겠다며 일어서는 나를 닐이 자꾸 눌러 앉히는 통에 나는 예정보다 오래 그곳에 머물게 되었다.

세 시쯤 되었을까. 닐의 처남이 들어와서 TV에서 잉글랜드 대 스코틀랜드 럭비 시합을 중계 중이니 보자고 했다. 닐과 나는 둘 다 럭비에 대해 아는 것이 없었지만 경기를 시청하기로 했다. 2분쯤 지나자 나는 서서히 공황 상태에 빠지는 것을 느꼈다. 알 수 없는 초조감이 나를 사로잡았다. 럭비는 초심자가 이해하기에는 어려운 경기였다. 마치 축구와 미식축구를 엉망으로 섞어놓은 것처럼 보여서 어느 한 쪽으로 오해하기에 충분했다. 경기를 보고 있자니 내 머릿속에 들어앉은 선생귀신이 뭔가 묻기 시작했다. '저 사람은 왜 저러는 거야? 왜 공을 저기에 놓은 거지? 왜 저쪽으로 뛰고 있는 거지?' 등등. 속으로 이런 질문을 늘어놓으며 몇 분간을 허비하고 나서야 나는 이것이 맨 처음 베틀을 대했을 때와 똑같은 상황임을 깨달았다. 나는 추론을 할 수 있을 만큼 충분한 지식을 갖고 있지 못했으므로 질문을 해도 소용이 없었다. 닐은 나와 같은 처지여서 답을 해줄 수 없고, 말이 없는 닐의 처남은 경기에 몰두해서 답을 해주지 않을 것이 분명했다. 어쨌든 중요한 건 내가 무슨 질문을 해야 할지 알 정도로 경기에 대해 알고 있지 못하다는 사실이었다. 그러니 질문을 끄고 그냥 지켜보는 것이 상책이었다. 아이처럼 말이다. '한껏 받아들여라. 모든 것을 보아라. 아무것도 걱정하지 마라.' 나는 그렇게 했다. 마음속의 선생귀신이 투덜거릴라치면 그 목소리를 잠재웠다.

어느새 하프타임이 되었지만 시작할 때보다 나아진 건 없었다. 경기장에서 일어나는 모든 일이 나를 놀라게 할 뿐이었다. 어느 나라에서나 그렇듯 하프타임 동안 아나운서들은 전반전의 플레이에 관해 박식하게 이야기를 늘어놓았지만 나는 그들이 하는 말을 단 한 마디도 알아들을 수 없었다. 그래도 나는 열심히 귀를 기울였다. 어른들의 대화를 듣고 있는 어린아이처럼 말이다.

이윽고 후반전이 시작되었다. 그건 전반전만큼이나 나를 어리둥절하게 만들었다. 그런데 후반전이 시작되고 10분쯤 지났을 때 갑자기 놀랄 만한 일이 벌어졌다. 경기 패턴의 아귀가 딱딱 들어맞기 시작한 것이다. 그건 마치 내 머릿속에서 베틀이 저절로 조립되면서 훌륭한 내적 모델이 세워진 것과 흡사했다. 그때부터 나는 선수들이 무엇을 하고 있는 건지, 왜 그렇게 하는 건지, 잠시 후에 뭘 할 건지 파악하게 되었다. 아나운서가 왜 어떤 선수의 플레이는 칭찬하고 어떤 선수에겐 실수를 했다고 지적하는지, 그 이유도 전부 이해할 수 있었다. 경기의 세부 규칙과 페널티 등에 대해선 여전히 모르는 점이 많았지만 적어도 무엇을 질문해야 할지는 알았고, 그 질문에 돌아오는 대답을 이해할 정도는 되었던 것이다.

그 후 얼마 지나지 않아 어린아이처럼 생각할 기회가 한 번 더 찾아왔다. 런던에서 기차를 타고 남쪽으로 갈 때였다. 나는 여덟 명이 앉게 되어 있는 작은 칸막이 방에 타게 되었다. 거기엔 스칸디나비아 출신의 남녀 한 쌍이 앉아 있었다. 두 사람은 자기네 나라 말로 빠르게 이야기를 나누는 중이었고, 당연히 나는 그걸 알아들을 수 없었다. 잠시 나는 그들에게 아무런 관심도 두지 않고 다만 차창 너머 스쳐가는 영국의 풍경을 감상했다. 그런데 갑자기 지금이야말로 아기가 말소리를 듣는 것처럼 남의 말에 귀 기울여볼 좋은 기회라는 생각이 들었다. 그리하여 나는 그 사람들의 이야기에 집중하기 시작했다. 여전히 시선은 창밖에 둔 채로 말이다. 그건 마치 복잡한 현대음악을 듣는 것과 같았다. 레코드나 콘서트를 통해 이상하고 생소한 음악을 만날 때면 마음속으로 그 음악을 따라 하길 즐겨하던 (집중이 잘 된다는 이유에서) 나는, 같은 방법을 적용하여 그 사람들이 소리를 내면 듣는 즉시 속으로 재생해보려고 했다. 모든 소리를 따라하진 못해도 그건 상당한 효과를 거두었다. 나는 그들이 사용하는 언어에 반복되는 패턴이 있다는 것을 알아냈고, 일단 그렇게 되자 이전에 들은 소리나 단어들을 기억하는 일이 쉬워졌다. 특별한 인상으로 남았기 때문인 것 같았다. 불과 40여분 정도였는데 기차에서 내릴 무렵엔 몇 가지 소리와 단어를 어렴풋이 식별해낼 정도가 되었다. 시간이 없어 그들의 말에서 반복되는 패턴이 무엇을 의미하는지 찾아보진 않았으나 어쨌거나 그건 아주 흥미진진하고 재미있는 훈련이었다.

외국어를 공부하는 학생들이 이런 식의 생짜배기 듣기 훈련을 해보면 유익할 거라는 생각도 그때 했다. 처음엔 특정한 문구를 대화하는 속도로 읽다가 점점 더 천천히 읽어서 마침내는 단어 하나하나가 똑똑히 들릴 정도로 느리게 읽어 테이프에 녹음을 한다. 그런 후 테이프를 다시 들으면 단어의 독립된 음절과 음절들이 하나로 연결되어 만들어지는 유창한 흐름 사이의 관계에 민감해질 수 있다는 것이 내 생각의 핵심이다.

_그 일이 있은 지 몇 년 후 나는 여러 해에 걸쳐 대안교육의 선구자 노릇을 해온 내 친구 모세 요르겐센Mosse Jorgensen을 만나러 노르웨이에 갔다. 그녀는 자기가 관계하는 그룹에 내가 흥미를 느낄 것이라 생각했는지 몇몇 모임에 나를 데리고 갔다. 모임에 온 사람들은 전부 다 노르웨이어로 말을 했기 때문에 모세는 가끔 사람들이 말을 멈출 때면 무슨 얘기가 오갔는지 요약을 해주었다. 그러고 나면 사람들이 다시 이야기를 시작했다. 나는 이것이 전에 기차 안에서 했던 연습을 다시 시도해볼 수 있는 기회라고 생각했다. '그래, 다시 한 번 어린 아이처럼 생각해보는 거야.' 나는 단어들이 그저 내 귀에 흘러들어오도록 내버려두었다. 음악을 듣는 것처럼 사람들의 이야기를 들었다. 노르웨이어가 참으로 아름답고 음악적인 언어라서 그랬는지 그 일은 쉽고 또 기분을 좋게 했다.

나는 기차에서 그랬던 것처럼 자주 반복되는 소리와 패턴에 집중했다. 어근이 라틴어나 프랑스어에서 비롯된 몇몇 단어와 어구는 곧 분명하게 알아들을 수 있었다. 예를 들어 Skole demokratie의 의미는 자명했다. Eleve는 '학생'이라는 뜻의 프랑스어와 비슷하게 들렸는데 역시 같은 뜻임에 분명했다. Ikke라는 뜻 모를 단어도 자주 들려왔는데 모세는 이것이 '없다' 또는 '아니다'라는 뜻을 가진 단어라고 말해주었다. 자주 들리는 또 다른 단어는 barn이었다. 나는 그 단어가 무슨 뜻일까 추측해보았다. 모임에 나온 사람의 대부분이 학부모고 그들의 화제가 주로 자기 아이들이 다니는 학교(모세는 그 학교 교사였다.)에 관한 것이므로 그건 '아이'라는 뜻일 확률이 높았다. 나는 그 단어를 들으면 들을수록 그럴 가능성이 더 높아지는 것을 느꼈다. 그러다 아이를 뜻하는 스코틀랜드어 bairn이 불쑥 기억에 떠올랐을 때 나는 거의 확신했다. 사람들이 이야기를 멈춘 사이에 모세에게 barn이 '아이'라는 뜻이냐고 물었더니 그렇다고 했다. 나는 새로운 단어를 배운 아이만큼이나 즐거워졌다.

소리에 귀를 기울이고 패턴에 집중하면서, 그리고 그게 무엇을 의미하는 건지 궁금해하면서 나는 어린아이가 어른의 말을 들을 때 하는 또 다른 일을 했다. '여기선 무슨 일이 일어나고 있는 걸까?'와 같은 질문을 던지며 전체 상황을 최대한으로 파악하고자 했던 것이다. 사실 나는 단어의 의미뿐 아니라 좀 더 크고 중요한 사실들을 알고 싶었다. 그러기 위해서는 이런 질문들이 필요했다. 이 모임은 뭐하자고 있는 걸까? 이 사람들은 왜 여기 있을까? 서로를 어떻게 생각할까? 모세나 학교에 대해서는 어떻게 생각하고 있을까? 모세는 이 사람들을 어떻게 생각할까? 이 사람들은 논쟁을 하고 있는 걸까, 의문을 던지고 있는 걸까? 아니면 서로 동의하고 있는 걸까? 이 사람들은 서로 친밀한 사이일까?

조그만 아기들이 어른들의 이야기 소리를 들으며 맨 처음 하는 일은 이런 것들임에 틀림없다. 그들은 눈에 보이는 장면과 귀에 들리는 소리를 통해 사람들이 내는 소리는 그들의 감정이나 행동과 아주 긴

밀한 관계를 맺고 있다는 사실을 서서히 직관하게 될 것이다. 아이들은 언어의 구조적인 문법이나 단어의 뜻을 알기 훨씬 이전에 이와 같은 정서적 문법을 먼저 배운다. 말의 이면에 존재하는 내용에 대한 느낌, 이 말들이 왜 여기서 이루어지고 있고, 무슨 일을 발생시킬 것인지에 대한 느낌이야말로 아기들이 모국어에 관해 배우는, 그리고 배워야 하는 첫 장이다. 이 기반 위에서 아이들은 모국어에 대한 배움의 과정을 계속 밟아간다.

'여기선 무슨 일이 일어나고 있는 걸까?' 놀이를 해보는 다른 방법도 있다. 우리 사무실 근처에 있는 잡화점 창문에는 텔레비전이 두 대 설치되어 있는데 가게가 열려 있는 동안은 계속해서 켜져 있다. 하지만 볼륨은 꺼져 있는지 아무 소리도 들리지 않는다. 나는 잡화점을 지나갈 때면 이따금씩 멈춰 서서 텔레비전의 영상을 본다. 그러고는 무슨 일이 일어나고 있는지 알아내보려 한다. 쉽게 알아차릴 수 있는 경우도 많다. 뉴스, 스포츠, 퀴즈 쇼, 광고 같은 프로그램이 진행되고 있을 때가 그러하다. 반면 화면에 등장한 사람들이 뭘 하고 있는지 그다지 선명하지 않을 때도 있다. 그러면 나는 질문을 던지기 시작한다. 저 사람들은 누굴까? 서로 무슨 관계일까? 부모와 자녀일까, 아니면 사장과 고용인일까? 혹은 친구 사이? 라이벌 관계? 저들은 무슨 생각을 하고 있고 또 무슨 일을 하려는 걸까? 텔레비전을 보는 짧은 시간 안에 그렇게 질문을 던져 한두 가지 감을 잡을 때도 있고 전혀 감을 못 잡을 때도 있다.

때로 나는 사무실 창가에 서서 보일스턴 거리를 지나다니는 사람들을 보거나, 혹은 버스를 타고 가다가 정류소에 모여 있는 사람들을 흘낏거리면서 이 놀이를 하기도 한다. 저 사람들은 누굴까? 무슨 얘기를 하고 있는 걸까? 무슨 일을 하고 있는 거지? 내 직감이 맞는지 틀린지 확인할 수는 없다. 그래도 뭐 상관은 없다. 어쨌든 그 놀이는 재미있으니까.

분명한 사실은 모든 의문에 빠르고 분명한 대답을 원하는 사람들은 이런 놀이를 하지 않는다는 것이다. 그런 사람들은 빠르고 분명한 대답을 얻을 수 없는 종류의 의문은 아예 외면하는 경향이 있다. 그리고 이것이야말로 어린아이들과 그들의 커다란 차이이다. 어린아이들이 갖는 의문은 대개가 어떤 대답도 얻지 못하는 것일 때가 많다. 아이들은 끊임없는 불확실성과 놀라움 속에 살고 있으며, 게다가 어른들이 아이의 지식을 시험해보기 위해 계속해서 바보 같은 질문을 던지지만 않는다면 대부분 그런 환경에서도 아주 잘 자란다. 따라서 '여기선 무슨 일이 일어나고 있는 걸까?' 놀이는 나로서는 재미로 할 뿐이지만 아이들에겐 아주 진지한 일이다. 아이들은 이 놀이를 통해 세상을 배운다.

'지금 이 순간'을 위한 그들의 열정

내가 앞에서 한 많은 이야기들은 '어린아이들이 타고난 배움의 방식'과 관련이 있다. 짧게 요약하면 이러하다. 아이들은 호기심이 많다. 그들은 사물에서 의미를 끌어내길 원하며 이 세상이 어떻게 돌아가는지 알고 싶어 한다. 다른 사람들이 하는 일을 똑같이 할 수 있길 바라고 자기 자신과 주변 환경을 조절하는 능력을 획득하길 원한다. 아이들은 또한 주변의 이상하고 어지럽고 복잡한 세계로부터 스스로를 차단하지 않는다. 그 대신 세상을 관찰한다. 면밀하고 또 예리하게. 그러고는 한껏 세상을 받아들인다.

아이들은 실험 정신도 뛰어나기 때문에 단순히 주변 세계를 관찰하는 데 그치지 않고, 직접 맛보고, 만지고, 들어 올려보고, 구부려보고, 심지어는 부수어보기까지 한다. 현실이 어떻게 움직이는지 알기 위해 현실을 직접 움직여보는 것이다. 이 같은 대담성을 품고 있는 아이들은 실수를 두려워하지 않는다. 더군다나 엄청난 불확실성과 혼란, 무지, 미결정 상태를 견디기에 충분한 참을성도 지니고 있다. 아이는 어떤 새로운 상황을 맞닥뜨릴 때 즉각적으로 의미를 구하지는 않는다. 오히려 의미가 다가올 때까지 기다릴 줄 안다. 그것이 아주 느리게 온다 할지라도 말이다.(실제로 그 의미는 보통 느린 속도로 온다.)

_여기에 더 중요한 얘기를 덧붙이고 싶다. 두 살밖에 안 되는 어린 아이도 어른 세계에 대해서 배우고 싶어 할 뿐 아니라 그 일원이 되고 싶어 한다. 아이들은 우리처럼 일을 솜씨 있고 꼼꼼하게 처리하고 싶어 한다. 아이들은 또한 우리처럼 말을 하고 싶어 하고 생각과 감정을 전달하고 싶어 한다. 그런 의미에서 아이들은 '진짜' 단어를 알게 되기 전에도 '말을 한다'고 할 수 있겠다. 아이들은 나중에 말하기를 시작하려고 단어들을 배우지는 않는다. 그들은 지금 당장 더 말을 잘하기 위해 단어들을 배울 뿐이다. 마찬가지로 아이들은 좀 더 커서도 가끔 글자 쓰는 법이나 철자법을 알기 전에 다른 사람들에게 메시지를

쓰고 싶어 한다. 아이들은 나중에 글쓰기를 시작하려고 진짜 글자와 철자법을 배우지는 않는다. 아이들은 다른 사람들도 지금 당장 자기가 쓴 글을 읽을 수 있게 하려고 진짜 글자와 철자법을 배운다.

배우려면 먼저 '만족을 미룰 줄' 알아야 한다는 건 굉장히 잘못된 말이다. 나중에 사용할 기회가 있을 거라는 희미한 기대를 가지고서 쓸모없고 의미 없는 것들을 열심히 배우라는 소리가 아닌가. 아이들에게 배움에의 호기심과 에너지, 결단력, 참을성을 주는 것은 미래가 아닌 지금 당장 실제적인 일을 하고자 하는 욕구와 결의이다.

아이들은 또한 배움의 많은 부분을 열정과 열의의 대폭발 속에서 해낸다. 아이들이 학교가 계획해주는 착실하고 느릿느릿한 시간표에 맞추어 배우는 일은 그런 방식으로밖에 익힐 수 없는 육체적인 기술 말고는 거의 없다. 아이들은 얼마 동안 어떤 한 관심사에 지칠 줄 모르는 호기심을 불태우면서 하루에 몇 시간씩, 몇 날 며칠을 그에 관련된 책을 읽고, 글을 쓰고, 말을 하고, 질문을 하기가 쉽다. 그러다가 갑자기 그 관심사를 접고 완전히 다른 문제로 발걸음을 돌리기도 한다. 심지어 한때는 전혀 관심을 보이지 않던 일에 골몰하기도 한다. 이런 현상은 보통 일단은 그 주제에 관해 소화할 수 있는 모든 정보를 모았기 때문에 다른 방식으로 세상을 탐구할 필요가 생겼다는 뜻이다. 아니면 그저 이미 알고 있는 것을 더욱 확고히 파악하고 싶어서일 수도 있다.

말하기, 읽기, 쓰기, 그리고 다른 많은 일에 있어서 아이들은 재촉하거나 창피를 주거나 겁을 주지만 않으면 대부분의 실수를 스스로 알아채고 정정할 수 있다. 아이들은 처음에는 이 실수를 틀리게 한 일이나 서투르게 한 것으로 보지 않고 '다르게' 한 것으로 보는 경향이 있다. 글자는 왼쪽에서 오른쪽으로 향하도록 쓰지만 숫자는 반대 방향으로 쓰는 여섯 살짜리 내 친구처럼 아이들은 그 차이를 별로 중요하지 않게 생각할 수도 있다. 기호 3이 '삼'이란 걸 알고 있다면, 그게 어느 쪽을 보든 달라질 것도 없지 않은가? 하지만 이미 혼자서 우리식으로 글자를 쓰게 된 것처럼 내 꼬마 친구는 머지않아 숫자도 우리처럼 쓰기로 결심할 것이다. 우리가 괜히 안달을 부리거나 난리치지 않아도 그렇게 할 것이다.

세상을 이해하고 그 세상 안에서 능숙해지고자 하는 아이들의 욕구는 음식이나 휴식, 잠에 대한 욕구만큼이나 깊고 강하다. 때에 따라서는 오히려 더 강할 때도 있다. 밀리센트 쉰의 글을 보면 조그만 아기인 그녀의 조카 루스는 '배가 고파 안달이 났을 지경인 때'도 뭔가 흥미를 자극하면 음식을 먹다가 말고 그것을 보겠으니 자기를 들어 올려달라고 하는 때가 자주 있었다고 한다. 우리는 잘 알고 있다. 어린아이들, 심지어 젖먹이조차 주변에서 흥미로운 일이 일어나고 있을 때는 아무리 지쳐 있어도 재우기가 얼마나 힘든지를.

배우길 '원하는 것'이 배워야 '할 것'

문제는 아이들의 배움이 이루어지는 학교에서는 정작 이런 식으로 생각하고 경험하고 배울 시간이나 기회를 주지 않는다는 것이다. 그렇다면 과연 학교를 그런 장소로 만들 수 있을까? 나는 만들 수 있다고 생각한다. 그리고 그렇게 해야만 한다고 생각한다. 이 책에서는 그 방법에 대해 매우 간략하게만 다루고 있다. 하긴 그 주제 하나만 갖고도 상세하게 이야기하려면 책이 한 권은 더 필요하지 않을까.

이 책 초판이 나온 후 몇 년 사이에 학교를 주제로 한 책들이 상당수 세상에 나왔다. 조지 데니슨George Dennison의 『아이들의 삶The Lives of Children』, 제임스 헌돈James Herndorn의 『으레 그런 방식으로The Way It Spozed to Be』와 『당신의 조국에서 살아남는 법 How to Survive in Your Native Land』, 허버트 콜Herbert Kohl의 『36명의 아이들Thirty-six Children』과 『어떻게 배우나Reading How To』, 다니엘 패더의 『책에 빠져서』와 『벌거벗은 아이들』, 조셉 페더스톤Joseph Featherstone의 『아이들이 배우는 학교들Schools Where Children Learn』(대부분 영국 학교에 대한 이야기다.), 찰스 실버먼 Charles Silberman의 『교실의 위기Crisis in the Classroom』, 그리고 내가 쓴 몇 권의 책들이 그것이다. 이런 책들의 도움으로 학교에서 약간의 변화가 일어나긴 했지만 그런 변화는 널리 확산되거나 그리 오래가지 못했다. 아이들의 배움에 관해 이야기한 이 책의 관점에서 볼 때, 오히려 학교들은 극히 드문 경우만 제외하곤 이 책을 썼을 때보다도 더 나빠졌다.

학교 그리고 아이의 배움에 관심을 갖는 모든 어른들은 '아이들은 독자적으로 배운다'는 사실을 명심해야만 한다. 그들은 떼거리로 배우지 않는다. 또 아이들은 흥미와 호기심으로 배운다. 권력을 잡고 있는 어른들을 기쁘게 하거나 달래기 위해 배우는 것이 아니다. 그러므로 아이들은 배움에서 주도권을 가져야만 한다. 무엇을 배우고 싶은지 어떻게 배우고 싶은지 스스로 결정할 수 있어야만 하는 것이다. 이에 반응하는 사람들의 태도는 여러 가지이나 그중 두 가지는 항상 일정하게 나타난다는 점에서 논의해볼 만한 가치가 있다.

그 첫 번째 반응은 흔히 이런 말로 표현된다.

"그건 아이들더러 인류의 전 역사를 완전히 혼자서 발견하고 재창조하라는 말이 아닌가요?"

이 질문을 바보 같다고 쉽게 치부하기 어려운 건 너무나 많은 분별력 있고 진지한 사람들이 이에 얽매여 있기 때문이다. 내가 볼 때 그들을 헛갈리게 하는 건 '발견'이라는 말이다. 다시 말해 그들은 발견의 뜻을 '발명'과 동일한 것으로 생각하고 있다. 발명이란 무엇인가. 맨 처음 발견한다는 뜻이다. 하지만 내가 '아이들이 스스로 사물을 발견하도록 놔두는 일'의 중요성을 이야기할 때 발견은 그런 의미가 아니다.

우리는 아이에게 바퀴를 발명해내라고 시키거나 그렇게 하기를 기대하지 않는다. 바퀴는 이미 발명되어 있으므로 아이는 그럴 필요가 없다. 저기 저 밖에, 아이 앞에 놓여 있는 것이다. 그러므로 내가 강조하는 것은 그 바퀴가 무엇이고 어디에 쓰는 건지 아이에게 일부러 말해줄 필요는 없다는 점이다. 아이는 혼자서 알아낼 수 있다. 자신만의 방식으로, 그리고 자신이 원하는 때에. 이는 전구나 비행기, 내연 기관에도 마찬가지로 적용된다. 아이는 그것들을 발명할 필요가 없다. 법이나 정부, 미술, 음악, 아니 전 문화가 이미 발명되어 저기 저 밖

아이 앞에 펼쳐져 있다. 그러므로 아이가 할 일은 다만 자기만의 방식으로 그 문화를 탐구하고 의미를 이끌어내는 것이다. 이게 내가 아이에게 바라는 발견의 전부이고, 또한 아이가 충분히 해낼 수 있는 발견이다. 그럴 자유가 주어진다면 말이다.

사람들이 공통적으로 보이는 두 번째 반응은 이와 같다.

"모든 사람이 알아야만 되는 어떤 지식이 있지 않나요? 그러니 아이들이 그 지식을 아는지 확인하는 게 우리의 의무 아닌가요?"

이 논제는 여러 면에서 공격할 수 있다. 읽는 법은 혹시 예외가 될 수도 있겠지만 (어쨌든 그것은 일종의 기능이니까 말이다.) 이 세상의 어떤 지식도 모든 사람에게 필수적인 것으로 증명될 수는 없다. 쓸모 있고 편리할 수는 있다. 하지만 필수적이진 않다. 게다가 어떤 지식이 필수적이라고 믿는 사람들 사이에서도 구체적으로 무엇이 필수적인지에 대해서는 의견이 분분할 따름이다. 역사가들은 역사에 한 표를 던진다. 반면 언어학자들은 언어에, 수학자들은 수학에 연연한다. 전부 다 그런 식이다. 지미 듀란트Jimmy Durante의 말을 빌리자면 '누구나 자기도 한몫 끼고 싶어 한다.'

또한 지식이란 끊임없이 변화하므로 지금 쓸모 있고 가치 있다 해서 영원히 그러리라는 보장은 없다. 언젠가는 시대에 뒤쳐지고 버려지며 심지어는 완전히 틀린 것으로 판명나기도 한다. 학교를 다니던 시절 '필수적인 지식'의 신봉자들은 학생들이 물리와 화학을 공부해야 한다는 판결을 내렸다. 물리 수업 시간에 우리는 당시로서는 가장 새롭고 진전된 내용을 담고 있던 대학 교재를 사용했다. 꽤나 호평을 받은 그 책의 첫 페이지에는 "질량은 창조되거나 파괴될 수 없다."라는 말이 쓰여 있었다. 화학으로 말할 것 같으면 두세 개의 공식과 '원자가'라는 개념밖에 기억나지 않는다. 어느 날 어떤 화학자 앞에서 원자가에 대한 말을 했더니 그 사람은 웃음을 터뜨렸다. 뭐가 그렇게 우스우냐고 묻자 그는 이렇게 답했다.

"이제는 아무도 원자가 얘기를 안 합니다. 그건 뒤떨어진 개념이죠."

무언가를 발견하는 속도가 지금처럼 계속된다면 지식의 변화에도 가속도가 붙을 것이다. 그리하여 아이들이 오늘 배운 내용이 불과 20년 후에 시대의 골동품이 될 가능성은 내가 학생이었을 때보다도 더 커질 것이다.

하지만 무엇보다도 내가 배움의 과정에서 (그게 무엇이든) 학습자 자신이 (어리거나 나이가 많거나 상관없이) 최고의 재판관이자 주도자가 되어야 한다고 믿는 진짜 이유는 다른 데 있다. 나는 아이들의 머리에 지식을 우겨넣는 일에 반대한다. 어떤 지식을 우겨넣어야 하는지 합의를 볼 수 있고, 그 지식이 시대에 뒤떨어진 것이 되지 않으리라 보장할 수 있으며, 나아가 일단 우겨넣으면 계속 머릿속에 남아 있을 거라 확신할 수 있다 해도 말이다. 왜냐하면 나는 '우리가 인생에서 의미를 찾아 분투하며 배워야만 하는 것은 바로 우리 자신이 가장 배우길 원하는 것'이라고 보기 때문이다.

어떤 것을 알고 싶어 할 때는 항상 이유가 있다. 사물에 대한 우리의 이해, 세상에 대한 우리의 내적 모델에 구멍, 틈, 빈 공간이 있기 때문이다. 우리는 그 틈을 이빨에 난 구멍처럼 느낀다. 그래서 채우고 싶어 한다. 그건 우리로 하여금 스스로에게 묻게 한다. 어떻게? 언제?

왜? 틈이 존재하는 한 우리는 불안하고 늘 긴장 상태에 놓인다. 잘 들어보라. "이건 말이 안 돼!"라고 말하는 사람의 목소리에서 불안감이 느껴지지 않는가! 반면 그 뚫린 구멍과 틈이 메워지면 우리는 기쁨과 만족을 느끼고 안도한다. 이제 사물이 다시 이치에 닿게 되었다고, 적어도 이전보다는 훨씬 말이 된다고 여기는 것이다.

이런 식으로, 이런 이유에서 뭔가를 배울 때 우리는 빠르고 영속적으로 배움의 과정을 밟을 수 있다. 정말 뭔가를 알아야 되는 사람은 여러 번 가르침을 받거나 반복해서 연습하거나 시험을 볼 필요가 없다. 단 한 번이면 충분하다. 새로운 지식은 마치 퍼즐의 빠진 조각처럼 구멍 난 곳에 딱 맞아떨어진다. 그리고 한번 들어가면 다시 빠져나오지 않는다. 세상을 보다 이치에 맞고 흥미로운 장소로 만든 것을, 우리의 내적 모델을 보다 완전하고 정확하게 만든 것을 우리가 잊을 리 없다.

오직 믿고 맡길 뿐

그렇다면 우리가 만약 아이들의 머릿속을 들여다보고 그들이 세운 내적 모델에 어떤 구멍이 뚫려 있는지 가늠할 수 있다면 그것을 메우는 데 꼭 필요한 정보를 아이들에게 줄 수도 있지 않을까? 하지만 그런 일은 불가능하다. 우리는 아이들의 내적 모델이 어떻게 생겼는지 모른다. 어디가 왜곡되고 어느 부분이 불완전한지 알 수 없다. 아이가 어떻게, 얼마나 세상을 이해하고 있는지 모르기 때문이다. 아이 스스로도 자신이 이해한 것의 상당 부분을 자각하지 못한다. 또한 자신이 이해한 것을 말로 옮길 기술조차 갖고 있지 않으며, 자기가 하는 말이 다른 사람에게 자기가 생각하는 바로 그 뜻으로 전달되리라는 것을 확신할 수 없다. 더군다나 말 자체는 대단히 허술하고 애매모호한 소통 수단일 뿐 아니라 굉장히 느리기까지 하다. 만약 어떤 사람이 세상에 대해 자신이 이해하고 있는 것의 아주 적은 부분만을 설명한다고 해도 읽는 데만 며칠이 걸리는 그런 책을 써야 할 것이다.

절친하게 지내는 친구들을 떠올려보라. 서로를 오랫동안 봐왔고, 서로의 관심사에 대해서도 잘 알고, 비슷한 언어를 구사하는 친구들을 말이다. 그런 사이에서조차도 어떤 주제에 대해 상대방의 생각을 더 잘 이해하려면 저녁 시간 전부를 대화에 걸어야 할 때가 있다. 운이 좋으면 잠자리에 들기 전에 서로에 대한 이해가 조금 더 깊어진 것을 발견할 수도 있을 것이다. 하지만 밤새 나눈 이야기가 아무리 즐겁고 흥미로웠다고 해도 결국 서로를 거의 이해하지 못하고 있다는 사실을 확인하거나 얼마나 큰 심연과 미스터리가 가로놓여 있는지 실감하며 대화를 끝내게 되는 경우도 많다.

인간의 정신은 미스터리다. 그리고 아마도 많은 부분이 영원한 미스터리로 남을 것이다. 우리는 이 점을 먼저 깨달아야 한다. 그런 깨달음을 통해 아이들의 머릿속에서 일어나는 일을 알 수 있고, 측정할 수 있고, 통제할 수 있다는 망념을 버려야 한다. 그러지 않는 한 우리는 교육에 관한 한 결코 멀리 가지 못할 것이다. 나로 말하면 상당히 자기성찰적인 사람이다. 오랫동안 나는 나 자신의 사고와 감정, 행동의 동기에 관심을 가져왔고 스스로에 대해 가능한 한 많은 진실을 알고 싶어 했다. 그런데 지금 돌아보면 나조차도 내 머릿속에서 일어나는 일의 아주 적은 부분만 알고 있을지 모른다는 생각이 든다. 아무리 성찰적인 인간이라 해도 기껏 해봐야 그 정도인 것이다. 그러니 다른 사람의 머릿속에서 일어나는 일을 알 수 있다고 생각하는 것은 얼마나 어리석은가.

내 마음의 귀에는 백 명이나 되는 교사들의 염려에 가득 찬 목소리가 들려온다.

"그렇다면 아이들이 뭘 배우고 있는지, 도대체 뭔가를 배우고 있기나 한 건지 어떻게 말할 수 있죠?"

대답은 간단하다. 말할 수 없다. 확실히 알 수 없다. 내가 교육에 대해 하려는 이야기는 어떤 믿음에 근거하고 있다. 그 믿음은 뒷받침해 줄 증거는 많지만 증명은 할 수 없는 믿음이다. 앞으로도 증명이 되지는 않을 테니 그것을 신념이라고 부르기로 하자. 그 신념은 이렇다.

"사람은 본래 배우는 동물이다. 새는 날고, 물고기는 헤엄치고, 사람은 생각하고 배운다. 그러니 아이들을 감언이설로 구워삶거나 꼬드기거나 을러대는 방식으로 뭔가를 배우라고 '동기 부여'를 할 필요가 없다. 아이들이 배우고 있다는 사실을 확인하기 위해 끊임없이 아이들의 머리에 구멍을 뚫을 필요도 없다. 우리가 해야 할 일이 있다면 학교와 교실에 가능한 한 많은 세상을 들여오는 것이다. 아이들이 필요로 하고 또 요구하는 만큼 안내하고 도움을 제공하는 것이다. 아이들이 말을 하고 싶어 하면 존중하는 마음으로 귀 기울이라. 그 다음엔 자진해서 비켜주어라. 나머지는 아이들이 알아서 할 것이니 믿어도 좋다."

9
배움과 사랑

_이 책의 초판 서문에서 나는 아이들을 주의 깊게 관찰하면 (첨단 기계장치로 아이들을 검사한다는 의미가 아니라) 그들에 관해 뭔가 중요한 것을 배울 수 있을 거라고 말했었다. 이후 15년 동안 우리는 보기도 많이 보았고, 배우기도 많이 배웠다. 나 자신도 그 동안 사적, 공적 장소에서 많은 어린아이들을 보아왔고, 많은 시간을 함께 보냈다. 몇몇 아이들과는 아주 잘 아는 사이가 되었다. 또한 수백 명의 부모들이 아기들이나 어린아이들의 생각과 배움에 대해 《그로잉 위다웃 스쿨링》으로 보내준 편지들도 받았다. 장문의 편지를 여러 번 보낸 독자들도 많았다. 이 모든 것에서 나는 무엇을 배웠던가? 아이들은 배우기를 좋아하며 아주 잘 배운다는 사실을 배웠다. 이 문제에 관해서는 더 이상 아무 의심이 없다.

그러나 나의 바람과 달리 이 책은 학교가 아이들을 대하는 방식을 변화시키지 못했다. 학교는 아이들을 믿지 않으려 했다. 믿고 싶어도 다수의 대중이 믿게 놔두지를 않았다. 그들에게도 이유는 있다. 요약하면 이렇게 줄일 수 있겠다. 첫째, 아이들은 선량하지 않다. 그들은 시키지 않는 한 배우려고 하지 않는다. 둘째, 세상은 좋기만 한 곳이 아니다. 그러므로 아이들은 세상에 길들어야 한다. 셋째, 나도 같은 과정을 참아내야 했다. 그러니 아이들이라고 왜 참지 말아야 하는가?

이런 식으로 생각하는 사람들에게는 무슨 말을 해야 할지 모르겠다. 내가 아이들이 성취하는 '진짜 배움'에 대해 말해봤자 그들은 아이들의 불량함과 멍청함에 대한 그네들의 이론에 더욱 고집스럽고 사납게 집착할 뿐이다. 그런 이론이야말로 그들에게 폭군처럼 행동하고 성자처럼 느낄 수 있는 허가증을 주기 때문이다. "내가 말하는 대로 해!" 폭군이 으르렁거리면 한편에선 성자가 이렇게 속삭인다. "그건 너를 위해서야. 언젠가는 고마워하게 될 거야." 혼란스러운 세상에서 무력감을 느끼는 소수의 사람들만이, 이 인정 많은 폭군 역할을 하고픈 유혹에 저항할 수 있다. 아니, 최소한 저항하고 싶다는 생각이라도 하게 된다.

아이를 가두는 지옥의 언어들

어떤 부모와 교사들에겐 아이들을 좀 더 진지하게 받아들이고, 좀 더 세심하게 관찰하는 데 이 책이 도움을 주었을 수도 있다. 아이들이 하는 행동의 의미가 무엇인지 주의 깊게 생각해보고 나아가 아이들로 인해 더 즐거워질 수 있도록 격려해준 것 같기도 하다. 어쩌면 그들은 아이들을 더 좋아하고, 믿고, 존중하게 되었는지도 모른다. 또 어떤 사람들은 자신들이 경험으로 알고 있던 것들이 사실이라는 확신을 갖게 되었을 수도 있다. 아이들은 머리가 좋고 열심히 배우려고 하며,

우리가 살고 있는 이 세상에서 쓸모 있는 역할을 맡고 싶어 한다는 바로 그 사실을 말이다.

하지만 이 책이 약간의 해를 끼치지는 않았나 걱정스럽기도 하다. 오늘날 미국은 물론 많은 나라들에서 인위적으로 지능을 훈련시키는 기술과 프로그램을 개발하고 있다. 특히 베네수엘라는 그런 목적을 달성할 행정 기관까지 만들었는데 유감스럽게도 그 기관을 지휘하고 있는 사람이 나에게서 영향을 받았다고 생각한다는 얘기를 들었다. 그러나 그건 내가 바라던 바가 전혀 아니다.

어떤 사람들은 이렇게 말할 것이다.

"하지만 아이들을 더 똑똑하게 만들 수 있다면, 그렇게 하지 않을 이유가 어디 있나요?"

맞는 말이다. 하지만 나쁜 생각들은 거의 모두가 좋은 생각에서 시작되었다. 겉보기엔 좋은 것 같은 나의 이런 생각들이 최악의 생각으로 탈바꿈하지 않으리란 법은 없다. 예를 들어 지능개발부가 교육부보다도 더 많은 해악을 끼치게 되지나 않을까 두려운 것이다. 우리는 이미, 지식과 기술뿐 아니라 지혜마저도 학교 교육의 산물이므로 어떤 사람을 판단할 때는 반드시 그 사람이 몸담고 있던 학교와 거기서 이루어진 교육의 양을 기준으로 등급을 매기고 분류해야 한다고 믿게끔 길든 상태다. 그렇다면 머지않아 이런 소리가 나오지 말란 법도 없지 않은가.

"지능 또한 훈련의 산물이니 사람들을 판단할 때는 반드시 그 사람이 스스로를 위해 투자하고 소비해온 지능 훈련의 과정(인위적으로 제조된 모든 과정이 그렇듯이 이 또한 공급이 부족할 것이고 따라서 값이 비쌀 것이다.)을 보고 등급을 매기고 분류해야 한다."

현재 전 세계적으로 추진되고 있는 강제적인 지능 훈련은 (물론 공인받은 트레이너에 의한) 이런 방향으로 나아가는 처음 한두 걸음에 불과하다. 물론 이 사람들은 좋은 의도를 가지고 있다. 허나 "각하, 지옥으로 가는 길은 좋은 의도로 포장되어 있습지요!"라고 했던 새뮤얼 존슨의 통찰이 머릿속을 떠나지 않는다. 이 분야에서 참으로 고명하고 바쁘신 주창자 중 한 사람인 매리 미커Mary Meeker박사는 이렇게 쓰고 있다.

> 다각적 자극은 학교 입학 전에 일어나야만 하며 학교를 다니는 동안에도 계속되어야 한다. …… 이후 인간 두뇌의 기능은 점진적으로 발달하므로, 학교에서는 커리큘럼을 통해 도형을 이해하는 지능과 상징을 이해하는 지능, 의미를 이해하는 지능을 각각 균등하게 역점을 두어 다루어야 한다. …… 우리는 인식에서 기억으로, 평가로, 확산적 사고로 진행해나가야 한다. (그러기 위해서는) 먼저 두뇌 사고 작용의 전반적인 기능을 인지하고 육성해야 할 필요가 있다.

아니, 이게 다 무슨 소린가? 이 글을 읽는 내 머릿속엔 세 가지가 떠오른다. 첫째는 앞에서 언급했던 시카고 교육부가 283개로 나눈 읽기 기술이다. 앞으로는 300개로 분할해놓은 사고의 기술을 보게 될지 모른다는 생각도 연이어 떠오른다. 둘째는 가치를 창출하는 과정이 무한한 힘을 지닌다고 믿는 현대 사회를 두고 이반 일리치가 했던 말이다. 마지막으로 나는 1930년대에 제임스 아지James Agee가 『이제 유명한 사람들을 찬양하자Let Us Now Praise Famous Men』에서 앨라

배마의 시골 학교들에 대해 했던 말이 생각난다. 여러 교육대학에서 발명해 낸 '진보적인' 사상을 실천하기 위해 고군분투하는 반문맹의 시골 교사들을 가리켜 그는 이렇게 말했다.

"제대로 다루지 못하는 손에 들린 도구는, 날카로우면 날카로울수록 살인적인 무기가 된다."

그러니 간단한 임무조차도 전혀 달성하지 못하는 학교 사람들에게 어려운 임무를 맡겨서 어쩌려는 것일까?

미커 박사의 글은 계속된다.

> 아기가 …… 유일한 소통수단인 울음소리에 응답 받지 못하면, 시각, 청각, 균형감각, 운동감각, 촉각신호 등 지각중추기관 전체에서 일어나는 통합된 발달이 두뇌 속의 전정계와 망상계에는 미치지 못한다. 그런데 이 두 부분은 뇌의 양쪽 반구를 연결시키는 수많은 통로와 외부 환경을 조정하는 방식을 발달시키는 데 필수적인 기반이 된다.

라잉의 말을 다시 빌려보면 이것은 지옥의 언어요, 가슴 없는 지성의 언어다. 아기의 울음소리에 응답해야 하는 이유가 두뇌의 전정계와 망상계를 발달시키기 위해서란 말인가? 인간이 어떻게 그처럼 어리석을 수가 있는지 모르겠다. 만약 애정과 동정심이 없어서 아기의 울음에 반응하지 않던 부모가 이런 논리에 설득당해 태도를 바꾸었다고 치자. 그렇다고 해서 과연 자애로운 부모가 아기에게 미치는 영향과 똑같을 수 있을까? 아기가 어디 끊임없이 자극해주어야 할 신경계의 집합체일 뿐인가?

그들의 아름다운 봄날을 기억하라

이제 밀리센트 쉰의 아름다운 책 『아기의 일대기』의 마지막 문단으로 돌아가보자. 그녀는 조카 루스의 첫 번째 생일을 맞는 것과 동시에, 다음과 같은 말로 이 책을 마감한다.

> 그리하여 쏜살같이 빠르게 아름다운 한 해가 흘러갔다. 조그맣고 부드럽고 연약하던 우리들의 아기는 이제 귀여운 꼬마가 되어 아장아장 걷는가 하면 옹알옹알 말도 배우기 시작한다. 아기가 들려주는 말은 생생하고 풍부하며 그 귀여운 이기심은 어리광과 재롱으로 넘쳐난다. 온 몸과 마음으로 즐거워하는 아기는 활짝 피어난 지성으로 가득 차 보인다. 아직까지는 아기의 매력이 사라져버리고 만다는 안타까운 사실의 그림자는 발견되지 않는다. 아기가 두 번째 생일을 맞이할 즈음 우리는 흔히 이렇게 말한다.
>
> "아, 이제 우리 귀염둥이를 곧 잃어버리게 생겼구나!"
>
> 하지만 적어도 첫 번째 생일에는 새로운 미래를 향해 나아가는 아기를 힘차게 밀어주느라 모두들 정신이 없다. 아기 자신도 그렇다. 한 살은 아기가 활짝 꽃피는 시절이다. 완벽하고, 만족스럽고, 아름다운 봄날이다.

우리가 진정 아이들에 대해 배우거나 아이들이 배우도록 도와줄 수 있다면 오직 이런 마음가짐으로 아이를 대할 때뿐이다.

5년 동안 결혼 생활을 했고 그 후 5년째 별거 중인 벤 바커는 1년에 석 달 정도 어린 두 아이와 함께 생활한다. 그에 관한 짧고 아름다운 이야기가 1981년 4월 18일자 《뉴욕타임즈》에 실렸다. 그 글에서 바커는 어느 날 아침 그가 일어나기 전에 딸이 써서 갖다놓은 짧은 편지를 인용하고 있다.

> 아빠 언제 일어날 거야.
> 우유도 없는데 배고프단 말이야.
> 나를 굶기지 마, 마, 마, 마, 마, 마…….
> 제발, 제발, 제발제발
> 굶기지 마.
> 나를 굶길 거야?
> 아빠 대답은 뭐야.
>
> ………………………
> 이 점선 위에 사인하시오.
>
> –아빠의 귀여운 클라우드가.

이 편지를 읽은 후 며칠 동안 그 글이 머리에서 떠나질 않았다. 작은 목소리가 내 귀에 계속 들려왔다.

"나를 굶기지 마, 마, 마……. 나를 굶길 거야?"

그건 나를 웃고 싶게도, 울고 싶게도 만들었다. 그 말에 곡을 붙이고 싶었고, 그 작은 사람을 꼭 안아주며 이렇게 말하고 싶었다.

"아니, 아니, 아니. 우린 절대, 절대, 널 굶기지 않을 거야."

이 편지는 아이들에 관해 정말로 많은 것을 말해준다. 그 안에는 사랑과 호소, 장난기가 뒤섞인 연극, 현실과 뒤섞인 판타지(이 점선 위에 사인하시오.)가 가득하다. 그리하여 그것은 우리가 어렸을 때 어떤 희한한 길을 통해 어른들의 세계에 접근해갔는가를 기억하게 한다. 어린 시절의 어느 시기에 나도 역시 점선을 그리는 걸 좋아했다. 그러곤 그 위에다 내 이름을 사인하곤 했다. 그렇게 하면 굉장한 공문서처럼 보였기 때문이다. 그야말로 점선의 마술이 아닌가!

사랑이 일으키는 배움의 기적

아이들이 사랑스러운 것은 아이들은 아무것에서나 그런 작품을, 그런 대단한 일을 창조할 수 있다는 것이다. 사무실에서 나는 종종 바깥으로 난 유리창을 통해 많은 가족들이 어린아이들을 데리고 보일스턴 거리를 걸어가고 있는 모습을 본다. 어른들은 터벅터벅 걷고 있다. 아이들은 빙빙 돌기도 하고, 펄쩍 뛰어보기도 하고, 깡충깡충 뛰기도 하고, 이쪽저쪽으로 달려가기도 한다. 디디고, 걷고, 뛰어넘고, 돌아 걸을 수 있는 뭔가를 쉴 새 없이 찾아다니고, 오를 수 있는 것이면 뭐든 올라가보려 한다.

나는 그런 모습을 볼 수 없는 곳에서는 절대로 살고 싶지 않다. 그 모든 활력과 바보 같은 짓거리, 끝없는 호기심과 의문, 생기발랄한 이야기, 그 모든 사나운 열정과 위로할 길 없는 슬픔, 무절제한 기쁨은 어쩌면 많은 어른들에게는 치료해야 할 질병 혹은 참아내야 할 성가신 짐으로 여겨질지도 모른다. 하지만 나에게는 국보보다 더한, 가치를 매길 수 없는 보물이요, 석유나 우라늄보다도 몇백 배 더 우리의 건강과 생존에 필수적인 자산으로 보인다.

몇 그루 나무가 서 있는 작은 잔디밭 위에 아빠와 두 살짜리 여자아이가 있다. 아빠는 잔디밭에 누워 있다. 작은 소녀는 이리저리 뛰어다닌다. 우와 신난다! 갑자기 아이가 멈추어서더니 열심히 땅바닥을 들여다본다. 웅크리고 앉아 뭔가를 집어 든다. 나뭇가지! 자갈! 아이는 일어서서 다시 뛰어간다. 비둘기를 보고서 쫓아간다. 또 한 번 갑자기 멈춰 서서 이번에는 고개를 들어 햇빛이 내리비치는 나무 사이를 쳐다본다. 무엇일까? 다람쥐? 새? 햇빛에 비치는 잎사귀들의 색깔? 아이는 다시 쪼그리고 앉아 뭔가를 발견한다. 집어 든다. 살펴본다. 나뭇잎! 또 다른 기적이다.

톱니바퀴, 나뭇가지, 나뭇잎. 아이들은 세상을 사랑한다. 그게 바로 아이들이 세상에 대해 그렇게 잘 배우는 이유다. 모든 참된 배움의 중심에 있는 건 전략이나 사고의 기교가 아니라 사랑이기 때문이다. 바로 그 사랑을 통해서 아이들이 배우고 자라도록 놔줄 수는 없는 걸까?

"나를 굶기지 마. 나를 굶길 거야?"

우리의 대답은 무엇인가?

| 옮긴이의 말 |

경이로운 세상에 대한 호기심과 배움의 즐거움

존 홀트의 『아이들은 어떻게 배우는가』는 전작인 『아이들은 왜 실패하는가』와 짝을 이루는 책이다. 『아이들은 왜 실패하는가』가 학교 교육이라는 환경 속에서 아이들이 어떻게 실패하는가를 그린 책이라면 3년 후에 쓴 이 책은 학교라는 환경을 벗어난 아이들이 어떻게 스스로 배우는가를 이야기한다. 자신만의 가정과 아이를 가져본 적이 없는 홀트지만, 아니 그러기에 더더욱 아이들이 자신의 자연스런 성장에 맞추어서 세상에 눈뜨고 스스로 커가는 모습을 편견 없이 관찰한다. 그 눈은 짐짓 과학적이라고 말할 수 있을 만큼 세심하지만 결코 냉정한 관찰자의 것만은 아니며 누군가를 어딘가로 이끌려는 교사의 것도 아니다. 아이들이라는 대상에 대한 무한한 신뢰와 사랑을 밑에 깔고 신세계를 찾아간 탐험자의 호기심으로 하나하나 그 세계를 탐사하고 배워나가는 홀트의 태도는 사뭇 경이롭기까지 하다. 그래서 이 책을 읽다 보면 그가 마침내 도달하게 되는 결론 '학교 밖에서 아이들은 참으로 자라고 배운다.'라는 생각이 어떤 바탕 위에서 이루어졌는지를 잘 이해하게 된다.

나와 내 동생은 초등학교를 제외하면 학교를 다니지 않았고, 성년이 된 지금도 다니지 않는다. 뒤돌아보면 아쉬웠던 점도 없지는 않지만 학교를 다니지 않았던 덕에 그러지 않았더라면 못했을 많은 일을 해볼 수 있었던 것 같다. 본래의 가족이 아닌 사람들과 함께 작은 공동체를 꾸려보기도 했고, 농장이나 과수원에서 농업 노동자로 일하기도 했고, 무술의 고수를 찾아 여행도 떠났었다. 포장마차로 떡볶이 장사도 해보았으며, 번역가도 되어 보았고, 축제 기획사에서 일하기도 했다. 올해부터는 부모님 농사를 물려받아서 본격적인 농사 수업에 들어갔다.

사람들에게 내가 이런저런 일을 하고 있다고 이야기하면서 요즘 들어 여러 번 받았던 느낌이 있다. 내가 번역을 하고 있다고 말하면, '아, 쟤는 전문 번역가가 되려고 하는구나.'라고 생각하고, 태극권을 한다고 말하면, '아, 쟤는 태극권 사범이 될 건가보다.'라고 생각하고, 부모님이 지으시던 농사일을 맡게 되었다고 말하면, '농사는 돈도 안 되는데 왜 농사꾼이 되려고 그러나.'라고 생각하는 것 같은 느낌. 어떤 사람이 무슨 일을 하든 그것을 미래의 전문 직업인이 되기 위한 준비 단계로 생각하는 듯한 분위기. 많은 사람들이 전문 직업인이 되어야만 사회에서 살아남을 수 있고, 배움이란 직업을 가지기 위한 수단이라고 생각하는 듯하다.

하지만 나는 전문 직업인이 되어야만 이 세상을 살아갈 수 있다고 생각하지도 않고, '이 길로 나가야지.' 하는 생각으로 그 일들을 한 것도 아니다. 그저 기회가 닿는 대로, 관심이 가는 대로, 인연이 닿는 대로, 당면한 경제 문제를 해결하기 위해 그 모든 일들을 해왔을 뿐이다. 서로 관련 없어 보이는 경험들이었지만, 그 경험들이 결국 지금의 나를 만들고 크든 작든 앞으로의 삶을 살아가는 데 도움이 될 거라고 믿는다. 그 일들을 함으로써 즐거웠고, 전보다 많은 것을 알게 되었으니까. 아이든 어른이든 누구나 지금 자신에게 절실한 정신적, 물질적 필요를 해결하기 위해 행동하고, 그 과정에서 무엇이든 경험하고 배우게 되는 것이다. 홀트가 이 책에서 말하고 싶어 하는 것도 그런 게 아닐까? 아이에게는 경이로운 세상에 대한 호기심이라는 정신적 필요가 있기 때문에 일부러 가르치지 않아도 알아서 잘 배운다고.

어른의 호기심이 아이만할 리는 없겠지만, 어른이 배우는 방식과 아이가 배우는 방식이 크게 다르다고 생각하지는 않는다. 아이라고 해서 사물을 이성적이고 체계적으로 파악하는 법을 아주 모르는 것도 아니고, 어른이라고 해서 무작위적인 경험을 통해 배우는 법을 완전히 잊은 것도 아니다. 차이가 있다면 이 아이들은 새로운 것을 보면 선뜻 시도해보는 반면에 어른들은 그렇지 않다는 것뿐이다. 배움의 방식이 아니라 자발성에 그 차이가 있다고 해야 할까. 어쩌면 어른들은 즐겁기 때문에 배우는 게 아니라 전문성을 확보하기 위해 배우기 때문에 아무 일에나 선뜻 발을 들이밀지 않는 것인지도 모른다. 이 책을 읽는 어른들이 그런 자신을 뒤돌아보고, 잊었던 동심과 경이로운 눈으로 세상을 보는 법, 호기심과 배움의 즐거움을 다시 되찾기를 바란다. 그리고 바로 그 마음으로 아이들을 보았으면 한다.

2007년 7월

해성

아이들은 어떻게 배우는가

아이들이 타고난 배움의 방식에 대한 미시사적 관찰기

첫판 1쇄 펴낸날 · 2007년 7월 10일
3쇄 펴낸날 · 2011년 9월 15일

지은이 · 존 홀트
옮긴이 · 공양희, 해성
펴낸이 · 박성규

펴낸곳 · 도서출판 아침이슬
등록 · 1999년 1월 9일(제10-1699호)
주소 · 서울시 은평구 신사동 25-6 예동빌딩 3층(122-882)
전화 · 02)332-6106
팩스 · 02)322-1740
이메일 · 21cmdew@hanmail.net

ISBN · 978-89-88996-76-8 (03370)

책값은 뒤표지에 있습니다.